Holger Wormer (Hrsg.)

Die Wissensmacher

Holger Wormer (Hrsg.)

Die Wissens-
macher

Profile und Arbeitsfelder
von Wissenschaftsredaktionen
in Deutschland

VS VERLAG FÜR SOZIALWISSENSCHAFTEN

Bibliografische Information Der Deutschen Nationalbibliothek
Die Deutsche Nationalbibliothek verzeichnet diese Publikation in der
Deutschen Nationalbibliografie; detaillierte bibliografische Daten sind im Internet über
<http://dnb.d-nb.de> abrufbar.

1. Auflage November 2006

Alle Rechte vorbehalten
© VS Verlag für Sozialwissenschaften | GWV Fachverlage GmbH, Wiesbaden 2006

Lektorat: Barbara Emig-Roller

Der VS Verlag für Sozialwissenschaften ist ein Unternehmen von Springer Science+Business Media.
www.vs-verlag.de

Umschlaggestaltung: KünkelLopka Medienentwicklung, Heidelberg
Druck und buchbinderische Verarbeitung: Krips b.v., Meppel
Gedruckt auf säurefreiem und chlorfrei gebleichtem Papier
Printed in the Netherlands

ISBN-10 3-531-14893-1
ISBN-13 978-3-531-14893-9

Inhalt

Gefühlte Forschung

Quellen der Forschung

Vorwort: Eine Gebrauchsanleitung

Beginnen wir mit den schlechten Nachrichten: Dieses Buch ist lückenhaft und subjektiv. Dieses Buch ist weder rein wissenschaftlich noch rein journalistisch. Dieses Buch beschreibt auch einmal Dinge an der Grenze des Banalen. Und doch (oder oft gerade deswegen) ist es ein interessantes Buch – für gestandene Journalisten wie für jene in *status nascendi*, für Wissenschaftler der Kommunikation wie der Natur, für Pressesprecher wie für Presseleser. Denn mit der richtigen Gebrauchsanleitung werden die vermeintlich schlechten Nachrichten als gute erkennbar.

Hätte man vor 20 Jahren ein Skizzenbuch über Profile von Wissenschaftsformaten angefertigt, so wäre das womöglich vollständiger gewesen – und dünner. Viele der hier skizzierten Redaktionen und Medien existierten noch nicht und sogar der Titel „Wissensmacher" hätte sich kaum erschlossen, vegetierte doch selbst der klassische „Wissenschaftsjournalismus" noch am Rande des Existenzminimums, von einem „Wissensboom" jedenfalls keine Spur.

Heute dagegen hat man die Qual der Wahl. Von der Tages- und Wochenzeitung und dem oft unterschätzten Boulevardbereich, über Magazin und Fachmagazin, Hörfunk und Fernsehen, Nachrichten-Agentur und Online-Medium, bis hin zur Pressestelle und zu Ausstellungsmachern deckt das Buch ein möglichst breites Spektrum unterschiedlicher Arbeitsfelder für Wissenschaftsjournalisten ab. Neuen Formaten wurde dabei meist der Vorzug gegeben vor den Klassikern, aus dem Hause *FAZ* stellt sich daher die Wissenschaftsredaktion der *FAZ am Sonntag* vor, statt *Geo* oder *P.M.* finden *ZeitWissen* und *SZWissen* ihren Platz.

Doch zählen andererseits die *Bild*-Zeitung, die *Sendung mit der Maus* oder die Einstein-Ausstellung im Auftrag eines *Max-Planck-Instituts* zum Wissenschaftsjournalismus? Und wird womöglich einmal mehr die wichtige Grenze zwischen Wissenschaftsjournalismus und -PR überschritten, wenn die Pressesprecher der *Deutschen Forschungsgemeinschaft* und der *Fraunhofer-Gesellschaft* zu Wort kommen? Und wieso schreiben Redakteurinnen von *Science* und *Nature* über ihre Arbeit, wo es doch sonst um Profile und Arbeitsfelder deutscher Redaktionen gehen soll?

Die Antworten: *Science* und *Nature* prägen das Arbeitsfeld der Wissenschaftsjournalisten in Deutschland wie eine Nachrichten-Agentur. Und wenngleich die Wissenschafts-PR großer Forschungseinrichtungen kein Journalismus ist, so bedient sie sich doch journalistischer Arbeitsweisen – und ist ein potenzielles Arbeitsfeld für Wissenschaftsjournalisten (die dort dann allerdings keinen Journalismus, sondern eben Pressearbeit betreiben). Zudem ist auch der Begriff des eigentlichen Wissenschaftsjournalismus heute weiter zu fassen als vor 20 Jahren, sodass das Spektrum der Formate über die *Sendung mit der Maus* hinaus sogar eher noch um Regionalzeitungen und Lokalradios, freie Wissenschaftsjournalisten und Wissenschaftsbuchautoren, womöglich bis hin zu Formen des „Sciencetainment" hätte erweitert werden können. Wie gesagt: Dieses Buch ist unvollständig!

Die nächste vermeintlich schlechte Nachricht: Wenn man Journalisten über sich selbst berichten lässt, ergibt sich naturgemäß kein wissenschaftliches, sondern ein eher subjektives Bild, schlimmstenfalls ein Kompendium „sozial erwünschter" Antworten. Andererseits beschreibt die Selbstwahrnehmung die Realität in den Redaktionen womöglich oft nicht schlechter als so manche, zwar nach weitgehend objektivierbaren Kriterien verfasste Inhaltsanalyse, die beim Versuch einer Interpretation aber schnell auf der Stufe von Spekulationen stehen bleibt. Gerade die Selbstwahrnehmung von Journalisten liefert eine interessante Basis für weitere kommunikationswissenschaftliche Forschung – mit der etwa zu prüfen wäre, inwieweit sich Selbst- und Fremdwahrnehmung decken. Insofern ist dieses Buch auch der Versuch eines Brückenschlags von der Praxis zur Theorie.

Zudem wirken bereits Konzept und Genese des Werkes einer allzu subjektiven Sichtweise entgegen: Alle Beiträge basieren auf einer Gastvortragsreihe an der Universität Dortmund, in der die Vortragenden offen über ihre Redaktionen berichteten und sich auch kritischen Fragen von Studenten und Dozenten stellten. Vorträge und Diskussion wurden transkribiert, vom Herausgeber redaktionell über- und anschließend von den Autoren bearbeitet. Der mündliche Duktus des Vortrags durfte dabei durchaus ein Stück weit erhalten bleiben; die Antworten auf ausgewählte Diskussionsfragen wurden zwar autorisiert, in der Regel jedoch nicht neu verfasst. Das Buch ist daher auch als eine Art Dokumentation der regelmäßig stattfindenden Dortmunder Vortragsreihe anzusehen (*siehe: www.wissenschaftsjournalismus.org → Projekte → Wissensmacher*).

Die Gebrauchsanleitung jedes einzelnen Kapitels schließlich lautet wie folgt: Jeder Beitrag orientiert sich grob an der Struktur „Das Medium", „Das Ressort", „Themen, Quellen und Spezialitäten", „Trends" sowie „Fünf Fragen an...", „Fünf Links" und „Literatur". Auch das scheinbar Banale, um diese vermeintlich schlechte Nachricht ebenfalls auszuräumen, hat darin seinen Platz, mag es für viele eben doch interessant sein, um wie viel Uhr eine Redaktionskonferenz stattfindet; zu erahnen wie eine Redaktion „tickt", der ein freier Autor womöglich ein Thema anbieten möchte oder deren Redaktionsorganisation ein Wissenschaftler untersuchen will. Jedem Beitrag vorangestellt ist ein Zitat des Autors (wobei man im 21. Jahrhundert hoffentlich nicht mehr extra betonen muss, dass „Wissensmacher" immer auch „Wissensmacherinnen" sein können).

Das Fazit: Die Wissensmacher fühlen sich im Jahr 2006 weitgehend akzeptiert in den Redaktionen, betonen neben einer – zunächst wertfreien –„Erklärrolle" ihre Funktion von Kritik und Kontrolle der Wissenschaft, wenngleich diese im Redaktionsalltag nicht ausreichend zur Geltung kommt. Durchaus unterschiedlich sind die Standpunkte, inwieweit der Anlass einer Berichterstattung aus dem System Wissenschaft selbst oder eher aus dem Alltag stammen soll. Unverkennbar ist indes die Tendenz hin zu einer stärkeren Umsetzung dramaturgischer Prinzipien wie des „Story Telling". Und weitgehend einig sind sich die Autoren schließlich auch über die immens wachsende Bedeutung des Internet – auch dies für viele übrigens eine gute wie schlechte Nachricht zugleich.

Dortmund, im Sommer 2006   Der Herausgeber

„Die Tendenz „Wissenschaft ist wichtig – jedenfalls so lange nichts (per se immer wichtigeres) in der Politik geschieht" ist bei vielen Tageszeitungs- ebenso wie bei Tagesschau-Redakteuren vorhanden."

Wissenschaft bei einer Tageszeitung: Fragen zur Vergiftung von Ehegatten und andere Dienstleistungen

Von Holger Wormer
Universität Dortmund / Süddeutsche Zeitung* (München)

Eigentlich hätte es ein ruhiger Tag werden sollen, der Tag vor Weihnachten des Jahres 2002. Der allein Dienst habende Wissenschaftsredakteur hatte sich darauf eingestellt, einen langen Beitrag über das heikle Thema „Zwangsarbeit in der Medizin" fertig zu schreiben, der an Heiligabend erscheinen sollte. Es kam anders – und zwar ungefähr so:

Gegen 9 Uhr 35 meldete sich die Nachrichtenredaktion, Agenturmeldungen das Reizwort Stammzellen betreffend, die ein gewisser Herr Brüstle nun importieren dürfe – mit der Bitte um Einschätzung. Um 10 Uhr 40 beschloss die große Redaktionskonferenz, dass eine medienwirksam vollzogene Pockenimpfung des US-Präsidenten ein Editorial wert sei (das dann glücklicherweise eine Kollegin aus der Politik übernahm). Zurück am Schreibtisch meldete sich die Bildredaktion mit den zu erwartenden Schwierigkeiten bei der Fotosuche zum in Arbeit befindlichen (wenngleich im Tagesverlauf noch um keine Zeile gewachsenen) Artikel – verbunden mit der Bitte, der Autor möge bei der Bebilderung unterstützend tätig werden. Gegen 12 Uhr 30 meldete sich erneut die Nachrichtenredaktion, verunsichert ob der Tatsache weiterer zahlreicher Agenturmeldungen bezüglich eines gewissen Herrn Brüstle, die nach gründlicher Durchsicht jedoch weiterhin keine Sensation erkennen lie-

---

*   Der Schwerpunkt dieses Beitrags liegt auf den Entwicklungen von 1996 bis heute. Da der Autor im November 2004 von der *Süddeutschen Zeitung* an die *Universität Dortmund* gewechselt ist, beantwortet der Ressortleiter Dr. Patrick Illinger aktuelle Fragen (insbesondere zum Magazin *SZWissen*) am Ende dieses Kapitels.

ßen. Um 14 Uhr 20 schließlich meldete sich ein Gerichtsreporter mit der Frage, wie das Wort „Ester" zu schreiben sei, was der Wissenschaftsredakteur höflich (und ohne Hinweis auf einschlägige auf Schreibweisen spezialisierte Lexika) beantwortete. In einem Anruf gegen 14 Uhr 23 rückte der Gerichtsreporter mit der ganzen Wahrheit heraus und wollte sich über die exakte Wirkungsweise von Phosphorsäureestern auf Nervenzellen informieren, da dies bei einem Prozess wegen eines Giftanschlags unter Ehepartnern durch Insektizide von großer Wichtigkeit sei. Konnte diese Frage noch spontan beantwortet werden, so war die folgende Frage eines Redakteurs im Zusammenhang mit einer Recherche zum Thema Terrorismus, wie viele „Root-Server" es weltweit gebe, nur durch Weitergabe der Telefonnummer eines daheim in Vorweihnachtsstimmung befindlichen und auf Computerfragen spezialisierten Kollegen zu lösen. Dann gegen 16 Uhr 05, kurz vor Redaktionsschluss des eigenen Artikels, die letzte Anfrage aus dem Ressort Außenpolitik: „Wie baut man eine Atombombe?" Genauer: Würde das in einem nordkoreanischen Atomkraftwerk vermutete Plutonium dazu ausreichen?

Das Medium: „Mehr Wochenzeitung in die Tageszeitung"

Das Wissenschaftsressort einer Tageszeitung ist im Zweifelsfalle auch eine Lexikonredaktion, ein Dienstleister für andere Ressorts. Und die Tatsache, dass Kollegen dort nachfragen, ist nichts anderes als ein Zeichen für die Qualität eines Mediums. Gute Journalisten fragen, bevor sie berichten – und wenn die Expertise im eigenen Haus sitzt, dann natürlich auch dort. Das Eingangsbeispiel zeigt aber noch etwas anderes: In der aktuellen Berichterstattung gibt es kaum ein Thema, in dem nicht auch wissenschaftliche Aspekte stecken (wenngleich diese mal mehr und mal weniger relevant sind). Insofern sind Wissenschaftsthemen prädestiniert für Hintergrundthemen, für „Geschichten hinter der Geschichte", die Qualitätsjournalismus vom puren Meldungsjournalismus unterscheiden. Ein Wunsch nach mehr Hintergrund schafft somit auch einen Nährboden für mehr Wissenschaftsberichterstattung. Und was geht einer Sache mehr auf den Grund als die Wissenschaft? In der *Süddeutschen Zeitung* erlebte die erklärende Hintergrundberichterstattung (Motto: „Mehr Wochenzeitung in die Tageszeitung") in der zweiten Hälfte der 90er Jahre einen Aufschwung, nicht zuletzt durch einen neuen Chefredakteur: Hans Werner Kilz wechselt 1996 vom *Spiegel* zum Haus in der Sendlinger Straße. Damals hatten die *Süddeutsche* und die konkurrierende *FAZ* beide wöchentliche Wissenschaftsseiten und um der Differenz ihrer Auflagenzahlen ernsthaft Bedeutung beizumessen, musste man wohl *SZ*-Anzeigenverkäufer oder Erbsenzähler sein.[1]

Im Jahr 2006 ist einiges anders: Während es der *Süddeutschen* (nach den ersten, eher an Kartoffeldruck erinnernden Versuchen) mittlerweile gelingt, gute Farbbilder auf dem Titel zu drucken, ist zumindest die Seite 1 der *FAZ* in der Regel immer noch Foto-frei; die *Süddeutsche* setzt gegenüber der Wissenschaftsbeilage der *FAZ* nun auf eine tägliche Wissenschaftsseite und der Auflagenunterschied ist mit fast 80 000 Exemplaren beträchtlich. Die Reichweiten[2] deuten zudem an, dass die *SZ* weiterhin stärker in Familien gelesen wird – einer für Wissensthemen womöglich besonders interessanten Zielgruppe.

Gerade was den Wissenschaftsjournalismus angeht, ist bei beiden Tageszeitungen viel geschehen in den zehn Jahren zwischen 1996 und 2006: Die *FAZ* machte mit ihrem Wissenschaftsfeuilleton Schlagzeilen, dessen (feuilletonistisch genialer wenngleich wissenschaftlich fragwürdiger) Höhepunkt mit dem sechsseitigen Abdruck genetischer Buchstaben erreicht wurde.[3] Nach außen hin weitaus weniger spektakulär, für das Wissenschaftsressort selbst aber deutlich spürbar, bewegte sich jedoch auch die *SZ* bereits seit dem Jahr 1996 hin zu mehr Wissenschaftsberichterstattung. Von Anfang an forderte der neue Chefredakteur regelmäßig auch Leitartikel, Artikel für die Titelseite oder Beiträge für die neu gestaltete Seite 2 („Themen des Tages") ein. Gerade solche Schwer-

---

1   Verkaufte Auflage laut ivw IV/1996: *FAZ*: 391 473, *SZ*: 401 075
2   Verkaufte Auflage laut ivw II/2006: *FAZ*: 363 465, *SZ*: 442 565. Alle Reichweiten laut AWA 2006: *FAZ*: 860 000, *SZ*: 1,54 Mio.
3   *FAZ*, 27. Juni 2000, S. 55-60

punktseiten leben nicht zuletzt von einem deutlichen Themenwechsel, der ausgeprägter sein muss als „heute CDU, morgen SPD", sodass diese Seite sich besonders anbot, Wissenschaftsthemen einzubeziehen.[4]

Die zunehmende Diffusion der Wissenschaft auf die vorderen Seiten geschah dabei nicht selten auch gegen die Dominanz eher politisch sozialisierter Redakteure, die dort traditionell ihr journalistisches Zuhause haben. So konnte eine Sonderseite zum Klonschaf Dolly nur auf ausdrücklichen Wunsch des Chefredakteurs erscheinen. Oder dieser musste eine exklusiv recherchierte Seite zum Thema BSE davor retten, einer ausufernden Berichterstattung über den Drogenkonsum eines Fußballtrainers zum Opfer zu fallen. Denn die Tendenz, „Wissenschaft ist wichtig – jedenfalls so lange nichts (per se immer wichtigeres) in der Politik geschieht", ist bei vielen Tageszeitungs- ebenso wie bei Tagesschau-Redakteuren vorhanden. Oder, wie es der *SZ*-Journalist Christian Schütze formulierte: „Wissenschaft beherrscht unser Leben, aber Politik – oder was dafür gehalten wird – beherrscht die vorderen Zeitungsseiten. (...) Wissenschaft kommt deshalb meist nur dann auf die ersten Seiten oder in die Spitzenmeldung, wenn ein Politiker über Wissenschaft spricht."[5]

Beim Durchschnitts*leser* war die Akzeptanz von Wissenschaftsthemen womöglich bereits Mitte der 90er Jahre größer als beim Durchschnitts*redakteur*: In einer Abonnentenbefragung des Jahres 1996 („Zu welchen Themen würden Sie in der *SZ* gerne mehr themenspezifische Beilagen und Sonderseiten wiederfinden?") landete das damalige Ressort *Umwelt, Wissenschaft, Technik* mit Abstand auf Platz eins: 39 Prozent der Befragten nannten diese Themen – mehr als doppelt so viele wie „Politik", mehr als dreimal so viele wie „Wirtschaft und Finanzen". Lediglich „Kultur, Kunst, Literatur, Musik" kam ebenfalls noch auf einen Wert über 20 Prozent.[6]

---

4   Das Ressort „Seite 2" wurde mit Tina Baier zudem mehrere Jahre u.a. von einer Diplom-Biologin betreut, die zuvor mit Stammressort Wissenschaft volontiert hatte.
5   Schütze. C.: Der Wissenschaftsredakteur im Medienbetrieb. In: Göpfert, W. et al.: Wissenschaftsjournalismus. Ein Handbuch für Ausbildung und Praxis, 3. Auflage, List Verlag, 1996, S. 188-191
6   Interne Abonnentenbefragung 1996; Basis: 654 Abonnenten, offene Nennungen

Nun ist die Aussagekraft solcher Daten gering, doch belegte die Wissenschaft bei späteren Analysen regelmäßig vordere Plätze; ein gewisser „Wissensboom" schlummerte offenbar tatsächlich bereits in den Lesern, bevor das viele Redaktionen wahr haben wollten.[7] Der ehemalige *SZ*-Ressortleiter Martin Urban beschrieb dieses Phänomen Kollegen gegenüber sogar für die Zeit vor 1996: „Die jeweiligen Chefredakteure haben zwar eingesehen, dass Wissenschaftsredakteure nötig sind, weil es der Leser wollte, aber dass die Erkenntnisse der Naturwissenschaften relevant sind, und man davon selbst etwas verstehen müsste, das glaubte die Community der Journalisten kaum. Dies änderte sich erst mit den aufkommenden Umweltproblemen, den Flüssen, die zu Schaumbädern wurden, den qualmenden Schloten, den Wäldern, die krank wurden, dem Schnellen Brüter, mit Three Mile Island, Tschernobyl..."

Für die nächste Akzeptanzstufe in den Redaktionen sorgten dann Nahrungsmittel-Skandale von BSE-Rindern bis zu Dioxin-Hühnern, vor allem aber die biopolitischen Debatten, die in der Stammzellkontroverse gipfelten. Dass Wissenschaftsthemen immer bedeutsamer wurden, bekamen Deutschlands Chefredakteure im Juni 2001 schwarz auf weiß zu lesen – aus einer maßgeblichen Quelle. In einem Brief der *Deutschen Presse-Agentur* heißt es: „Wie nie zuvor ziehen Themen der Wissenschaft das Interesse der Medien auf sich. Ob das Klonschaf Dolly, die Folgen von BSE und der Maul- und Klauenseuche, neue Forschungsergebnisse zur Aids-Therapie und zur Klimaveränderung oder die Auswertung komplexer, internationaler Studien zum Verhalten von Mensch und Tier. Wissenschaftsberichterstattung ist ein fester und unverrückbarer Bestandteil der Medienlandschaft geworden: Auch die Entschlüsselung des menschlichen Genoms und die Möglichkeiten der Biotechnik bringen es mit sich, immer mehr erklären und einordnen zu müssen."[8]

---

7   Beim Online-Auftritt der *SZ* wurde Wissenschaft im Jahr 1995 jedoch als erstes Modul eingerichtet. Die Überlegung: Wissenschaftler galten damals als bestvernetzte Community. Zeitweise den Sparmaßnahmen zum Opfer gefallen, denkt man im Jahr 2006 wieder über den Wiederaufbau des Wissen-Ressorts im Internet nach.

8   Brief der *dpa*-Chefreaktion „An die Chefredakteure der Bezieher des dpa-Basisdienstes", Hamburg, 5.6.2001 (siehe auch „Ergänzende Literatur")

Der plötzliche Wettbewerb der meinungsbildenden Zeitungen um biopolitische Themen tat ein Übriges für die wachsende Popularität der Wissenschaft auf den vorderen Seiten – allerdings nicht immer für ihre Qualität: Wie erklärt man beispielsweise einer Redaktionskonferenz, dass ein Thema in Wahrheit gar kein großes Thema, sondern eher eine Modeerscheinung ist, wenn es bei zwei anderen überregionalen Zeitungen auf der Titelseite prangt? Hat das Wissenschaftsressort womöglich geschlafen und will sich nur herausreden? Plötzlich muss man auch in der Ressortkonferenz einer seriösen Wissenschaftsredaktion diskutieren: „Eigentlich ist das Thema nicht neu und kaum relevant, aber das werden die anderen sicher groß bringen..." Zudem muss eine Wissenschaftsredaktion (womöglich ein wenig geschmeichelt ob der gewachsenen eigenen Bedeutung) der Versuchung widerstehen, Themen auf die Titelseite zu schreiben, die dort nicht hingehören. Natürlich muss sie offen sein für Themen, die man an sie heranträgt. Ihre Qualität misst sich aber auch daran, wie standhaft sie gegebenenfalls „nein" sagen kann.

In jenen Fällen, in denen sie „ja" sagt, stellt sich indes ein anderes Problem. So erweisen sich beispielsweise Ausflüge in die Leitartikel-Welt gelegentlich als schwieriges Gebiet für komplexe Wissenschaftsthemen: Wer über Schröder oder Merkel schreibt, muss nicht lange erklären, wer das ist und kann flugs frei argumentieren, um zum eleganten, meinungsstarken Abschluss zu gelangen. Wer jedoch die Frage des Umgangs mit Blastocysten oder Präimplantationsdiagnostik bewerten will, muss gleich drei Absätze Platz von der eleganten Argumentation abziehen: Die nämlich gehen für die Erklärung drauf, wer oder was eine Blastocyste überhaupt ist. Nicht immer sind die traditionellen journalistischen Formen also 1:1 kompatibel für Themen aus der Wissenschaft.

Das Ressort: Raus aus der „Nice-to-have-Abteilung"

Trotz solcher Untiefen kann das „Wissen-Ressort" heute aber durchaus zufrieden sein mit seiner Position. Die Teilnahme an der Ressortleiterkonferenz um 10 Uhr wie der Hauptkonferenz um 10 Uhr 30 gehört heute zum Tagesgeschäft, wobei in der Regel im täglichen Wechsel jeweils ein Redakteur (zusammen mit einem Co-Produzenten) für die Tagesproduktion zuständig ist. Ressortleiter Patrick Illinger formulierte es zum 60-jährigen Bestehen der *SZ* so: „Die Wissenschaft ist raus aus der Beilagenecke, in der sie einst als Nice-to-have-Abteilung um ihre Existenzberechtigung zwischen den anzeigenträchtigeren Reise-, Auto- und Immobilienteilen bangen musste. Intendanten und Chefredakteure haben ihre Wissenschaftsredaktionen in den Kreis der aufmacherfähigen und leitartikeltauglichen Ressorts aufgenommen." [9]

Begonnen hat die ehemalige „Nice-to-have-Abteilung" am 22. Februar 1968, als die erste Wissenschaftsseite in der *SZ* erschien. Mit einem Redakteur gestartet, waren es Mitte der 90er Jahre drei Redakteure, die wöchentlich drei bis vier Seiten produzierten. Einige Zeit versuchte man sich auch an einer zusätzlichen Computerseite, die dann jedoch schrittweise wieder ins Wissenschaftsressort integriert wurde. Im Jahr 2006 arbeiten (inklusive Ressortleiter) fünf Wissenschaftsredakteure für die Zeitung sowie drei weitere für das Magazin *SZWissen* – wobei sich das genaue Zahlenverhältnis schwer beziffern lässt, sind einige vor allem für das Magazin zuständige Redakteure doch auch regelmäßig in der Zeitung vertreten und umgekehrt. Sie produzieren fünf der mittlerweile sechs Wissen-Seiten in der Tageszeitung; die zeitweise ebenfalls mit „Wissen" überschriebene Seite am Montag („Schule und Hochschule") verantwortet ein Redakteur, der dem Politik-Ressort zugeordnet ist.

Mit einer Biologin, einer Biochemikerin, einem Mediziner und zwei Physikern dominieren in der Wissen-Redaktion der Zeitung zwar bis heute Journalisten mit naturwissenschaftlichem Hintergrund (ebenso wie bei den freien Autoren), aber die Redaktion ist im Laufe der Jahre offener für Journalisten mit nicht-naturwissenschaftlichem Studium geworden. Hinzu kommen gelegentlich Volontäre sowie meist zwei Praktikanten, die vorher üblicherweise vor allem eine Hürde zu überwinden haben: der Redaktion gute Themen vorzuschlagen und Textproben ab-

---

9   Illinger, P.: Der Neandertaler schafft es auf die Titelseite. In: 60 Jahre *Süddeutsche Zeitung*, Nr. 230, 6.10.2005, S. 25 (Beilage)

zuliefern, die noch nicht andernorts veröffentlicht (und womöglich stark redigiert) wurden – eine Hürde, vor der erstaunlich viele Interessenten zurückschrecken.

Themen zwischen Tageszeitung, nochmals Tageszeitung und Magazin

Der seit zehn Jahren wachsende Drang der Wissenschaft auf die vorderen Seiten der Zeitung bleibt nicht ohne Auswirkung auf die Themenwahl. Zwar spielen Fachzeitschriften (und vor allem die entsprechenden Vorabmitteilungen) von *Science* und *Nature, Lancet, JAMA* und dem *New England Journal* bis hin zu *Physical Review Letters* auch weiterhin eine große Rolle für die Themenwahl. Einer Untersuchung am Lehrstuhl Wissenschaftsjournalismus der Universität Dortmund zufolge stammt der Anlass der Berichterstattung aber nur noch in wenig mehr als jedem zweiten Fall aus der Wissenschaft selbst (Fachpublikation, wissenschaftliche Tagung etc.); in den anderen Fällen liefern politische, gesellschaftliche oder kulturelle Ereignisse (vom Kinostart eines Films bis zur Trockenheit im Sommer) den Anlass. Rund ein Drittel aller Beiträge aus dem Bereich Wissenschaft finden sich dabei außerhalb der Wissenschaftsseiten. Die Top-Themen im Blatt sind die Klassiker: Knapp ein Viertel der Artikel beschäftigten sich mit medizinischen Themen, gefolgt von den Bereichen Technik (13 Prozent), Biologie und Forschungspolitik (je 11 Prozent).[10]

Das Für und Wider des Täglichen

Zunächst zwang die zunehmende tagespolitische Bedeutung von Wissenschaftsthemen in den 90er Jahren das Wissenschaftsressort zu einem Spagat: Galt es zwischen 10 und 17 Uhr regelmäßig als Autor in den Nachrichten die neuesten (angeblichen oder tatsächlichen) Fortschritte

---

10   Untersuchungszeitraum Oktober 2003 bis Januar 2004 (13 Wochen); n = 454 Artikel; gezählt wurden alle Stilformen, unabhängig von ihrem Umfang

in der Stammzellforschung darzustellen, einen Leitartikel zur Welt-Aids-Konferenz zu verfassen oder (da der Korrespondent sich des Themas nicht gewachsen fühlte) in Großbritannien die Plausibilität der jüngsten Zahlen zur Rinderseuche BSE zu prüfen, so begann von 17 bis 22 Uhr die zweite Schicht – die eines im Wochenrhythmus arbeitenden Wissenschaftsredakteurs: Welche Meldungen aus den Presse-Vorabberichten von *Science* und *Nature* mussten bei den Autoren in Auftrag gegeben werden, welche Themen waren für die damals noch existierenden festen Rubriken wie Kommentar und Interview („Nachgefragt") geeignet? Besonders zeitraubend erwies sich regelmäßig das Redigieren mancher – oft mehr fachlich als sprachlich versierter – Autoren. Was lag angesichts des Spagats zwischen „täglich" und „wöchentlich" näher, als sich komplett dem Produktionsrhythmus einer Tageszeitung anzupassen?

Andererseits bedeutet das Leben im drei-, vierseitigen wöchentlichen Wissenschafts-Reservat (andere sprechen vom Ghetto) auch eine inhaltliche und gestalterische Narrenfreiheit: In ein Reservat redet jedenfalls kaum jemand hinein und es lässt sich – theoretisch – mit einem stärker selbst bestimmten Aktualitätsbegriff arbeiten, der weniger von anderen Medien diktiert wird. Aufwändige Auftritte mit Magazincharakter wie „Die Wissenschaft vom Urlaub", ein wissenschaftlicher Blick auf „Das doppelte Weihnachten" oder Fragen nach der Dauer der „Gegenwart" (statt eines Jahresrückblicks) hätten im vorderen Teil einer Zeitung wie Fremdkörper neben den Fotos von Politikerköpfen gewirkt.[11]

Insgesamt überwiegen jedoch die Argumente, die dazu führten, dass sich auch die *SZ* zu einer – zunächst fast – täglichen Wissenschaftsseite entschloss, wie sie *Die Welt* schon seit längerem praktizierte. In der *FAZ* war (ungefähr zu jenem Termin, den man ursprünglich bei der *SZ* angepeilt hatte) zusätzlich zu den wöchentlichen Seiten ein zweispaltiger Streifen „Natur und Wissenschaft" im Feuilletonteil reserviert worden.[12]

Die erste reguläre Wissenschaftsseite in der ersten Lage der *Süddeutschen Zeitung* erschien dann im September 2003. Und sie hatte ein wenig

---

11   *Süddeutsche Zeitung*, 30.7.2002, Seite V2/5, 24.12.2002, S. V2/5, und 31.12.2002, S. 19
12   Vgl. dazu: Schirrmacher, F.: Schöne und neue Welt. Warum sich unser Feuilleton ändert. *FAZ*, 1.9.2001, S. 41

die Anmutung, bloß nicht zu sehr auffallen zu wollen, so als sei man sich noch nicht ganz sicher, ob man sich bereits am richtigen Platz befinde.[13] Und in der Tat: Einen Tag später wurde die Schriftart der Titelzeilen gegen eine Times-Schrift ausgetauscht, wie sie im Feuilleton üblich war – wo die Wissenschaftsseite zweieinhalb Jahre später schließlich ganz gelandet ist. Dieser Rückzug ins zweite Buch lässt sich philosophisch ebenso begründen („Wissenschaft ist Teil der Kultur") wie drucktechnisch: Für nun zwei Seiten „Vermischtes" und die Wissenschaftsseite war im ersten Buch nicht genügend Platz, zudem wurde eine tägliche Seite so auch in der Samstagsausgabe möglich. Amüsante Historie sind die Leserproteste beim ersten Schritt zum täglichen Erscheinen im Jahr 2003, warum man denn die Wissenschaftsseiten „abgeschafft" habe – wenngleich sie zeigen, wie sensibel eine Redaktion mit Gewohnheiten der Leser umgehen muss, die ihre favorisierten Themen nicht mühsam suchen wollen.

Trotz der Vorzüge einer täglichen Seite bleibt der Wissenschaftsredaktion jedoch eines nicht erspart: Anstelle des ursprünglichen Spagats zwischen „täglich" und „wöchentlich" lautet die Frage nun: Was kommt auf die Wissen-Seite, was muss ganz nach vorn in die Zeitung und was gehört ins Magazin (*siehe Fünf Fragen an Patrick Illinger*)? Vielleicht ist das ein Grund dafür, dass die tägliche Wissen-Seite aus Leser-Perspektive heute oft recht konventionell erscheint und sich kaum unterscheidet von dem, was früher auf den gewöhnlichen wöchentlichen Seiten zu lesen war.

Wissenschaft investigativ – Freizeitaktivität für Redakteure

Auch wenn Wissenschaftler es oft anders wahrnehmen: Wissenschaftsberichterstattung gehört zur positivsten Berichterstattung in den Medien überhaupt – insbesondere dann, wenn sie aus einer Wissenschaftsredaktion stammt. Während andernorts über Steuererhöhungen, Terroran-

---

13 *Süddeutsche Zeitung*, 16.9.2003, S. 11

schläge oder Hungersnöte berichtet wird, ist auf Wissenschaftsseiten vorwiegend von „Fortschritten" die Rede, von „Erfolg versprechenden" Studien-Resultaten, manchmal sogar von „Hoffnungen" für Patienten. Umso stärker aber werden die (eher seltenen) negativen Nachrichten aus der Wissenschaft kritisch beäugt, etwa wenn es um Verstöße von Forschern gegen gute wissenschaftliche Praxis geht. Zwei Beispiele für eine kontinuierliche und analysierende Berichterstattung über solche Themen in der *Süddeutschen Zeitung* waren der Fälschungsfall „Herrmann / Mertelsmann/Brach" (beginnend mit einem exklusiven Beitrag über die ersten 37 verdächtigen Fachpublikationen) und über fragwürdige Patientenversuche an der Göttinger Universitätsklinik (die mit einem in Kooperation mit dem *Laborjournal* entstandenen Artikel begann).[14]

Dass der Wissenschaftsjournalismus heute auch eine solche Rolle als kritischer Beobachter erfüllen sollte, gilt unter Wissenschaftsjournalisten der Qualitätsmedien mittlerweile als unstrittig. Und in der Wissenschaft selbst findet sich – neben der oft lauten Kritik an solchen Berichten – eine (meist leisere) Fraktion der Zustimmung, die Journalisten als zusätzliche Instanz zur Qualitätssicherung des Systems Wissenschaft akzeptieren. Dennoch ist „investigativer Wissenschaftsjournalismus" weiterhin ein sehr großes Wort – nicht weil es über Verstöße gegen die „gute wissenschaftliche Praxis" in der Forschungswelt zu wenig zu berichten gäbe, sondern eher, weil der Redaktionswelt dazu meist die Ressourcen und mitunter die tatsächliche Bereitschaft fehlt. Welche Wissenschaftsredaktion kann es sich im Alltag schon leisten, Redakteure vom täglichen Produktionsdienst für Recherchen zu befreien, die sich über viele Tage bis Wochen hinziehen können – und dann noch ohne Garantie auf Erfolg?

Da sind „bunte Themen" schon sicherer, denn so spannend das Thema „Betrug in der Wissenschaft" zunächst klingen mag: Wer wirklich erklären will, was etwa im Labor eines Leibnizpreisträgers schief gelaufen sein könnte, kommt nicht umhin, viel genauer als sonst Methoden und Verfahren zu erklären, um die man sich in der normalen Wissenschaftsberichterstattung eher drücken würde. Ohne eine dritte Redakti-

---

14   *Süddeutsche Zeitung*, 14.8.1997, S. 34 und 3.7.2001, S. V2/9

onsschicht können Beiträge über komplizierte Fälschungsfälle in der Forschung kaum recherchiert und juristisch sauber umgesetzt werden; sie werden daher auch künftig vor allem auf Freizeitaktivitäten einzelner Autoren und Redakteure beschränkt bleiben.[15]

Doch auch in weniger gravierenden Fällen, gilt es bei einer Zeitung schnell als unpopulär, am hohen Ansehen der Wissenschaft zu kratzen oder unbequeme Wahrheiten zu verkünden. Wenn einer der kompetentesten deutschen Medizinjournalisten Zweifel am Sinn eines flächendeckenden Brustkrebs-Screenings äußert[16], glaubt dem Propheten im eigenen Hause nicht unbedingt jeder mehr als der Medizin-Lobby. In der Glaubwürdigkeitshierarchie stehen Ärzte nun mal über den Journalisten, daran ändert das Präfix „Wissenschafts-" nicht viel.

Wissenschaftsjournalismus: die Grenzen des Wachstums

Wissenschaft ist gefragt, Wissenschaft ist vorne mit dabei, nicht selten auf der Titelseite. Die Anfragen an die „Lexikonredaktion" haben erfreulicherweise weiter zugenommen. Sogar manche Regionalzeitungen leisten sich mittlerweile einen eigenen Wissenschaftsredakteur – oder zumindest Redakteure, die von diesen Themen *auch* etwas verstehen.

Andererseits: Gute Wissenschaftsjournalisten sind auf dem Markt bis heute schwerer zu finden als gute Feuilletonisten, vor allem aber ist guter Wissenschaftsjournalismus vergleichsweise aufwändig und teuer. Zwar sind gerade wissenschaftsjournalistische Recherchen durch das Internet leichter als noch vor zehn Jahren, zwar macht die bessere Wissenschaftskommunikation von Forschern und Forschungseinrichtungen einiges leichter – gleichzeitig aber macht gerade das die Recherche um einiges schwerer, will der Journalist nicht allzu leicht einem fragwürdigen Forschungsverkäufer auf den Leim gehen.

---

15 Vgl. auch: Wormer, H.: Die verlorene Ehre der Professor Blum? Wie recherchiert der Journalist, wenn im Elfenbeinturm ein Fälschungsverdacht keimt? In: *wpk-Quarterly*, Magazin der Wissenschaftspressekonferenz, Nr. IV/2003, S. 2-4
16 Koch, K.: Themen des Tages „Brustkrebs-Früherkennung". *SZ*, 14.2.2002, S. 2

Zudem ist das Personal gerade in den Wissenschaftsredaktionen der Zeitungen vielerorts nicht so stark gewachsen wie die Nachfrage nach Wissenschaftsthemen, sodass zu viele Dienstleistungen die Lexikonredaktion schnell an ihre Kapazitätsgrenze bringen kann. Und in einer Zeit, in der Geschäftsführer von Medienbetrieben heute Seife und morgen Zeitungen verkaufen (in denen dann idealerweise das steht, was sich am besten verkaufen und am billigsten produzieren lässt), ist Wissenschaft nicht die sicherste Aktie. Gerade das weniger Bunte, Sperrigere, aber eben doch oft Relevante aus der Forschung wird es dabei künftig nicht leichter haben. Und schon ein anderer, womöglich wieder rein politisch sozialisierter Chefredakteur, der weniger an das Interesse seiner Leser für Wissenschaft glaubt, kann den Wissens-„Boom" – zumindest zeitweise – schnell wieder ein wenig bremsen.

Fünf Fragen an Patrick Illinger

Wie kam es zur Idee und zur Gründung des Magazins SZWissen?
Die Idee hat sich eine Weile lang wie eine lange Zündschnur durch die Windungen des Verlags geschlängelt. Mitte 2004 erreichte mich dann plötzlich ein Anruf unseres Geschäftsführers Klaus-Josef Lutz im Sommerurlaub. Die Aussage war ungefähr: „Illinger, ein Wissenschaftsmagazin, wunderbar, machen wir, sofort anfangen." Es wurde nach einer Reihe erfolgreicher Zusatzprodukte der *SZ* wie der Buchreihe *Süddeutsche Zeitung Bibliothek* die erste redaktionelle Line Extension des Verlages. Ein Kiosk-Magazin, das war etwas Neues. Das Thema Wissenschaft wurde unter anderem deswegen ausgesucht, weil Leserbefragungen ein starkes Interesse an diesem Gebiet zeigten.

Wie unterscheiden sich ZeitWissen und SZWissen? Inwieweit sind beide direkte Konkurrenten?
Ich will nicht zwei Titel gegeneinander ausspielen. Gemeinsam ist den beiden im Dezember 2004 auf den Markt gekommenen Zeitschriften, dass sie ein Publikum erreichen, das sich bei etablierten Wissenschaftsti-

teln nicht gut aufgehoben fühlte. Beide versuchen, wissenschaftliche Themen für ein zwar gebildetes, aber nicht unbedingt wissenschaftlich geprägtes Publikum zugänglich zu machen. Vielleicht kann man sagen, dass *ZeitWissen* mitunter origineller auftritt, während *SZWissen* eher versucht, die Relevanz der Informationen für das Alltagsleben hervorzuheben. Ich denke, dass beide auf dem Markt bestehen können.

Wie funktioniert das Zusammenspiel zwischen der Wissen-Seite in der Tageszeitung und dem Magazin? Sind beide organisatorisch getrennt?
Die Wissenschaftsredaktion der *Süddeutschen Zeitung* war und ist ganz klar der geistige Nährboden für das Magazin *SZWissen*. Die Redaktionen beider Objekte sitzen räumlich zusammen und werden in Personalunion von mir geleitet. Mitarbeiter beider Seiten liefern Ideen und Inhalte für das jeweils andere Produkt. Doch es gibt getrennte Themenkonferenzen, und die redaktionelle Arbeit ist getrennt.

Nach welchen Kriterien entscheiden Sie, welche Themen bevorzugt im Magazin laufen und welche eher in der Zeitung?
Da ist zum einen das Thema Optik: Was wir opulent bebildern können, läuft eher im Magazin. Die Zeitung hingegen kann schon wegen der Erscheinungsweise viel aktueller reagieren. Beim Magazin achten wir zwar auch auf Aktualität, es geht aber eher um latente Aktualität, auch in dem Sinne, dass wir aufpassen müssen, dass die realen Ereignisse das Heft zwischen Redaktionsschluss und Erscheinungstermin nicht überholen. Grundsätzlich könnten die meisten Magazinthemen aber auch in der Zeitung stattfinden. Andersherum gilt das nicht in gleichem Maße. Magazinbeiträge brauchen meist eine stärkere erzählerische und menschliche Komponente als mancher an Fakten ausgerichteter Zeitungsbericht.

Deuten die neuen Wissensmagazine einen Trend zu einer bunteren, dem Staunen verpflichteten Wissenschaftsberichterstattung an, in der politische oder brisante Wissenschaftsthemen eher auf weniger Interesse stoßen?
Von einem Trend würde ich nicht sprechen. Der Erfolg von *ZeitWissen* und *SZWissen* besteht eher darin, eine offene Marktlücke gefunden zu

haben – ein Informationsbedürfnis, das offenbar viele Menschen haben, die sich in der Gesellschaft mit Themen wie Stammzellforschung, Erdöl-Knappheit und Bio-Lebensmitteln konfrontiert sehen. Insofern ist die Vermittlung von Wissensthemen mit Mitteln des Magazinjournalismus eher ein Zusatz zu der weiterhin erfolgreichen Wissenschaftsberichterstattung in Tages- und Wochenzeitungen. Und weil viele von einem Boom sprechen: In England erscheint ein wöchentliches Wissenschaftsmagazin. So weit sind wir in Deutschland noch längst nicht.

Fünf Links zum Thema

- Die *Süddeutsche Zeitung* im Internet: www.sueddeutsche.de
- Dortmunder Lehrstuhl Wissenschaftsjournalismus: www.wissenschaftsjournalismus.org
- Die Seite der Investigative Reporters and Editors: www.ire.org
- Die Seite des Netzwerks Recherche: www.netzwerk-recherche.de
- Informationen über Auflagenzahlen für jedermann: www.ivw.eu

Ergänzende Literatur

- Wormer, H.: Losgelöst vom Alltag? Was Wissenschaftsjournalismus leisten sollte. In: *epd medien*, Nr. 96, 7.12.2005, S. 16-25.
- Wissenschafts-Pressekonferenz (Hg.): Wissenschaftsjournalismus heute. Ein Blick auf 20 Jahre wpk, 2006.
- Roos, M. et al.: Wissen ist Markt. In: *Insight*, Nr. 4/2005.
- Rager, G. et al. (Hg.): Zeitungsjournalismus. Empirische Leserschaftsforschung. UVK, 2006.
- Kohring, M.: Wissenschaftsjournalismus. Forschungsüberblick und Theorieentwurf. UVK, 2005.
- Radü, J.: Wachhund im Elfenbeinturm. Investigativer Wissenschaftsjournalismus als mögliche Kontrollinstanz des Wissenschaftssystems. Diplomarbeit am Lehrstuhl Wissenschaftsjournalismus der Universität Dortmund, Juli 2006.
- Wormer, H.: Mitgeschrieben, mitgefangen? Erfahrungen und Fortschritte im Umgang mit „Phantom-Autoren" in Naturwissenschaft und Medizin in Deutschland. In: *Information Wissenschaft & Praxis*, 2/2006, S. 99-102.

„Eine Boulevardzeitung spielt quasi definitionsgemäß mit den Gefühlen von Menschen, mit Angst ebenso wie mit Hoffnung. Dennoch liegt ein Teil des Problems auf Seiten der Institutionen. Was sich insbesondere in Pressestellen von Universitätskliniken tummelt, ist oft eine Katastrophe."

Wissenschaft auf dem Boulevard:
Balance zwischen Goethes Gehirn und Krebswunder

Von Christoph Fischer
Bild-Zeitung (Hamburg)

Die *Bild*-Zeitung ist in gewisser Weise ein Modell der Gesellschaft: Sie hat fast so viele Dumme als Leser, aber sie hat auch fast genauso viele Intelligente. Jedenfalls sind nicht alle *Bild*-Leser dumm. Ein Medizinredakteur merkt das oft an Leser-Reaktionen, an Telefon-Anrufen nach dem Muster: „Herr Kollege, was haben Sie denn da geschrieben?" – „Ach, Herr Professor, Sie lesen die *Bild*?" – „Nein, meine Sekretärin hat sie mitgebracht."

Das oft „meistzitierte Medium" Deutschlands

Als Boulevardjournalist muss man seine Leser zwar nicht lieben, wie *Bild*-Verleger Axel Springer gesagt hat, aber man darf sie nie unterschätzen – ein großer Fehler, den selbst gestandene Boulevardjournalisten immer wieder machen. Viele Leser merken, wenn sie belogen werden und beschweren sich: „Das hat mir mein Arzt aber anders gesagt!" Oder: „Das habe ich im Wissenschaftsmagazin XY anders gelesen." Denn es gibt viele Menschen, die *Bild* „me too" lesen, also neben anderen, auch Nicht-Boulevardmedien. Hinzu kommt die Verbreitung: Als häufig „meistzitiertes Medium" Deutschlands[17] ist *Bild* automatisch ein Themengeber.

---

17   Vgl. z.B. Medien-Tenor 2005

Journalist bei der *Bild*-Zeitung zu sein, lässt sich vielleicht so beschreiben wie mein Onkel seine Arbeit als Missionar in Indien beschrieb. Wenn man ihn fragte: „Wie ist es in Indien", sagte er: „Genau wie in Deutschland, nur alles ganz anders." Übertragen auf den Boulevardjournalismus heißt das: Im Grunde arbeiten wir wie andere Journalisten auch, wobei die Gewichtung der Themen natürlich eine andere ist als etwa bei der *Süddeutschen*. Aber auch bei *Bild* wird recherchiert, auch dort hat man seine Informanten, auch *Bild*-Journalisten leben nicht völlig abgehoben von der realen Welt. Und auch wir erfinden nicht alles.

Allerdings hat man im Boulevardbereich immer das Problem, dass Wissenschaftsthemen im Zweifel Verfügungsmasse sind – anders als bei der *FAZ* oder der *Süddeutschen*. Die Wissenschaftsjournalisten dort machen ihre Seiten weitgehend selbstständig, ohne dass jedes Mal der Chefredakteur draufguckt; die Ressorts führen ein gewisses Eigenleben. *Bild* wird dagegen vom Kopf her produziert: Der Chefredakteur bestimmt, bis hin zu den Seiten mit dem Fernsehprogramm, wie was gewichtet und im Zweifel formuliert wird. Jeder Text geht durch den Filter der Chefredakteure, die an einem Tisch sitzen, dem „Balken". Daher muss ein Wissenschaftsredakteur die Relevanz seiner Beiträge noch deutlicher machen als anderswo. Die Struktur hängt noch mit einer weiteren Besonderheit des Boulevardgeschäfts zusammen: Die „Qualität" der Hauptschlagzeile über dem Bruch entscheidet über den Verkauf. Und *Bild* ist die Cash-Cow des *Springer*-Verlages. Entscheidend für den Verkauf ist also, was oben auf der Zeitung steht. Deswegen ist der interne Wettbewerb um Geschichten innerhalb der Redaktion sehr hoch, man sagt sogar: Jemand hat die Hauptschlagzeile „gewonnen".

Was sind die Determinanten dieser Hauptschlagzeile? Da gibt es zunächst die klassischen Motive, zum Beispiel den Nachrichtenwert: Wenn ein Tsunami in Asien Hunderttausende tötet, dann kommt daran kein Medium vorbei. Aber es gibt etwas, das hinter dieser nachrichtlichen Schlagzeilenqualität steht. Ich habe das „SHVW-Gesetz" genannt. Immer wenn ein Sieg, Hoffen, Verbrechen oder Wunder – und das möglichst additiv – zu vermelden ist, liefert das den Impuls für die Hauptschlagzeile. (Natürlich kann man das Gesetz noch um ein S ergänzen: „Sex sells" – auch das gilt besonders im Boulevard.)

Dennoch sind die Entscheidungen nicht immer in letzter Konsequenz durch Regeln objektivierbar. Die Arbeit eines Boulevardjournalisten ist extremer als die anderer Journalisten abhängig von dem, was sich Medienmacher so vorstellen: „Pressefreiheit ist das, was sich 280 Chefredakteure Deutschlands jeden Tag darunter vorstellen." So ähnlich hat ein früherer Herausgeber der *FAZ*, Paul Sethe, das einmal formuliert.[18] Die Kriterien dafür, was die Chefs sich ausdenken, sind indes verschieden. Ein anerkannter Wissenschaftsjournalist wie Rainer Flöhl, langjähriger Ressortleiter bei der *FAZ*, nannte mir einmal seine klassische Rationale: „Ich durchforste die medizinische Welt und sage, was wichtig ist." Bei einem Boulevardblatt wie der *Bunten* dominiert ein anderes Kriterium: „Das ist ja interessant", nannte deren Chefredakteurin bei den Münchner Medientagen (2003) einmal als Kriterium. Helmut Markwort, der als Gründer von *Focus* den Magazin-Journalismus revolutioniert hat, ging dort noch einen Schritt weiter: „Ich sage etwas Fantastisches." Und wenn die Marktforschung des *Springer*-Verlages sagt, dass sich Hitler gut verkauft, dann werden Hitler-Themen gesucht, möglichst abgedrehte. Das hört sich zynisch an, aber Journalismus ist auch eine Ware.

Die Struktur eines Boulevard-Mediums, das strikte Produzieren vom Kopf her, hat auch den Effekt, dass Kindermedizinthemen ganz wichtig werden, wenn der Chefredakteur ein Kind bekommt. Oder wenn der Chefredakteur Grippe hat: „Lieber Medizinredakteur, mach doch mal ein Grippestück!" Das wiederum ist bei anderen Medien oft nicht unähnlich: Als *FAZ*-Herausgeber Frank Schirrmacher beispielsweise „Das Methusalem-Komplott" geschrieben hatte, durften die Redakteure vom Politikteil bis zur Wissenschaft, sicher nicht zufällig, über Demographie berichten.

Themen wie den Nobelpreis bringt natürlich auch ein Boulevardmedium, wobei Personalisierung eine besonders große Rolle spielt. Beispiel Günter Blobel, Medizin-Nobelpreisträger 1999: Der Mann ist natürlich

---

18   Vgl. etwa *Spiegel*, 5. Mai 1965

wichtig, fast ein Deutscher. Durch Zufall ist seine Nichte Praktikantin bei *Bild* und schreibt die klassische Geschichte, die die Leser freut und tröstet: „Er war im Abitur nicht so gut..." Insgesamt gilt jedoch: Wenn man sich als Wissenschaftsjournalist im Boulevard nicht aktiv einbringt – und zwar gerade dann, wenn die Mischung des Blattes nicht stimmt, wenn zu viel Sport ist, wenn zu viel Tsunami ist – dann hat man selten eine Chance. Weil man keine eigene Seite hat, ist man vor allem Zuarbeiter und nicht der autonome Journalist. Manchmal muss man regelrecht darauf warten, dass es irgendeine Form von Pseudoaktualität gibt, um endlich über seine Themen schreiben zu können.

Wozu ein Wissenschaftsressort?

Wieso leistete sich *Bild* dann überhaupt ein Wissenschaftsressort? Meine gut zehnjährige Existenz bei *Bild* verdankte ich der Tatsache, dass es 1993 mit Claus Larass einen neuen Chefredakteur gab, der ein hohes Ansehen in der Redaktion genoss. Die Auflage war Anfang der 90er Jahre um fast eine Million Leser eingebrochen. Vorher war *Bild* fast Boulevardmonopolist, erst von Mitte der 80er Jahre an musste man das Monopol mit dem Privatfernsehen teilen. Der neue Chefredakteur gab die Devise aus: „Qualität in die Zeitung bringen." Das hieß: mehr Kolumnisten und Kompetenz – darunter ein eigenes Wissenschaftsressort.

Um Wissenschaft und Medizin als Ein-Mann-Betrieb bei *Bild* zu etablieren, habe ich unter anderem angefangen, Fachinformationsdienste anzuschaffen, Fachzeitschriften wie *NEJM*, *JAMA* und *Nature* quer zu lesen. Ich habe angefangen, Interviews mit Forschern zu führen und die einfach mal auf Wiedervorlage zu legen, wenn ich sie nicht gleich konkret umsetzen konnte. Ich habe angefangen, eine eigene Expertendatenbank aufzubauen, in der Experten von „A wie Abort" bis „Z wie Zeckenstich" oder „A wie Atom" bis „Z wie Zuckerproduktion" gesucht und gefunden werden können. Und ich habe eine Bibliothek angeschafft mit kuriosen Büchern („Lexikon der Erfindungen" oder „Chirurgische

Operationslehre – für die Optik), die inzwischen gut 5 000 Bände umfasst.

Dazu ein Beispiel: Wenn Rudolf Moshammer stirbt, dann ist das natürlich ein Thema für *Bild*. Und eine Strategie von Wissenschaftsjournalisten im Boulevardbereich sollte es sein, ergänzende Themen zur laufenden Berichterstattung anzubieten. In diesem Fall war das „Mythos Tod, Mythos Sterblichkeit – von der Mumie bis zur Eisleiche in Stickstoff." Für ein so umfassendes Stück ist es hilfreich, auf eine Bibliothek zurückgreifen zu können, in der auch wissenschaftliche Werke zur Geschichte des Todes zu finden sind.

Doch bei allen wissenschaftlichen Qualitäten braucht man im Wissenschaftsressort bei *Bild* zu 80 Prozent journalistische Qualitäten: Sprachsicherheit, Hartnäckigkeit, Biss, Leute anrufen und noch einmal anrufen. Der ehemalige *Bild*-Chefredakteur Udo Röbel, der eine hohe Affinität zur Wissenschaft hatte, sagte immer: „Du musst fragen, fragen, dich nicht abspeisen lassen." In guten Zeiten kam ich dann auf vielleicht vier bis fünf Beiträge aus der Medizin pro Woche. Hinzu kam noch eine Medizin-Kolumne, ein wichtiger Punkt neben der Tagesaktualität und den Kriterien des „SHVW-Gesetzes", nämlich News to Use: „Die fünf wichtigsten Tipps gegen Hausstauballergie" etc.

Meine Hypothese wäre, dass das Fernsehen immer noch stärker zur Konkurrenz wird und auch im Boulevard-Segment weiter Leute abgreift mit seinem Häppchen-Journalismus. Früher haben die Leute offenbar doch noch lieber, intensiver und kritischer gelesen, auch *Bild*-Leser. Der Boulevardjournalismus wird damit noch flacher als er ohnehin schon war. Und die Auflage sinkt.

Die Themen und die boulevardesken Züge der Wissenschaft

Für die Themenwahl bei *Bild* gilt ebenfalls ein Zitat von Udo Röbel: „Wenn Sensationelles geschieht, ist das schon okay, aber im Grunde wollen die Leser lesen, was sie ohnehin schon wissen." Darin steckt ein ganzes Kapitel Medientheorie, denn hinter dem Satz verbirgt sich das,

was die Medienwissenschaften der Boulevardjournaille gerne vorwerfen: affirmativen, also unkritischen und einzig am Vorverständnis der
Leser orientierten Journalismus. Ihr bildet ab, was die Leute ohnehin
schon wissen. Da ist etwas Wahres dran. Auf den Wissenschaftsjournalismus hat das interessante Auswirkungen – nämlich die, dass wir über
Stereotypen gerne berichten. Was wären Stereotypen des Wissenschaftsjournalismus? Tutenchamun, die Pyramiden, Tod, Aliens, welche Menschen auf anderen Sternen leben? Auch hier lässt sich das „SHVW-
Gesetz" anwenden: Mit Themen wie „Neues Gen entdeckt – Kann es
den dicken Bauch vermeiden?" oder „Krebs bald heilbar" hat auch die
Wissenschaft die Chance, den Ehrentitel bei *Bild* zu gewinnen, die
Hauptschlagzeile über dem Bruch.

Das aber liegt zum Teil sogar durchaus in der Tradition der Wissenschaft selbst. Denn wo kommt diese Zunft eigentlich her? Die moderne
Wissenschaft – Universitäten, Fakultäten, gelistete Publikationen – ist ja
relativ jung. Streng genommen ist das System erst im 19. Jahrhundert erfunden worden. Bis dahin war Wissenschaft sehr oft reine Unterhaltung.
Viele wissenschaftliche Museen sind entstanden aus dem Raritätenkabi-
nett verschrobener Landesfürsten, die zur eigenen Zerstreuung Dinge
gesammelt haben. Und auch große physiologische Experimente wurden
nicht zuletzt zu Unterhaltungszwecken gemacht: Alessandro Volta hat
seine zuckenden Frösche illustren Frauengesellschaften vorgeführt, jedenfalls nicht unbedingt a priori der Wissenschaft. Als Boulevardjournalisten stehen wir in gewisser Hinsicht in dieser Tradition. Das ist meine
Hypothese.

Heute ist genau das ein Grund für den Erfolg von *Bild*: Die Leute haben etwas, worüber sie reden können, und sei es über abenteuerliche
Themen: „Hast du schon gehört? Sars soll aus dem All kommen." Umgekehrt kommt man auf gute Themen auch, wenn man im Alltag mit
Leuten redet, etwa wenn im Café ein Student erzählt: „Ich will nach Kenia und habe meinen Impfpass verloren. Jetzt weiß ich gar nicht, ob ich
schon mal geimpft worden bin. Kann man das im Blut feststellen?" Die
Frage hat Tropenmediziner zur Raserei gebracht – weil sie es selbst, zumindest auf Anhieb, nicht wussten. Daran merkt man: gutes Thema!

Natürlich werden viele Themen, wie im Fall Moshammer, auch aus vorhandenen Nachrichten weiterentwickelt. Und wenn Goethes Schädel ausgegraben wird, macht man ein Stück über Goethes Gehirn: Als bekannt wurde, dass Goethes Leichnam exhumiert und – was die DDR offenbar verschwiegen hatte – mazeriert worden sei, war das natürlich ein großes Thema der *FAZ*. Bei *Bild* hieß es: Jetzt haben die sich auch noch am Goethe vergangen! Berichtet wurde das aber erstmal nachrichtlich: „Heimlich aus dem Sarg geholt, Schädel vermessen." Als Wissenschaftsjournalist kommt einem aber womöglich noch eine Frage: Hatte Goethe mehr im Kopf als andere? Das mag an Stammtischdiskussionen erinnern, aber es ist nicht abwegig: *Neandertaler* und *Australopithecus* hatten weniger Kubikzentimeter, der *Homo sapiens* mehr. Und tatsächlich: Auch Goethe hatte ein recht großes Schädelvolumen. Nun müssen Sie in der Redaktionskonferenz das ganze Portfolio „Gehirn/Schädel" aus ihrem Archiv auspacken, sonst kriegen Sie das bei *Bild* nicht durch. Am besten dreht man die Frage noch weiter. Welche andere Leiche war gerade aktuell? Ötzi! Also vergleicht man Goethes Gehirnvolumen mit dem von Ötzi und hat einen Dreh, der auch im Boulevard bestehen kann – ein Beispiel dafür, wie man als Wissenschaftsjournalist aus der Aktualität ein Thema erkennt, um dann Kraft der eigenen Kompetenz weitere Geschichten zu entwickeln.

Themen, die für den Boulevardjournalismus nicht geeignet sind, gibt es a priori nicht. Jedes noch so komplizierte Thema kann geeignet sein. Es ist die Frage, wie man es umsetzt. Dazu muss man ein Thema aber in einen Gesamtkontext einordnen können, um dann den richtigen Dreh für die Umsetzung finden. Für Wissenschaftsjournalisten im Boulevard gilt vielleicht ganz besonders, was der ehemalige *stern*-Redakteur Dieter Gütt formuliert hat: „Gerade ein Boulevardjournalist muss mehr wissen als andere Journalisten."

Andererseits hat der Boulevardjournalist aber grundsätzlich ein Problem, weil er eben eine Boulevardzeitung macht und durch Faktoren wie das SHVW-Prinzip von vornherein beeinflusst ist, und das nicht immer im Guten. Und generell ist Journalismus eine hochsubjektive Veranstaltung, geschützt durch Artikel 5 Grundgesetz: keine Zensur.

Man kann die *Bild*-Zeitung daher nicht als Wissenschaftsmagazin verkaufen, sondern dort wird Journalismus gemacht. Gelegentlich jedoch ein Journalismus, von dem auch ich sagen würde: Nein! Zum Beispiel wenn wieder eine Schlagzeile vom Typ „Krebs geheilt!" ins Blatt soll.

Abb. 1: Die Ausgangsbasis für sensationelle Schlagzeilen aus Wissenschaft und Medizin sind oft vollmundige Versprechen aus der Forschung selbst, die im Boulevardbereich nochmals überhöht werden. Dieses Beispiel auf der Bild-Titelseite vom 9. Juni 2004 bezieht sich auf Äußerungen von Ärzten auf der Tagung der American Association of Clinical Oncology (ASCO).

Wenn etwa der oberste Krebsarzt der USA auf der Tagung der *American Society of Clinical Oncology*, dem größten Krebskongress der Welt, sagt: „Krebs ist womöglich bald eine heilbare Krankheit", dann darf man sich nicht wundern, dass *Bild*-Chefredakteure sagen, daraus machen wir eine

Schlagzeile. Da stört es nicht, dass eine Tagung durch Pharmafirmen, die für neue Medikamente werben, massiv gesponsert wird und dies einschlägige Mediziner-Aussagen durchaus befördern kann. Zudem mag man anführen: Im Grunde stimmt die Nachricht ja auch, nicht für jede Krebsart, aber für manche. Dann heißt es im Boulevardblatt aber: Krebs ist Krebs! Das ist ein Hauptproblem der Wissenschaftsjournalisten im Boulevard: Sie können nicht so scharf differenzieren.

Der Boulevardjournalist als Wissenschaftskritiker?

Hinzu kommt die Tendenz zur Boulevardisierung in den Wissenschaften selbst. Plötzlich sollen sogar Grundlagenforscher ein Millionenpublikum erreichen. Also versucht heute jeder, die praktische Relevanz seiner Forschung zu belegen. Forschungsfreiheit im Grundgesetz meinte etwas anderes. Und Humboldt sprach von „interesselosem Wohlgefallen" als dem einzig wahren Urgrund der Wissenschaft. Interesselos! Gerade in der Medizin sind Informationen oft völlig interessengeleitet. Ganze PR-Industrien bemühen sich, Medizinthemen unter Journalisten zu bringen.

Aber auch Nachrichten aus Universitätspressestellen sind mit Vorsicht zu genießen. Ein Beispiel aus der Ruhr-Universität Bochum, verbreitet über den *Informationsdienst Wissenschaft* (*idw*): „Pflanzenwirkstoff stoppt hormonell bedingten Haarausfall".[19] Haarwuchsthemen sind für viele Männer dramatisch. Man könnte die Nachricht also 1:1 in die Zeitung nehmen, es steht ja Universität als Absender drauf. Und dann recherchiert man, dass dahinter ein Drittmittelauftrag von einer Pharmafirma steht, die dem Forscher, der sich über das Thema habilitiert, ein sündhaft teures Gerät zur Verfügung stellt. Der angehende Professor will dazu nichts sagen, aber man könnte sich vorstellen, dass ihm sein Sponsor im Nacken sitzt und sagt: „Du kriegst von uns 180 000 Euro für dein Mikrotom, mit dem du deine histologischen Schnitte machen kannst, also tu auch mal etwas für unser Produkt."

---

19   Pressemitteilung der Universität Bochum vom 26.8.2003

So etwas ist heute jedenfalls Realität an wissenschaftlichen Instituten. Drittmittelforschung finden ja alle toll. Und das ist meine Kritik an der eigenen Zunft: Solche Dinge werden von Journalisten viel zu selten durchleuchtet. Auch der Wissenschaftsjournalismus der Qualitätsmedien, gerade von Magazinen wie *bild der wissenschaft*, krankt an Journalismusmangel. Und warum passt die Universität nicht selber auf, was sie herausgibt? Muss ich als Boulevardjournalist schlauer sein als eine Universitätspressestelle? Als Medizinjournalist muss ich jedenfalls wissen, was in der Forschung läuft und spüren, wenn hinter einer Nachricht womöglich ein Drittmittelauftrag steht und die Mitteilung allein durch einen O-Ton des Forschers nicht evaluierbar ist. Also kommt das in die Ablage Papierkorb oder Referate. Diese Fälle häufen sich.

Ein anderes Beispiel: Eine Firma verschickt Infomappen: „AmpliChip von *Roche* erhält Zulassung in den USA. Erster diagnostischer Test auf Biochipbasis zum Nachweis genetischer Varianten, die die individuelle Wirksamkeit von Medikamenten sowie deren Nebenwirkungen beeinflussen können." Das müssen Sie dem Chefredakteur erst einmal übersetzen. Erste Rationale: „Riesenproblem in Krankenhäusern und Arztpraxen. Viele Arzneien wirken bei vielen Leuten nicht so, wie sich das der Doktor wünscht." Dahinter steckt oft ein genetischer Polymorphismus: Patient A, B und C bauen Medikamente unterschiedlich ab. Wenn ich dem einen Patienten dreimal täglich eine Pille verschreibe, kann es sein, dass das für ihn zu wenig ist, der andere aber eine Nebenwirkung erleidet. Einige Schätzungen gehen in Deutschland von 25 000 Arzneimittel-induzierten Todesfällen pro Jahr aus[20] – also ein Riesenthema. Zweite Rationale: „Endlich Genetik zum Anfassen!" Diese Gene sind sonst weit weg oder haben nur mit Labormäusen zu tun. Hier kommt es von einer großen Firma: Genchip erkennt, ob die Pille bei mir wirkt oder nicht – oder mich umbringt! Noch dazu geht es um Arzneien wie Beta-Blocker, die mit am meisten verordneten Herzmittel – nochmals ein Riesenthema.

---

20   So beispielsweise Karl-Heinz Munter von der Arzneimittelkommission der deutschen Ärzteschaft. Zitiert nach: *Süddeutsche Zeitung*, 24.4.1998, S. 1

Dann die Recherche bei einem Experten. Und der sagt sinngemäß: „Das stimmt so gar nicht. Wir kennen den Chip und machen gerade Pilotstudien, um zu sehen, was der Test taugt." Das ist generell ein Problem bei vielen Gentests: Wir stehen vor Befunden, deren krankheitsbestimmenden Wert wir noch gar nicht einschätzen können. Also habe ich das Thema verworfen. Damit ist so eine Geschichte aber nicht immer vorbei. Es kann vorkommen, dass ein Professor in so einer Situation plötzlich seine Meinung ändert und sich noch einmal meldet – womöglich wenn ihn eine Firma, von der er Drittmittel bekommt, ermahnt, er solle ihren Test nicht schlecht machen. Auch das ist Alltag, sogar in der hohen Wissenschaft, nicht nur bei alternativen Mittelchen.

Manche Wissenschaftsjournalisten gehen von der Prämisse aus: Wissenschaft ist grundsätzlich wahr – und ich muss die Wahrheit nur für meine Leser/Zuschauer/Zuhörer übersetzen. Eine solche Grundansicht aber verkennt: Auch in der Wissenschaft gibt es Verrückte, Betrüger, Eitle, Faule. Das könnte man viel häufiger recherchieren. Man darf nicht von Wissenschaft als einer geschlossenen Wahrheit ausgehen. Sie wird von Menschen gemacht und die sind fehlbar. Das weiß ich als Boulevardjournalist womöglich noch besser als andere. Überhaupt würde ich sagen: Im Boulevardjournalismus habe ich gelernt, Themen zu gewichten, Fragen zu stellen. Das aber tun viele Wissenschaftsjournalisten nicht genug.

Natürlich gibt es viele positive Beispiele aus der Wissenschaft, aber die skizzierten Fälle zeigen, welche Qualitäten man als Wissenschaftsjournalist haben muss, um bei einer Boulevardzeitung zu überleben. Dennoch ist ein Wissenschaftsredakteur bei *Bild* kein Medizin- und Wissenschaftszensor. Wenn die Entscheider sich dort etwas in den Kopf setzen und dafür eine pseudo-rationale Quelle haben, dann wird das in die Zeitung gehoben. Ich hatte zwar den Titel „Fischer, der Geschichtenkiller", aber man kann sich nicht gegen alles wehren. Als Trost bleibt dann, dass es auch ein Erfolg für den Wissenschaftsjournalismus im Boulevardbereich ist, wenn Medizin und Wissenschaft auf Seite 1 landen.

Boulevard-Wissenschaftsjournalismus als Trend

Wenn man die Berichterstattung der *Bild* mit anderen vergleicht, kann man zudem sehen, dass auch Qualitätsmedien in Richtung Boulevard laufen. Manche Themen in den neuen Wissensmagazinen von *SZ* und *Zeit* könnten kaum boulevardesker sein – etwa in den ersten Ausgaben, die jeweils auf den Markt kamen: „Du hast mein Ich gemacht. Wie unsere Brüder und Schwestern unsere Persönlichkeit prägen." Oder: „Alles Einstein. Wie seine Physik den Alltag bestimmt." Viele sehen das gar nicht, aber das ist Boulevard. Das soll keine Kritik sein, ich freue mich ja als Boulevardjournalist!

Zudem gilt: Medien sind Unternehmen, die Geld verdienen müssen. Die Medien haben aber durch das Internet und die Anzeigensituation erstmals eine richtige Krise erlebt. Nun versuchen sie, wieder mehr Umsatz zu machen – über Buchreihen bis hin zum Verkauf von Nachrichten. Und der schärfere Wettbewerb ist ein Grund für die Boulevardisierung, die in den Medienwissenschaften diskutiert wird. Sogar in den *Tagesthemen* werden Wissenschaftsthemen gebracht, bei denen man sich selbst als Boulevardjournalist fragt: „Um Gottes Willen, ob die das richtig recherchiert haben?"

Fünf Fragen an Christoph Fischer

Wieso erfinden Sie Geschichten? Es gibt doch genug wahre Geschichten?
Mit „erfinden" ist auch etwas anderes gemeint – nämlich sich abseits von Pressemeldungen eigene Themen ausdenken. „Erfunden" im wörtlichen Sinne werden Geschichten in erster Linie im Show-Bereich. Wenn ein Star zur Eigen-PR in die Zeitung will, erfindet er sogar im Zweifel Krankheiten. Ich würde zum Beispiel nach eigenen Recherchen schätzen, dass 80 Prozent der emotional hoch aufgeladenen Fehlgeburten diverser Stars, über die Sie in der Boulevardpresse lesen, keine Fehlgeburten sind. In der Wissenschaft im engeren Sinne gilt: Sie finden Nobelpreisträger, die spekulieren. Für Geschichten über Außerirdische finden Sie

Absender: Wissenschaftler. Sie finden für jede verrückte Theorie in der Medizin einen kompetent aussehenden Absender. Ist das in Ordnung? Andererseits ist auch in der Wissenschaft Spekulation erlaubt. Man könnte sogar sagen, dass Naturwissenschaft in ihrer Genese sogar von Spekulation lebt.

Natürlich gibt es auch in der Wissenschaft Verbrecher. Die sind aber die Ausnahme. Und natürlich gibt es inkompetente PR-Leute. Natürlich lebt Wissenschaft von Thesen, die man versucht zu erhärten. Das können Sie Spekulation nennen, aber ein Medium sollte nicht jeder Spekulation auf den Leim gehen, nur um daraus eine Horror- oder Sensations-Story machen.
Eine Boulevardzeitung spielt quasi definitionsgemäß mit den Gefühlen von Menschen, mit Angst ebenso wie mit Hoffnung. Dennoch liegt ein Teil des Problems auf Seiten der Institutionen. Was sich insbesondere in Pressestellen von Universitätskliniken tummelt, ist oft eine Katastrophe. Da werden habilitierte Radiologen Pressesprecher, deren journalistische Kompetenz darin besteht, für den Chef eine Veranstaltung organisiert zu haben. Viele denken, sie schicken den Journalisten einen Text und den haben die dann gefälligst kritiklos zu übernehmen. Solche Post kriege ich jede Woche: „Mit Lavendelöl gegen psychische Beschwerden. Patienten für eine Studie gesucht." Da steht aber nicht, wer die Studie finanziert, dass das Lavendelöl längst auf dem Markt ist. Ich würde unterstellen, dass ein journalistisch denkender Kollege in einer Pressestelle manche Geschichten etwas einordnet, den einen oder anderen Professor oder Informationsgeber auch mal hinterfragt. Ein anderes Beispiel war *Robodoc*, ein Operationsroboter für Hüftprothesen, der von Ärzten massiv „gehyped" wurde und nur hinter vorgehaltener Hand kritisiert wurde, bis er dann wieder vom Markt verschwand. Das hat mich gelehrt, wie schwer es ist, Wissenschaft sauber zu recherchieren.

Wir sind uns wohl einig, dass es einen gewissen Anteil Nonsens in der Wissenschaftsberichterstattung der Bild gibt. Sie sprachen von „pseudorationalen Quellen". Wenn ein Kollege also so eine Quelle heranzieht und das dem Chefredakteur gefällt, dann ist das gelaufen?

Leider viel zu oft. Dazu ein Beispiel: Ein Kollege liest die Bedienungsanleitung eines Kernspintomographen, ähnlich dem Beipackzettel eines Medikaments, auf dem jede jemals aufgetretene Nebenwirkung aufgelistet ist. In der Tat steht in der Anleitung, dass es in Einzelfällen bei Tätowierungen wegen deren Eisengehalt zu Hautreaktionen kommen kann. Daraus hat der Kollege eine Geschichte gemacht. Er fand einen Professor, der das vom Prinzip bestätigte: In Einzelfällen könnte das passieren. In der *Bild* stand dann aber nicht, es könnte, sondern es *würde* passieren: „Tätowierte drohen in Kernspinröhre zu platzen." Fälle, bei denen aber auch nur annähernd so etwas passiert ist, hat keiner gefunden. Stattdessen wurden hübsch tätowierte Mädels gezeigt, mit dem Tenor: „Angst vor der Kernspintomographie." Wenn der Chefredakteur explodierende Tattoos gut findet und es eine Art wissenschaftlichen Kronzeugen gibt, dann nimmt er das gern in die Zeitung.

Sie sehen die eigene Zunft ja durchaus kritisch. Was macht denn umgekehrt für Sie den Reiz des Boulevardjournalismus aus? Warum machen Sie das?
Man hat viel Narrenfreiheit. Man kann dosiert mit einer Riesenmacht umgehen. Es macht Spaß, Themen hervorzuwühlen, mal gegen den Strich zu bürsten. Und es macht Spaß, komplizierte Fachartikel mit großer Schnelligkeit so zu verdichten, dass es sprachlich einfacher ist, aber nicht falsch. Das ist mein Anspruch, unter allen negativen Prämissen, die Boulevardjournalismus hat: es so richtig wie möglich zu machen. Wenn man die Arbeit zudem mit der medizinischen Standespresse vergleicht, aus der ich ursprünglich komme, lernt man im Boulevardbereich besser hinzusehen. Die *Bild*-Chefredakteure, die ich erlebt habe, waren gute Leute. Das hatte für mich journalistisch einen großen Reiz, wie die ein Thema inszenieren.

Glaubt die Mehrzahl der Leser wirklich, was in Bild steht, oder dominiert die Haltung: „Naja, was Bild wieder behauptet"? Wie ist die Glaubwürdigkeit?
Folgt man dem Tenor von Leserbriefen, dann hat *Bild* etwa das Image „Ein bisschen ist vielleicht dran." Aber auch: „Die anderen trauen sich nicht zu sagen, was *Bild* sagt." In der Gesundheitsberichterstattung dürf-

te die Glaubwürdigkeit hoch sein. Viele Ärzte beklagen sich, weil *Bild*-Leser mit einem Artikel kommen und sagen: „Ich hätte gerne diese neue Tablette." Ob wir mit diesem Pfund an Glaubwürdigkeit immer gut umgehen, weiß ich nicht. Auch ändert das Internet einiges: Der Patient sucht sich seine Informationen selbst. Chefärzte erzählen von Leuten, die mit Leitlinien der *American Cancer Society* in die Praxis kommen und sagen: „Herr Professor, operieren Sie mich bitte so, wie es da steht." Die heute 15-Jährigen sind womöglich für den Content-Anbieter Zeitung kaum noch zu gewinnen. Der Mediennutzer wird sein eigener Chefredakteur. In der Medizin sind wir schon auf dem Wege dahin.

Fünf Links zum Thema

- *Bild* im Internet: www.bild.t-online.de
- Ein kritischer Beobachter der *Bild*-Zeitung: www.bildblog.de
- Blöbaum, B. et al.: Wissenschaftsjournalismus bei Regional- und Boulevardzeitungen. Eine Untersuchung im Auftrag der *Bertelsmann-Stiftung*, durchgeführt von der Universität Münster. Abschlussbericht online: www.bertelsmann-stiftung.de („Downloads")
- Zum affirmativen Journalismus: Rede von Ernst Elitz: Was Journalistinnen und Journalisten heute Richtung geben könnte. Online verfügbar auf der Homepage der Bundeszentrale für politische Bildung: www.bpb.de (Stichwort: „Ernst Elitz")
- Zum Thema Agendasetting und Leitmedien: www.agendasetting.com

Ergänzende Literatur

- Henschel, G.: Gossenreport. Betriebsgeheimnisse der *Bild*-Zeitung. Bittermann, 2006.
- Renner, K.-H.: Light- als Leitmedium . In: *journalist*, Nr. 5/2004, S. 28-31.
- Kepplinger, H.M.: Die Mechanismen der Skandalierung. Eigendynamik der Medien. Umgang mit der Wahrheit. Verhalten von Tätern und Opfern. Olzog, 2005.
- Kepplinger, H.M.: Die Kunst der Skandalierung und die Illusion der Wahrheit. Olzog, 2005.
- Lamprecht, S.: Welche Kraft, welcher Mut. Das Bild des Körperbehinderten in Printmedien am Beispiel von Wolfgang Schäuble. Empirische Analyse der Tageszeitungen *Süddeutsche Zeitung* und *Bild*. Diplomarbeit Universität Dortmund, 2004.

„Von den Lesern gibt es nicht die Vorwürfe, die bei der ZEIT immer zu hören waren. Da kommt einmal pro Woche so ein Brocken und liegt dann wie ein Vorwurf da: Das musst du jetzt alles lesen!"

Wissenschaft wöchentlich:
Von Sonntagsforschern und anderen Lesern

Von Jörg Albrecht
Frankfurter Allgemeine Sonntagszeitung (Frankfurt)

Eine der wenigen Vorgaben für die neue *Frankfurter Allgemeine Sonntags-zeitung* (*FAS*) sah etwa so aus: Sie sollte zwischen Presseclub am Sonn-tagmittag und *Sabine Christiansen* am Sonntagabend das journalistische Vakuum füllen und für Gesprächsstoff sorgen. Mir schweben dabei zwei ideale Lesertypen vor. Der eine ist der Bäckermeister aus Groß-Gerau, der nur mittlere Reife hat, aber gleichwohl interessiert ist. Der zweite ist das studierte Juristenpärchen aus dem Frankfurter Nordend, das zu-sammen frühstückt oder im Café beim Brunch sitzt und sich die Sonn-tagszeitung teilt. Da versuchen wir, uns einzufühlen: Was könnte die in-teressieren?

Das Medium: Tageszeitung, Wochenzeitung oder Magazin?

Als die Neugründung der *FAS* im Jahr 2000 beschlossen wurde, war das für die Tageszeitungen das mit Abstand beste Jahr in ihrer Geschichte. Eine *Frankfurter Allgemeine Sonntagszeitung* gab es vorher nur im Rhein-Main-Gebiet. Deren Problem war weniger die Auflage (rund 100 000), sondern vielmehr der Vertrieb und der Anzeigenmarkt, denn die großen Anzeigenkunden gingen nur in bundesweit vertriebene Produkte. Diese alte Sonntagszeitung häufte daher Verluste an – was kaum störte, solan-ge reichlich Geld vorhanden war. Gleichwohl hat sich der Verlag damals entschlossen, das *Springer*-Sonntagsmonopol anzugehen. Das war ein nahe liegender Gedanke, denn Sonntag ist ein interessanter Lesetag und

es gab außer der *Welt am Sonntag* und der *Bild am Sonntag* nichts Ernst-
zunehmendes auf dem Markt. Ähnliche Überlegungen hatte man in vielen Verlagshäusern angestellt, was aber immer am Vertrieb gescheitert
ist. Der Vertrieb ist ein großer Kostenfaktor, speziell am Sonntag. Auch
für die *FAS* ist das bis heute nicht ganz gelöst. Die *Welt am Sonntag* hat
Straßenverkäufer überall; die *FAS* kriegt man nicht überall, auch als
Abonnent nicht.

Inzwischen wird etwa die Hälfte im Abo verkauft, die andere Hälfte
im Einzelverkauf: am Kiosk, an Tankstellen, in Bäckereien. Angefangen
hat die neue *FAS* mit einer Auflage von etwa 240 000; derzeit sind es
mehr als 320 000.[21] Die Reichweite liegt bei etwa 1,2 Millionen, also bei
vier Lesern pro Exemplar. Das ist ein guter Wert und führt zu entsprechenden Konsumanzeigen; Stellenanzeigen gibt es dagegen kaum. Eine
theoretische Obergrenze der Auflage könnte man sich bei 500 000 verkauften Exemplaren vorstellen. Die *Welt am Sonntag* lag einmal in dieser
Größenordnung und hatte damals *Die Zeit* als auflagenstärkste Wochenzeitung überrundet. Die neue *FAS* bedeutete für die *Welt am Sonntag*
dann Verluste – bis herunter auf rund 400 000 Exemplare.

Das Selbstverständnis der *Frankfurter Allgemeinen Sonntagszeitung* ist
für die Zeitung als Ganzes nie explizit formuliert worden. Schon die
Struktur ist eigentümlich: Kein Chefredakteur, sondern fünf Herausgeber, die sich mehr oder weniger heraushalten aus dem Tagesgeschäft.
Klar war das Ziel, gegen *Springer* anzuarbeiten. Klar war auch, dass es
eine andere Zeitung als die *FAZ* sein muss: lockerer, farbiger, leichter.
Anfangs war die *FAS* auch sehr gut ausgestattet und es wurden schon
einmal 50 Leute auf einen Schlag eingestellt[22], wenngleich ein gutes Drit-

---

21   Verbreitung im Quartal I/2006 laut ivw: 326 815 Exemplare bei einer Druckauflage
      von 416 275 Exemplaren

22   Vgl. zum Beispiel „Neues aus der Redaktion", *FAZ* vom 12.7.2001, S. 2: „Herausgeber
      und Geschäftsführung der *Frankfurter Allgemeinen Zeitung* haben im Frühjahr be-
      schlossen, die bislang nur regional verbreitete Sonntagszeitung in neuer Gestaltung
      überregional anzubieten. In den letzten Monaten wurde deshalb in Frankfurt, Berlin
      und München die umfangreichste Redaktion aller in Deutschland erscheinenden
      Sonntagszeitungen aufgebaut. Die *Frankfurter Allgemeine Sonntagszeitung* wird am
      30. September zum erstenmal erscheinen. Sie umfaßt neben den Teilen Politik, Sport,

tel später aufgrund der wirtschaftlichen Situation dann leider wieder gehen musste.

Ungeklärt ist auch, zu welchem Genre diese Zeitung gehört. Ist es eine Wochenzeitung? Ist es eine Tageszeitung für den Sonntag? Das zeigt sich vor allem an der Seite 1, der schwierigsten Seite, über die die Redaktion dauernd diskutiert: Eigentlich ist die *FAS* tagesaktuell, Redaktionsschluss ist Samstagabend. Daher legen die Kollegen natürlich Wert darauf, die aktuellen Ereignisse darzustellen. Dann sollte ein schönes Bild auf Seite 1, ebenso der Sport, über Teaser will man weitere Themen verkaufen, und schließlich gibt es dort eine Glosse. Das Ergebnis ist eine Mischung aus Tages- und Wochenzeitung mit Magazinelementen.

Hinzu kommt, dass es die *Frankfurter Allgemeine Sonntagszeitung* – anders als eine echte Wochenzeitung – am Montag nicht mehr zu kaufen gibt. Dennoch machen wir Dinge, die weit über den Tag hinausgehen, speziell im Ressort Wissenschaft; Dinge, die mit dem Anspruch eines Monatsmagazins verglichen werden können. Dazu passt die lange Lesedauer von vier Stunden, die Leute nach Leserbefragungen des Verlages angeben. Das bedeutet: Sie lesen nicht nur am Sonntag, sie legen noch etwas auf die Seite für die nächsten Tage. Unsere Arbeit hat daher viel mit Magazinjournalismus zu tun – und geht deutlich vom Tageszeitungsjournalismus weg.

Das Ressort: Zwischen Unterhaltung und Tiefe

Die Ressortstruktur der *FAS* spiegelt die Mischung aus Tages- und Wochenzeitung wieder. Am aktuellsten werden die Politik- und Sportseiten

---

Feuilleton und Wirtschaft auch einen Teil, der sich der Gesellschaft und dem gesellschaftlichen Leben widmet, einen Wissenschaftsteil, der die gegenwärtigen Umbrüche der Naturwissenschaften verständlich machen soll, außerdem Reise, Immobilien und Kunstmarkt. Die Redaktion der Sonntagszeitung ist integraler Bestandteil der Redaktion der *Frankfurter Allgemeinen Zeitung*. (…) Gero von Randow, bisher als stellvertretender Ressortchef Politik der *Zeit* tätig, verantwortet das Themenspektrum Wissenschaft; dieser Redaktion gehören Jörg Albrecht, Ulf von Rauchhaupt und Jan Schweitzer an."

produziert, Redaktionsschluss für diese beiden Ressorts ist Samstag-abend. Das Feuilleton steht gleich an dritter Stelle, es hält sich ebenfalls viel Aktualität zu Gute. Wirtschaft und Gesellschaft müssen teilweise am Freitag fertig sein, Ressorts wie die Reise entstehen noch früher als Vorprodukt. Die Wissenschaft muss am Mittwochabend mit der grafisch aufwändigen Doppelseite fertig sein, jeweils zwei weitere Seiten müssen am Freitagabend und am Samstagnachmittag abgegeben werden.

Manchmal stellt sich natürlich die Frage: Muss auch die Wissenschaft immer tagesaktuell sein? Die Personaldecke bedeutet ohnehin kein ge-mütliches Arbeiten. Das Wissenschaftsressort war geplant mit sechs Re-dakteuren. Vier waren es mal, jetzt sind es drei, unterstützt von Pau-schalisten. Zum Vergleich: *Die Zeit* macht ein durchaus vergleichbares Produkt laut Impressum mit neun Wissenschaftsredakteuren, beim *Spie-gel* sind es 13 (jeweils inklusive Teilzeitstellen). Da haben wir mit drei Leuten wenig Zeit, lange zu diskutieren. Und eigentlich weiß das Res-sort auch, was es will.

Was aber wollen wir? Zunächst kann man sagen: Wir können ma-chen, was wir wollen! Natürlich muss es gut sein. Schlecht recherchierte Beiträge würden uns schon um die Ohren gehauen. Generell sind jedoch zwei Dinge sehr positiv bei dieser Zeitung. Erstens: Man hat eine große inhaltliche Freiheit. Zweitens: Wir haben nicht diese lange Tradition und diesen Ballast an Bord. Beim *Zeitmagazin* hieß es, egal welches Thema man vorschlug: „Das hatten wir schon" beziehungsweise „Das hatten wir vor zehn Jahren" oder „Das hat gerade der *Spiegel* gemacht." Diese Diskussionen finden bei der *FAS* kaum statt, weil man fast alles zum ers-ten Mal macht – was sich im Laufe der Jahre natürlich ändern dürfte.

Auch von den Lesern gibt es nicht die Vorwürfe, die bei der *Zeit* im-mer zu hören waren: Da kommt einmal pro Woche so ein Brocken und liegt dann wie ein Vorwurf da: Das musst du jetzt alles lesen! Dabei ist der Gesamtumfang der *FAS* nicht einmal so viel geringer. Die Fotos sind größer, aber die Beiträge kommen auch insgesamt kürzer daher, wirken schneller. Wenn ein Artikel 10 000 Anschläge hat, dann ist das viel. Zu-dem wird entschieden gewechselt zwischen langer und kurzer Form. Wenn es lange Artikel gibt, dann sollen die auch mal lang sein, und kurze Artikel eben wirklich kurz. Nehmen wir einen typischen Aufmacher: Als Arafat im Sterben lag, gab es einen Beitrag zum Thema „Was sagt der Islam zur Apparatemedizin?" – 211 Zeilen, etwa 6 000 Anschläge; einen kürzeren Text zur Frage, wie das bei anderen Staats-Chefs wie Stalin verlief. Ergänzt wurde die Seite durch weitere, kurze Elemente. Im Gesamteindruck versuchen wir, dem Leser die Schwellenangst zu nehmen, damit er eben nicht mehr sagt: „Oh Gott, das muss ich alles lesen."

Die Stunde Null: Wie gründet man eigentlich ein neues Ressort?

Das war auch ein Ergebnis unseres ursprünglichen Konzepts: Es kommt selten vor, dass man ein neues Ressort von Null an gründet. Nach mehreren Workshops haben wir uns ein einfaches Ziel gesetzt: den besten Wissenschaftsteil in Deutschland zu machen. Das ist kein bescheidener Anspruch. Konkret stellt sich die Frage: Welche Prinzipien muss man in der täglichen Arbeit verfolgen, was können die Stärken sein?

Eine Stärke ist die Tatsache, dass das Ressort aktuell sein kann, viel aktueller als *Zeit* oder *Spiegel*. Am Wochenende sind die Wissenschaftsseiten der *FAS* sogar fast die einzigen aktuellen. Bei der *FAZ* oder der *Süddeutschen* hatte die Wissenschaft am Samstag lange Zeit gar keinen eigenen Platz. Andererseits ist die *FAS* keine Tageszeitung, sondern geht über den Tag hinaus. Wir versuchen nun Woche für Woche, diese beiden Ansprüche unter einen Hut zu bringen.

Ursprünglich war nicht einmal klar, wie die Wissenschaftsseiten heißen sollen. Beim ersten Fantasieren kamen wir auf „Erkenntnis und Interesse". Ein Teil heißt heute noch so, die letzte Wissenschaftsseite, die vorwiegend Themen aus Pädagogik und Soziologie abhandelt. Das ist eine Anspielung auf Jürgen Habermas´ berühmte Abhandlung aus dem Jahre 1968.[23] Gemeint ist nicht nur unser „Interesse", sondern auch, die „Interessen", die hinter Wissenschaft stehen, transparent zu machen. Das schließt ein, investigativ zu arbeiten, nicht immer zu glauben, was

---

23 Habermas, J.: Erkenntnis und Interesse. Suhrkamp, 1968

aus der Wissenschaft kommt, auch wirtschaftliche Hintergründe aufzu-
zeigen und Skandale aufzugreifen. In diesem Feld liegt der wohl höchste
Anspruch, deswegen wird er in der Praxis auch seltener erfüllt.

Das Ressort hat von Anfang an bewusst auf den Lesernutzen gesetzt.
Etwa mit Serien wie „Die lieben Kleinen", in der eine junge Mutter praktische Dinge beschreibt, angefangen von der Geburt über das Schreien
beim Kleinkind und so weiter. Das stieß auf große Resonanz – und großen Widerspruch. Zu diesem Thema hat jeder eine Meinung, insbesondere dann, wenn man es provokant aufzieht. Eine andere Art von
Nutzwertjournalismus, wie er anfangs als Schlagwort in den Broschüren
der Anzeigenabteilung stand, macht das Ressort allerdings nicht: „Well-
ness" oder „Computer". Man wird jedenfalls nicht finden, welchen
Computer man sich kaufen soll, oder dass Bachblüten angeblich irgendwelche wohltuenden Wirkungen haben. Auf Bildungs- und Hochschulpolitik verzichtet das Ressort ebenfalls. Unter der erwähnten Rubrik „Erkenntnis und Interesse" geht es zwar häufig um Erziehungsfra-
gen, aber Hochschulpolitik ist für uns eben Politik und hat insofern nur
auf den Politikseiten etwas zu suchen. Das Gleiche gilt für Wissenschaftspolitik – im Unterschied zum Wissenschaftsressort der *Zeit*. Über
diese Entscheidung lässt sich streiten, aber man kann nicht auf allen Fel-
dern kompetent sein. Schließlich muss sich das Ressort noch abgrenzen
vom eigenen Feuilleton und vom Feuilleton der *FAZ*.

Leichter als man denken würde, fällt die Abgrenzung zum Wissenschaftsteil der *FAZ*. Die Kollegen dort haben ein anderes Selbstverständnis und ein anderes Publikum. Um Themenüberschneidungen zu vermeiden, sprechen wir uns dennoch hin und wieder ab. Das reine Refe-
rieren von Artikeln aus Fachzeitschriften oder von Kongressen machen
wir ungern, außer in Meldungen. Um eine Geschichte daraus zu machen, muss ein Thema deutlich weitergedreht werden. Natürlich beobachtet die Redaktion auch das, was die anderen Tageszeitungen machen, ebenso die *Zeit*. Weniger wichtig ist uns der *Spiegel*, der im Bereich
Wissenschaft publizistisch seinen eigenen Weg geht. Das wird kaum als
Konkurrenz gesehen, ebenso wenig wie *Geo* oder andere Produkte, die
aufwändig, aber monatlich Wissenschaft machen. Der Vorteil der *FAS*

gegenüber einer Tageszeitung wiederum ist, dass man oft zwei Tage länger recherchieren kann. Das ist aber auch nötig, wenn man am Sonntag hinterher kommt und es dann in die neue Woche drehen soll. Eine typische Arbeitswoche im Wissenschafts-Ressort der *FAS* beginnt dienstags mit einer Konferenz, in der die Seiten bereits recht konkret festgelegt werden – wenngleich sich das aufgrund aktueller Ereignisse oft wieder ändert. Inzwischen gibt es auch etwas, das es zweieinhalb Jahre lang nicht gab: längerfristige Planung. In den ersten Jahren wurde praktisch ohne Stehsatz gearbeitet, wir hatten gar keine Zeit, irgendetwas auf Halde zu legen. Was da war, wurde sofort gedruckt. Das erfordert Nerven, und obwohl nicht viel schief gegangen ist, ist es auf Dauer nicht praktikabel. Man braucht eine Sicherheit, falls ein Thema ausfällt.

Am Samstag der Vorwoche geht auch ein Rundbrief an alle Mitarbeiter heraus, in dem skizziert wird, was das Ressort voraussichtlich vorhat. Neben vier Pauschalisten ist das ein fester Stamm von freien Journalisten, von dem der Großteil der Artikel rekrutiert wird. Viele sind zuvor Hospitanten gewesen. Minimalvoraussetzungen dafür sind ein Studium, vorzugsweise ein naturwissenschaftliches, und journalistische Praxis. Dass jemand schreiben kann, muss er bereits bewiesen haben. Im Prinzip kann auch jeder freie Journalist dem Ressort einen Text anbieten, allerdings kommt es selten vor, dass dieser sich durchsetzt. Es ist schwierig, genau zu wissen, was eine Redaktion will, wenn man nie dort war.

„Jugend forscht" und „Frei erfunden": Themen und Rubriken

Zur Struktur der Wissenschaftsseiten: Der Aufmacher besteht in der Regel aus einem einzigen Thema, das – wie im genannten Arafat-Beispiel – manchmal in Häppchen aufgeteilt wird. Daneben stehen Meldungen, gegebenenfalls ein Kommentar. Auf der Seite 2 gab es neben weiteren Meldungen lange Zeit eine große Geschichte. Diese Seite wird inzwischen mit zwei Kolumnen kleinteiliger gehalten: Die eine, „Bild am Sonntag", ist eine Meldung mit Bild, die ein bisschen glossiert. Die andere ist eine Rubrik, die sehr gut funktioniert: „Frei erfunden" heißt sie,

und es geht um Patente. Davon gibt es unendlich viele. Die Schwierig-
keit besteht darin, die richtigen herauszukriegen. Wir bekommen inzwischen viele Tipps von Lesern, und auf der Seite des Deutschen Patent-
und Markenamtes[24] kann man gezielt recherchieren. Eine weitere Rubrik
ist „Jugend forscht", die sich vorwiegend an Acht- bis Zehnjährige richtet und Naturgesetze mit einfachen experimentellen Mitteln erklärt. Im
Herbst 2004 neu eingeführt wurde ein „Aktuelles Lexikon" – ähnlich,
wie es die *Süddeutsche* auf ihrer Seite 2 hat. Darin werden aktuelle Themen aus der Woche erklärt, jedoch in zeitloser Form.

Im Grunde steckt hinter den Wissenschaftsseiten also ein festes Lay-
out-Raster, in das man hineinschreiben muss. Fragt sich nur, was man
wo hineinschreibt: Welches Thema ist groß, welches klein, und wie entscheiden wir, was überhaupt ein Thema ist? Grob kann man sagen: Auf
der Seite 3 sind die stilleren Themen, oft Reportagen, auf der ersten Wissenschaftsseite das Aktuellere oder Spektakulärere, das Spannendere
oder Wichtigere. Für die Themensuche ist die Vorstellung der anfangs
skizzierten Sonntagsfrühstück-Atmosphäre hilfreich. Missratene Kinder
zum Beispiel sind ein gutes Thema – Kinder und Tiere gehen bekannt-
lich immer. Natürlich kann der ursprüngliche Anlass aber auch bei uns
einmal ein Anlass aus dem klassischen Wissenschaftsjournalismus sein:
ein Kongress oder eine Publikation in einer Fachzeitschrift. Es kommt
praktisch jede Woche vor, dass *Science* oder *Nature* mit Sperrfrist etwas
ankündigen, von dem man weiß, es wird ein Thema werden. Das wird
aber am Donnerstag und Freitag (den Erscheinungstagen der beiden
Fachzeitschriften) vorher schon in allen Zeitungen stehen. Was kann
man da am Sonntag noch bringen? Wir versuchen das zu lösen, indem
wir das Thema weiterdrehen oder einen überraschenden Aspekt finden.
Eine Tagung allein ist aber nie ausreichend, um einen Bericht in der *FAS*
zu finden. Denn irgendwann wird sowieso alles Wissenschaft. Man kann
fast jedes beliebige Phänomen herausgreifen, es recherchieren und dann
stellt sich heraus: Die Wissenschaft hat dazu mal etwas gemacht. Ein
Beispiel für einen Aufmacher, dessen aktueller Anlass eine Publikation

---

24 Homepage: www.dpma.de

in *Nature* war, war die Entzifferung des Y-Chromosoms.[25] Eigenartigerweise hielten das nur wenige deutsche Medien für sensationell – im *FAS*-Wissenschaftsressort wurde es ein klarer Aufmacher. Der überraschende Dreh war die Frage: Verschwindet der Mann oder nicht? Und tatsächlich: Genetisch verschwindet er wahrscheinlich in den nächsten 10 000 Jahren. Indem man das etwas ironisierte, ließ sich darauf eine grundsätzliche Geschichte über das Y-Chromosom aufbauen. Später wurde das Thema übrigens breit diskutiert[26], und es gab sogar Bücher.[27]

Der Anlass für einen Aufmacher kann aber genauso gut völlig unwissenschaftlich sein oder völlig verrückt: So hat ein Kollege mal erzählt, er habe gehört, dass in Australien Kakadus betrunken vom Baum fallen. Die Redaktion hat gesagt: „Das glauben wir nicht." Dennoch habe ich mir die Mühe gemacht zu recherchieren, was es über Alkoholkonsum unter Vögeln gibt – und das ist erstaunlich wenig. Aber zufällig stammte die einzige relevante Arbeit der neueren Zeit aus Frankfurt. Dort hat ein Forscher ermittelt, ob Stare betrunken werden können, wenn sie in Weinbergen vergorene Trauben naschen. Die Antwort ist „nein". Stare haben eine 17-mal höhere Effizienz, Alkohol im Stoffwechsel abzubauen als der Mensch. Mit Spätlesetrauben würden die nie betrunken werden, aber man kann sie experimentell unter Alkohol setzen. Darüber haben wir zum Karneval berichtet, mit einem Kakadu als Bild und unter der Überschrift „Helau! Alaaf! Großer gelber Kakadu!"– ein Beispiel für latente Aktualität.[28]

Latent aktuell können aber auch komplexe Themen sein. Angiogenese war so ein Beispiel: der Versuch, Krebs zu bekämpfen, indem man Blutgefäße abschnürt, die einen Tumor mit Nahrung versorgen. Daraus wurde ein grundsätzlicher Artikel von Volker Stollorz mit aufwändiger Infografik. Es gab keinen punktuell aktuellen Anlass, aber die Forschung

---

25 Skaletsky, H. et. al.: The male-specific region of the human Y chromosome is a mosaic of discrete sequence classes. In: *Nature*, Bd. 423, S. 825-837 (19.6.2003)

26 Im *Spiegel* (Nr. 38/2003) wurde das Thema erst drei (!) Monate später zur Titelstory – etwa zeitgleich mit Erscheinen des Buches.

27 Jones, S.: Der Mann. Ein Irrtum der Natur? Rowohlt, 2003

28 *FAS*, 2.3.2003

hatte über Monate hinweg eine Reihe von Dingen herausgefunden, sodass man sagen konnte: Das ist jetzt einmal dran, das ist wichtig.

Eine generelle Frage bei der Themenwahl lautet auch, ob das Thema
eine Optik hat. Eines der ursprünglichen Ziele hieß sogar: Wir machen
große Infografiken – um Dinge zu erklären, die man mit Worten kaum
sagen kann. Tatsächlich entwickeln sich viele Themen im Zusammenspiel mit der Grafik. Anlass kann eine kleine Meldung sein, zum Beispiel
über die „ältesten Schriftzeichen der Menschheit". Diese Aussage ließ
sich wissenschaftlich zwar in Frage stellen, die Schriftzeichen sahen aber
gut aus, deswegen konnte man damit aufmachen und den Diskurs in der
Forschung darstellen.

Zwischen Lehrbuchcharakter und „Floppologie": die Doppelseite

Eine Besonderheit der Wissenschaft bei der *FAS* ist die grafisch meist
aufwändig gestaltete Doppelseite. Sie hat oft den Anspruch eines Lehr-
buchs – auf dem neuesten Stand, was in Lehrbüchern selten der Fall ist.
Die Infografik sollte so aufbereitet sein, dass sie interessant für alle ist
und fast ohne Voraussetzungen zu lesen. Ehe man sich an so etwas
macht, gibt es aber eine Hemmschwelle, weil inzwischen jeder von uns
weiß, dass das eine Heidenarbeit ist und die Ressourcen knapp sind. Der
ursprüngliche Plan, das jede Woche zu machen, war nicht durchzuhal-
ten. In der Regel liegt der Vorlauf der Seite zwischen anderthalb Monaten und einem dreiviertel Jahr. In dieser Zeit geht die Grafik hin und her
zwischen Autor und Zeichner – bis alles stimmt *und* gut aussieht.

Dabei muss eine gute Idee optisch noch lange nicht funktionieren.
Eine Idee war: Wir zeigen Gebäude von Forschungsinstituten und
schließen auf den Charakter der Wissenschaft, die darin betrieben wird –
im *Scripps-Institute* in San Diego, im *Salk-Institute*, im *Universum* in Bremen etc. Warum hat das nicht funktioniert? Erstens gab es nur heteroge-
ne Fotos. Das eine hat Herr Müller gemacht, das andere Herr Meier.
Dann sind es völlig unterschiedliche Gebäude, die nichts miteinander zu
tun haben. Die These, dass sie die Qualität der Forschung widerspiegeln,

ließ sich nicht beweisen. Dazu ein langer Text – auch schlecht. Das größte Manko aber: Es fehlte ein zentrales Bildelement.

Man muss sich den Charakter einer solchen Seite klar machen. Sie geht über den Falz und muss in der Mitte zusammenhängen. Das machen wenige Zeitungen, schon weil eine Doppelseite anzeigenfrei sein muss. Um das zu rechtfertigen, braucht man möglichst eine inhaltlich-optische Idee, die geradezu zwingend so groß abgebildet werden muss, dass man es nicht auf zwei einzelnen Seiten machen kann.

Ein Beispiel: Ein freier Mitarbeiter hatte eine Saison lang ein Walbeobachtungsschiff vor der norwegischen Küste begleitet und darüber eine Reportage geschrieben. Die hätte man auf der Seite 3, aber auch gar nicht bringen können. Andererseits schreit ein so großes Tier wie ein Wal natürlich nach einer Doppelseite. Also: Der Text, ein Bild von einem Pottwal, etwas Historie, eine Karte, noch ein Taucher zum Vergleich – damit man weiß, wie groß der Wal wirklich ist. Man muss das Thema von mehreren Seiten angehen, es nicht nur mit einem Text erschlagen, sondern auch Randaspekte einbauen. Diese Seite ist schnell entstanden, in zwei Wochen. Und es war eindeutig eine Doppelseite.

Aber so eindeutig ist es selten. Und so schnell geht es selten. Manchmal entsteht eine Mischform: „Floppologie – Erfindungen, die sich nicht durchgesetzt haben", war so ein Beispiel. Das war keine echte Infografik, sondern illustrative Grafik. Und es fällt unter die Rubrik „Quatsch" mit ernstem Hintergrund. Ein Extrem war hier die komplette Leidensgeschichte von Unix: Angefangen im Jahr 1969 haben wir alle Programmerweiterungen und Abspaltungen dargestellt (*siehe Abbildung*). Das Ergebnis war eine Art Kathedrale des Internetzeitalters. Zudem ging es bei der Frage, wem welcher Teil eines Programms gehört, um Riesensummen, um Urheberrechtsfragen. Selbst wenn nicht jeder Leser das alles so genau wissen will, ist es bereits optisch eindrucksvoll wie verwirrend.

Allerdings kostet Infografik viel Geld. Und man braucht einen guten Infografiker ebenso wie einen inhaltlich denkenden Art Director. Die Doppelseite illustriert daher am besten, was die Wissenschaft in der *FAS* aus unserer Sicht von Mitbewerbern unterscheidet.

UNIX, DAS UNEN

VON DETLEF BORCHERS

Im Jahre 1997 besuchte der Amerikaner Eric Raymond Deutschland. Er sollte auf einem Kongreß in Augsburg einen Vortrag über die Entwicklung von Betriebssystemen halten. Inspiriert von bayerischen Barockkirchen philosophierte Raymond über den Unterschied von Kathedralen und Basaren. Auf der einen Seite der strenge Bauplan, der über Handwerkergenerationen hinweg eingehalten wird und am Ende das gloriose Werk ergibt, auf der anderen das Getümmel, in dem jeder von jedem handelt und tauscht, in dem jeder des anderen austricksen möchte und doch alle gemeinsam etwas voranbringen.

Raymonds Vergleich brachte es danach zu einiger Prominenz in der Computerszene. In der Tat läßt er sich wunderbar auf die technische Entwicklung von Betriebssystemen übertragen. Ein Betriebssystem ist ja jene Software, die dem Haufen von Mikrochips, Bussen und Laufwerken, den wir Computer nennen, erst Leben einhaucht – die seine Komponenten sinnvoll zusammenschnürt, läßt und das Anwendungsprogrammen von der Bildarchivierung bis zur Buchhaltung ihr Tun erlaubt. Ein Wunder des Handwerks ist so etwas obschon: typische Systemsoftware setzt sich aus Millionen von Zeilen Programmcode in verwirrender Verästelung zusammen.

Wohl jedermann kennt das meistverkaufte Programm dieser Klasse: Windows aus dem Hause Microsoft. In jeder neuen Version ist es wieder eine Abbild des Kathedralbauplans, zu dessen Erfüllung Scharen von Programmierern Jahre in Knechtschaft verbringen. Doch dann ist da auch das Betriebssystem Unix, das es so eigentlich gar nicht gibt, weil es – je nach Zählweise – nur in seinen Dutzenden oder Tausenden Varianten lebt, in denen kaum eine noch "Unix" im Namen trägt.

Ein Wunder ist eigentlich jedes Betriebssystem: Millionen Zeilen Programmcode, die auch noch funktionieren sollen.

Unix ist ein Ideal, jeden Tag fortgeschrieben auf dem Basar der Programmierkundigen, die zwar an seinen Geburtsprinzipien festhalten, aber ihm laufend neue Fähigkeiten beibringen.

Mit dieser zunehmenden Flexibilität hat sich das System beim PC-Normalverbraucher nicht durchgesetzt, um so mehr aber bei den Profis in Wirtschaft und Forschung. Unix steht für Datenhaltung im Schwerlastbetrieb, für Simulationen

des Weltklimas vor allem fürs Internet. Man wagt gar nicht zu denken, wie weit die globale Vernetzung ohne Unix heute wäre. Vielleicht gäbe es sie in dieser Form nicht, denn die beiden sind erst auseinander gewachsen.

Nun ist der Basar namens Unix seit März dieses Jahres in heller Aufregung. Denn die SCO Group, eine amerikanische Firma und einer der Akteure auf diesem Markt, möchte von den anderen eine Entschädigung für Unix-Programmzeilen, die irgendwelche Software-Entwickler beim vielen Tauschen versehentlich, verschentlich oder auch absichtlich von einer Unix-Variante in die andere haben rutschen lassen.

Konkret hat SCO in der Tat durch allerhand Wirrungen von Unix geerbt. Die Firma will man Belege dafür besitzen, daß der Computerriese IBM aus seiner offiziell lizenzierten Unix-Version namens AIX Stücke des originalen Codes weitergereicht hat, gegen jede Lizenzvereinbarung und zudem an die freie Unix-Variante Linux.

Über Linux ist niemand wirklich Hoheit aus, außer einem flatternden Haufen von Programmierern in allen Teilen der Welt, die allein per Konsens in den vergangenen Jahren eine nie für folgreichsten Software-Entwicklungen überhaupt zustande gebracht haben. "Frei" heißt in Zusammen-

Unix heißt eine der wichtigsten technischen Schöpfungen des 20. Jahrhunderts. Große Teile der Datenverarbeitung in Unternehmen bauen auf ihr auf, das Internet sowieso. Gier, aber auch Selbstlosigkeit prägen die verworrene Geschichte dieser Software. In diesen Tagen steuert das historische Gerangel einem neuen Höhepunkt zu. Die kleine amerikanische Firma SCO verklagt den Giganten IBM und bedroht die globale Gemeinde rund um die freie Unix-Variante Linux. Ein paar Zeilen vergessenen Programmcodes könnten Milliardenschäden anrichten. Vor Gericht wird es vor allem um Software-Stammbäume gehen. Hier steht, was dahintersteckt.

hang mit Software: ohne Lizenzkosten durch jedermann nutzbar.

Linux ist aus diesem Grund beliebt, läuft gut und macht es SCO immer schwerer, das eigene Unix zu verkaufen. Die Firma zündete im März die Bombe, indem sie IBM auf eine Milliarde Dollar Schadenersatz verklagte. Dann warnte sie 1500 Unternehmen, die Linux einsetzen, vor möglichen Rechtsfolgen. Drei Wochen erhöhte sie die Forderung um drei Milliarden Dollar.

IBM läßt das alles erst einmal von sich abprallen, die Linux-Gemeinde ist fassungslos. Da SCO die Vorwürfe im Detail noch nicht belegt hat, weiß aber niemand so recht, was es passiert sein soll – falls SCO recht hat.

Die verworrene Geschichte von Unix ist ja noch länger, als man gemeinhin weiß, und sie läßt sich hier nur bruchteil geküzt erzählen. Genaugenommen beginnt sie schon 1966, als die Telefongesellschaft AT&T mit der amerikanischen Regierung ein Abkommen eingeht, nur mehr Telefonieren und nicht andere Telefonieren verkaufen zu dürfen. So blieb dem Monopolisten das Monopol erhalten, aber trotzdem erlitt er damit eine schwere Niederlage. Wichtige neue Geschäftsfelder waren AT&T dadurch versperrt.

1968 etwa sollte Multics erneuern, das "Multi-access Timesing System", das anspruchsvollste Computer-Betriebssystem seiner Zeit, entwickelt von der AT&T-Forschungsabteilung Bell Labs. Idee des Telefonriesen war, damals ausgeklügelten Überkapazitäten in Rechenzentren gewinnbringend zu verkaufen: Computer konnten, Das neue Betriebssystem sollte, so dieser Zeit reonbolt auf dem Computer vielen Nutzern gleichzeitig zugänglich machen. Terminal-Stationen im großen Land sollten die alle rechenähnliche Rechenzeit nutzen, Utility Computing.

Leider geriet Multics technisch zum in die nöhe in brauchen. Unix, nämlich 2.U war dann die ironische Antwort des Multics-Programmierers Das Desaster, das der bessere AT&T mit der amerikanischen plan in diesem Fall angerichtet zu Kenneth Thompson wolltegen, daß KISS der bessere A beim Programmieren ist – Keep Simple, Stupid. Thompson wolltedie erste Version von Unix für Variante der Multics-Programmiersprache BPLS. Die war kompliziert. Thompsons Kollege Dennis Ritchie schuf dann neue Programmiersprache mit auch ironischen Namen C beso war einfach, schnell zu beherrsc

Abb. 2: *Beispiel einer FAS-Doppelseite: Eine Kathedrale des Internet nach dem Vorbild des Informatikers Eric Lévénez (www.levenez.com). Dargestellt sind*

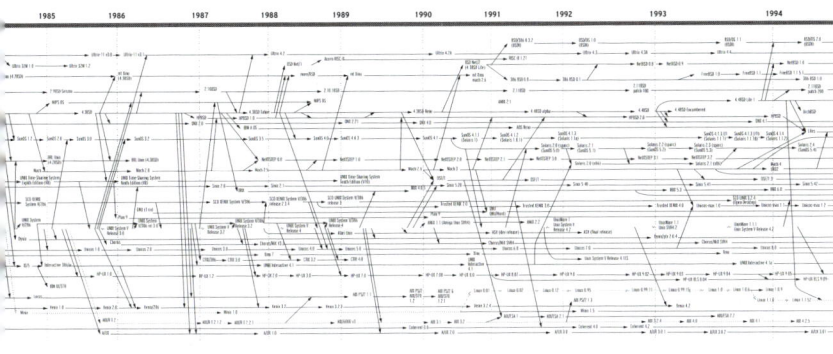

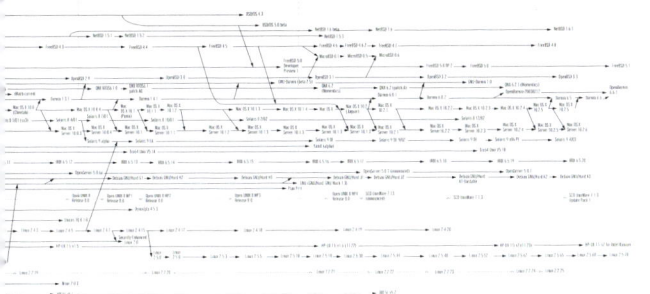

Der Basar von Bits und Bytes

Eine vollständige Chronologie des Betriebssystems Unix möglte eigentlich zehn Mal mehr Stationen umfassen, obwohl Fox Lévinec, ein französischer Informatiker, der dieses „vereinfachte Diagramm" mit Web gestellt hat (unix.kernel.com). Wir danken für die Nachdruckgenehmigung.

1969 geht es los. In der Bell Labs der Telefonfirma AT&T entsteht das erste frühere Versionen des Betriebssystems – man folge einfach dem blau markierten Pfad von links nach rechts, 1975 erreicht Unix mit seiner sechsten Ausgabe („Sixth Edition") eine gewisse Reife. Unterstützen dürfen den Programmcode bestreiten noch zu einzelnen Unix-Versionen.

Der blaue Pfad zeigt die Nabelad der drei kurz unterrichteten Varianten: die Original-Unix für den PC, (später LinuxWare), der IBM-Produkte. BDS und das freie verfügbaren Linux, 1982 zweigt der erste blaue Seitenpfad ab: Indexc-Tannenbaum von der Universität Amsterdam übernimmt die Unix-Idee für sein System Minix, zwei leitet die junge Firma Linus Torvalds davon zuvorderm ein Linux von ab. Null Firmen entdecken den Wert der Software: Ein entscheidender Zeitpfeil: 1986 steigt das Computergigant IBM in das Geschäft ein Sein Betriebssystem. IX/AT2 ist aus kommerzielle Bewährung aus dem Original – der blaue Pfad markiert nach das. Dann zeigt die Firma SCO als Inhaber die Gro Uni IBM vor, lizenzierte Programme zuverlässlich auch an Linux verteilt zu haben.

ICHE HICKHACK

xtrem efficient. Das so C ge-
diese Unix sollte kein Kleinsten Betriebssystem sein wie-
ines, sondern an einer Vielfalt
er Programme bestehen, die
Entwickler schnell an indivi-
g Wünsche anpassen können.
iedanke, daß ein angewachse-
Unix später einmal aus all so
ramme bestehen könnte, bein-
m damals umgebracht, bekäm-
kompora viele Jahre später. Sie
cht lag heute aber mindestens
s eine Unix contând auf ein-
e Computer namens PDP-7 des
dellers Digital Equipment.
T konnte mit dem System di-
mächt anfangen, so lief man
ade eirlaufen. Bald fand sich
daher auf allen möglichen
nem an Universitäten. Und das
ramm machte Spaß. „Unix war
uch ein brass Betriebssystem,
es profitierte angesichts von
ston Universitäts-Milieus, das
Geld, dafür aber ungeheuer
part schreibt der britische Soft-
Historiker Martin Campbell-
t. Unix war das Verschafsbar-
l, das Hacker zur Überwin-
aller technischen Grenzen
ierte. Schon 1973 begeisterte
afür Professor Bob Fabry von
kalifornischen Universität in
ley, der Unix, hatte aber keine
mer mit ausreichend großem

Arbeitsspeicher zur Verfügung. Sei-
ne Studenten schufen daher Soft-
ware, mit den Unix sich mit dem
Rechner eines großen Speicher zur-
schesindsche, die in Wirklichkeit nur
Stauraum auf einer Festplatte war.
Am dieser Untersuchung wuchs
eine eigene Unix-Variante, die als
Berkeley System Distribution
(BSD) berühmt werden sollte. Die
Bell Labs von AT&T entwickelten
Unix kaum weiter, der große Wurf
war jetzt an Sogriffen die Fans ver-
nichte zum BSD-Unix. Zu seinen
Programmierern gehörte Bill Joy,
der wenig später beim Start von Sun
Microsystems an der Stanford-Uni-
versität dabei war. Die Firma baute
Hochleistungsrechner für den Ar-
beitsplatz, „Workstations", und lie-
fente sie mit dem Betriebssystem
SunOS aus – noch ein Unix.
In diesem Stil entstanden eine
Menge Unix-Varianten für alle Arten von Mini-Computern, wa nie-
mandon storte. Schließlich war das
BSD-Unix kostenlos verfügbar und
wurde an alle Interessenten verteilt,
die im Gegenzug Verbesserungen
an die Universität sandten. Einzig-
Bedingung war dabei, daß die jeweilige Firma oder Forschungsein-
richtung eine Lizenz des Quellcodes
von AT&T kaufte. Dort waren bald
nicht mehr die Bell Labs mit Unix
beschäftigt, sondern eine Lizenzab-
teilung, die sich großmachtig Unix
System Laboratories nannte.

Zu Unix-Unix und BSD-Unix
trat noch nicht Wirm, als die ersten Personalcomputer auf dem
Markt kamen. Microsoft, damals ci-
ne Programmierküche, versuchte
sich noch vor seinem Coup mit MS-
DOS (auf dem später Windows auf-
baute) an einer Unix-Variante für
PCs namens Xenix. Da die Entwicklung nicht recht voran kam, verkaufte man sie an eine Zweimann-
firma namens SCO. Als die PCs
leistungsfähiger wurden, handelten
noch der Prozessorbaur Intel and
IBM Unix-Varianten für sie. Bloß
war Unix den meisten PC-Herstel-
lern mit ihren schmalen Gewinn-
margen sogen der AT&T-Lizenz
viel zu teuer. Das primitive MS-
DOS tat es auch. MS-DOS sollte
nur basieren ein Software für die
Einbindung in Computernetze erweitert werden. Woher kam der
Programmcode dafür? Die Universität in Berkeley fürchtete ihn gaby
aus ihrem Unix-Paket heraus und lizenzierte ihn an die Microsoft-Welt.
Natürlich wurde das BSD-Unix
selbst auch auf den PC übertragen –
man wollte so den Konkurrenten
Microsoft bei den großen Unter-
nehmenkunden zurückdrängen.
Der damalige Novell-Chef Ray
Noorda verkündete, er wolle mehr
vor Geräbit, sondern auf dem freien
Markt konkurrieren. Doch auf dem
freien Markt scheiterte die Unix-
Ware, wie Novell sein aufgeplepptes

sechs Dateien stammen vom Ur-
Unix. Daraufst AT&T erst, als Firmen anfingen, aus dem Vertrieb dieser Software ein Geschäft zu machen und mit Telefonnummern wie
1-800-ITS-UNIX zu werben.
1992 verlängerte deshalb die Unix
System Laboratories der Universität
von Kalifornien. Unix illegal zu ver-

**Die Wirrnis war von Anfang
an Teil des Systems. Sie
steigerte sich noch, als die
ersten Personalcomputer
auf den Markt kamen.**

---

marketon. Sie untersagen in der ersten Instanz, weil den Gericht sechs
von insgesamt 18 000 Dateien gar ni-
lippisch schienen. Die letzte Entscheidung blieb am, dem mittlerweile hatte der Netzsoftware Her-
steller Novell sowohl die Unix System Laboratories als auch den
Reste der Firma SCO gekauft –
man wollte so den Konkurrenten
Microsoft bei den großen Unter-
nehmenskunden zurückdrängen.
Der damalige Novell-Chef Ray
Noorda verkündete, er wolle mehr
vor Geräbit, sondern auf dem freien
Markt konkurrieren. Doch auf dem
freien Markt scheiterte die Unix-
Ware, wie Novell sein aufgeplepptes

PC-Unix 1993 nannte. Ohne die
Universitäten im Rücken hatte die
Software gegen das Microsoft-Sy-
stem Windows NT keine Chance.
Den freien Unix-Fans reichten
derweil die drei BSD-Unix nicht,
sie hetteilen gleich noch eine Fort-
wicklung: Linux. Dieses hatte wer-
fliegische System entstand aus den
allerwünschtesten Wurzeln: Un-
versitäten schliefen Unix für die
Ausbildung, doch wuchte das Programm immer weiter aus. So schrieb
der in Amsterdam lehrende Informatiker Andrew Tanenbaum Mitte
der achtziger Jahre ein abgespecktes
Betriebssystem, das er Minix taufte.
Dieses Bonsai-Unix lief auf einem
PC und eignete sich wunderbar für
die Lehre. Einige Jahre später fand
ein finnischer Student namens Linus
Benedict Torvalds aber, daß Minix
doch zu primitiv sei. Er begann das
System zu erweitern, wogegen Tanenbaum Protest einlegte: Sein Minix solle klein und leicht bleiben, zu-
mit sei Unix vom Konzept her ver-
altet und nicht die Mühe wert.
Nach einer kurzen Debatte per
Internet machte sich Torvalds 1991
an sein eigenes Betriebssystem à la
Unix in programmieren, der er Linux nannte. Torvalds hatte Glück,
denn er fand im Netz begeisterte
Mitstreiter, ohne die er in nicht ge-
Jahre später, als der zwischenhandel,
und sorcile Torvalds auf seiner e-
altet und nicht die Mühe wert.

von Linus gefeiert wurde, wollte er
Andrew Tanenbaum mit einem gro-
fen Blumenstrauß in seinem Büro
aufsuchen, rad ihm aber nicht an.
Im größten Internet-Boom vor
der Jahrtausendwende kam Linux
gewaltige Fantasie an, Firmen wie
Red Hat und SuSE traten als Verleger – soll heißen Vertreiber und
Weiterentwickler – des kostenlosen
Systems auf, es gringt mit diesem
Modell an die Börse.
Spät packte die Fantasie auch Ray
Noorda. Bei Novell hatte man ihn
zum Rücktritt gezwungen. Doch grif-
fende Unix-Abenteurer dort hatte 150
Millionen Dollar verbrannt, man war
baufhappedos hinter Microsoft zu-
rückgefallen und wollte von alldem
nichts mehr wissen. Noorda gründete 1994 eine neue Firma namens Caldera und durfte die Unix-Program-
me mitnehmen, aber nicht die Ei-
gentumrechte, die bei Novell blie-
ben. Novell konnte sie nicht behalten,
aber nicht mit Fortune. Als Linux-
Verleger verkleidete, ging die Firma
heredt mit IBM zusammen eine Li-
nux-Weiterentwicklung für einen
neuen Intel-Prozessor, daher sollte
in Zukunft das Geld kommen. Eine
konkurrierende Herstellergruppe
war schneller, so lief nun die Sache
bloßen. Für IBM kein Problem, die
Riese wechselte einfach die Seite,
Caldera blieb als Verlierer zurück,
konnte in Linux kein Geschäft mehr

erkennen und setzte sich das Ziel,
mit dem Original-Unix noch Geld
zu machen. Sie kaufte die letzten
umherliegenden Reste der Firma
SCO auf und benannte sich in SCO
Group um. Sie habe den Staatswalt
David Boies an Bord, der bei IBM
gearbeitet hatte. Der Computer-
sie wurde zum ersten Ziel des neuen
Geschäftsmodells.
SCO fiehl durchblicken, daß
Kommentatoren im Programmtext ei-
ne wesentliche Rolle bei den Nach-
weis spielen werden, daß IBM Unix-
Code via AIX widerrechtlich zu Li-
nux verschoben hat. Kommentatoren
sind dies, was Programmierer im
Quellcode zu einzelnen Zeilen oder
Funktionen erklärend vermerken.
Wie der Kriminalist beim reit Gen-
Beschnüsichen Täter überführt, wa
will SCO mit der Analyse dieser
Software-DNA das Lizenzverbre-
chen aufdecken – so sogar die
Kommentare identisch seien, mön-
te einer jedenfalls kein Zweifel sein.
Kommentare sind ihren Unix-
Programmierer immer schon von
humoriges Hobby. „Linux lud im
Staate Dänemark und in dieser Zeile", heißt's irgendwo im Unix-Code.
Und natürlich findet sich auch ein
Kommentar, der sich auf der die
betreffende Programmzeile prinzipiell für IBM kein Problem, die er-
ge umpfatische Historie anwenden
läßt. „Keiner erwartet, daß Sie das
begreifen", steht da.

---

*die Abspaltungen und Erweiterungen von UNIX. Ursprünglich wollte die Re-
daktion jede Woche aufwändige Infografiken zeigen.*

Insgesamt hat die Redaktion viel Spaß daran, Themen schräg aufzubereiten, wir legen Wert auf Sprachwitz und Liebe zum Detail. Die Redakteure müssen daher nicht nur die große Linie im Auge haben und gelegentlich einen Artikel abliefern, sondern sie arbeiten am Blatt bis zum kleinsten Bildtext. Wozu sich die Redaktion dagegen nicht verpflichtet sieht, ist Vollständigkeit. Viele Dinge ignorieren wir einfach. Ein Thema muss uns in erster Linie selber interessieren. Andere schwören auf Zielgruppenjournalismus und lassen untersuchen, was der Idealleser vielleicht haben möchte. Ich könnte so aber nicht Zeitung machen. Wenn mich etwas nicht selber interessiert, habe ich auch nicht den Ehrgeiz, das besonders gut ins Blatt zu bringen.

Trends im Wissenschaftsjournalismus: aufwändig und anschaulicher

Die Probleme bei der *FAS* sind dieselben wie in vielen Redaktionen: Es wird zu wenig vor Ort recherchiert. Das ist mit drei Redakteuren kaum anders möglich, aber es fällt sogar schon Wissenschaftlern auf. Bei den Vorbereitungen einer Seite zum Wencker-Atlas, der Sprachverschiebungen seit der Zeit des Niederdeutschen darstellt, bin ich zu einem Marburger Dialektforscher gefahren. Der war völlig verwundert, dass sich überhaupt noch ein Journalist die Mühe macht, jemanden zu besuchen. Und Frankfurt-Marburg ist nun wirklich nicht weit…

Dass man es oft nicht mehr mit eigener Anschauung zu tun hat, ist ein Problem der knappen Mittel in den Redaktionen. Es wird nur noch gegoogelt. Das können viele Leser aber selber, dafür brauchen sie keinen Journalismus. Speziell im Wissenschaftsjournalismus gibt es jedoch auch eine ganze Reihe neuer Produkte wie *Geo kompakt*, *ZeitWissen* und *SZWissen* oder *Focus-Schule*. Als ich anfing, gab es praktisch keinen Wissenschaftsjournalismus – von ein paar Leuten im Fernsehen abgesehen, die sich mit der Mondlandung beschäftigten. Dann waren da noch Günter Haaf bei der *Zeit* und Rainer Flöhl bei der *FAZ*. Durch die Atomkraft-Debatte ist das Genre zum ersten Mal stark aufgewertet worden, und inzwischen ist Wissenschaftsjournalismus selbstverständlicher Teil der

Zeitung. Minderwertigkeitskomplexe gegenüber Politik und Feuilleton braucht man heute nicht mehr zu haben.

Insgesamt wird der Wissenschaftsjournalismus weiter zunehmen, auch im Fernsehen. Und er wird aufwändiger. Es werden also mehr Wissenschaftsjournalisten gebraucht. Die Entwicklung dürfte vor allem in zwei Richtungen gehen. In Richtung „Für-Gesprächsstoff-Sorgen" und in die *Pisa*-Ecke: Wissen garniert mit Unterhaltung. Das setzt voraus, dass man sehr anschaulich ist. Eine dritte Richtung entspricht der *FAS*-Doppelseite: Es wird oft ein viel höheres Niveau verlangt, Lehrbuch-Charakter mit Archiv-Nutzen, der in einem halben Jahr noch stimmt. Von dem ein Lehrer sagen kann: „Daraus mache ich eine Unterrichtseinheit." Oder von dem der Bäckermeister und das Juristenpärchen sagen können: „Damit habe ich das Thema endlich begriffen!"

Fünf Fragen an Jörg Albrecht

Bevor auch Die Welt samstags mit einem ähnlichen Konzept begonnen hatte, war die Wissenschaftsdoppelseite praktisch ein Alleinstellungsmerkmal der FAS. Gibt es dafür einen eigenen Infografiker im Ressort?
Nein. Größere Infografiken entstehen im Team – einem Zeichner in Berlin, dem Chef der *FAS*-Infografik, einer Layouterin in München und einem Autor, der in der Redaktion sitzt oder freier Autor ist. Die Grafik nimmt in einem interaktiven Prozess Gestalt an, bei dem sich die Beteiligten pdf-Dateien schicken. Den Aufwand messen wir an der Anzahl der ausgetauschten Mails, die typischerweise bei 60 bis 90 liegt. Die meisten Infografiker sind Kartographen oder technische Zeichner, haben also keine naturwissenschaftliche Vorbildung – daher müssen Redakteure und Autoren die erste Skizze selber liefern. Infografik ist für Redakteure das Mühsamste überhaupt. Auch andere *FAS*-Ressorts und andere Zeitungen haben versucht, aufwändige Doppelseiten zu machen, aber das kriegen nur wenige hin. *Die Zeit* hat es probiert, ohne überzeugendes Ergebnis, die *Welt am Sonntag* ebenfalls. Dann versuchte es die *Welt* in der Samstagsausgabe – und war uns noch am ehesten auf den Fersen.

Wird die Wissenschaftsdoppelseite vor dem Hintergrund des großen Aufwands weiter vermarktet – Stichwort „Lehrbuchcharakter" für die Schule?
Das ist bisher leider nicht gelungen. Eine einzige Doppelseite, „Von der Eizelle zum Embryo", kam einmal in den Anfangstagen als Poster heraus, was sich als sehr kompliziert herausgestellt hat. Auch wurde aus Doppelseiten mal ein Buch gemacht, allerdings ist das Format dafür denkbar ungeeignet. Wenn man das verkleinert, geht der gesamte Charakter verloren; es kann nicht mehr alles auf einer Seite gedruckt werden, man muss blättern, alles neu layouten und umschreiben.

Ein Paradoxon im Zeitungsgeschäft ist, dass Journalisten Redakteure werden, weil sie gut schreiben können, danach aber nur noch Zeit fürs Management haben und kaum noch zum Schreiben kommen. Wie ist das bei der FAS?
Insbesondere als leitender Redakteur plant und produziert man auch bei uns fast nur, Koordinieren und Redigieren gehören zu den Haupttätigkeiten. Man muss sich also entscheiden: Entweder man schreibt oder man macht ein Blatt – aber auch Blattmachen ist kreatives Arbeiten. Wenn man jedoch ständig beides versucht, dann leidet beides.

Wenn bei Wissenschaftsthemen nach Optik und Nutzwert entschieden wird, erfährt man eher weniger über komplexe Themen. Ist das nicht problematisch? Immerhin gibt der Staat enorme Summen für die Grundlagenforschung aus.
Natürlich könnte man den Verdacht haben, dass es überall ins Leichtere geht. Unser Ziel ist jedoch, die Balance zu halten: In der einen Woche schreibt eine junge Mutter über das Schreien beim Kleinkind, in der Folgewoche steht auf der gleichen Seite ein Beitrag über Quantenphysik, also Grundlagenforschung pur. Beides soll jeder lesen und verstehen können, aber es muss nicht alles auf den Seiten alle interessieren.

Manche FAZ-Leser hatten sich womöglich auf mehr Lesestoff am Wochenende gefreut, etwa nach dem Vorbild der New York Sunday Times. Nun erhalten sie ein Produkt, das vergleichsweise schnell ausgelesen ist. Woran liegt das?
Die Vorgabe war, unter dem Signet *FAZ* – also glaubwürdig und seriös – ein anderes Publikum anzusprechen, ein jüngeres Publikum, das weni-

ger Zeit zum Lesen investiert. Die Zeit für die Mediennutzung kann man nun mal nicht unbegrenzt vermehren; je mehr Medien um die gleiche Zeit konkurrieren, desto geringer wird der Anteil pro Medium. Das korreliert mittlerweile auch mit dem Alter. Die Leute haben nicht mehr die Zeit. Und wenn die Leser sie doch haben, haben sie schon die *FAZ* oder die *Zeit* mit ihren langen Artikeln. Wenn wir da auch noch so ein Produkt gemacht hätten, dann glaube ich nicht, dass das Erfolg gehabt hätte. Es ist schon das Schnellere, wenn man so will, auch das Oberflächlichere. Aber es richtet sich – anders als der Wissenschaftsteil der *FAZ* – eben deutlich weniger an Wissenschaftler.

Fünf Links zum Thema

- Montags ist die *FAS* teilweise noch nachzulesen unter: www.faz.net/sonntagszeitung
- Seiten anderer Sonntagszeitungen zum Vergleich: www.wams.de (*Welt am Sonntag*), ww.nzzglobal.ch/nzzas.htm (*NZZ am Sonntag*)
- Außergewöhnliche Wissenschaftsinfografiken von ausländischen Zeitungen: www.elpais.es/multimedia/animaciones.html, www.elmundo.es/graficos/multimedia
- Portfolios von Infografikern: www.newspaperdesigner.com
- Preis für das beste Zeitungsdesign des Jahres: www.newspaperaward.com

Ergänzende Literatur

- Heinze, A.: Der kluge Kopf am Sonntag. Die Einführung und Etablierung der *Frankfurter Allgemeinen Sonntagszeitung*. Diplomarbeit Universität Leipzig 2003.
- Malek, A.: (K)eine Zeitung zum Sonntagsfrühstück? Der Markt der Sonntagszeitungen in Deutschland – eine Bestandsaufnahme. Diplomarbeit Universität Leipzig 2003.
- Das Doppelseitenbuch der *FAS*: Randow, G. von (Hg.): Jetzt kommt die Wissenschaft. Von Wahrheiten, Irrtümern und kuriosen Erfindungen. *Frankfurter Allgemeine Buch* im F.A.Z.-Institut, 2003.
- Capitulo Espagnol de la Society of Newspaper Design: Malofiej Infographic Awards. Indexbook, 2002.
- Jansen, A.: Handbuch der Infografik. Springer, 1999.
- Sprissler, H.: Infografiken gestalten. Techniken, Tips und Tricks. Springer, 1999.

„Dass es im laufenden Betrieb einer neuen Zeitschrift immer noch zahlreiche Veränderungen gibt, scheint ein Trend bei Verlagen zu sein – auch aufgrund der Erkenntnis, dass selbst von Anfang an komplett durchgestylte Magazine oft doch nicht funktionieren."

Wissenschaft zwischen Wochenzeitung und Magazin: Zu wenig Zeit für Die Zeit?

*Von Andreas Sentker und Christoph Drösser**
Die Zeit und ZeitWissen (Hamburg)

Auch ein großer Verleger kann irren. Vor kurzem kam Theo Sommer in mein Büro. Der langjährige Chefredakteur und Herausgeber der *Zeit* ist ein Mensch mit einem weithin bekannten jungenhaften Humor. Diesmal grinste er besonders breit und überreichte mir einen Brief des 1995 verstorbenen *Zeit*-Verlegers Gerd Bucerius.

„Lieber Ted, der Artikel in Nr. 38: „Präparation – kratzfest und lebensecht" geht ein paar Wissenschaftler und ein paar Techniker an. Wollen Sie nicht auf die Wissenschaft ganz verzichten? Wenn wir Glück haben, schließen wir 1982 mit plus minus Null ab. Da können wir uns keine Leute leisten, die eigentlich nur ihren winzigen Leserkreis im Sinn haben. Herzlichst, Ihr Buc"

Der betreffende Artikel vom 11. September 1981 schilderte die Arbeiten eines gewissen Gunter von Hagens, lange Jahre bevor der Heidelberger Präparator mit seinen „Körperwelten" tausende Menschen faszinierte oder entsetzte. *Die Zeit* war der Zeit voraus. Und Ted Sommer hat nicht auf seinen Verleger gehört, sonst gäbe es dieses Buchkapitel vielleicht gar nicht. Heute gehört das Ressort Wissen neben der Politik zu den beiden meistgelesenen Ressorts des Blattes. Den „winzigen Leserkreis" können wir in hunderttausenden messen. 1982 gab es eine Seite Wissen-

---

*   Andreas Sentker ist Autor des ersten Teils dieses Beitrags über *Die Zeit*, Christoph Drösser Autor des zweiten Teils über das Magazin *ZeitWissen*.

schaft in der *Zeit*, zehn Jahre später, am 1. Mai 1992, wurde das Ressort Wissenschaft gegründet und seither ausgebaut.

Das Medium: Wer hat Zeit für Die Zeit?

Die Leserschaft der *Zeit* ist treu: 40 Prozent der Leser geben an, dass sie bereits länger als sieben Jahre Leser sind, 60 Prozent sind seit mehr als fünf Jahren dabei. 91 Prozent sagen, dass sie die Zeitung stark oder sehr stark vermissen würden, wenn es sie nicht mehr geben würde.[29] Und in den vergangenen Jahren häufen sich nach ebenso langen Jahren eines schleichenden Auflagenschwunds die Rekordmeldungen aus der Verlagsetage des Hamburger Pressehauses. *Die Zeit* erreichte im 2. Quartal 2006 eine durchschnittliche verkaufte Auflage von 488 036 Exemplaren – die höchste seit zwölf Jahren. Zum Vergleich: Die *Welt am Sonntag* verkaufte 409 035 Exemplare, die *Süddeutsche Zeitung* an einem durchschnittlichen Wochentag 442 565. Mit einer Reichweite von 2,07 Millionen Lesern besetzt *Die Zeit* Platz 1 unter den wöchentlich erscheinenden Zeitungen. Platz 2 belegt die *Frankfurter Allgemeine Sonntagszeitung* mit 1,21 Millionen Lesern vor der *Welt am Sonntag* mit 1,08 Millionen. Unter den Tageszeitungen erreicht die *Süddeutsche Zeitung* 1,54 Millionen, die *FAZ* 860 000 Leser.[30]

Herausragend sind dabei zwei Ausgaben der *Zeit*: Ausgabe Nr. 47 vom 11. November 2004 erreicht die höchste Auflage in der Geschichte der Wochenzeitung – 581 000 verkaufte Exemplare. Grund dafür ist nicht zuletzt der Start einer 20-bändigen Lexikonreihe als Sammelwerk. Alle Abonnenten und Käufer der Ausgabe vom 11. November erhielten den ersten Band kostenlos. Ein knappes Jahr später fällt der Rekord bereits: Mit Ausgabe Nr. 45 vom 3. November 2005 verkauft *Die Zeit* 595 000 Exemplare. Dieser Ausgabe lag der erste Band der 20-bändigen Sammelreihe „Welt- und Kulturgeschichte" bei.

---

29   Quelle: Copytest (15/2006) des Verlages an 200 repräsentativ ausgewählten Lesern
30   Alle Zahlen nach IVW II/2006 und Allensbacher Werbeträger Analyse (AWA 2006)

Es sind kostenlose Beigaben, die die Einzelverkäufe nach oben treiben. Doch in der Folge solcher spektakulären Einzelaktionen steigt auch die restliche Auflage. Die große Krise ist vergessen. Sorgenvoll hatten die Redakteure der *Zeit* auf die großen Tageszeitungen geblickt. Deren Anzeigenerlöse stiegen mit dem Boom der New Economy bis zum Jahr 2001 in die Höhe. Redaktionen wurden ausgebaut, Tochterfirmen und Tochterpublikationen gegründet. Die *Süddeutsche* oder die *FAZ* entwickelten sich mehr und mehr zu täglich erscheinenden Wochenzeitungen. Musste *Die Zeit* zum wöchentlich erscheinenden elegisch-elitären Monatsmagazin werden, um dem drohenden Auflagenschwund und Bedeutungsverlust entgegen zu wirken?

Der 11. September 2001 veränderte die Welt, auch die der Medien. Die Wirtschaftsordnung wurde erschüttert, der westliche Glaube an die relative Sicherheit der Nachkriegsordnung untergraben, die New-Economy-Blase platzte ohnehin. Und die Menschen suchten nach Orientierung. Das sind die großen Momente einer reflektierenden, einordnenden und gründlich recherchierenden Wochenzeitung.

Zeit-Leser suchen Orientierung, lieben lange Texte – und stellen hohe Anforderungen an ihre Lektüre. Etwa 60 Prozent der Käufer sind Männer, 40 Prozent Frauen, meist überdurchschnittlich gebildet – mehr als 1,2 Millionen Leser haben mindestens Abitur: Studenten, Akademiker, berufstätig meist in leitenden Positionen. Was den Bildungsstand angeht, sind die Leser der konkurrierenden Blätter weit abgeschlagen (auf Platz zwei steht die *SZ* mit 800 000 Abiturienten in der Leserschaft).[31] Den Umfragen nach haben die Leser ein hohes Interesse an Büchern, Politik, Kultur – und an Wissenschaft.

Eine Redaktion interessiert natürlich genauer, wie und was ihre Leser lesen. Dazu werden jedes Jahr zwei Ausgaben in einem Copy-Test ausführlich untersucht. Etwa 200 Leser (100 Abonnenten und 100 Käufer am Kiosk) werden für diese Befragung repräsentativ ausgewählt. *Zeit*-Leser nehmen sich demnach Zeit: 38 Prozent investieren mehr als drei Stunden in eine Ausgabe, weitere 33 Prozent beschäftigen sich zwei bis drei

---

31 Quelle: AWA 2006

Stunden mit dem Blatt. Dabei gibt es eine klare Verteilung der Lesepräferenzen im Wochenablauf. Etwa ein Viertel stürzt sich schon am Erscheinungstag in die Lektüre. Am Freitag finden weitere 30 Prozent Zeit zum Lesen, Hauptlesetag ist jedoch mit 46 Prozent der Samstag.

Dieses Leseverhalten hat die Redaktion beunruhigt. Die *Frankfurter Allgemeine Sonntagszeitung* wird am Samstagabend produziert und ist am Erscheinungstag wenige Stunden alt. Unser Leser hat am Wochenende ein Blatt in der Hand, das bis in den frühen Mittwochmorgen geschrieben und redigiert wurde. Trotzdem muss es genauso frisch zu lesen sein wie die Konkurrenz am Wochenende. Als dann die neue „Sofaz" (oder *FAS*) herauskam, sorgte das für einige Aufregung. Inzwischen hat sich die Stimmung beruhigt, der befürchtete Auflagen-Einbruch blieb aus. Die *FAS* verbreitete sich über Deutschland. Aber sie blieb dabei das, was sie als Rhein-Main-Ausgabe gewesen war: die siebte Ausgabe einer Tageszeitung.

Dass indes auch *Zeit*-Leser Wert auf Aktualität legen, zeigen weitere Copytest-Zahlen: 93 Prozent sagen, *Die Zeit* biete die besten Hintergrundinformationen, und 99 Prozent sagen, sie berichte über die wichtigsten Themen der Woche. Das ist einerseits ein Lob, andererseits eine Erwartungshaltung: Obwohl ein Wochenblatt, erwarten die Menschen, dass in der *Zeit* steht, was in der Woche aktuell und relevant ist. Das Ressort Wissen hat sich dabei in den vergangenen Jahren zu dem nach der Politik meistgelesenen Teil entwickelt.

Das Ressort – und die Frage, was eigentlich „vernünftig" ist

Im Januar 1998 habe ich die Leitung des Wissen-Ressorts von Joachim Fritz-Vannahme übernommen, am 29. Januar 1998 erschienen darin gleichzeitig mit einem Relaunch zum ersten Mal die *Zeit*-Chancen mit Berichten zu den Themen Bildung, Ausbildung und Beruf. Später wurden die Seiten zu einem eigenständigen Ressort unter Leitung von Thomas Kerstan (ein Ressort, aus dem im Oktober 2006 seinerseits ein neues Produkt erwachsen sollte: *Zeit*-Campus, das Studentenmagazin der *Zeit*).

Das Wissen-Ressort profitierte von der wachsenden Bedeutung seiner Themen. Plötzlich stand die Wissenschaft nicht mehr in abgelegenen, für die Kollegen mehr oder weniger unlesbaren Fachzeitschriften, sondern auf der Tagesordnung des Bundestages: Rinderwahn, Gentechnik, Stammzellen, Klimaschutz, Embryonenschutz, Pisa-Debatte – Wissen wurde zur Pflichtlektüre.

Redaktion und Verlag reagierten auf den neuen Wissensdurst. Im September 2001 wurde die Berichterstattung deutlich ausgebaut. Und im Oktober 2001 fand am Berliner Gendarmenmarkt das erste *Zeit*-Forum der Wissenschaft statt – ein Treffpunkt für Wissenschaft, Wirtschaft und Politik ebenso wie für ein breites interessiertes Publikum. Die Politiker wussten die neue Bühne zu nutzen: Wolfgang Schäuble fragte hier vor der entscheidenden Bundestagsdebatte die Experten über embryonale Stammzellen aus. Bundesbildungsministerin Edelgard Bulmahn ließ sich hier über die Vorteile des finnischen Schulsystems informieren, Bundesinnenminister Otto Schily über das Bioterrorpotential von Pockenviren. Renate Künast diskutierte über grüne Gentechnik, Jürgen Trittin über die Zukunft der Kernenergie. Das Forum ist ein Gegenentwurf zum Polit-Talk à la *Christiansen*. Aller Kontroversen zum Trotz lassen sich die Diskutanten ausreden. Man lernt, statt nur Überzeugungen zu verkünden.

Im Blatt selbst ist diese Debattenkultur längst etabliert: Philosophen wie Peter Sloterdijk und Jürgen Habermas, Manfred Frank und Ernst Tugenthat schreiben sich 1999 auf den Wissen-Seiten offene Briefe, in denen sie leidenschaftlich über Möglichkeiten und Folgen des gentechnischen Zeitalters diskutieren. Die Denker sind der Wissenschaft voraus. Erst zwei Jahre später legen Forscher den ersten Entwurf des menschlichen Genoms vor, 1 300 durchschnittliche Zeitausgaben stark, drei Milliarden Buchstaben, die der damalige US-Präsident Bill Clinton triumphierend das Alphabet des Lebens nennt. Wieder greifen große Autoren zur Feder. Jens Reich, als Politiker und Essayist mindestens so prominent wie als Forscher begabt, mahnt: „Etwas nüchterner als die begeisterten Protagonisten im Weißen Haus sollten wir freilich auf das Ereignis sehen: Wir stehen am Anfang und keineswegs am Ende, und zu vernünftigem Vorgehen ist es nicht zu spät."[32]

Was eigentlich „vernünftig" ist – diese Frage wird sich fürderhin durch den Wissenschaftsteil ziehen. Vorbei ist es mit der mal heiteren, mal staunenden Berichterstattung aus fernen Ländern und manchmal noch ferner erscheinenden Labors. Wissenschaft ist neben Wirtschaft und Politik zu einem zentralen Thema geworden. Dämme bauen oder Atomkraftwerke? Was ist vernünftige Klimapolitik? Ganztagsschulen oder Elitekindergärten? Was ist vernünftige Bildungspolitik? Und was ist gute Wissenschaft? Vorbei sind die Zeiten der Hofberichterstattung, deren Texte noch vor wenigen Jahren im Ton häufig einem alten Kinderlied ähnelten: „Die Wissenschaft hat festgestellt…"

Alltagsfragen für Journalisten: CDU-Wissenschaft oder SPD-Wissenschaft?

Heute lauten einige der zentralen Fragen: Wie wahrscheinlich ist die Theorie von Forscher X? Wer hat seine Forschung bezahlt? Wer hat ein Interesse an ganz bestimmten Antworten auf ganz bestimmte Fragen? Und warum werden bestimmte Fragen gar nicht erst gestellt? Die Wissenschaft zersplittert in Disziplinen und Unterdisziplinen, in konservative und progressive Strömungen. Manchmal scheint es gar eine CDU-Wissenschaft, eine SPD-Wissenschaft und eine FDP-Wissenschaft zu geben, von der grünen ganz zu schweigen.

Die Redakteure des Wissens profilieren sich angesichts dieser Zersplitterung in der Auseinandersetzung um die großen Themen. Der Physiker Ulrich Schnabel präsentiert und moderiert die Debatte deutscher Hirnforscher, Philosophen und Rechtswissenschaftler um den freien Willen des Menschen. Der Chemiker Hans Schuh gilt bald als ebenso pointierter wie kenntnisreicher Begleiter der Umwelt- und Naturschützer. Der Biologe Ulrich Bahnsen und der Mediziner Harro Albrecht ver-

---

32   Reich, J.: Ein Fest der Forschung. Die Karte des Erbguts liegt vor. Wir müssen lernen, sie zu lesen. *Die Zeit*, Nr. 27/2000, 29.6.2000, S. 1

folgen die rasante Entwicklung der Molekularmedizin – und diskutieren ihre ethischen Konsequenzen.

Doch die Begeisterung an der Wissenschaft kommt auch nicht zu kurz. Am 27. Februar 2004 darf ich zusammen mit dem von der *Frankfurter Allgemeinen Sonntagszeitung* zurückgekehrten *Zeit*-Redakteur Gero von Randow ein erstes Konzept für ein neues Wissenschaftsmagazin vorlegen – Codename Albert. Es soll das erste eigenständige Magazin sein, das *Die Zeit* gründen wird. Wenig später stößt Christoph Drösser, der spätere Chefredakteur des neuen Blattes, zu dem kleinen Team, das im Verborgenen Seiten entwirft, Texte erprobt, Rubriken erfindet – und sie wieder verwirft. Dann kommt an einem Sonntag im September die Schreckensmeldung: Auch die Kollegen der *Süddeutschen Zeitung* wollen ein Wissenschaftsmagazin auf den Markt bringen. Ein Wettlauf der Blattmacher beginnt (*siehe 2. Teil dieses Beitrags*).

Das Redaktionsteam des Mutterblattes will unterdessen wissen, wo in Deutschland am erfolgreichsten geforscht wird. Martin Spiewak führt die Partner zusammen, die Deutschlands erstes großes Forschungsranking wagen: die *Deutsche Forschungsgemeinschaft* und den *Stifterverband für die Deutsche Wissenschaft*. Am 3. Juli 2003 werden die Daten erstmals veröffentlicht. Demnach sind die besseren Forscher eher im Süden der Republik zu finden. Und die besten Hochschulen? Auf diese Frage antwortet *Die Zeit* erstmals ausführlich am 19. Mai 2005. An diesem Tag erscheint in Kooperation mit dem Centrum für Hochschulentwicklung der erste *ZeitStudienführer*, ein 180 Seiten starkes Heft, das Studienanfängern differenziert Auskunft gibt und bei der Wahl der richtigen Hochschule hilft.

Die Inhalte des Wissen-Ressorts sind begehrt. Hörbuchverlage fragen an, ob die anspruchsvollen und dabei doch verständlich geschriebenen Texte vertont werden dürfen. Andere Verlage wollen die großen Serien und Schwerpunkte des Ressorts in Buchform bündeln. Für die hohe Textqualität sorgt Urs Willmann. Der junge Journalist kam vom Schweizer Nachrichtenmagazin *Facts*, ein wissenschaftsjournalistischer Quereinsteiger mit kritischem Blick und eleganter Schreibe. Willmann bringt ein Thema ins Blatt, das neben Medizin oder Kosmologie zu den klassischen Quotenbringern im Wissenschaftsjournalismus gehört: die Archäologie. Denn bei aller Politisierung sucht die Wissenschaft noch immer nach Antworten auf die klassischen Fragen: Wo kommen wir her? Wer sind wir? Wo gehen wir hin?

4,75 Seiten mindestens: Welches Wissen Platz bekommt

Heute hat das Ressort 4,75 Netto-Seiten pro Ausgabe garantiert, also sechs bis acht Druckseiten mit wechselnder Anzeigenbelegung. Personell ist das Ressort mit neun Redakteuren, die nach einem Teilzeitmodell auf acht Stellen verteilt sind, gut ausgestattet. Alle Redakteure haben ein Studium absolviert. Eine solche wissenschaftliche Grundausbildung ist wichtig. Zwar hatten herausragende Wissenschaftsredakteure wie Günther Haaf, der *GeoWissen* erfunden hat, nicht einmal Abitur. Aber um zu wissen, was wissenschaftliches Arbeiten ist und wie der Wissenschaftsbetrieb funktioniert, ist es hilfreich, wenn der Redakteur eine Hochschule von innen gesehen hat. Kritische Distanz hat auch etwas mit Kompetenz zu tun.

Zur Themenauswahl gibt es auch bei der *Zeit* die übliche Konferenzkultur einer Zeitung – in jedem Ressort eine Konferenz und donnerstags und montags die koordinierenden Ressortleiter-Konferenzen. Am Freitag Nachmittag tagt die Gesamtredaktion in der so genannten Großen Konferenz. In der Ressortkonferenz am Mittwochmorgen vertreten die Redakteure ihre Fachgebiete und stellen eigene Themen sowie Angebote von Autoren vor. Die Runde sucht nach einem Konsens. Im Zweifel hat der Ressortleiter das letzte Wort, aber meistens wird das Blatt, wie Ted Sommer es formulierte, noch immer „zusammengequatscht" – auch von Kollegen anderer Ressorts oder der Chefredaktion, die vom Wissen Antworten auf drängende Fragen erwarten: Wie gefährlich ist Sars, BSE, die Vogelgrippe?

Und die Kriterien dafür? Erstens: Aktualität. Eine Wochenzeitung darf nicht zeitlos sein – auch wenn der Aktualitätsbegriff ein anderer ist als der von Nachrichtenagenturen oder elektronischen Medien. Das zweite Kriterium ist Relevanz: Ins Blatt finden Themen, die gesellschaftlich von Bedeutung sind. Die Themen sollen nicht nur innerhalb der Wissenschaft von Interesse sein, sondern auch im Alltag der Leser. Das dritte Kriterium ist Originalität: Eine Geschichte muss einen Neuigkeitswert haben oder, auch das ist ein Originalitätskriterium, auf besondere Weise unterhaltsam sein. Originalität kann aber auch heißen, dass man das Thema von einer ungewöhnlichen Seite angeht, aus ganz neuer Perspektive betrachtet.

Die journalistische Form kann ebenfalls ein eigenes Kriterium bei der Themenwahl sein. Gerade auf Wissenschaftsseiten gibt es eine vielfach strapazierte Standardform: Einem szenischen Einstieg – „Prof. Soundso staunte nicht schlecht, als er am Morgen ins Büro kam..." – folgt ein reiner Sachtext. Erst am Schluss kommt wieder ein wenig Leben in den Textfluss: Prof. Soundso darf leibhaftig abtreten. Manche Journalisten nennen das ein Feature, andere einen Report. Die Begriffe können nicht davon ablenken, dass diese Form sehr unglücklich zwischen allen Stilen sitzt. In der *Zeit* erscheint im Ressort Wissen hingegen in jeder Ausgabe ein Porträt, das konsequent die Person in den Mittelpunkt stellt. Über die Begeisterung von Forschern, ihr Schicksal, ihre Erfolge, ihre Misserfolge werden auch abstrakte Themen dem Normalleser zugänglich. Große Interviews geben subjektiven Positionen Raum, Streitgespräche zeigen die Spannweiten wissenschaftlicher Dispute auf.

Neben Aktualität, Relevanz, Originalität und journalistischer Form als Kriterien des Blattmachens und -planens ist ein weiteres Kriterium sehr subjektiv: die Leidenschaft des Autors für sein Thema. Dennoch ist es vielleicht eines der größten Erfolgsgeheimnisse des Blattes: Es wird bei aller Professionalität mit Leidenschaft gemacht. In der *Zeit* wird gestritten: Um Positionen in der Kernenergiefrage oder der Stammzelldebatte ebenso wie um die Grundsatzfrage, was nun eigentlich ein guter Text, was guter Wissenschaftsjournalismus ist. Die eine Antwort gibt es nicht. Aber eine der wichtigsten Voraussetzungen kennen wir inzwischen – die richtige Mischung aus Leidenschaft, herausragendem (und vielfach preisgekröntem) Handwerk und kritischer Distanz.

Die schnelle Geburt des Magazins *ZeitWissen*

Wenn man fast 20 Jahre als Wissenschaftsjournalist arbeitete, konnte es
des öfteren passieren, dass bei Zusammentreffen von Kollegen irgendwann zu später Stunde das Thema aufkam: „Man müsste doch mal in
Deutschland ein richtig modernes Wissenschaftsmagazin machen." Einige Kollegen hatten schon vor Jahren ein fertiges Konzept dafür in der
Schublade, irgendetwas zwischen *New Scientist* und *Wired*, aber es fand
sich kein Verlag, der ein solches Projekt angegangen wäre.

Einige Versuche gab es dennoch: Ende der 80er saß ich mit Kollegen
wie Gero von Randow und Erwin Jurtschitsch in der Entwicklungsredaktion von *Noah*, einem Umwelt- und Wissenschaftsmagazin, das im
Axel-Springer-Verlag erscheinen sollte. Dann kam die Wende, der Verlag
hatte nur noch die Ost-Expansion im Sinn. Anfang der 90er hätte aus
dem monothematischen *GeoWissen* ein Monatsmagazin werden können,
aber *Geo* hatte Angst vor Konkurrenz aus der eigenen Familie. Mitte der
90er Jahre gab es Initiativen für eine deutsche Version von *Wired*, aber
der Verlag (*Gruner+Jahr*) und die US-Lizenzgeber konnten sich nicht einigen. Als Ersatz brachte der *stern* dann *konr@d* heraus, ein ambitionier-
tes Online-Magazin, bei dessen Entwicklung ich mitgearbeitet habe, das
aber die Implosion der Internet-Blase nicht überlebte. Und dann erschienen im Dezember 2004 innerhalb von zwei Tagen gleich zwei neue Wissensmagazine: die *Wissen*-Hefte der *Zeit* und der *Süddeutschen Zeitung*.

Dass der kleine *Zeit*-Verlag, der auf dem Magazinmarkt wenig Erfahrung hat (das frühere *Zeitmagazin* musste sich als Beilage nicht am Kiosk
behaupten) so ein Wagnis auf sich genommen hat, liegt am Zusammentreffen zweier Umstände: Verlag und Chefredaktion sahen, dass Wissensthemen bei der Leserschaft der *Zeit* beliebt waren und überlegten,
dass Wissen ein guter Gegenstand für neue Geschäftsfelder sein könnte.
Und in der Redaktion stießen solche Ideen sofort auf Begeisterung.

Im Februar 2004 haben Gero von Randow, Andreas Sentker und ich
uns zusammengesetzt und erste Ideen für ein Zeitschriftenkonzept zu-
sammengetragen. Das reichte für den Verlag (und für die Verlagsgruppe
Holtzbrinck, die in alle strategischen Entscheidungen eingebunden war),

um uns ein bisschen „Spielgeld" zur Verfügung zu stellen für eine Mini-Entwicklungsredaktion, neben den *Zeit*-Redakteuren bestehend aus dem erfahrenen Zeitschriftenentwickler Uwe Beyer, der Layouterin Frances Uckermann (heute Artdirektorin von *ZeitWissen)* und dem Autor Max Rauner (heute *ZeitWissen*-Redakteur). Im Juli 2004 lag der erste Dummy vor, der in einer klassischen Marktforschung (Gruppeninterviews mit wenigen Teilnehmern sowie einer ausführlichen Befragung einer größeren Gruppe) getestet wurde. Die Ergebnisse waren positiv, die Kritik wurde in dem Entwurf berücksichtigt – und der verschwand erst einmal in der Schublade, wie es wohl vielen Entwicklungsprojekten geht. Dann meldete die *Welt am Sonntag* Ende September 2004: Die *Süddeutsche Zeitung* bringt am 11. Dezember ein Wissensmagazin heraus.

Das setzte uns unter Entscheidungsdruck. Und *Die Zeit*, der manchmal immer noch ein Image von Behäbigkeit anhängt, erwies sich als äußerst wendig. Innerhalb von drei Tagen wurde entschieden. Erstens: Wir machen das Magazin. Zweitens: Wir wollen vor der Konkurrenz am Kiosk sein. Räume, Computer, Personal – eine Woche später war aus der Entwicklungsredaktion eine „richtige" Redaktion geworden, die erste Ausgabe wurde vorbereitet. Ich bin vom ersten Tag an ausschließlich für *ZeitWissen* zuständig gewesen, für meine Position bei der *Zeit* wurde eine Nachfolge gefunden. Für uns war wichtig: Wenn wir ein Magazin machen, dann richtig, nicht als Anhängsel, das von *Zeit*-Redakteuren nebenbei produziert wird. Am 2. Dezember 2004 schließlich lag *ZeitWissen* am Kiosk, zwei Tage vor *SZWissen*.

ZeitWissen hat als Dreimonatsheft begonnen, seit Juni 2005 erscheint es alle zwei Monate. Heft Nr. 1 verkaufte 100 000 Exemplare, seitdem ist die Auflage zunächst zurückgegangen (der Neugiereffekt war verpufft), seit dem Heft Nr. 1/2006 liegt sie wieder bei etwa 80 000 verkauften Heften. Und *ZeitWissen* ist ein überschaubares Projekt: Die Redaktion besteht aus vier Text-Mitarbeitern (der Chef inklusive), einer Artdirektorin, einem Layouter, der zu Produktionszeiten anwesend ist, einer Bildredakteurin und einer Sekretärin. Etwas mehr als die Hälfte der Artikel in *ZeitWissen* stammen von freien Mitarbeitern. Das ist eine schlanke Produktionsweise im Vergleich zu luxuriös ausgestatteten Magazinen wie

Geo, aber auch zu Neugründungen wie *Park Avenue*, die mit viel Aufwand produziert und mit großem Werberummel auf den Markt kommen. Der Vorteil: Die Geduld der Geldgeber hält potenziell länger, man kann organisch wachsen. Dass es im laufenden Betrieb einer neuen Zeitschrift immer noch zahlreiche Veränderungen gibt, scheint ein Trend bei Verlagen zu sein – auch aufgrund der Erkenntnis, dass selbst von Anfang an komplett durchgestylte Magazine oft doch nicht funktionieren.

Eine „Wissens-Illustrierte"

ZeitWissen liefert keine tages- oder wochenaktuellen Nachrichten und kann nicht den Anspruch erheben, dass der Leser umfassend über die Aktualitäten der Wissenschaft informiert wird. Wir bieten nicht den viel zitierten „Nutzwert" im Sinne von Ernährungstipps oder Hilfen für die Kaufentscheidung etwa bei der Anschaffung neuer Handys. Und wir können auch nicht den Anspruch erheben, enzyklopädisches Wissen zu vermitteln, wie es etwa die Themenhefte von *Geo kompakt* tun.

ZeitWissen bietet eine zweimonatliche „Wundertüte" mit Artikeln und Bildern, die interessante, oft originelle Inhalte aus der Wissenschaft auf unterhaltsame Weise vermittelt. Eben das, was eine Illustrierte bietet, mit dem angenehmen Zusatzeffekt der Wissensvermittlung. Diese Mischung muss alle, die (noch) keine Abonnenten sind, alle zwei Monate aufs Neue so überzeugen, dass sie bereit sind, fünf Euro zu bezahlen. Das heißt aber auch, es gelten höchste journalistische Ansprüche, die der Leser von Qualitätsmagazinen gewohnt ist. Dazu gehört eine moderne, aufwändig produzierte Bildsprache. In *ZeitWissen* findet man selten Stock-Fotografie; fast alle großen Geschichten werden selbst fotografiert. Das gilt vor allem für Porträts und Interviews, auch wenn der Porträtierte in den USA lebt. Es gibt keine Zeitungsartikel, die nur mit bunten Bildern versehen werden. Magazintexte sind zudem stilistisch anders, lebendiger, alltagsnäher. Wir versuchen, für jede Geschichte einen magazintypischen Zugang zu finden. Das kann die Reportage sein oder ein Erfahrungsbericht in Ich-Form.

Viergeteilte „Coolness" mit der Marke Die Zeit

In der Planungsphase gab es verschiedene Überlegungen, wie sich *Zeit-Wissen* im Markt positionieren soll. Wir haben unsere Position auf verschiedenen Skalen eingezeichnet: Informationstiefe (irgendwo in der Mitte zwischen *P.M.* und *Spektrum der Wissenschaft)*, Themenspektrum (fast so breit wie *Geo* und *National Geographic)*, Altersstruktur (jünger als die klassischen Wissenschaftstitel), „Coolness" (modern wie *Wired, Brand eins* oder *Neon)*. Bei der Wahl des Namens verbot sich allerdings übermäßige Originalität – der Absender *Zeit* musste klar erkennbar sein, ohne eine solche starke Marke wäre eine Markteinführung schwierig gewesen. Alle Kunstnamen verschwanden wieder in der Versenkung.

Heftig diskutiert wurde von Anfang die viergeteilte Titelseite der ersten sechs Ausgaben: Kann man überhaupt so etwas machen, muss man nicht mit einem großen Bild an den Kiosk gehen? Wir hatten diesen Ansatz gewählt, weil wir die Themenvielfalt unserer Ressorts (Leben, Wissenschaft, Gesundheit und Technik) demonstrieren wollten. Der Vorteil: Das Heft war von der ersten Ausgabe an unverwechselbar – im Vergleich mit anderen Magazinen. Der Nachteil: Die einzelnen Ausgaben unterschieden sich zu wenig voneinander. Gerade bei einem Zweimonatsheft muss der Leser das Signal bekommen: Achtung, ein neues Heft ist draußen! Das gab letztlich den Ausschlag, ab Heft 2/2006 auf einen monothematischen Titel umzusteigen – und damit gleichzeitig eine umfangreiche Titelgeschichte im Heft zu haben, um das Versprechen des Covers einzulösen.

Inzwischen haben wir auch per Leserumfrage in Heft 4/2005 untersucht, was für Menschen *ZeitWissen* lesen. Aufgrund von etwa 3 000 zurückgesandten Fragebögen haben wir festgestellt: Wir haben mehr männliche als weibliche Leser, obwohl es unser Ziel war, beide Geschlechter gleichermaßen zu bedienen. Rund die Hälfte der *ZeitWissen*-Leser sind regelmäßige *Zeit*-Leser, und sie sind jünger als diese – aber älter, als wir dachten: der Schwerpunkt liegt bei den 30- bis 39-Jährigen.

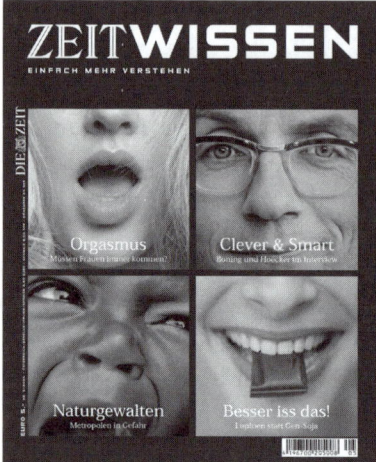

Abb. 3: Die Entwicklung des Titels von ZeitWissen. Das bis Anfang 2006 viergeteilte Cover war unverwechselbar und galt als Designpreis-verdächtig, allerdings unterschieden sich die einzelnen Ausgaben dadurch auf den ersten Blick nur wenig. (Cover von links oben im Uhrzeigersinn: Nr.5/2005, Nr.1/2006 und Nr.5/2006)

Zudem sind *Zeit-Wissen*-Leser noch gebildeter als *Zeit*-Leser (80 Prozent haben Hochschulreife, 42 Prozent einen akademischen Abschluss) und sie haben ein hohes Einkommen. Dass sie auch hohes Interesse an naturwissenschaftlichen und medizinischen Themen haben, ist per se nicht verwunderlich. Erstaunlich waren hier jedoch die hohen Zahlen, die an

Fachtitel wie *Spektrum der Wissenschaft* heranreichen und im Bereich Medizin Spezialhefte wie *stern Gesund Leben* übertreffen.

Bei aller beschränkten Aussagekraft solcher Leserumfragen haben die Ergebnisse auch dazu geführt, im Marketing das Profil des Magazins ein wenig zu verändern: von einem sehr jungen Zielgruppenprofil hin zur Gruppe der „jungen Wissens-Elite", die bereits im Berufsleben steht. Nicht zuletzt deshalb, weil es ab Herbst 2006 auch ein neues Produkt aus dem Zeitverlag für Studenten gibt: das Magazin *Zeit Campus*.

Ausblick: Wissenschaftsjournalismus – mehr als eine Mode

Der Aufschwung des Fachs ist mehr als nur eine Mode, wenngleich nicht alle neuen Blätter überleben werden. Aber dass das Thema insgesamt wieder zurückgefahren wird, ist kaum zu erwarten. Die Veränderungen durch die Wissenschaft werden größer – und damit der Bedarf nach fundierter Information. Wissenschaftsjournalismus ist nicht mehr eine Spezialdisziplin, die Nachrichten aus der Forschung in lesbares Deutsch übersetzt. Wissenschaft wird „Mainstream", und damit müssen sich die Wissenschaftsjournalisten den Qualitätskriterien der gesamten Branche stellen. Insbesondere müssen sie kritisch an ihr Sujet herangehen – so wie es jeder gute Politikjournalist auch tut.

Fünf Fragen an Christoph Drösser

Welche Themen kommen eher in die Wochenzeitung und welche ins Magazin?
Magazin-Geschichten verlangen stärker nach einer Optik. Das zweite Kriterium ist die Form: Auch wenn es Geschichten gibt, die in beiden Medien stehen könnten – wir bevorzugen Magazinformen wie die Reportage, den subjektiven Erfahrungsbericht. Und das dritte Kriterium ist Aktualität: Wenn ein Thema „leicht verderblich" ist, geht es eher an die Zeitung. Was wir nicht machen, ist gegenseitige „Resteverwertung". Beide Redaktionen waren in unserem Haus von Anfang getrennt: Die

einen machen die Zeitungen, die anderen das Magazin. Dazwischen gibt es einen Austausch, etwa indem man an den Konferenzen des Ressorts teilnimmt. Und es gibt eine personelle Brücke – der *Zeit*-Ressortleiter Andreas Sentker ist gleichzeitig unser Herausgeber.

Sind ZeitWissen und SZWissen Konkurrenten, oder liest der norddeutsche Zeit-Leser eher das eine und der süddeutsche SZ-Leser eher das andere?
Die *Zeit* hat – im Gegensatz zur *Süddeutschen* – kein Kernverbreitungsgebiet. Unser Anspruch ist es nicht, lediglich das meistgekaufte Wissensmagazin Norddeutschlands zu sein. Und natürlich ist *SZWissen* unser nächster Konkurrent. Das Themenspektrum der beiden Magazine ist sehr ähnlich, auch wenn ich glaube, dass die Hefte einen unterschiedlichen „Grundton" haben. Ich glaube aber nicht, dass, wenn einer vom Markt verschwände, die Auflage komplett dem Konkurrenten zugute käme. Zumindest beim Start hat die Konkurrenz das Geschäft für beide belebt – das Presseecho hat für entsprechende Aufmerksamkeit gesorgt.

Ihren Daten nach sind 40 Prozent der Zeit-Leser Frauen, 60 Prozent Männer. Wie versuchen Sie, die Quote zu erhöhen?
Wir wollen die Zahl der weiblichen Leser erhöhen, ohne die Zahl der männlichen Leser zu senken. Bei *ZeitWissen* bekommen wir viel positive Rückmeldung von Frauen: dass wir die Themen lebendiger anpacken und nicht so dröge sind wie andere – auch wenn das keine spezifisch weibliche Qualität ist. Die Kunst besteht darin, bei der Blattplanung beide Geschlechter im Sinn zu haben, ohne in Klischees zu verfallen.

Die viergeteilte Titelseite war ungewöhnlich für den Zeitschriftenmarkt, der meist über einen klaren Titel funktioniert – ein Gesicht, das den Käufer anguckt. Wie kam das zustande? Und warum wurde es wieder verworfen?
In der Entwicklungsphase haben wir es nie geschafft, unser – doch sehr weites – Themenspektrum angemessen mit einem Titelbild abzubilden. Im Marktforschungs-Test hatten wir den Vierer-Titel gegen einen Titel getestet, auf dem eine Fliege unter dem Elektronenmikroskop zu sehen war, also eher konventionell wissenschaftlich. Der Vierer-Titel hat klar

gewonnen. Dass wir dann Anfang 2006 den Titel umgestellt haben, hatte pragmatische Gründe (*siehe oben*). Bei einer Blattkritik sagte uns einmal der Chef der Lead Academy, Markus Peichl: „Ihr werdet mit dem Titel Designpreise gewinnen, aber letztlich werdet ihr ihn abschaffen."

Betrachtet man die Zahl der neuen Formate, so ist Wissenschaft populärer geworden. Aber wie sieht es mit Grundlagenforschung und „kritischem Wissenschaftsjournalismus" aus, der wenig kompatibel ist mit Unterhaltungsthemen zwischen Orgasmus und Partnerschaft, die eher nach Boulevard klingen?
Was Grundlagenforschung angeht, so hat *Die Zeit* schon noch einen hohen Anspruch – insbesondere da, wo es politisch relevant ist, wo es etwa um die Finanzierung der Forschung geht. Beim Magazin haben wir Mitte 2005 selbstkritisch ein Defizit erkannt: Wir haben uns in der Anfangsphase eher die originellen Themen ausgesucht als die relevanten, die alle anderen schon einmal gemacht haben. Da haben wir dann gegengesteuert: durch infografische „Erklärstücke", sozusagen Volkshochschule in kleinen Dosen, durch eine sechsteilige Zukunftsserie zu den großen Fragen der Menschheit, durch Reportagen mit politischem Charakter, etwa aus Liberia, Kenia und Indien. Forschungspolitische Grundsatzartikel wird man in *ZeitWissen* allerdings auch in Zukunft vergeblich suchen.

Fünf Links zum Thema

- *Die Zeit* und *ZeitWissen* im Internet: www.zeit.de und www.zeit-wissen.de
- Die Stimmt's-Rubrik von Christoph Drösser: www.zeit.de/stimmts
- Portal zum Thema Zeitungsgestaltung: www.zeitungsdesign.net
- Beispiele für prämierte Printprodukte: www.newspaperaward.de
- Das neue *Geo kompakt* zum Vergleich: www.geo.de/GEO/heftreihen/geokompakt/

Ergänzende Literatur

- Janßen, K.-H. et al. (Hg.): *Die Zeit*. Geschichte einer Wochenzeitung von 1946 bis heute. Siedler, 2006.
- Behmer, M.: Magazine: Was bringt mir mehr „Wissen": das Heft der *Süddeutschen* oder der *Zeit*? message, Nr. 1/2005.
- Wolff, V.: ABC des Zeitungs- und Zeitschriftenjournalismus. UVK, 2006.

„Eine Besonderheit des Wissenschaftsressorts waren von Anfang an die Listen und Rankings. (…) Die Reihe „Die 500 besten Ärzte“ war maßgeblich am Anfangserfolg beteiligt. (…) Inzwischen kooperieren wir mit medizinischen Fachgesellschaften, viele Ärztekammern erstellen mittlerweile sogar eigene Ärztelisten, ebenso die Krankenkassen.“

Wissenschaft im Magazin:
Über den Nutzen des Neuen

Von Martin Kunz
Focus (München)

Die Textsammlung „Nachlass zu Lebzeiten" von Robert Musil legt den Verdacht nahe, dass nicht Helmut Markwort und Hubert Burda *Focus* erfunden haben. Schon 1936 formulierte der große österreichische Romancier etwas, das sich liest wie eine Betriebsanleitung für *Focus*: „Unsere Ahnen schrieben in langen, schönen, wie Locken gedrehten Sätzen; wir tun dies in kürzeren, die Sache rascher zu Boden setzenden, und niemand kann seine Gedanken von der Art befreien, in der seine Zeit das Sprachkleid trägt." [33] Verleger und Chefredakteur müssen Anfang der 90er Jahre ähnliche Gedanken beschäftigt haben, als sie bei einem Spaziergang am Tegernsee beschlossen hatten, *Focus* zu entwickeln.

Das Medium: Bunt statt Bleiwüste

Markwort und sein Stellvertreter Uli Baur wollten so etwas kreieren wie ein deutsches *Newsweek*. Ein cooles Nachrichtenmagazin, schlanker als der *Spiegel*, mit mehr Nutzwert und politisch ausgewogener. Unter dem Tarnnamen „Zugmieze" (einer Bezeichnung ohne tieferen Sinn) wurden fast ein ganzes Jahr lang Layouts getestet und nur eine Nullnummer produziert. Am 18. Januar 1993 kam es dann mit großem Presse-Echo tatsächlich auf den Markt: *„Focus* – Das moderne Nachrichtenmagazin."

Was aber war daran modern, etwa im Vergleich zum *Spiegel*? Das fing bei der Titelseite an: Sie strahlte vielfarbig und bot mehrere Themen

---

33 Musil, R.: Nachlass zu Lebzeiten. Rowohlt, 1962

an. Es war uns wichtig, dem Leser auf dem Titel mehrere Themenangebote zu präsentieren. Als Newcomer auf dem Markt der Nachrichten-
magazine, braucht man eine politische Titelgeschichte, in diesem Fall
„Genschers Comeback" als möglicher Bundespräsident. Obwohl es
Hans-Dietrich Genscher letztlich nicht schaffte, war das damals eine gute Idee. Die weiteren Themen auf dem ersten Titel: die Mercedes A-
Klasse, Oskar Lafontaine und etwas für Businessleute, nämlich Spartipps
für Geschäftsreisen.

Im Jahr 1993 sagte Hans Werner Kilz, damals *Spiegel*-Chefredakteur:
„Ich glaube nicht, dass der *Spiegel*-Leser unbedingt ein buntes Magazin
haben will." Schaut man sich den *Spiegel* in jener Woche an, als *Focus* auf
den Markt kam, stellt man in der Tat fest: Das Inhaltsverzeichnis
Nr. 3/1993 schmücken vier Bilder, alle in schwarz-weiß. Die graue Welt-
sicht zieht sich durchs ganze Heft: Eine typische *Spiegel*-Geschichte hatte
Anfang 1993 etwa 130 bis 140 Zeilen pro Seite, dazu ein schwarzweißes
Bild.

Der *Spiegel* hat seither eine interessante Metamorphose vollzogen:
Vom Inhalt bis zur letzten Seite besitzt er nun ein zeitgemäßes Layout.
Pro Seite gibt es nur noch 80 oder vielleicht 90 Zeilen Lesestoff – dafür
farbige Grafiken, und Charts sowie jede Menge bunte Bilder! Unser Ver-
leger würde den schleichenden Modernisierungsprozess als verspäteten
„Iconic Turn" an der Alster bezeichnen.

Dabei war die Farbe nur der kosmetische Teil eines neuartigen Nach-
richten-Magazin-Typus, den Markwort und Burda kreierten. *Focus* sollte
den neuen Lesegewohnheiten und der stärkeren Mediennutzung einer
gebildeten Leserschaft Rechnung tragen. Texte müssen „schneller auf
den Punkt kommen", so lautet ein Markwort-Mantra. Das Zusammenspiel von Text, Bild sowie Grafiken soll hochgradig verdichteten Lesege-
nuss für die so genannte Info-Elite bieten. Darunter verstehen die Markt-
forscher die gut verdienenden Menschen mit extensivem Medien-
Konsum.

Der Weg ins Blatt führt über das Herz des Chefredakteurs

Fach-Ressorts wie die Wirtschaft und die Wissenschaft führen in klassischer Weise immer einen Kreuzzug gegen die Unwissenheit – man will ja mitunter schwierige Zusammenhänge verständlich machen: Soll etwa die Kernfusions-Forschung mit Milliarden Euro subventioniert werden oder lieber sanfte Energien?

Das akademische Sendungsbewusstsein steht oft der journalistischen Sensationslust im Weg. Das heißt in der Praxis: Wissenschaftsredakteure müssen lernen, einen der Bedeutung des Themas angemessenen Platz zu erkämpfen. Die ausgewogene, ideologiefreie Darstellung auch komplizierter Sachverhalte wie der Stammzellen-Debatte oder der Diskussion um den zukünftigen Energie-Mix in Deutschland ist auf *einer* Magazin-Seite nicht möglich.

Gleichzeitig müssen sich die Qualitätsmedien gegen die chronische Trivialisierungstendenz in der Berichterstattung stemmen: Allzu knackige Überschriften der Art „Bewiesen! Currywurst macht schlau"[34] und überspitzte Texte versprechen zwar Ruck-Zuck-Lösungen für alle Weltprobleme. Aber die anschwellende Lawine von Heilsbotschaften aus den Labors lässt das Leserinteresse abstumpfen und schadet der Glaubwürdigkeit der Medien.

Unterschiedliche Qualitäts-Vorstellungen existieren aber auch innerhalb eines Verlages und in einer Redaktion. In vielen Häusern findet man folgende Rollenverteilung: Die Fach-Redakteure wollen ihre Themen gerne höchst anspruchsvoll darstellen, die Vorgesetzten verlangen dagegen eine massentaugliche Version. Letztlich müssen der 150. Neandertaler-Geburtstag oder die Entschlüsselung des Human-Genoms als Titelthema zuerst den Ressortleiter und die Chefredaktion überzeugen.

Focus zeichnet eine überaus große redaktionelle Freiheit aus – ich kann mich in 14 Jahren an kaum einen seriösen Themenvorschlag erinnern, den Helmut Markwort ablehnte. Trotzdem wird man in *Focus* nur sehr wenig Gedrucktes finden, das nicht seinem Gusto entspricht – eine

---

34 *Bild*-Zeitung vom 11.8.2006

Blattlinie zu steuern und Kurs zu halten ist auch die zwingende Aufgabe und das natürliche Recht eines Chefredakteurs.

Sexy Timing: Vom richtigen Zeitpunkt

Bei der Themenplanung spielt die Konkurrenz-Beobachtung eine eminent wichtige Rolle: Was bewegt die Boulevard-Medien? Worüber berichten Radio und TV? Hatte die Sondersendung über den Erdrutsch in Südamerika eine hohe Einschalt-Quote? Immer haben Redaktionen Angst, den Klimax der Aufmerksamkeit zu verpassen. Am besten setzt man also eigene Themen zum selbst gewählten Zeitpunkt.

Oft engen aber auch zeitliche Ausschluss-Kriterien die Kreativität ein: Brachten der *stern* oder der *Spiegel* einen Ernährungs-Titel, ist dieser Themenbereich für einige Wochen tabu. Allerdings kann man mitunter auch einen ziemlich unsinnigen Wettlauf um Aktualität beobachten. Wenn die Redaktionen wissen, dass der Klimakatastrophenfilm „The Day after Tomorrow" ins Kino kommt, oder ein großer Durchbruch auf einem Medizin-Kongress erwartet wird, beginnen die riskanten Spekulationen: „Bringt man den Hintergrund-Bericht sicherheitshalber schon ein, zwei oder gar drei Wochen vorher ins Blatt?" Mit einem steigenden Termindruck näherte sich auch das Einstein-Jahr 2005: Da wurde schon im Herbst 2004 soviel über die bevorstehenden Feierlichkeiten berichtet, dass einem selbst die eigene Titelstory in der Ausgabe Nr. 52/2004 irgendwie bekannt vorkam.

Mitunter aber läuft auch der journalistische Frontrunner ins Verderben. Neueste Prognosen von Klimaforschern sagten in der Vergangenheit schon häufiger chronischen Schneemangel in den Alpen voraus. So geschah es, dass die *Focus*-Leserschaft an einem Montag im bundesdeutschen Schneechaos versank – pünktlich zum ausführlichen Report über den bevorstehenden Schneemangel.

News-Darwinismus: Nur die beste Nachricht kommt durch

Eine Meldung ebenso wie eine Titelstory durchlaufen in der Regel alle
Hierarchie-Ebenen. Das beginnt mit der Recherche und Themenfindung
der Redakteure. In der Wissenschaft gibt es täglich eine Morgenkonfe-
renz, in der die aktuelle Nachrichtenlage besprochen und mögliche
Themenangebote für *Focus*-Online beschlossen werden. Bei den Ressort-
konferenzen am Montag und Donnerstag trägt jeder Ideen für mittelfris-
tige und langfristige Storys vor. Wir arbeiten dabei in kurzen und auch
in langen Zyklen. Titelgeschichten, die etwa große Medizinkongresse
covern, werden schon mehrere Monate vorher umfassend recherchiert,
um dann im Umfeld des Kongresses ins Blatt gehoben zu werden. Wird
ein gedopter Sportler am Freitag entlarvt, entsteht ein aktueller Einseiter
mit der Erklärung des Epo-Dopings noch am gleichen Tag und ist im
neuerdings ab Sonntag erhältlichen *Focus* zu lesen.

Mit dem aktuellen Wissen geht der Ressortleiter um 10 Uhr 30 in die
Ressortleiterkonferenz, zu der die Chefredaktion einlädt. Auch in dieser
Runde muss sich das Bessere gegen das Gute durchsetzen – eine Geschichte über minimal-invasive Chirurgie des Kreuzbandes mit konkre-
tem Nutzwert für Knieschmerz-Patienten hat es da natürlich leichter als
ein epochales „Paper" aus den *Physical Review Letters* über die Präzisi-
onsmessung der Feinstrukturkonstante.

Ob eine Meldung oder eine größere Story dann ins Blatt kommt, ist
indes ein höchst darwinistischer Prozess, dessen Ergebnis man nie vorhersagen kann. Ein metaphorischer Vergleich mit der Befruchtung einer
Eizelle drängt sich dabei auf: Trotz leidenschaftlichem Einsatz entscheiden letztlich der richtige Zeitpunkt und auch ein bisschen Glück über
den Erfolg.

Das Ressort und seine Listen

Eine Besonderheit des Wissenschaftsressorts waren von Anfang an die
Listen und Rankings. Schon während der Vorbereitungszeit 1992 fingen

wir an, die erste Ärzteliste zu recherchieren. Markwort hatte den festen Plan, gleich nach der Markteinführung so eine Serie zu beginnen. Die Reihe „Die 500 besten Ärzte" war maßgeblich am Anfangserfolg beteiligt. Wenn Magazine auf den Markt kommen, verkauft sich das erste Heft meist gut und üblicherweise fällt die Auflage dann ab, bis man sich langsam eine Stammleserschaft erarbeitet hat. Diese Negativ-Erfahrung stellte sich bei *Focus* nicht ein. Nicht zuletzt durch die Ärzte-Serie im Frühjahr 1993 verzeichneten wir einen kontinuierlichen, sehr schnellen Leserzuwachs.

Allerdings gab es damals zunächst auch Riesenärger: Die bayerische Landesärztekammer verklagte *Focus*. Die Bezeichnung „die besten" in Zusammenhang mit Ärzten wurde als zu werbliche Bezeichnung verboten. Es folgte ein jahrelanger Rechtsstreit. Der Bundesgerichtshof entschied aber 1999, dass das Informationsbedürfnis der Bevölkerung wichtiger ist, als die zopfigen Bestimmungen des ärztlichen Standesrechtes. Als werblich galten damals schon Veröffentlichungen eines Mediziners über seine Qualifikation oder Ausrüstung. Für Patienten ist es jedoch wichtig zu wissen: Wer leistet was? Wo finde ich einen erfahrenen Herzchirurgen? Wer ist ein ausgewiesener Experte für Brustkrebs oder künstliche Befruchtung? Dass alle Mediziner gleich gut seien, entspricht einem Ärztebild von vor 200 Jahren. Heute wissen wir durch die Transparenz-Diskussion der letzten Jahre genau, wo die Unterschiede liegen.

Aber anhand welcher Daten lassen sich die Unterschiede in der Behandlungsqualität festmachen? Wir haben die Recherche und Umfrage-Methoden für unsere Ärzte-, Krankenhaus- und Universitätslisten über die Jahre hinweg optimiert. Um beispielsweise eine Auswahl empfehlenswerter Kardiologen zu erhalten, muss man sich die Adressen aller in Deutschland praktizierenden Kardiologen besorgen. Unser Daten-Ressort erarbeitet zusammen mit Experten der medizinischen Fachgesellschaften einen ausgefeilten Fragebogen. Diesen können die Mediziner online (mit gesichertem, verschlüsseltem Zugang zur Datenbank) beantworten.

Bei einer typischen Rücklaufquote von 30 Prozent verfügen wir dann über mehrere hundert ausgefüllte Fragebögen – mit detaillierten Anga-

ben zu den Eingriffszahlen der wichtigsten Operationen, den Speziali-
sierungen und der medizinischen Ausstattung. Zusätzlich gibt jeder
Kardiologe darin Empfehlungen für Experten seines Fachgebietes ab:
Kardiologen, zu denen der Angeschriebene seine Familienmitglieder
schicken würde. Diese Umfrage-Daten machen dann die erste Säule der
Recherche aus.

**Bitte geben Sie uns die Anzahl der von Ihnen persönlich bzw. von Ihrer Abteilung insgesamt
im Jahr 2003 durchgeführten Maßnahmen an.**

Maßnahme	persönlich	Abteilung/Praxis
Stress-Echo		4 0 0
TEE		in Koop. 1 5 0
Koronarangiographie	7 5 0	1 5 0 0
Herzkatheteruntersuchungen bei angeborenem Herzfehler	3 0	6 0
Kipptisch		
Kontrolle von Schrittmachern	6 0 0	1 4 0 0
Kontrolle von Defibrillatoren	4 0 0	5 0 0
Implantation von Schrittmachern	1 0 0	1 0 0
Implantation von Defibrillatoren	3 0	3 0
PTCA gesamt	2 0 0	4 0 0
PTCA nach akutem Herzinfarkt	1 0 0	2 0 0
Interventionen bei		

Abb. 4: Auszug aus einem typischen Focus-Fragebogen

Die zweite Säule liefern Patientenorganisationen, die wir ebenfalls sehr
umfangreich befragen. Nur wenn ein Arzt Empfehlungen von Patienten
und Ärzten hat, kommt er in die nächste Runde. Anschließend werden
dann mit etwa 20 bis 50 führenden Experten jeweils einstündige „Cross-
Check-Interviews" geführt, in denen die Ärzte mit den meisten Empfehlungen und so genannte Empfehlungskartelle hinterfragt werden. Am
Ende steht dann eine riesige Datenbank, mit deren Hilfe man relativ gut

sagen kann, welche Ärzte als renommierte Praktiker oder gute Medizin-
forscher gelten. Das heißt nicht, dass man unbedingt von einer der Kar-
diologie-Koryphäen behandelt werden muss. Aber wenn man einen
Krankheitsfall in der Familie hat oder eine medizinische Zweit-Meinung
benötigt, ist man bei einem *Focus*-Arzt auf dem sicheren Weg der evi-
denz-basierten Medizin. Weil es bei keiner anderen Publikation derart
detaillierte Daten über die medizinische Qualität gibt, kann man die
Ärztelisten als Alleinstellungsmerkmal von *Focus* bezeichnen.

Zwischen Nutzwert und Nebenwirkungen

Nun sind Ärzte- und Kliniklisten, die mittlerweile auch in Zeitschriften
wie *Öko-Test*[35] veröffentlicht werden, nicht das einzige, womit *Focus* sich
im Bereich Wissenschaft profilieren will. Bevor das Magazin auf den
Markt kam, haben wir die Konkurrenz analysiert. In manchen Ressorts,
so der damalige Eindruck, würde es sehr schwer werden, die Konkurrenz zu übertrumpfen – in der Politik etwa oder in der Wirtschaft. Im
Bereich Wissenschaft/Medizin waren wir optimistischer. Im Vergleich
zur Wissenschaftsberichterstattung in US-Magazinen hatten wir Anfang
der 90er Jahre bemerkt: Es fällt vieles unter den Tisch, der Wissen-
schafts-, Medizin- und Technik-Interessierte wird nicht wochenaktuell
informiert. Auch deswegen erhielt unser Ressort viel Raum und eine
wachsende Zahl von Redakteuren. Anfangs waren wir nur vier Wissenschaftsredakteure, durch den Erfolg wurde bald auf zwölf bis 15 feste
Wissenschaftsredakteure (vorwiegend Biologen, Mediziner, Physiker)
vergrößert. Begünstigt haben das auch die vielen Titelgeschichten.
    Insgesamt produziert das Ressort Forschung & Technik ungefähr
500 bis 750 Seiten pro Jahr. Die Bandbreite reicht von Archäologie bis zur
Kosmologie und den neuesten Errungenschaften von *Max-Planck-
Instituten*, Universitäten oder den Firmenlabors. Doch der Schwerpunkt
liegt stark auf den Life Sciences.

---

35   Vgl. „Der große Krankenhaus-Check", *Ökotest*, Juni 2002

Focus vertritt eine populäre Vorstellung von Wissenschaft. Wir nutzen die aufwändigen optischen, grafischen und recherchetechnischen Möglichkeiten eines Magazins, um Wissenschaft verständlich und interessant zu machen. Relevanz und Leben hauchen wir Storys gerne durch Personalisierung ein: Neueste pharmakologische Trends, wie etwa gentechnisch maßgeschneiderte Medikamente, lassen sich leichter transportieren, wenn man eine Person wie Craig Venter in den Mittelpunkt der Geschichte stellt. Und natürlich kann niemand einleuchtender die Vor- und Nachteile einer neuen Therapie in der Medizin beschreiben als ein leibhaftiger Patient.

Wissenschaftsjournalismus muss noch mehr leisten als eine Anhäufung aktueller Fakten. Wir müssen das Verstehen und Einordnen erleichtern – ganz abnehmen wollen wir es dem Leser nicht. Nur durch den Filter eines klugen Journalisten kann aus einem Faktenhaufen konkreter Nutzwert generiert werden. Eine Studie über die angeblich segensreichen Wirkungen von Rotwein oder Schokolade schreit danach, als billige PR entlarvt zu werden. Dass gelegentlicher Alkoholgenuss dennoch präventive Wirkung gegen Arteriosklerose haben kann, soll nicht verschwiegen werden. (Neuere Untersuchungen deuten nämlich an, dass es nur auf diese gelegentliche, kleine Alkoholmenge ankommt. Ganz egal ist dabei, ob der Alkohol in Bordeaux-Wein verdünnt ist oder in einem deutschen Bier.)

Natürlicherweise sind Presseabteilungen mit der Darstellung der Vorteile von Innovationen beschäftigt, deshalb müssen Wissenschaftsjournalisten entsprechend mehr Zeit in die Recherche möglicher Nebenwirkungen und Langzeitfolgen stecken. Das ist unsere zentrale Aufgabe.

Diese Berichterstattung zwischen Chancen und Risiken spiegelt sich bei einigen typischen *Focus*-Titeln wider: Als erstmals eine Pille zur Nikotin-Entwöhnung zugelassen wurde, verglichen wir die wichtigsten Entwöhnungs-Therapien in einer großen Titelgeschichte. Der Leser sollte eine individuelle Betriebsanleitung bekommen: Wie kann ich aufhören, welche Therapie ist für mich geeignet? Wie hoch sind die Erfolgsraten und wie sehen die Nebenwirkungen aus? Ein paar Jahre später wissen wir, dass bei dieser Pille die Nebenwirkungen den möglichen Nutzen weit übersteigen. Heute wird sie kaum noch verschrieben. Ein frühes Beispiel für die Darstellung der negativen Seiten von Wissenschaft und Medizin war unser „Kunstfehler-Report", die Titelstory in der *Focus*-Ausgabe Nr. 7/1995 – ein Thema, das man wegen der enormen Zahl misslungener Operationen und den skandalösen ärztlichen Vertuschungsversuchen jedes Jahr wiederholen könnte.

Grafik und Optik als Futter für die Synapsen

Bei all dem spielen Infografiken und die optische Gestaltung eine große Rolle. Wenn Berechnungen von Wissenschaftlern ergeben, dass die Klimaerwärmung noch dramatischer ausfallen wird, bietet es sich an, die Bandbreite der Klima-Konsequenzen mit drastischen Bildbeispielen zu illustrieren: Der Rhein bei Düsseldorf, dessen Flussbett im Sommer 2003 stellenweise aussah wie die Wüste Gobi, dazu die Sturmflut vor Sylt. Im Zusammenspiel mit der Titelzeile „Die Folgen der Pyromanie" sollen diese Bilder im Kopf des Lesers ein paar Synapsen aktivieren: Verleger Hubert Burda spricht in seinen „Iconic-Turn"-Vorträgen davon, mit diesem optischen Konzept die rechte Hirnhälfte (zuständig für Bilder und Emotionen) und die linke Hirnhälfte (eher zuständig für Sprache, Fakten und Ratio) zu vernetzen. Ergebnis könnte ein maximaler neuronaler Niederschlag der Informationen sein. Die Analysen des Leseverhaltens (zum Beispiel in Copytests) zeigen, dass fast immer Bilder den Blick des Lesers fesseln: Sie steigen über die Fotos auf die Seiten ein und als zweites sind Überschriften und Bildunterschriften Ausschlag gebend dafür, ob der Funke überspringt oder die Kundschaft weiterblättert.

Die Unterschiede der optischen Aufbereitung und inhaltlichen Schwerpunkte kann man exemplarisch an Ernährungs- und Diät-Titelstorys studieren, die sich bei *Spiegel, stern* und *Focus* schon häufiger auf dem Deckblatt bewährten. Der *stern* (Nr. 24/2004) setzt dabei auf eindrucksvolle Bilder dramatisch übergewichtiger Kinder, dazu die Erfolgsgeschichte der prominenten Diät-Autorin Susanne Fröhlich („Moppel-Ich"). Das Ergebnis ist eine opulente, emotionale Heftstrecke mit relativ geringem intellektuellem Nährwert. Im *Spiegel* (Nr. 40/2004) verfasst die Autorin Katja Thimm eine schöne, analytische Geschichte zu der Frage, wie sich Kinder ernähren sollten: „Gelernte Gesundheit", lautete der Titel. Der Text ist wirklich hervorragend geschrieben, er enthält alle wichtigen Zahlen und Studien – aber auch hier erfährt der Leser nicht, wie Kinder sich ernähren sollten.

Und da liegt der Unterschied zu *Focus*. Wir diskutieren im Heft Nr. 25/2004 das Dilemma der Mode-Diäten, von Atkins- bis Glyx-Diät und erklären, wie gesunde Ernährung auszusehen hat. Bei uns steht der konkrete Nutzwert im Vordergrund. Wir drucken zwar keine Kochrezepte ab – das geht für ein Nachrichtenmagazin zu weit – aber mit *Focus-Online* gehen wir bis auf diese Nutzwert-Ebene: Kochrezepte, Ernährungstagebücher und Diät-Chats mit Experten. Im *Focus*-Magazin wird das Ziel einer nachhaltigen gesunden Ernährungsumstellung aber so detailliert erklärt, dass man sie praktisch umsetzen kann.

In der *Spiegel*-Redaktion ist Nutzwert-Journalismus generell verpönt. Konkrete Hilfestellungen, Tipps oder gar Preisangaben von Produkten sind im *Spiegel*-Reich tabu. Das geht so weit, dass in den *Spiegel*-Bestseller-Listen in der Regel keine Diät-Ratgeber-Bücher erwähnt werden, obwohl diese Gattung zu den meistverkauften gehört.

Zitation bringt Reputation

Bei einem Nachrichtenmagazin zu arbeiten, heißt per Definition: Wir wollen tatsächlich Nachrichten generieren, am besten Dutzende jede Woche. Wir versuchen, Geschichten zu recherchieren, die etwas enthalten, was so noch nicht auf dem Nachrichtenmarkt war. Solche exklusiven News sind die interne Währung bei Nachrichtenmagazinen. Diese Meldungen werden den Nachrichtenagenturen am Wochenende angeboten und verweisen auf das eigene Medium. Dies ist ein nicht zu unterschätzender PR-Effekt und Imagegewinn für die Zeitungen und Magazine, die zitiert werden. Der redaktionelle Ritterschlag ist Autoren si-

cher, deren Exklusiv-Meldung in den TV-Nachrichten des Wochenendes
gesendet wird. Einzig mögliche Steigerung für Ego und Karriere: Vor
der *Tagesschau*-Kamera die eigene Enthüllung erläutern.

In der Regel sind exklusive Meldungen Studienergebnisse, die uns
der Forscher zukommen lässt, bevor eine Fachzeitschrift sie veröffentlicht. Aber auch Medizinrechts-Anwälte, Staatsanwälte, Wirtschaftsbos-
se oder Politiker sind gute Quellen für eine Agentur-Meldung – meist
sind solche Informationen aber sehr stark mit eigenen PR-Interessen verbunden. Einige Beispiele für exklusive Wissenschaftsnachrichten:

- Im Mai 1997 berichtete der *Focus* als erstes Medium ausführlich
über den Fall Herrmann/Brach, den bisher wohl größten Fälschungsfall in der deutschen Wissenschaft.

- Die Entdeckung der Himmelsscheibe von Nebra Anfang 2002 war
in Archäologie- und Archäologie-Räuber-Kreisen ein so heißes
Thema, dass die Veröffentlichung der *Focus*-Story damals sogar
auf Wunsch einer Staatsanwältin verschoben wurde, die in der
Sache ermittelte.

- Manchmal muss ein Journalist die Veröffentlichung selbst exklu-
siver Geschichten verschieben, etwa im Falle der größten Orgas-
musstudie in Deutschland, bei der mehrere hundert Frauen von
Psychologinnen der Berliner *Charité* befragt wurden. Das war ein
gutes Titelthema, und fand dann doch von Ausgabe zu Ausgabe
keinen Platz, so dass wir es im November 2004 gerade noch vor
der Montags-Pressemeldung der *Charité* veröffentlichen konnten –
mit einer Agenturmeldung am Wochenende.

Wie aber kommt man an exklusive Nachrichten? Ein Beispiel: Anfang
2004 las ich eine merkwürdige Arbeit in der Fachzeitschrift *Sucht* zum
Thema Sportwetten. Es gibt einerseits den staatlichen Anbieter Oddset,
dessen Erlöse unter anderem für die Fußball-WM gebraucht wurden, auf
der anderen Seite private Wettanbieter. Diese machen den Staatlichen
extreme Konkurrenz. In der Zeitschrift *Sucht* erschien nun der Artikel
von zwei Psychologen der Universität Bremen mit dem Tenor: „Nur private Wettanbieter machen süchtig, die staatlichen nicht." Das klingt wie:

„Alt-Bier macht süchtig, Kölsch nicht." Ich fand den Artikel auch sonderbar, weil er explizit forderte, das staatliche Monopol zu stärken. Aber es war eine Originalarbeit in einer angesehenen Fachzeitschrift. Daraufhin telefonierte ich mit mehreren Experten. Als diese den *Sucht*-Artikel gelesen hatten, waren sie erschüttert: Die Bremer Wissenschaftler hatten nicht einmal eigene Daten erhoben. Auf Nachfrage bei der Fachzeitschrift, wurde mir erzählt, es handele sich um eine Literaturauswertung. Das erste Recherche-Ergebnis lautete also: Ein seltsamer Fachartikel zu einem populären Thema, über den renommierte Forscher sagen: „Das ist Müll." – Das allein würde schon für eine analytische Meldung reichen.

Ein Scoop entsteht aber erst durch Beleuchtung der Hintergründe. Warum disqualifizieren sich zwei Suchtforscher in der Scientific Community mit so einem Beitrag? Gibt es finanzielle Interessen? Offenbar hatten die beiden Autoren Verbindungen zum staatlichen Lotto. Gab es weitere Forschungsarbeiten an der Universität Bremen? Die Autoren redeten sich bei Anfragen heraus, die Pressestelle meldete sich nicht zurück, der Dekan auch nicht. Dann machten wir über den Bremer Senat Druck: „Die Universität verweigert uns Informationen." Irgendwann kam die Antwort der Universität: „Ja, wir haben ein Forschungsprojekt mit Westlotto." Über fünf Jahre flossen insgesamt etwa 280 000 Euro. Dies waren die Ingredienzen einer aufdeckungswürdigen Geschichte:

- Die Forscher hatten eine, nach Ansicht unabhängiger Experten, tendenziöse Arbeit ohne eigene Daten veröffentlicht.
- Sie arbeiteten an einem Forschungsprojekt, das für den Sponsor Belege lieferte, dass die Konkurrenz süchtig mache, staatliche Sportwetten von Westlotto & Co. dagegen nicht.
- Unabhängige Experten bestätigten, dass so eine Art von Drittmitteleinwerbung skandalös sei. Zumindest hätte der Fachartikel mit „conflict of interest" gekennzeichnet werden müssen: „Die Arbeit ist gesponsert von Westlotto."

In *Focus* erschien die Exklusiv-Geschichte im Heft Nr. 6/2004 unter der Überschrift „Gesundes Monopol?"

Wer sät, wird ernten: Aber wann und was?

Daraus ergibt sich die grundsätzliche Frage: Was ist Erfolg? Ist er über die Anzahl der Exklusiv-Meldungen oder der verkauften Hefte definiert? Meine Wunschvorstellung wäre es, eine Art Aufklärungsquote zu erhalten: Nach einer Nichtraucher-Geschichte würde ich gerne wissen, wie viele Leute haben das a) wirklich gelesen und b) daraufhin mit dem Rauchen aufgehört? Das werden wir nie erfahren, aber theoretisch wären das Maß der bewirkten Verhaltensänderungen oder eine hohe Aufklärungsquote der eigentliche Erfolg. Vielleicht kann man den Erfolg von Wissenschaftsberichterstattung auch erst in einer Generation erkennen. Wenn mich meine Kinder einmal fragen, was ich zu Papier gebracht habe und ich retrospektiv sagen kann, dass ich mit den Themen, ihrer Darstellung und Beurteilung einigermaßen richtig lag, dann würde ich das als persönlichen Erfolg abheften.

Den manchmal allzu eitlen Journalisten schrieb Robert Musil übrigens noch mahnend ins Stammbuch: „Beim Schreiben verdrehen die Menschen bei weitem nicht so die Worte wie die Worte den Menschen."

Fünf Fragen an Martin Kunz

Kann man wirklich sagen, dass ein Arzt besser ist als der andere? Ist es seriös, in Listen die besten Ärzte, Kliniken oder Universitäten zu verkünden?
Den besten Arzt gibt es nicht, aber es gibt eine Qualitätssicherung in Kliniken mit internen Zahlen über ihre Ärzte. Und es gibt Studien darüber, wie man medizinische Qualität beurteilen kann. Ein Kriterium ist die Anzahl der Eingriffe. Wenn ein Arzt pro Jahr 300-mal eine Knie-Prothese einsetzt, dann ist es wissenschaftlich gesichert, dass er statistisch gesehen darin besser ist als der, der es nur 30-mal macht. Natürlich gibt es Probleme: Empfehle ich den Chefarzt oder einen Oberarzt? Wer ist der gute Operateur? Ist der eine nur ein guter Forscher? Die *Focus-*

Ärztelisten gelten heute als absolut seriöse Informationsquelle. Selbst Hausärzte nutzen sie, wenn sie einen überregionalen Experten suchen.

Sie tun damit etwas, das für Journalisten ungewöhnlich ist: Sie verbreiten nicht nur Daten, Sie produzieren Daten. Sie versuchen quasi empirische Sozialforschung. Damit stellt sich die Frage nach Ihren wissenschaftlichen Kriterien. Methodisch hat man den Eindruck, dass Ihre Qualitätssicherung dazu nicht ausreicht. Müsste man beispielsweise nicht auch Heilungsraten berücksichtigen statt nur die Zahl der Behandlungen zu zählen?

Das ist ja der eigentlich unerträgliche Zustand: Jede Klinik muss die Komplikationsraten medizinischer Eingriffe erheben. Die Daten, die in den Qualitätsberichten der Kliniken veröffentlicht werden, sind für Laien meist unverständlich. Die ersten Listen aus dem Jahr 1993 hatten sicherlich Schwächen. 1997 haben wir jedoch ein stark verbessertes Recherche-Konzept mit einem Expertengremium erarbeitet, an dem Chefärzte, Krankenkassen und Professor Karl Lauterbach, der namhafteste Experte für Qualitätssicherung und spätere Ministeriumsberater, mitwirkten. Inzwischen kooperieren wir mit medizinischen Fachgesellschaften, viele Ärztekammern erstellen mittlerweile sogar eigene Ärztelisten, ebenso die Krankenkassen.

Es fällt auf, dass beim Spiegel manche Geschichten, etwa die des Zwergmenschen, die durch alle Medien ging, über mehrere Seiten abgehandelt werden, während es beim Focus oft nur eine Meldung mit Bild wird.[36] Stattdessen erfährt man dann auf einer Doppelseite etwas über das Garen von Fleisch. Sagt das etwas über das Wissenschaftsverständnis beim Focus?

Was die Wissenschaft vom Fleischgaren angeht, so sollte man die faszinierende Koagulation der Eiweiße nicht unterschätzen. Es ist durchaus eine Erkenntnis, dass man Fleisch bei 60 Grad 60 Stunden garen muss, damit es schön weich wird. Das ist für die meisten Leser relevanter als ein vergammelter Zwergmensch in Indonesien. Ich stelle mir unsere

---

36   Vgl. *Focus* Nr. 45/2004, S. 14 und *Spiegel* Nr. 45/2004, S. 179

10 bis 20 Seiten pro Woche wie einen Blumenstrauß für eine Familie vor, in dem möglichst jeder ein paar Blümchen für sich finden soll.

Wie groß aber ist der tatsächliche Nutzwert? Müssen etwa Ranking-Listen oder die besten Diät-Tipps unbedingt unter Wissenschaft laufen? Wo bleibt dann das, was tatsächlich in den Labors in Deutschland und anderswo passiert?
Die Wissenschaft ist niemals nur Garnitur für eine Geschichte, sondern eine Frage des Standpunktes und des Know-hows. Einen Artikel über positive Psychologie, das angebliche Comeback der Kernkraft oder eine neue Diät-Pille kann prinzipiell jeder Journalist verfassen, ich lese so etwas lieber von einem Autor, der wissenschaftlich vorgebildet ist, seit Jahren mit dem Thema vertraut ist, die maßgeblichen Veröffentlichungen kennt und deshalb kompetent und kritisch das Neue einordnen kann. Und Grundlagenforschung hat bei *Focus* einen Stammplatz, in den Ressortsitzungen ist das unser tägliches Brot. Gerade weil wir so viele populäre Titel machen, haben wir hier auf der anderen Seite größere Freiheiten, mehr Platz im Heft. Zudem war das der ursprüngliche Ansatz: Auch Stücke zu bringen, bei denen der wissenschaftlich gebildete Leser merkt, dass er bei *Focus* die Highlights der Woche bekommt.

Infografiken haben für den Focus eine große Bedeutung. Haben die Infografiker im Bereich Wissenschaft auch eine wissenschaftliche Vorbildung?
Unsere Infografiker haben oft Grafikdesign studiert, sie sind aber keine speziellen Wissenschaftsgrafiker. Es ist daher eine extrem wichtige Aufgabe der Redakteure, mit den Grafikern zusammen Themen didaktisch gut umzusetzen – so, dass man zum Beispiel bei einer Hirn-Grafik über das Sucht-Craving möglichst einen Vorher-Nachher-Effekt erkennt.

Fünf Links zum Thema

- Der *Focus* im Internet: www.focus.de
- Mehr zur Entstehung des *Focus*: www.focus-magazin-verlag.de („Die Medienmarke")
- Infografiken aus Medizin, Forschung, Technik: www.globus.pictures.de

- Beispiel für Ausbildungsmöglichkeiten zum Infografiker: Studiengang Illustration und Kommunikationsdesign an der Hochschule für Angewandte Wissenschaften Hamburg: www.haw-hamburg.de/Studiendepartment_Design.5.0.html
- Infografik-Agentur unter Leitung von Jan Schwochow, ehemaliger *stern*-Ressortleiter Infografik: www.infographic.de

Ergänzende Literatur

- Kunz, M. et al.: Titel, Timing, Emotionen. Was bei Zeitschriften wirklich Auflage bringt. In: Aretin, K. et al.: Wissenschaft erfolgreich kommunizieren. Wiley-VCH, 2005, S. 47-63.
- Focus: Die große Ärzte-Liste. Mosaik bei Goldmann, 2005.
- Burda, H. et al. (Hg.): Iconic Turn. Die neue Macht der Bilder. DuMont, 2004.
- Brielmaier, P. et al.: Zeitungs- und Zeitschriftenlayout. UVK, 2. Auflage, 2000.

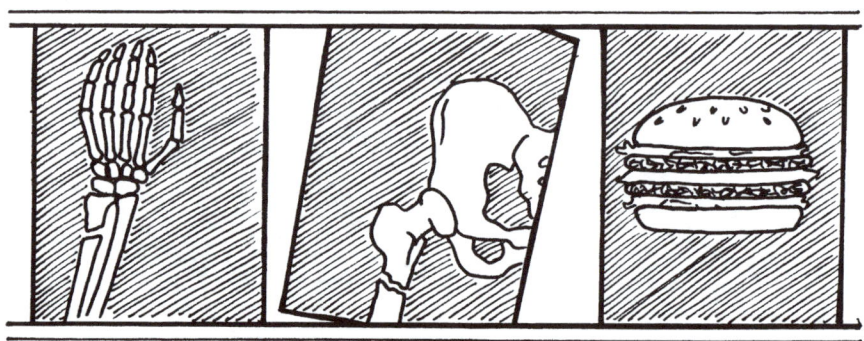

„Es ist kein hochwissenschaftliches Experiment, einen Hamburger in einen
Kernspintomographen zu setzen. (...) Als Journalist aber hat man die Chance,
die Perspektive anders zu setzen und dadurch einen Erkenntnisgewinn zu erzielen. In der Tat ist ein eigenes Experiment dabei hilfreich."

Wissenschaft im öffentlich-rechtlichen Fernsehen I: Der Vorstoß ins Innere des Doppel-Whoppers

Von Thomas Hallet und Ranga Yogeshwar
Programmgruppe Wissenschaft, WDR (Köln)

Hurra, wir müssen nicht mehr Physik, Bio und Mathe pauken, sondern dürfen lesen, was uns neugierig macht. Hurra, wir können an jedem Ort der Welt zu jeder Zeit die nächste Wissenslücke schließen, und wir haben die Chance, klüger zu werden als die Generation unserer Väter. Hurra, wir Wissenschaftsjournalisten sind schon längst angekommen in der Wissensgesellschaft.

Aber irgendetwas kann da nicht stimmen: Wir kennen uns aus mit Themen wie „Vogelgrippe", „Dunkler Materie" und „Placebo-Effekt" – und scheitern doch an einfachen Fragen aus der Welt der Wissenschaft. Drei Beispiele, bei denen man sich zuverlässig blamieren kann:

1.) Wie groß muss ein Spiegel mindestens sein, damit man sich ganz darin sehen kann?
2.) Woher kommt eigentlich das Holz – also das Material, das ein Baum nach und nach anlegt?
3.) Warum ist es im Winter kälter als im Sommer und im Sommer wärmer als im Winter?

Wer diese Befragung im Bekanntenkreis macht, ist danach nicht unbedingt beliebter. Dabei sind die Antworten eindeutig und leicht verständlich: Der Spiegel muss genau halb so groß sein. Das kann man sich mit einer Zeichnung zum Prinzip „Einfallswinkel gleich Ausfallswinkel" leicht klar machen. Und wenn ein Baum wächst, dann entsteht kein Loch im Boden, weil die Wurzeln dort sämtliches Material herausziehen würden. Nein, Holz ist vor allem Kohlenstoff, und der stammt aus dem CO_2

der Luft. Man hat uns in der Schule gepeinigt mit Fotosynthese, aber dass ein Baum verfestigte Luft ist mit ein paar Mineralien und Wasser darin – das hat so klar kaum ein Lehrer gesagt. Und die häufigste Antwort auf die Sommer-Winter-Frage lautet: „Es ist die sich verändernde Entfernung zur Sonne". In Wahrheit aber ist die Neigung der Erdachse entscheidend, durch die (neben der längeren Sonnenscheindauer) im Sommer mehr Sonnenstrahlen pro Fläche einfallen als im Winter.

Frage	richtige Antwort	falsche Antwort	nicht lesbare oder keine Antwort
1 (Spiegel)	12	71	8
2 (Baum)	17	70	4
3 (Winter)	46	36	9

Tab. 1: Antworten auf die Wissensfragen beim Gastvortrag an der Universität Dortmund. Bei der Auswertung zeigte sich kein nennenswerter geschlechtsspezifischer Unterschied.

In diesem weit verbreiteten Wissenstest schneiden (nach eigenen Erhebungen) Kinder so schlecht ab wie Erwachsene, Lehrer so gut wie Schüler, Akademiker so gut wie Nicht-Akademiker. Und bei denen, die es eigentlich wissen müssten (zum Beispiel Wissenschaftsjournalisten), erzeugt der Test womöglich ein mulmiges Gefühl.

Zeiten des Wandels und Wissenschaftsjournalismus auf Gemälden

Es gibt da draußen eine Menge von Fragen. Und obwohl wir Jahre akademischer Studien hinter uns haben, obwohl wir uns ganz gut auskennen mit Alltagsphänomenen, ist unser Weltwissen nicht besonders zuverlässig – und das in einer Zeit des schnellen Wandels! Wir durchleben gerade den Beginn einer völlig neuen Epoche des Wissens. Nie zuvor hat eine Generation die Zukunft so direkt gestaltet und erlebt; eine Veränderung, die vergleichbar ist mit dem Paradigmenwechsel der Aufklärung.

Der damalige Wandel wird in zwei Bildern besonders deutlich. Es sind Bilder des holländischen Malers und Geografen Johannes Vermeer. Das eine heißt „Der Astronom", wurde 1668 in Delft gemalt und zeigt, so sagen die Kunsthistoriker, Antony van Leeuwenhoek – jenen Mann, der das Mikroskop erfunden hat. Der „Astronom" hängt heute im Louvre. Ein Jahr später, also 1669, malt Vermeer ein weiteres Bild: Es zeigt dasselbe Zimmer, es gibt einen Globus, die Fenster sind gleich, die Personen sind gleich, nur etwas anders gekleidet. Dieses zweite Bild heißt „Der Geograph" und hängt im Städelschen Kunstinstitut in Frankfurt.

Abb. 5: Johannes Vermeer: Der Astronom (1668) und Der Geograph (1669)

Zwischen beiden Bildern ist viel passiert. Im ersten Fall wird die Welt kontemplativ dargestellt: Man wagt nicht, das System zu stören und beschränkt sich auf das Betrachten. Das zweite Bild spiegelt den Aufbruch, naturwissenschaftliche Erkenntnisse werden aktiv genutzt: Der „Geograph" handelt und wendet seine Erkenntnis an. Er gestaltet Zukunft.

Der Blick durch Mikroskop und Teleskop eröffnet neue Welten und legt
versteckte Zusammenhänge offen. Rationale Thesen und Beweise ver-
treiben die Geister der Spekulation; Glaube weicht dem Wissen und an
die Stelle einfacher Weltbilder treten komplexe Zusammenhänge.

Isaac Newton (1643 - 1727), der in derselben Zeit forschte, erkannte
die Universalität der Gravitation und brachte den fallenden Apfel mit
dem drehenden Mond in Verbindung. Doch trotz der Kraft des neuen
Denkens spürte er die Begrenztheit menschlichen Wissens: "I do not
know what I may appear to the world; but to myself I seem to have been
only like a boy playing on the sea-shore, and diverting myself in now
and then finding a smoother pebble or a prettier shell than ordinary,
whilst the great ocean of truth lay all undiscovered before me." [37] Nach
Vermeer und Newton wurde unsere Gesellschaft mit immer mehr Erkenntnissen und Erfindungen bereichert. Mit der Industrialisierung be-
schleunigte sich das Tempo der Veränderung.

300 Jahre später sind wir erst recht konfrontiert mit einer Welt, in der
unglaublich viel passiert. Zum ersten Mal in der Geschichte erlebt unsere Generation ihre gestaltete Zukunft. Der Innovationsprozess hat ein
nie da gewesenes Tempo erreicht, das Neue ist ein wachsender Bestandteil der Gegenwart. Neuerungen setzen sich in wenigen Jahren durch,
und ob sie von Bedeutung sind oder nicht, ist oft schwer erkennbar.

Die Concorde im Museum und andere Symptome einer Zeitenwende

Das klassische Telefon hat 100 Jahre benötigt, bis es unsere Haushalte
eroberte; Handy, PC und Internet schafften es in einem Zehntel der Zeit.
Noch vor zehn Jahren hatten die wenigsten eine E-Mail-Adresse oder einen Zugang zum World Wide Web, niemand hat gegoogelt oder bei *ebay*
gesteigert. Das Neue kommt mit hohem Tempo, und mit hohem Tempo
bringt es auch neue Qualitäten: Der Telefonapparat stand anfangs auf
einem besonderen Möbelstück im Flur. Dann wurde es mobil, und seit-

---

37   Zitiert nach Brewster, D.: Memoirs of Newton, 1855

her verändert ein kleiner Apparat in der Hosentasche unsere Lebensge-
wohnheiten. Noch vor 20 Jahren fand sich auf Telefonzellen die Auffor-
derung „Fasse dich kurz!". Heute hat sich telefonische Kommunikation
radikal verändert und damit unser Miteinander. An die Stelle klarer
Vereinbarungen tritt bei Jugendlichen eine flexible Verabredungskultur.

Abb. 6: Das erste Modell eines Integrierten Schaltkreises aus dem Jahr 1958 von Jack S. Kilby.

Wir leben in einer Zeit, in der das schnellste Verkehrsflugzeug der Welt
schon im Museum steht. Der Wachstumsmarkt für Volkswagen liegt in
China. Eine E-Mail von Oberpleis nach Niederpleis reist über zwei Kon-
tinente. Aus deutschem PET-Müll machen asiatische Fabriken T-Shirts.
Nie zuvor musste sich eine Generation auf soviel Veränderung einstellen, nie zuvor war die Zukunft so unvorhersehbar, nie zuvor gab es diese Qualität gesellschaftlicher Verunsicherung. Und als Wissenschaftsjournalisten werden wir frühzeitig mit „dem Neuen" konfrontiert. Wir
berichten über Dinge, die am Anfang die Ausnahme sind und ganz
schnell ganz wichtig werden können; über einen rasanten Fortschritt,
der manchmal zu radikalen Veränderungen führt. Kann man etwa auf
den Gedanken kommen, die abgebildete „Bastelarbeit" sei etwas Zukunftsträchtiges? Eher nicht. Aber: Ohne diese Konstruktion gäbe es
keinen Computer und kein Handy. Es ist eine Ingenieursleistung von

Texas Instruments aus dem Jahr 1958 – der erste integrierte Schaltkreis. Dafür gab es im Jahr 2000 den Nobelpreis für Physik.

Konkurrenz für den klassischen Wissenschaftsjournalismus

Zu Beginn des vergangenen Jahrhunderts bedeutete mehr Information mehr Demokratie, mehr Verständnis, mehr Mündigkeit. Heute hat sich dieser Grundsatz umgekehrt. Aus dem „Mehr an Information" ist ein Informationsmeer geworden. Im Zeitalter von *Google* und Co. ertrinken wir in Daten, doch es mangelt an Klarheit und Orientierung. Wie zum Trotz reagieren viele Menschen auf die Unüberschaubarkeit und Komplexität der Welt mit einfachen Mustern. Der Streit um die Gentechnik oder die Kernenergie zeigt, dass man die verwirrende Vielfalt von Argumenten und Betrachtungen auch ganz einfach auflösen kann: Man nimmt sie nicht zur Kenntnis und beharrt auf dem, was man immer schon einsichtiger oder vorteilhafter fand. Die technische Komplexität überfordert viele Menschen. Manche flüchten ins Irrationale und suchen nach gefährlich einfachen Antworten. Die Hierarchie des Wissens hat sich aufgelöst und fordert vom Journalisten ein neues Selbstverständnis.

Die Zeiten sind vorbei, in denen Wissenschaftler alles und Wissenschaftsjournalisten vieles wussten und dem staunenden Publikum nahe bringen konnten. Stattdessen gibt es mehr und mehr fruchtbare Wechselwirkungen. Sie beginnen zum Beispiel da, wo Mutter und Sohn etwas im Internet suchen: Womöglich erklärt die Mutter dem Jungen, wie man das Suchwort richtig schreibt und der Sohn erklärt ihr, wie man googelt. Wer ist da noch Lehrer, wer Schüler? Die Zahl der Quellen für Informationen nimmt zu. Der Einzelne legt gewissermaßen mehr Synapsen an. Die Aneignung von Wissen wird individueller. Auch an Hochschulen wird das „Top-Down" zunehmend durch ein Miteinander ersetzt.

Wissenschaftsjournalisten orientieren sich nicht an ihrem Publikum, sondern bieten Orientierung. Sie werden zum Begleiter eines Wissenstransfers, der längst über die klassischen Distributionswege hinausgewachsen ist: Der klassische Wissenschaftsjournalismus wird immer mehr Konkurrenz bekommen. Nicht nur das Internet ist wichtiger geworden, auch Kommunikationsstrategien wie die Initiative *Wissenschaft im Dialog*, Mitmach-Museen, Nano-Trucks und Wissenschaftsschiffe, die den Rhein herauf und herunter fahren: Neue Zugänge zu Themen aus Wissenschaft und Forschung entstehen, natürlich mit je eigenen Interessen und Motiven. Und das bedeutet auch: Wenn heute jemand im weiteren Sinne Wissenschaftsjournalismus betreiben will, dann muss es nicht mehr das Fernsehen sein und auch nicht das Wissenschaftsressort einer Zeitung. Es gibt eine Menge anderer Möglichkeiten.

Entscheidend ist und bleibt das Motiv: Gerade vor dem Hintergrund einer zunehmend kommerziell oder politisch ausgerichteten Informationsvermittlung braucht eine demokratische Gesellschaft auch Inseln der Glaubwürdigkeit. Die journalistische Zukunft steht auf dem Spiel, denn auch die Medien selbst unterliegen einem Wandel. Das Fernsehen mutiert zu einem reinen Unterhaltungsmedium und entmündigt sich selbst. Viele seriöse Printmedien verlieren Leser, die bunte Häppchenkultur nimmt zu. Wer sucht schon in einem Zirkus von Gameshows, Seifenopern und Infotainment nach ernsthaften Antworten? Es klingt wie ein tragischer Widerspruch: In der Zeit des Wandels wäre zuverlässige Aufklärung wichtig, stattdessen genügt vielen der süße Zeitvertreib.

Jonglieren mit Kopfbällen und Quarks

Was bedeuten all diese Veränderungen für Wissenschaftsjournalisten im Fernsehen? Zunächst: Wir akzeptieren, dass es darauf keine auf längere Sicht gültige Antwort gibt. Wir fragen uns, ob unser Publikum unsere Angebote richtig identifizieren und seine Erwartungen an diese oder jene Sendung klären kann. Denn im medialen Getümmel sind klar erkennbare Qualitäten gefragt – zwei Beispiele aus dem *WDR*:

Quarks & Co (im Dienstagabend-Programm), ein monothematisches Magazin, steht seit vielen Jahren für das überzeugende Erklären von Wissenschaft. Es muss auf der einen Seite in der Konkurrenz zu äußerst kurzweiligen Gegenprogrammen seinen Erlebniswert steigern, andererseits aber auch seine Kompetenz für schwierige und kontroverse Themen behaupten. Die Sendereihe *Kopfball* (am Sonntagvormittag in der *ARD*) beleuchtet – wie viele andere „Wissenssendungen" – Phänomene des Alltags, beansprucht aber die größtmögliche Gründlichkeit bei der oft aufwändigen Klärung dieser Fragen: „Kann man sich etwa in einem herabstürzenden Fahrstuhl retten, indem man kurz vor dem Aufprall hochspringt?" Die Macher von Kopfball konzipieren entsprechende Experimente und zeigen, was geschieht (Nein, denn der Körper wird im freien Fall schwerelos und deshalb kann man sich nicht abstoßen).

Worauf kommt es an bei diesen Sendungen? Es kommt darauf an, die Eigenarten herauszuarbeiten, zu pflegen und weiterzuentwickeln. Es kommt auf die richtigen Themen und Fakten an, aber ebenso darauf, sie klug zu interpretieren und kreativ damit umzugehen. Nachwuchsjournalisten werden stark daran gemessen, ob sie mit anderen Sichtweisen und Inhalten überraschen. Die Wahrscheinlichkeit dafür steigt, wenn man eine wissenschaftliche Qualifikation hat, ein Feld, in dem man sich besser auskennt und so einen Vorsprung gegenüber der Konkurrenz besitzt. Andererseits gibt es viele, die auf einem Gebiet sogar promoviert haben, aber trotzdem nicht die richtigen Fragen stellen. Der Wissenschaftsjournalist muss sich eine Freizone der Kreativität bewahren. Wer erfolgreich sein will, sollte nicht andere kopieren, sondern eigene Wege finden. Und er muss das Bewährte immer wieder in Frage stellen.

Ein medizinischer Härtefall oder die Methode des versteckten Spiels

Viele Ideen entwickeln sich im kreativen Miteinander von Autoren und Redaktion. Vor einigen Jahren planten wir bei *Quarks & Co* eine Sendung über nicht-invasive Techniken in der Medizin: Ultraschall, Kernspin, Röntgen und CT. Um diese vorzustellen, wollten wir keine Patienten zum Objekt unserer Betrachtungen machen. Dennoch mussten wir zeigen, was der Arzt bei jeder Methode erkennen kann und was nicht.

Wir packten dazu einen Hamburger in eine Kiste, füllten das Ganze mit Agar-Agar auf und sagten unserem Test-Arzt nicht, was drin ist.

Wenn er Strukturen von Gewebe und Knochen, wenn er Brüche und Geschwüre erkennen kann, dann müsste er auch sagen können, was in der Kiste ist. Der Radiologe wandte nacheinander die bildgebenden Verfahren an – bis er mit Mühe tatsächlich auf die Lösung kam. An diesem Beispiel wird klar: Die andere Perspektive machte ein eher sprödes Thema attraktiv für den Zuschauer. Aber er konnte anhand dieses Tests am leblosen Objekt auch verstehen, wie schwierig medizinische Diagnostik ist.[38]

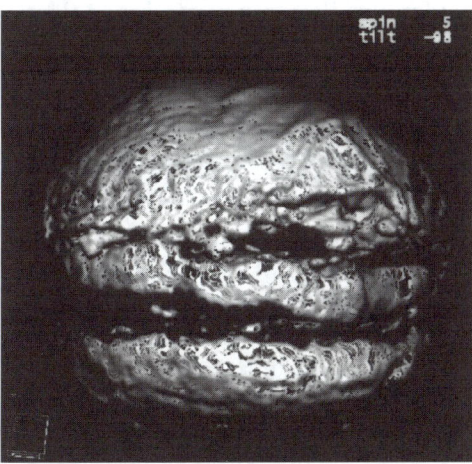

Abb. 7: Rekonstruktion eines Hamburgers aus mehreren CT-Schnittbildern in der Sendung Quarks & Co

Journalisten: Sucher nach Beständigem in den Halden des Wissens

Mit bewegten Bildern arbeiten zu dürfen, ist eine Herausforderung nicht nur für die Kreativität. In einer Zeit, in der griffige Botschaften, dicke Schlagzeilen und packende Bilder die Aufmerksamkeit der Menschen beanspruchen, haben wir noch mehr Verantwortung im Umgang mit Information. Was konnten Wissenschaftsjournalisten zum Thema „Vogelgrippe" noch sagen, als die Bilder von Soldaten in ABC-Schutzanzügen in den Hauptnachrichten flimmerten und alle Ängste mobilisiert waren?

---

38   „Der Blick in den Körper", gesendet im *WDR*-Fernsehen am 27.4.1999

Dass es keine Gefahr gab durch den Verzehr eines Fünf-Minuten-Hühnereis, war im Frühjahr 2006 nur noch schwer zu vermitteln.

„Warum ist der Himmel blau und warum wird es im Winter kalt?" Wir müssen nicht mal beunruhigt sein, wenn wir die Antworten darauf nicht parat haben. Wir müssen nur unsere Neugierde behalten. Und wir müssen aufmerksam bleiben für die vielen Veränderungen, die der so genannte Fortschritt bringt. Wissenschaftsjournalisten werden nicht unbedingt gebraucht, um noch mehr Wissen zu verbreiten. Sie werden gebraucht, um die richtigen Fragen zu stellen. Sie werden gebraucht, um in den wachsenden Wissenshalden das Beständige zu finden. Und sie werden gebraucht, um mehr Klarheit über das Wesentliche zu gewinnen.

Fünf Fragen an Ranga Yogeshwar

Sie fordern, dass sich die wissenschaftsjournalistische Tradition ändern muss. Spricht die Sendung mit der Maus nicht dagegen? Die gibt es schon seit 1971 und ist bis heute ein absolut innovatives Format.

In der Tat ist das eine grandiose Wissensvermittlungssendung. Aber auf der anderen Seite merken wir, dass sich das Umfeld der Kinder verändert, dass das Internet wichtiger wird, dass quasi die Tsunami-Wellen von *RTL II* und *SuperRTL* das Kinderzimmer so leer fegen, dass bald womöglich nur die Oma noch da sitzt und sagt: „Die *Sendung mit der Maus* ist schön." Die Kinder sind nicht mehr die Hauptzuschauergruppe dieser Sendung – bedauerlicherweise. Deshalb müssen wir fragen: Sind die Distributionswege korrekt? Vielleicht müssen wir über Wissensvermittlung per Handy nachdenken: Sind das zumindest in einigen Bereichen Zugangskanäle, über die wir an junge Leute herankommen? Ich weiß nicht, ob es Wissenschaftsjournalismus für die Aufbereitung von Wissen bei Handys geben muss, aber unter Umständen wird das in den nächsten Jahren relevant. Das Sehverhalten bei Kindern ändert sich jedenfalls und deswegen muss auch eine *Sendung mit der Maus* das eine oder andere verändern, wenn sie weiterhin bei der Zielgruppe ankommen möchte, für die sie konzipiert wurde.

Liegt das Problem nicht auch darin, dass die öffentlich-rechtlichen Sender Wissenschaft oft zu einer eher unpopulären Sendezeit bringen?
Ein Blick ins Ausland zeigt: Die BBC neigt in den letzten Jahren verstärkt zum Reißerischen, Wissenschaft mit Sex and Crime – leider. Aber sie hat im Jahr 2004 das 40-jährige Bestehen einer Wissenschaftssendung in der Primetime gefeiert. Wäre man bei der ARD nur so schlau. Das ZDF hat im Sektor Wissenschaftsjournalismus eine stringente Politik und macht mittwochs eine Sendung zur Primetime. Wir können vielleicht über die Sendung an sich diskutieren, aber da ist ein guter Programmplatz für Wissenschaft vorhanden. Das gilt auch für eine Reihe von Dritten Programmen; beim WDR hat es Tradition, dass wir dienstags mit *Quarks & Co* um 21 Uhr in der Primetime sind. Auch die ARD sollte den Mut haben, die Wissenschaft in der Primetime zu platzieren. Nun kann man sagen: Würde man einen Geschichtsredakteur fragen, dann würde der das Gleiche über Geschichte sagen. Aber ich glaube, dass Wissenschaft und Technik so ins Zentrum unserer Gesellschaft, unseres Alltags gerückt sind, dass sie auch ins Zentrum des alltäglichen Programms gehören.

Welchen Einfluss wird das Internet auf den Wissenschaftsjournalismus haben? Die Pessimisten sagen: „Journalisten werden überflüssig, die Leute holen sich alles selbst aus dem Netz." Die Optimisten sagen: „Gerade weil es mehr schnell zugängliche Informationen gibt, braucht man Journalisten, um in diesem Informationsdschungel noch durchzublicken."
Ich glaube an Version B. Ich habe 1995 in einem Essay über das Internet geschrieben: „Wir werden eine Beziehung dazu haben wie zu Leuchtreklamen in einer Fußgängerzone." [39] Die Art und Weise, wie wir bestimmte Informationen rezipieren, ist entscheidend. Wenn wir Werbung gucken, wären wir arm dran, wenn wir das für voll nehmen würden. Ergo hat sich nach und nach ein Selektionsmodus in uns entwickelt: „Das ist Werbung, also behandeln wir sie anders." Und irgendwann werden wir wissen: „Das ist Internet und wir müssen das anders behandeln." Bei Suchmaschinen wie *Google* ist das Bewusstsein hoffentlich

---

39   *Spiegel Extra*, Nr. 11/1995

schon geschärft: „Stopp, das ist *Google!*" Dazu muss man gelernt haben,
wie die Prioritätensetzung bei Suchmaschinen funktioniert, warum auf
den ersten beiden Seiten der Trefferliste genau diese Treffer und nicht
andere erscheinen. Auf Dauer wird sich das Internet selber ad absurdum
führen, wenn es diese Art von Struktur hat, weil der tatsächliche Nährwert dann gering ist. Ein zweiter Aspekt sind Open Source-Plattformen
wie *Wikipedia*. Im Moment sieht das ganz idealistisch aus; der eine hilft
dem anderen und man optimiert das System. Wie lange aber dauert es,
bis zu medizinischen Fragen etwa Agenten der Pharmaindustrie dafür
sorgen, dass zu Medikament X oder Krankheit Z eine bestimmte Information eingespeist wird? Die Zukunft für Wissenschaftsjournalisten
könnte also darin liegen, solche Informationen in ihrer Qualität zu zerti-
fizieren. Die zweite große Aufgabe liegt darin, über Dinge zu informieren, die neu sind und nicht im Internet stehen.

*Wie aber macht man den Rezipienten klar: Diese journalistische Quelle ist
glaubwürdiger als der schöne PR-Spruch der Industrie oder aus dem Internet?*
Menschen haben oft sonderbare Kriterien, nach denen sie Glaubwürdigkeit zuweisen. Diese Glaubwürdigkeitskriterien sind ja nicht unbekannt,
zum Teil nutzt die Werbung das, zum Teil nutzen nicht-objektive Informanten dieselbe Technik. Und mit der Zeit bekommen Sie die eigene
Kompetenz auch zertifiziert von anderen. Wenn man schreibt oder eine
Fernsehsendung produziert, wird man ständig geprüft. Wenn ich Blöd-
sinn verkünde, dann fällt das vielen Zuschauern auf; die melden sich mit
kritischen Leserbriefen. Glaubwürdigkeit unterliegt einem ständigen
Überprüfungsprozess. Das Renommee, das man entwickelt, ist jedoch
zerbrechlich wie Chinesisches Porzellan.

*Sie arbeiten gerne mit Experimenten wie mit dem Hamburger im Kernspinto-
mographen. Ist das ein besonderer Vorteil im Fernsehen? Und: Sind das wissenschaftliche Experimente oder sind das journalistische Experimente, die Sie mit
wissenschaftlichen Problemen machen?*
Es ist kein hochwissenschaftliches Experiment, einen Hamburger in einen Kernspintomographen zu setzen. Wir haben jedenfalls kein Paper

publiziert. Aber wichtiger als die Frage „journalistisches oder wissenschaftliches Experiment?" ist der Perspektivenwechsel an sich – und der funktioniert nicht nur im Fernsehen. Oft kommt man in ein wissenschaftliches Institut, das nur seine Perspektive hat. Als Journalist aber hat man die Chance, die Perspektive anders zu setzen und dadurch einen Erkenntnisgewinn zu erzielen. In der Tat ist ein eigenes Experiment dabei hilfreich – ein sehr einfaches hat uns sogar mal einen Preis eingebracht: Um klar zu machen, was eine Kalorie ist, habe ich ein Stück Schokolade angezündet und mit dieser Wärme ein Spiegelei gebraten. Danach war jedem klar, was „Kalorie" bedeutet. Allerdings kann man kein Patentrezept für Vermittlungsmuster entwickeln, weil sich jede Zugangsform schnell abnutzt. Der jeweilige Inhalt hat die oberste Priorität. Die Form der Umsetzung ergibt sich daraus. Man braucht also ein Mix an Methoden und eine Offenheit, jedem Inhalt auf seine Weise gerecht zu werden. Am Ende sollte uns immer bewusst sein: Fernsehen kann allenfalls anregen, es ist jedoch kein Medium inhaltlicher Tiefe. Ich kann nur hoffen, dass Fernsehen auch in Zukunft seine „Weitsicht" behält!

Fünf Links zum Thema

- *Quarks & Co* im Internet: www.quarks.de
- Alle Wissenschaftssendungen des *WDR*-Fernsehens auf einen Blick unter: www.wdr.de/tv/genre/index.phtml?genre=wissenschaft
- Bullion, M. von: *Galileo, Quarks & Co. Wissenschaft im Fernsehen.* Online verfügbar unter: www.iwf.de/pub/wiss/2004_vb_galileo.pdf.
- Überblick zu Wissenschaftssendungen (Radio und TV): www.wissenschaft-im-dialog.de
- Die Wissenschaftsgeschichte der letzten 1000 Jahre: www.timelinescience.org

Ergänzende Literatur

- Klose, A.: Schwierigkeiten und Chancen des Wissenschaftsjournalismus am Beispiel der *WDR*-Redaktion *Quarks & Co.* Diplomarbeit Universität Dortmund, 2001.
- Urhane, D. et al.: Bericht zur Befragung von Lehrern und Experten über Qualität und Nutzen der Quarks-Multimedia-Box. Leibniz-Institut für Pädagogik der Naturwissenschaften an der Universität Kiel, 2001.

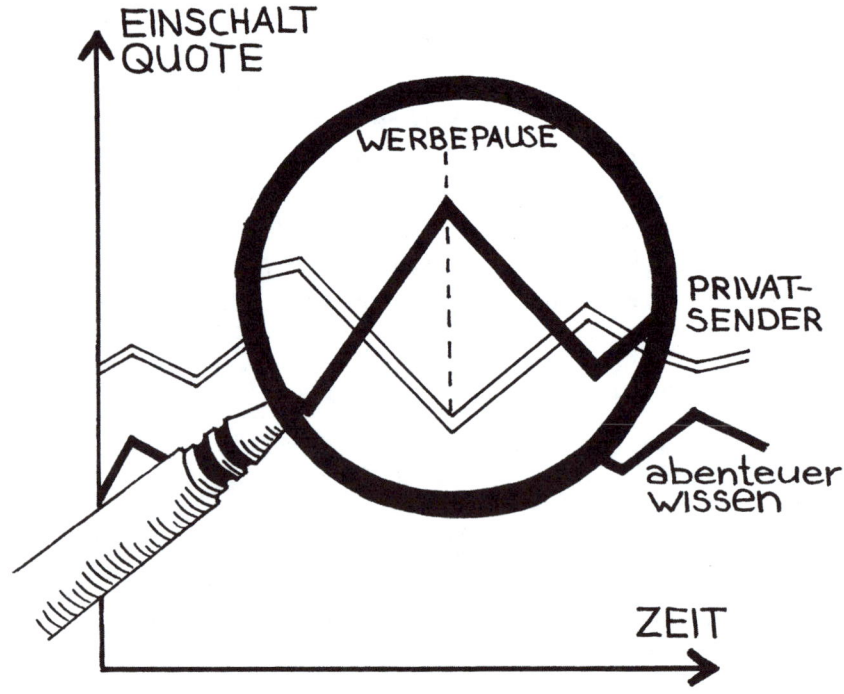

„Man will auch denjenigen erreichen, der zufällig in einer Werbepause mitten in den Film „hineinschneit" oder nach dem Ende eines ganz anderen Programms vorübergehend heimatlos geworden ist und eine neue Bleibe auf unbestimmte Zeit sucht. (...) Das hat Konsequenzen für den inhaltlichen Aufbau und für die Erzählweise eines Films, einer Sendung."

Wissenschaft im öffentlich-rechtlichen Fernsehen II: Von der Dramatik langweiliger Labors

Von Christiane Götz-Sobel
Abenteuer Wissen, ZDF (Mainz)

„Das, was ihr im Fernsehen bringt, ist doch oberflächlich, reißerisch, oftmals sachlich falsch, zumindest einseitig und wird wissenschaftlichen Themen nicht gerecht." So oder ganz ähnlich lauten rund heraus geäußerte Urteile, die ich gelegentlich von Wissenschaftlern zu hören bekomme. Nicht sofort, aber wenn man eine Weile miteinander im Gespräch war und nach der Phase des höflichen Entrées die Themen konkreter und die Diskussionen offener werden. Gelegentlich frage ich dann nach Beispielen: „Was haben Sie in letzter Zeit gesehen? Worüber haben Sie sich in Wissenschafts- oder Wissenssendungen aufgeregt?" Dann höre ich erstaunlicherweise: „Ich schaue schon lange kein Fernsehen mehr. Keine Zeit. Vielleicht mal einen Krimi zum Entspannen, aber sonst bleibt der Fernseher aus!" Zugegeben: Je jünger der Gesprächspartner, umso seltener ist eine solch pauschale Ablehnung zu hören. Und: Je weniger wissenschaftsnah, umso deutlicher vernehme ich in Gesprächen eher positive Einschätzungen von Wissenschafts- und Wissenssendungen. Schon daraus lässt sich erkennen, wie sich Erwartungen an das, was das Fernsehen als Medium leisten soll und kann, wandeln und am persönlichen Umfeld orientiert sind.

Der Titel dieses Buches – „Die Wissensmacher" – mag zumindest im Hinblick auf die Arbeit von Redakteuren im Massenmedium Fernsehen Erwartungen wecken, die Enttäuschungen zur Folge haben müssen: Laut Eurobarometer 2003 [40] geben zwar 60 Prozent der Befragten an, ihr

---

40   Eurobarometer CC-EB 2002.3 on Science and Technology, S. 14

Wissen über Wissenschaft aus dem Fernsehen zu beziehen. Aber was heißt das? Die Nutzungsdauer des Mediums Fernsehen beträgt in den Haushalten inzwischen mehr als dreieinhalb Stunden täglich! Welche Schlussfolgerungen lässt diese Erhebung zu? Das Fernsehen ist auf dem Weg zum „Nebenbei-Medium". Je nach Uhrzeit wird nebenbei gearbeitet, gegessen, gestritten... Dennoch Interesse zu wecken, Aufmerksamkeit zu binden und Inhalte „rüber zu bringen" ist das, worum wir uns täglich bemühen. Und: Glaubt man den Eurobarometer-Daten, gibt es kein besser geeignetes Medium, um einer breiten Öffentlichkeit eine gewisse Vorstellung von dem zu vermitteln, was in der Wissenschaft geschieht. Natürlich ist damit kein Wissen darüber verbunden, wie tief die Kenntnisse wirklich reichen, doch die Themen erreichen viele Menschen, immerhin. Vielleicht müsste man den Begriff „Wissensmacher" ersetzen durch „Fenster-in-Wissensbereiche-Öffner"?

Im August 2001 startete das *ZDF* ergänzend zu *Abenteuer Forschung* am Mittwochabend die Sendereihe *Abenteuer Wissen*. Das Interesse an Wissensthemen im Fernsehen war groß, der Erfolg der Reihe *Abenteuer Forschung* ließ erwarten, dass ein (fast) wöchentliches Angebot von Wissensthemen am Mittwochabend mit der weiteren Reihe *Abenteuer Wissen* von den Zuschauer geschätzt würde.

Medienforschung – eine Wissenschaft für sich

Die Zuschauer haben die Wahl, die Zahl der Programme steigt stetig. Mit der Digitalisierung kommen weitere Optionen hinzu, die die Fernsehnutzung dramatisch verändern werden: etwa „Video on demand", oder die parallele Nutzung von TV- und Internet-Angeboten. Das wird nicht ohne Rückwirkung auf die Programme bleiben. Die Medienforschung ermittelt dazu regelmäßig Meinungen, Einstellungen und Reaktionen der Zuschauer. Für Programmmacher sind sie wichtige Barometer: Wohin geht der Interessenstrend? Was sind die Erwartungen? Wie wird das Programm, wie unsere Sendung beurteilt? Im Jahr 2005 war das *ZDF* zusammen mit der *ARD* im Hinblick auf die Gesamtnutzung

Marktführer. In 11 von 26 Genres hat das *ZDF* den Ergebnissen der Imagebefragung des forsa-Instituts zur Ermittlung von Genrekompetenzen zufolge die besten Sendungen der jeweiligen Programmsparte. Wissenschaft und Technik ist eine der Sparten, in denen das *ZDF*-Angebot als das beste im Vergleich zu dem aller Wettbewerber genannt wurde.[41]

Die Nutzung der verschiedenen Programmsparten ist altersspezifisch jedoch sehr unterschiedlich. Fragt man Kinder und Jugendliche bis 13 Jahre, ob sie Information oder Fiktion anschauen, so erweisen sich 14 Prozent als informationsaffin und 58 Prozent als fiktionsaffin. Erst jenseits der 50 Jahre dreht sich das Verhältnis um und das Interesse an Information überwiegt. Der Zuschauerforschung liegen für ihre Analysen die Daten von etwa 13 000 Personen in circa 5 700 Haushalten zugrunde. Insgesamt entfallen ungefähr 50 Prozent der Sendezeit im *ZDF* auf Informationsprogramme, darunter 3,5 Prozent auf Wissenschaft, Technik und Umwelt. Die Zahlen stammen aus dem Jahr 2005, haben sich aber in den fünf Jahren davor kaum geändert. In der Primetime (19 bis 23 Uhr) entfallen beim *ZDF* 41,7 Prozent auf Informationsprogramme – darunter 2,5 Prozent auf Wissenschaft, Technik und Umwelt.[42]

Bei der Kategorisierung „Wissenschaft, Technik, Umwelt" sind allerdings nur solche Sendungen berücksichtigt, die sich ausschließlich mit diesen Themen befassen. Die Bilanz sieht anders aus, wenn man im Blick hat, dass zu diesen Anteilen der Berichterstattung noch manche Sendezeit von Nachrichtensendungen und Magazinen hinzuzurechnen ist, in denen *auch* Themen aus der Wissenschaft stattfinden. In Zeiten, in denen besondere Ereignisse einen besonderen Informationsbedarf hervorrufen (zum Beispiel bei Vogelgrippe, Tsunamis oder Hurricanes), vervielfacht sich die Sendezeit zu Themen mit Wissenschaftsbezug schlagartig. Mit dem allgemein wachsenden Interesse von Zuschauern an Wissensthemen haben sich entsprechende Berichte ohnehin auch auf Programmflächen außerhalb der von Fachredaktionen verantworteten Sendungen

---

41   *ZDF* Jahrbuch 2005, Mainz, März 2006, S. 189
42   *ZDF* Jahrbuch 2005 Dokumentation, Mainz, Juni 2005, S. 34-35

ausgedehnt. Derselbe Trend, der seit Jahren die Printmedien erfasst hat und der Wissenschaftsthemen zum Beispiel für die Seiten des Feuilletons attraktiv macht, ist auch im Fernsehen zu spüren. Als Grund für diesen allgemein beobachteten Trend wird häufig genannt, dass „wissenschaftliche Themen zunehmend auf gesellschaftlich zentrale Lebensprozesse einwirken, den Alltag der Menschen betreffen, Emotionen wecken und andere gesellschaftliche Systeme wie Politik, Wirtschaft, Kultur, Religion und Sport beeinflussen." [43]

Das „meistgesehene Wissensmagazin" im Jahr 2005

Es ist schwierig, das Angebot an Wissenschafts- und Wissenssendungen zu kategorisieren und zu vergleichen. Zu unterschiedlich sind die Zielgruppen der Sender, zu verschieden die Anforderungen an den Sendeplatz im Programmschema. Und vielfältig sind die Facetten, die die Wissensprogramme eines Senders zusammen abdecken. In der Prime Time lag die *ARD*-Sendung *W wie Wissen* im Jahr 2004 bei der absoluten Zuschauerzahl an erster Stelle: 2,3 Millionen im Schnitt, 9 Prozent Marktanteil. *Joachim Bublath* und *Abenteuer Wissen* verzeichneten 2,2 Millionen Zuschauer mit 10,5 und 10,2 Prozent Marktanteil, gefolgt von *Galileo* mit durchschnittlich einer Million Zuschauer und etwa 7 Prozent Marktanteil. 2005 wurde *Abenteuer Wissen* das meistgesehene Wissensmagazin im deutschen Fernsehen. *W wie Wissen* sendet von 2006 an sonntags um 17 Uhr und nicht mehr mittwochs um 21 Uhr 45. Die Bilanz des ersten Halbjahrs 2006 zeigt eine geringere Zuschauerakzeptanz auf dem neuen Sendeplatz. *Welt der Wunder* ist von *ProSieben* zu *RTL II* gewandert. Im neuen Sender zieht das Programm weniger Zuschauer in seinen Bann als zuvor. Den Sendeplatz bei *ProSieben* am Sonntagabend um 19 Uhr hat die Reihe *Wunderwelt Wissen* eingenommen, die dort durchschnittlich rund 1,1 Millionen Zuschauer erreicht.

---

43   Meier, K. und Feldmeier, F.: Wissenschaftsjournalismus und Wissenschafts-PR im Wandel. In: *Publizistik* Nr. 2/2005, S. 201-224

Trotz des vielfältigen Angebots an Wissensmagazinen hat sich *Abenteuer Wissen* zu einem Format entwickelt, das mit anderen Wissensformaten nicht einfach austauschbar ist. Bis zum Jahr 2004 war der Mittwochabend im *ZDF* ohne klares Profil. Ein Sendeplatz, auf dem mal eine Politsendung (*Was nun?*), mal *Praxis – Das Gesundheitsmagazin*, mal *Abenteuer Forschung* mit Joachim Bublath und mal *Abenteuer Wissen* stattfand. Ein Sendeplatz lässt sich aber kaum profilieren, wenn nicht zumindest immer das gleiche Genre stattfindet. Seit 2005 gibt es nur noch zwei statt vier Formate: *Abenteuer Wissen* und *Joachim Bublath*. Die Zuschauer finden am Mittwochabend im *ZDF* somit immer ein Wissensmagazin – Ausnahme: Es ist Fußballzeit!

In regelmäßigen Gesprächen mit der Medienforschung und der Programmplanung wird erörtert: Wo steht die Sendung? Können vermehrt auch jüngere Zuschauer erreicht werden? Welche Zielvereinbarungen kann man treffen? Lässt sich der Marktanteil durch Entwicklungsarbeit am Format verbessern? Erfüllt die Sendereihe die inhaltlichen Anforderungen? Bei den Entscheidungen über Kriterien zur Formatentwicklung spielen zwei Komponenten eine Rolle: Zum einen geht es darum, im Kontext der anderen Programme, die zur selben Sendezeit um Zuschauer werben, die Neugierigen, Informations- und Wissens-affinen zu erreichen. Um die zwei Millionen Zuschauer lassen sich zu dieser Sendezeit (22 Uhr 15 bis 22 Uhr 45) von *Abenteuer Wissen* ansprechen. Zum anderen gilt es, das positive Image als gut gemachtes Wissensformat mit Kompetenz weiter zu entwickeln.

Es dürfte das Ergebnis einer langjährigen erfolgreichen Programmierung von Wissensformaten sein, dass das *ZDF* in Sachen Wissenschafts- und Technikkompetenz laut den Umfragen des forsa-Instituts zur Genrekompetenz bei Zuschauern auf Platz eins liegt. Seit einigen Jahren siedeln jüngere Zuschauer die Wissenskompetenz jedoch bei *ProSieben* an – eine Folge der täglichen Programmierung von *Galileo* und der jungen Zuschauerstruktur des Gesamtsenders. Inzwischen baut der Sender mit dem Moderator Aiman Abdallah und weiteren *Galileo*-Ablegern das Wissensangebot weiter aus.

Neben den Sendungen am Mittwochabend dürfte der Erfolg insbesondere den Programmen am Sonntagabend um 19 Uhr 30 zuzuschreiben sein – einem der wenigen Sendeplätze, der noch etwas vom Charakter eines „Familienfernsehabends" ausstrahlt. Die Dokumentationen unter dem Label *ZDF Expedition*: *Terra X, Sphinx* oder *Mission X* stoßen in allen Generationen auf Interesse. Im *ZDF* und im Kinderkanal *KiKa* richten sich Sendungen wie *Löwenzahn, National Geographic World* oder *Siebenstein* gezielt mit Wissensthemen an junge Zielgruppen. *Nano* und *High Tech* bei *3sat* werden von einem speziell an Wissens- und Wissenschaftsthemen interessierten Publikum gesehen.

Die Aufgabe von Wissensformaten im Hauptprogramm ist es, Themen so auszuwählen und aufzubereiten, dass sie ein breites Publikum – auch Menschen ohne Affinität zu wissenschaftlichen Themen – ansprechen. Mit der Dramaturgie des „Story Telling" findet *Abenteuer Wissen* Zugänge zu vielen Themen, ohne den Eindruck zu erwecken: „Jetzt wird es anstrengend, es wird etwas erklärt, es gibt etwas zu lernen."

Die filmische Gestaltung und Dramaturgie jeder Sendung macht Anleihen bei Dokumentationen. Eine spannende Frage, ein Rätsel, etwas, das viele Menschen bewegt, berührt, interessiert; ein Thema, das latent in der Diskussion ist und dessen Hintergründe neue Erkenntnisse versprechen: Das bestimmt die Themenauswahl der Sendung. Ähnlich einer kriminalistischen Spurensuche sollen die Zuschauer miterleben, wie Wissenschaftler sich der Antwort auf die Frage oder der Lösung des Rätsels nähern und sich neue, auch überraschende Zusammenhänge auftun. Dazu können die Filme Zuschauer zu Ausflügen in unterschiedliche Wissenschaftsgebiete mitnehmen. Die Themen werden somit nicht in erster Linie durch neue Entwicklungen in Wissenschaft und Forschung bestimmt. Man begegnet aber den Forschern bei ihrer Arbeit auf der Suche nach Zusammenhängen, Antworten und Erklärungen. Der Blick auf die Themen ist weniger der Blick aus der Fachwelt, sondern der Blick von neugierigen, fachlich nicht spezifisch gebildeten Menschen auf das, was sie umgibt, interessiert und betrifft.

Das „Stellenprofil" bei Abenteuer Wissen

Im *Abenteuer-Wissen*-Team arbeiten Redakteurinnen und Redakteure mit unterschiedlichen fachlichen Hintergründen und Interessen zusammen. Etwa die Hälfte hat ein naturwissenschaftliches Studium, die andere Hälfte ein geisteswissenschaftliches. Zur Frage: „Was müssen Wissenschaftsjournalisten eigentlich wissen, sollten sie etwas Geisteswissenschaftliches oder etwas Naturwissenschaftliches studiert haben?" hat Holger Wormer die Antworten einmal auf den Punkt gebracht: „Die Neigung, den eigenen Werdegang als den Bestmöglichen zu betrachten, ist – so oder so – unübersehbar." [44]

Bei aller Subjektivität, ein Stellenprofil für einen neuen Wunsch-Mitarbeiter bei *Abenteuer Wissen* könnte vielleicht so aussehen: Er oder sie sollte ein vertieftes Verständnis in einem Wissensbereich mitbringen und gleichzeitig über ein breites Allgemeinwissen verfügen, einen Überblick über die Wissenschaftslandschaft und Interesse an Zusammenhängen haben sowie die Fähigkeit zum vernetzten Denken besitzen. Unverzichtbar ist Teamfähigkeit, denn jede Sendung ist das Ergebnis intensiver Teamarbeit.

Ich selbst habe meine ersten journalistischen Erfahrungen bei der *Frankfurter Allgemeinen Zeitung* gemacht, im Ressort Naturwissenschaft und Technik. Als ich dem damaligen Ressortleiter Dr. Rainer Flöhl sagte: „Ich gehe zum Fernsehen, Herr Dr. Flöhl", war seine spontane Reaktion: „Was wollen Sie denn da? Hier recherchieren Sie, schreiben Ihren Artikel, dann wird er redigiert, dann ist er gedruckt. Beim Fernsehen haben Sie zehn Leute, die mitreden." – Im Prinzip hatte er Recht, aber gerade das ist auch reizvoll: Mit Kolleginnen und Kollegen über Themen diskutieren, mit Kameraleuten und Cuttern über die Gestaltung sprechen, die Vorstellung von dem, was der Film letztlich aussagen soll, vermitteln und diskutieren, das Gedachte, Geplante immer wieder hinterfragen

---

44 Wormer, H.: Oeckl heißt jetzt Google, aber sonst ändert sich nix? Der Einstieg in den Job: Was Wissenschaftsjournalisten wissen müssen – oder auch nicht. In: Wissenschaftsjournalismus heute. Ein Blick auf 20 Jahre WPK, Jubiläumsschrift zum 20-jährigen Bestehen der Wissenschafts-Pressekonferenz, 2006. S. 77-89

und schließlich den Film als Autorin zusammen mit einem Team produzieren.

Auch als Redakteurin gilt es, mit Autoren ein Thema, eine Geschichte, eine Sendung zusammen zu entwickeln und zu gestalten. In einer wöchentlichen Konferenz werden Themenvorschläge für *Abenteuer Wissen* diskutiert und auf den Prüfstand gestellt. Erfüllen sie die Voraussetzungen, haben sie das notwendige Potenzial für eine halbstündige Sendung am Abend? Ist die erste Hürde genommen, erhält der Autor den Auftrag, ein Treatment zu erstellen. Ein Redakteur des *Abenteuer-Wissen*-Teams wird ihn dabei intensiv begleiten: Er wird mit dem Autor gemeinsam um die geeignete Dramaturgie ringen, wird Fragen aufwerfen und Hinweise geben, welche Facetten näher zu beleuchten sind, wird mit dem Autor über Erzählhaltung und bildliche Umsetzung sprechen. Auch bei der Rohschnittabnahme und der Gestaltung des Sprechertextes ist der betreuende Redakteur Partner des Autors. Nur durch die enge Zusammenarbeit zwischen Redaktion und Filmemachern lässt sich allmählich ein Format gestalten, das sich zu einer „Marke" entwickelt und wiedererkennbar ist.

Die Sendung selbst wird meist live ausgestrahlt. Der Moderator hat so die Möglichkeit, noch auf ein aktuelles Ereignis mit Bezug zum Thema der Sendung zu reagieren. Im Februar 2006 ist auf Wolf von Lojewski als Moderator von *Abenteuer Wissen* Karsten Schwanke gefolgt. Wolf von Lojewksi hatte viele Jahre das *heute journal* geleitet und moderiert, bevor er *Abenteuer Wissen* seine persönliche Prägung gab: als Journalist, der hinter die Fassade schauen und Zusammenhänge verstehen will.

Mit Karsten Schwanke hat ein Naturwissenschaftler, ein Meteorologe, die Moderation der Sendereihe übernommen, der selbst gerne ausprobiert und erklärt. Ein neues Gesicht, eine andere Persönlichkeit als Moderator bleibt nicht ganz ohne Einfluss auf die Sendereihe insgesamt. So ist die Entwicklung und Profilierung eines Formats eine Aufgabe, die stets fordert und nie endet.

Abends nach zehn in Deutschland: Spurensuche nach Themen

Was ist nun ein Thema für eine Sendung, von der man hofft, dass sich die Menschen abends um 22 Uhr 15 davon fesseln lassen? Oder umgekehrt: Was ist *kein* Thema für *Abenteuer Wissen*? Eine aktuelle Veröffentlichung in einer Fachzeitschrift ist nicht Grundlage für ein *Abenteuer Wissen*-Thema. Ein Kongress ist kein zwingender Anlass für eine *Abenteuer Wissen*-Sendung. Neueste Entwicklungen, von denen Wissenschaftler vielleicht sagen: „Endlich der Durchbruch!" müssen keine Vorlage für ein *Abenteuer Wissen*-Thema sein. Auch bei einem aktuellen Ereignis stellt sich für ein Wissensformat in der späten Prime Time die Frage: Gibt es etwas, das über die aktuelle Nachrichtenberichterstattung hinausgeht? Können wir, eventuell ein paar Tage danach, mehr Hintergründe beleuchten, Zusammenhänge erklären, aufgrund der Fachkompetenz neue Blickwinkel auftun? Oft kann ein Wissensformat seinen Beitrag zum Verständnis von Zusammenhängen dann leisten, wenn weitere Recherchen erforderlich sind und sich nach den Informationen über den Hergang eines Ereignisses tiefer gehende Fragen entwickeln. Oder auch dann, wenn es erforderlich ist, das Ereignis im größeren Zusammenhang zu beleuchten.

Was erwarten Zuschauer um 22 Uhr 15 – nach den Nachrichten, unmittelbar nach dem *heute journal*? Das Studium einer Programmzeitschrift mit der Überlegung, welche Sendung man explizit sehen will, gehört weitgehend der Vergangenheit an. Selten nur erregt noch der Hinweis auf ein Regelprogramm so viel Aufmerksamkeit, dass davon eine konkrete Sehabsicht ausgeht. Programme, die gezielt gesucht und eingeschaltet werden, sind (sieht man etwa von den Nachrichtensendungen einmal ab) die Ausnahme. Wenn der Fernseher nun mal läuft, die Fernbedienung bei der Hand ist, entscheiden wenige Sekunden beim „Zappen" darüber, ob das Programm als interessant empfunden wird.

Ganz gleich, wie man diese Art der Fernsehnutzung bewertet, was man davon hält, dass Programme binnen Sekunden als sehenswert – oder eben nicht sehenswert – beurteilt werden: die Sehgewohnheiten lassen sich nicht ignorieren. Das rasche Urteil wird gefällt über mit heißer Nadel gestrickte Programme, über oberflächlich konstruierte Geschichten, ebenso wie über Filme, die mit großem Engagement und Können gestaltet wurden, die mit einer durchdachten Dramaturgie den Zuschauer von der ersten bis zur letzten Minute mitnehmen wollen. Man will auch denjenigen erreichen, der zufällig in einer Werbepause mitten in den Film „hineinschneit" oder nach dem Ende eines ganz anderen Programms vorübergehend heimatlos geworden ist und eine neue Bleibe auf unbestimmte Zeit sucht. Vielleicht kommt er gerade aufgewühlt durch die Schilderung einer menschlichen Tragödie in die laufende Sendung, vielleicht fröhlich aus einer Komödie oder gelangweilt durch die immer gleich klingenden Floskeln, die soeben in einer Talkshow ausgetauscht wurden.

Viele Zapper werden vorbeiziehen, sich eine andere „TV-Wohnstube" für den Abend suchen, die ihrer Stimmungs- und Interessenlage besser zu entsprechen scheint. Wer aber „hängen bleibt", soll das Gefühl haben, noch etwas von der Sendung mitzunehmen. Und selbst wer von Anfang an dabei ist, wird das Programm nicht immer konzentriert verfolgen. Zuschauer werden abgelenkt oder tun nebenbei etwas anderes und steigen irgendwann wieder in die Sendung ein. Das hat Konsequenzen für den inhaltlichen Aufbau und für die Erzählweise eines Films, einer Sendung. Einem Magazin gibt der Moderator eine offensichtliche Struktur. Sie hilft bei der Orientierung und vermittelt den Eindruck, dass immer wieder ein weiteres Kapitel aufgeschlagen wird, dass man als Zuschauer immer wieder problemlos ein-, aber auch aussteigen kann.

Wie man Mystik in ein langweiliges Museum bringt

Immer wieder stellt sich die Frage: Lässt sich dieses oder jenes Thema überhaupt fernsehtauglich umsetzen? Kritiker spitzen es eher auf diese Weise zu: „Ihr vom Fernsehen wendet euch einem Thema ja nur zu, wenn es aufregende Bilder gibt." Sicher, wenn es für Labore, Entwicklungsabteilungen, Produktionshallen keine Drehgenehmigung gibt – aus

Sicherheitsgründen oder Geheimhaltungsgründen oder, oder, oder – dann haben wir es als Filmemacher schwer. Aber die Herausforderungen, die Forscher mit der Arbeit an extrem infektiösen und gefährlichen Mirkoorganismen in einem S4-Labor zu bewältigen haben, und die Bedeutung dieser Forschung lässt sich auch thematisieren ohne Drehgenehmigung im Labor.

Manchmal verzichten wir sogar auf Dreharbeiten, selbst wenn sie spannende und attraktive Bilder versprechen. Dann nämlich, wenn die Auflagen für den Dreh nicht durch Sicherheitsbestimmungen oder Fragen der Geheimhaltung von neuesten Entwicklungen bestimmt sind, sondern wenn die Einschränkungen der Dreharbeiten eine journalistische Berichterstattung verhindern sollen, wenn eine kontrollierende Abnahme des fertigen Films verlangt wird – wenn letztlich eine Zensur das Ziel ist.

Bei manchen Themen entwickeln sich die Geschichten und die Bilder wie von selbst. Andere Themen müssen inhaltlich, gestalterisch erst entwickelt werden. Als Beispiel dafür mag eine Sendung dienen, die unter dem Titel ausgestrahlt wurde: *Abenteuer Wissen* –„Geheimakte M: Auf der Spur des Meisters".[45] Im Mittelpunkt standen besondere Objekte des *Germanischen Nationalmuseums* in Nürnberg. Ziel war es zu zeigen, dass Museen mehr sind als Orte, in denen Zeugen alter Kulturen und Kunstschätze aufbewahrt werden. Die Forschung der Konservatoren, Archäologen und Kunsthistoriker sollte lebendig werden. Nun kann ein Museum ziemlich langweilig aussehen: Bilder an den Wänden, Glasvitrinen, verstaubte Ausstellungsstücke. Die Autorin hatte sich daher entschieden, eine wahre Gegebenheit filmisch nachzuerzählen.

Einer der Kunsthistoriker des Museums war abends vor dem Nachhauseweg noch einmal durch die Sammlung gegangen, auf der Suche nach Objekten, die für eine Ausstellung ausgewählt werden sollten. Sein Blick fiel im Vorbeigehen auf eine alte Tischplatte. Spontan ging ihm durch den Kopf, dass das, was als Tischplatte ausgestellt war, etwas sein

---

45   Gesendet am 28.7.2004 im *ZDF*

könnte, was ursprünglich einmal an der Wand hing. Also kein Möbelstück, sondern vielleicht ein Gemälde.

Die Autorin hat dieses Erlebnis in abendlicher Atmosphäre mit blau-
em Licht nachgestellt und eine Spannung aufgebaut, die selbst Zuschauer erfassen konnte, die kaum kunsthistorisch interessiert sind. Der Film
verfolgt schließlich in detektivischer Weise die Enthüllungsarbeit der
Kunsthistoriker. Mit modernen technischen Methoden wird der wahre
Ursprung aufgedeckt und der bedeutende Künstler des Gemäldes aus-
findig gemacht. So kann selbst ein Museum zum Schauplatz werden, der
etwas von der Spannung eines Krimis ausstrahlt. Und Wissenschaftler
werden zu Menschen, die nicht nur mit Kompetenz und Ambitionen ein
Ziel verfolgen, sondern die sich auch mit Kreativität und Leidenschaft
daran machen, ein Rätsel zu lösen.

Eine andere *Abenteuer Wissen*-Sendung und ein ganz anderes Beispiel
für die Herangehensweise an wissenschaftliche Themen: Es ging um
Chemikalien in der Umwelt und die Frage, was man von der Auswirkung hormonähnlich wirkender Umweltchemikalien weiß. Dazu forschen Wissenschaftler mit Amphibien als Referenzorganismen. Doch
welche Aussagekraft haben Erkenntnisse, die zum Beispiel an Fröschen
gewonnen werden, im Hinblick auf den Menschen? Dazu machten wir
einen Zeitsprung: Filmisch nacherzählt wurde der Besuch einer jungen
Frau in einer Apotheke in den 40er Jahren. Der Apotheker sollte anhand
ihres Morgenurins untersuchen, ob die Frau schwanger war. Eine damals gängige Analysemethode: Der Urin wurde in Wasser gegeben, in
dem ein so genannter Apothekerfrosch lebte. Begann dieser kurz darauf
mit der Eiablage, war klar, dass Hormone im Urin der Frau auf eine
Schwangerschaft hinwiesen. Das Hormonsystem des Frosches reagierte
verlässlich auf die menschlichen Hormone. Das ist ein klassisches histo-
risches Experiment, über das nicht aus heutiger Sicht berichtet, sondern
das in entsprechender Umgebung nachgestellt wurde.

Um Wissenschaft lebendig und auch für Laien erlebbar zu machen,
greifen Wissenssendungen gelegentlich auch auf „Re-Enactment" zurück: Geschehnisse werden filmisch nacherzählt oder Situationen insze-
niert. Gelegentlich scheinen die Grenzen zwischen dem Nachstellen von

faktisch Überliefertem und Fiktionalem zu verschwimmen. Hier ist von Wissenschaftsjournalisten Sorgfalt gefordert. Zuschauern muss jederzeit klar sein: Hier wird etwas aufgrund von Fakten nacherzählt, da gibt es Vermutungen, wie es gewesen sein könnte, und dort geht es um ein Gedankenexperiment, ein Szenario, das der Phantasie entspringt.

Science als Fiktion: Trends von Wissensformaten im Fernsehen

Ruft man sich in Erinnerung, was als Ursache für den Boom der Berichterstattung über Wissenschaft und die wachsende Zahl an Wissensformaten im Fernsehen betrachtet wird, die Bedeutung nämlich der Themen für den Alltag und ihre Vernetzung mit fast allen gesellschaftlichen Bereichen, so wird es auch in Zukunft großen Bedarf an „klassischen" Wissensformaten geben. An Berichterstattung über all das, was im Alltag Fragen aufwirft, über Zusammenhänge, die es zu durchschauen gilt, und über Entwicklungen, die jeden betreffen.

Daneben werden die Anforderungen bestehen bleiben, die zu meistern sind, will man breite Aufmerksamkeit erzielen. „Fiktion in Science" mag einen Weg beschreiben, Erzählformen zu finden, die Wissenschaft und wissenschaftliche Zusammenhänge unterhaltsam präsentiert, Neugier weckt – und auf dem es gelingt, Menschen zu erreichen, die sich solchen Themen sonst eher verweigern. Vorsicht ist angesagt, wenn es dabei um die journalistische Betrachtung von Themen geht. Die Grenzen zwischen Fiktionalem und Dokumentarischem müssen klar erkennbar sein. Glaubwürdigkeit und journalistische Kompetenz sind ein wichtiges Kapital, das es zu mehren und nicht zu gefährden gilt.

„Science in Fiktion" ist wahrscheinlich die erfolgreichste Art und Weise, Begeisterung für Wissenschaft auszulösen. Möglicherweise haben James Bond-Filme mehr junge Menschen dazu angeregt, es mit einem Ingenieurstudium zu versuchen, als jeder Appell von Eltern, Berufsberatern oder Verbandsfunktionären. Und die Arbeit von Rechtsmedizinern ist auf keine andere Weise in ihrer Bedeutung so verstanden worden wie durch einschlägige Krimiserien. Wissensformate können vom einmal geweckten Interesse an wissenschaftlichen Themen profitieren. Und sie können da und dort vom Fiktionalen lernen, Geschichten zu erzählen – ohne journalistische Ansprüche aufzugeben.

Schon jetzt spielt auch das Internet eine bedeutende Rolle als Begleitmedium zu Wissenssendungen. Interessierte finden dort vertiefende Informationen, häufig gestellte Fragen werden beantwortet, „Streams" machen Ausschnitte aus Sendungen jederzeit wieder verfügbar. Interaktive Module bieten eine spielerische Auseinandersetzung mit Themen oder ermöglichen einen Zugang, der individuellen Interessen entspricht. Im Einstein-Jahr 2005 etwa sind, begleitend zu einem *ZDF*-Programmschwerpunkt, Module zur Relativitätstheorie für Einsteiger entstanden.[46] Über eine Mediathek gibt es die Möglichkeit, Sendungen zu jeder beliebigen Zeit erneut abzurufen.

In naher Zukunft wird sich die Qualität der Filme via Internet nicht mehr von der auf dem Fernsehbildschirm unterscheiden. Jeder Zuschauer wird zu seinem eigenen Programmdirektor. Für die Programmmacher wird es darum gehen, Marken zu schaffen, die für Nutzer wieder erkennbar sind. Die deutlich machen: Das ist das Angebot zur Orientierung, das sollte man über eine Entwicklung (in einer wissenschaftlichen Disziplin oder zu einem Ereignis) wissen. Oder: Dies ist anspruchsvolle Unterhaltung, die gleichzeitig Fragen aus der Wissenschaft beleuchtet.

Spartenangebote werden sich gezielt an bestimmte Zielgruppen richten. Die Bandbreite der Angebote wird noch größer und die Tiefe der wissenschaftlichen Inhalte unterschiedlicher werden. Doch jeder Programmmacher wird sich auch künftig den Kopf zerbrechen, wie er, mit „seiner" Sendung bei möglichst vielen Menschen aus seiner Zielgruppe Interesse weckt.

---

46   Siehe www.zdf.de/ZDFde/inhalt/17/0,1872,2254097,00.html

Fünf Fragen an Christiane Götz-Sobel

Vergrämt man mit an Quoten orientierten Formaten nicht gerade Zuschauer, die sich sehr für Wissenschaft interessieren oder selbst Wissenschaftler sind?
Will man eine große Zuschauerzahl erreichen, dann sind der fachlichen Tiefe Grenzen gesetzt – insbesondere am späteren Abend. Eine Sendung wie *nano*, das tägliche Wissenschaftsmagazin auf *3sat*, richtet sich an eine an Wissenschaft speziell interessierte Zielgruppe. Dort erwarten die Zuschauer, dass sie etwas über neue Entwicklungen aus verschiedenen wissenschaftlichen Disziplinen erfahren. Bei *Abenteuer Wissen* gehen wir indes nicht davon aus, dass um 22 Uhr 15 gezielt diejenigen einschalten, die Wissenschaft ohnehin interessant finden und ein wissenschaftliches Programm suchen. Wir müssen Menschen ansprechen, die keine Affinität zu solchen Themen haben, und ihnen eine Brücke bauen. Wir versuchen, Geschichten zu erzählen, an deren Ende Zuschauer merken: Was die Wissenschaftler machen, ist ja richtig interessant! Oder: Das habe ich so nicht gewusst, jetzt verstehe ich manches besser. Eine Tageszeitung hat es leichter: Wenn jemand einen Artikel nicht interessant findet, kündigt er nicht gleich das Abonnement. Aber wenn unsere Sendung 30 Sekunden langweilig ist, dem Interesse kurzzeitig nicht entspricht, dann haben wir sofort 100 000 Zuschauer verloren.

Können auch Spekulationen, Außenseitermeinungen oder vermeintliche Sensationen von Wissenschaftlern selbst zum Thema einer Sendung werden?
Manchmal sind auch Spekulationen reizvoll, zum Beispiel wenn es sich um populäre Mythen handelt. Dann ist zu überlegen, ob es spannend sein könnte, den Mythos auf den Prüfstand zu stellen und ihm mit wissenschaftlichen Methoden auf den Grund zu gehen: Was ist belegt? Wie gehen Forscher vor? Was finden sie heraus? Wir hatten allerdings auch schon den Fall eines Forschers, der uns seine abenteuerlich klingende Theorie erläuterte und verlangte, dass wir sie einem breiten Publikum näher bringen sollten. Die etablierte Wissenschaft unterdrücke ihn, jetzt müssten die Medien helfen aufzuklären. In solchen Fällen ist die Redaktion extrem vorsichtig. Spekulatives wird bei anderen Wissenschaftlern

hinterfragt. Kommt man zu dem Schluss, dass ein Forscher dubiose Dinge vertritt, dann bekommt er in einer Sendung auch kein Forum. Handelt es sich um eine gut begründete Theorie, die vielleicht von der Fachwelt nicht völlig akzeptiert ist und dennoch interessante Aspekte enthält, gibt es die Möglichkeit, eine solche Theorie in den Kontext des bisher Gesicherten zu stellen und die jeweiligen Argumente zu beleuchten. Das setzt aber voraus, dass es sich nicht um einen Theoriestreit zwischen Experten auf hoher Ebene handelt, sondern die Vorstellungen von allgemeinem Interesse und einer Relevanz sind.

Wenn die Sendung Abenteuer Wissen einen ganz eigenen Stil hat, wieso ist dann einer der Sprecher der gleiche wie bei Galileo?
Jede Sendung möchte einen passenden guten Sprecher verpflichten. Auch bei anderen Wissenssendungen ist man auf der Suche nach markanten Stimmen. Einen Sprecher – Freiberufler – exklusiv zu verpflichten, ist praktisch nicht möglich. Gute Sprecher hört man daher in unterschiedlichen Formaten. Aber gute Schauspieler sieht man auch in unterschiedlichen Rollen auf unterschiedlichen Sendern. Die Zuschauer irritiert das kaum. Im Falle von *Abenteuer Wissen* und *Galileo* ist zudem die Zahl jener, die beide Formate sehen, nicht sehr groß.

Haben Sie Hauswissenschaftler oder Lieblingswissenschaftler? Und gibt es Wissenschaftsgebiete, die wenig in der Sendung vorkommen, weil der Typus der betreffenden Wissenschaftler in der Regel besonders sperrig ist?
Jeder Redakteur hat durch die Erfahrung in seinen Themengebieten ein Netzwerk und weiß, welches Institut und welcher Experte was macht. Das ist eine Informationsquelle, die auch von Kollegen aus den aktuellen Redaktionen angezapft wird: „Wir wollen dieses Thema machen. Könnt ihr uns einen Experten empfehlen? Wer bezieht da eine klare Position pro oder contra? Kann der gut reden?" Auch das ist ja für das Fernsehen wichtig. Viele Wissenschaftler können kompetent erklären, aber sobald eine Kamera angeht, ist das vorbei. Das heißt: Wir haben unter Umständen Wissenschaftler, mit denen wir Hintergrundgespräche führen und die dafür zu jeder Zeit offen sind. Sollte es aber darum gehen, in einer

Live-Situation vor Ort eine Entwicklung zu beurteilen, dann schlagen sie schon selbst einen Kollegen vor. Aber im Prinzip ist das ein offener Prozess. Es kommen neue Wissenschaftler in wichtige Forschungsgebiete hinein, es entwickeln sich stetig neue Kontakte. So forschen wir immer wieder nach den besten Experten – zum Aufklären über Zusammenhänge und zum Auftritt vor der Kamera.

Oft hat man bei der Sendung den Eindruck, dass auch banale Dinge durch Inszenierung und Sprechertext als hochdramatisch dargestellt werden. Nutzt sich das nicht irgendwann ab oder wirkt vielleicht sogar komisch?
Natürlich sollte das, worauf man am Ende hinarbeitet, die Dramatik begründen. Redaktionsintern diskutieren wir immer wieder über den adäquaten Weg: Welches ist das Maß an Spannung, das durch das Thema gerechtfertigt ist? Und: Wann sind Zusammenhänge so banal oder offensichtlich, dass Zuschauer das Interesse verlieren, weil sie den Eindruck gewinnen: „Das kenne ich doch schon." Hinzu kommt, dass ein und dieselbe Sendung morgens um 10 Uhr ganz anders wahrgenommen wird als abends kurz vor dem Zubettgehen. Bei der Herangehensweise an die Themen spielt auch diese Überlegung eine Rolle.

Fünf Links zum Thema

- *Abenteuer Wissen* im Internet: www.abenteuerwissen.zdf.de
- Internationale Quotenforschung (Médiamétrie inkl. Eurodata): www.mediametrie.com
- Nationale Quotenforschung der Arbeitsgemeinschaft Fernsehforschung: www.agf.de
- Homepage der Wissenschafts-Pressekonferenz: www.wpk.org
- Materialien zur Fernsehdramaturgie: www.gregor-a-heussen.de (unter „Werkzeuge")

Ergänzende Literatur

- Sturm, H.: Der gestresste Zuschauer. Folgen für eine rezipientenorientierte Dramaturgie. Klett-Cotta, 2000.
- Kerstan, P.: Der journalistische Film. Jetzt aber richtig. Zweitausendeins, 2000.
- Witzke, B. et al.: Die Fernsehreportage. UVK, 2003.
- Gudisch, R.: Das Fünf-Minuten-Kino? Journalistische Dramaturgie von zeitkritischen Fernsehmagazin-Filmen. Diplomarbeit Universität Dortmund, 2005.

„Ein Beispiel für eine deutliche Umsetzung dramaturgischer Prinzipien von der Personalisierung und der Heldenreise bis hin zur Musik war ein Beitrag über das Sterben der Deutschen Mark (...) und ihre „Wiederauferstehung" als Ein-Euro-Münze. Die Hauptperson kann also durchaus ein Objekt sein – in diesem Fall die Mark als eine 52 Jahre alte Dame, die noch etwas erleben will."

Wissenschaft im Privatfernsehen:
Happy Hour des Wissens – Zutaten zum Galileo-Cocktail

Von Bernhard Albrecht
Galileo, ProSieben (München)

Eigentlich wollte ich immer zur Zeitung. Aber dann kam dieser eine Moment, da wusste ich, dass ich beim Fernsehen richtig bin: Zwölf Uhr nachts, ich saß neben meinem Cutter, auf dem Boden verstreut lagen etwa 60 Bänder aus dem Bildarchiv – wir hatten gerade den letzten Schnitt für meinen ersten eigenen Film angefügt, einen Beitrag über das "Nickerchen" und dessen medizinische Bedeutung. Der Cutter drückte die Play-Taste. In diesem Moment floss alles zusammen, meine Notizen zur Schlafforschung auf unzähligen Blättern, das penibel Sekunde für Sekunde vorbereitete Skript, die in Stunden am Bildschirm gesichteten Bildschnipsel, von denen ich nicht wusste, ob sie zum selbst gedrehten Material passten, und die sorgsam ausgewählten Musikstücke. Es war der Moment, in dem ich erlebte, wie schön es ist, wenn man aus Bildern, Wörtern, Geräuschen und Musik eine Geschichte gebaut hat, die funktioniert und „groovt". Heute sehe ich den Film kritischer, hätte da und dort Einwände – aber das gehört dazu, dass man nie zufrieden ist, nicht einmal mit dem zuletzt vollendeten Film.

Das Medium und das Format: Prime Time von Anfang an

Galileo ist seit 1998 auf Sendung und war damals das einzige tägliche Wissensmagazin. Es wurde von Anfang an zur Prime Time gesendet, was eine gewagte Entscheidung war, wenn man bedenkt, in welchem Umfeld man sich dabei behaupten muss. Die Hauptkonkurrenten heißen nicht *Quarks & Co* oder *Tagesschau*, sondern *Big Brother* und *Gute Zeiten, schlechte Zeiten*. Was hat *ProSieben* dazu bewogen, auf so eine ungewöhnliche, wenig erprobte Themenfarbe zu setzen? Ein Grund könnte der Erfolg von *Welt der Wunder* gewesen sein, ein Format, das seit 1996 erfolgreich am Sonntag auf *ProSieben* lief (heute auf *RTL II*). Man hatte wohl gehofft, dass mit einem täglichen Magazin ein ähnlicher Erfolg möglich sein könnte.

Das schien sich zunächst auch zu bestätigen – der Marktanteil der ersten Sendung lag bei 13,8 Prozent in der Zielgruppe der 14- bis 49-Jährigen, jener Bevölkerungsgruppe, die für Werbekunden als die interessanteste gilt. Bezogen auf die Gesamtbevölkerung waren das ungefähr sieben Prozent. In der Folgezeit fiel die Quote deutlich, blieb im Jahr 1999 sogar mehrere Monate lang unter zehn Prozent, was für ein Format im Vorabendprogramm bei einem großen Privatsender wie *ProSieben* gefährlich ist. Ich habe nie herausgefunden, warum der Sender sich damals entschieden hat, an *Galileo* festzuhalten – wahrscheinlich würde man so etwas heute nicht mehr tun. Im Jahr 2004 scheiterte auf *ProSieben* nach zehn Folgen ein neues Format namens *Terraluna*, das ähnliche Themen beleuchtete und freitags zur besten Sendezeit kam. Auch der Versuch, ein *Galileo Wissensquiz* zu etablieren, scheiterte trotz gar nicht so schlechter Quoten nach zehn Folgen. Vielleicht lag es an den Werbekunden: Diese signalisieren immer wieder, dass sie sich gerne im Umfeld von *Galileo* sehen und schätzen das gute Image einer Wissenssendung.

Mitte 2000 ging es mit *Galileo* stetig aufwärts, im Mai lag die Quote bei 10,3 Prozent. Überlegungen, das Format auf einen späteren Sendeplatz zu verlegen, wurden verworfen. Die besten Quoten erreichte *Galileo* im Jahr 2002, ein nachfolgender Einbruch hatte wohl einen simplen Grund: Es wurde eine zweite Werbepause eingerichtet. Dadurch erhöhte sich die Anzahl der Werbeminuten bei einer insgesamt immer noch relativ kurzen Bruttosendezeit von 35 Minuten. Das Hauptproblem: Wir konnten unsere Werbepausen oft nicht mehr so platzieren, dass wir auf Sendung waren, wenn Konkurrenzformate in die Werbepause gingen. Am 4. Oktober 2005 folgte dann der Befreiungsschlag: Seitdem sendet *Galileo* eine Stunde (netto 46 Minuten) von 19 bis 20 Uhr.

Interessant ist die Frage, warum die Quoten im Jahr 2000 so deutlich gestiegen sind. Womöglich lag es vor allem an der Aufbereitung der Themen. Die Erzählweise hat sich mehr zum Seriösen hin entwickelt, als es am Anfang der Fall gewesen war. Insofern ist *Galileo* ein Beispiel für die seit mehr als einem Jahrzehnt geführte Konvergenz-Debatte, wonach sich öffentlich-rechtliche und private Sender annähern und der Unterschied womöglich bald der Vergangenheit angehört.[47] Meinem Eindruck nach ist *Galileo* im Jahr 2000 „öffentlich-rechtlicher" geworden, wohingegen die Öffentlich-Rechtlichen mit Formaten wie *Abenteuer Wissen* im ZDF deutlich in Richtung Privatfernsehen marschiert sind.

Galileo, Welt der Wunder, Wunderwelt Wissen und andere Wunder

Wenn man *Galileo* auf dem Markt der Wissensmagazine einordnen will, dann liegt es in der Rangliste der Reichweiten mit 1,65 Millionen Zuschauern auf Platz 3, hinter *Wunderwelt Wissen* (*ProSieben*, 1,88 Millionen Zuschauer) und der ZDF-Sendung *Abenteuer Wissen* (Platz 1, *siehe Kapitel 7*). Bezogen auf die Hauptzielgruppe (14 bis 49 Jahre) aber lagen und liegen die Formate des Privatfernsehens vorne: *Wunderwelt Wissen* hat mit 1,3 Millionen die höchste Reichweite, dann folgte *Galileo* mit 1,12.[48]

Viele verwechseln die Formate *Welt der Wunder*, *Wunderwelt Wissen* und *Galileo*, obwohl sie sich stark unterscheiden. Während sich *Galileo* überwiegend im Bereich des Alltagswissens bewegt, sind die Themen bei *Welt der Wunder* häufiger naturwissenschaftlich im engeren Sinne. Nachdem sich der Moderator und Produzent von *Welt der Wunder* Hendrik Hey Anfang 2005 entschieden hat, zu *RTL II* zu gehen, bietet *ProSieben* auf dem gleichen Sendeplatz das Format *Wunderwelt Wissen*, das von der Produktionsfirma *Story House* produziert wird und ähnliche Themenfarben wie *Welt der Wunder* bedient. Die Marktanteile der beiden Formate liegen heute meist jeweils zwischen 9 und 15 Prozent, was auch

---

47   Vgl. z.B. Merten, K.: Konvergenz der deutschen Fernsehprogramme, *Funk-Korrespondenz* Nr. 33, 19.8.1994; Wehnelt, J.: Mehr Sex & Crime, *Die Woche*, 6.8.1999
48   GfK-Daten 2005

zeigt, dass das Zuschauerpotenzial für Wissensformate höher liegt, wenn zwei Sender diese Farbe bedienen. In den ersten Monaten kam es sogar fast zu einer – geradezu wundersamen – Quotenverdoppelung wenn man die Marktanteile beider Formate zu dieser Sendezeit addiert.

Was den Bildungsstand angeht, so macht *Galileo* den Zuschaueranalysen zufolge sein Programm vorwiegend für Leute ohne Studium und ohne Abitur. Überaschenderweise hatte eine so umstrittene Sendung wie *The Swan* auf *ProSieben* demnach einen höheren Anteil an Abiturienten und Studenten als *Galileo*. Laut einer forsa-Umfrage im Jahr 2006 gilt *Galileo* als beliebtestes TV-Wissensmagazin in der Altersgruppe der 14- bis 49-Jährigen. Zudem war die spontane Bekanntheit des Namens von *Galileo* höher als die anderer Wissensformate (wie *Welt der Wunder*, *Wunderwelt Wissen*, *Clever*, *Quarks & Co*, *nano*), und das mit großem Abstand. Nach einer früheren Umfrage war *Galileo* bekannter als alle anderen Sendungen von *ProSieben*, z.B. auch *TV total* oder *Arabella*.[49] Für das Image des Senders hat die Sendung also große Bedeutung.

Die Redaktion und die Suche nach „Sprech- und Fühlthemen"

Teamstruktur und Abläufe haben sich im Oktober 2005 im Rahmen der Sendeverlängerung verändert und unterliegen zurzeit einem erneuten Wandel. Im August 2006 arbeiten bei *Galileo* etwa 30 Redakteure und drei Volontäre. Die Redaktion ist unterteilt in drei gleich starke Teams, jedes Team wird von zwei CvD geführt. Die Redaktionsleiterin Carolin Schmitt und ihr Stellvertreter Andreas Meilhammer führen die Redaktion. Die Teams verantworten im Drei-Wochen-Turnus eine Sendewoche, also fünfmal 46 Minuten Netto-Sendezeit. Außerdem greift jedes Team noch auf einen Stamm von freien Autoren zurück, von denen manche viele Beiträge produzieren (ähnlich wie „feste Freie" bei Öffentlich-Rechtlichen), andere nur gelegentlich für das Magazin arbeiten.

---

49   forsa / SevenOne Media, Mai 2005 (504 Befragte) und Juli 2006 (496 Befragte) sowie NFO Infratest / Seven One Media (Imagemonitor), November 2003 (1013 Befragte, 14-49 Jahre)

Täglich findet eine aktuelle Konferenz statt, in der die „Sprech- und Fühlthemen" des Tages erörtert werden. Mitunter ergibt sich dabei aus einer Tageszeitungs- oder auch einmal einer *Bild*-Schlagzeile ein Themenansatz quasi durch die Hintertür: Wenn wir in der Diskussion eine tragfähige Wissensebene für ein zunächst eher boulevardesk oder politisch/wirtschaftlich anmutendes Thema finden, produzieren wir einen aktuellen Beitrag für denselben Tag oder einen der Folgetage.

Dieses tagesaktuelle Arbeiten ist eine große Herausforderung – zumindest dann, wenn man mehr aus einem Thema machen will als etwa der Newsblock von *nano*, wenn man sich also nicht damit begnügt, Zeitungs- und Ticker-Meldungen mit kurzen Symbolbildstrecken in 30 bis 45 Sekunden nachzuerzählen. Das Hauptproblem: *ProSieben* verfügt nicht wie die *ARD* über ein weltweites Korrespondenten-Netz. Für aktuelle Themen, die nicht in München, Hamburg oder Berlin stattfinden, sind wir daher oft auf Fremdzulieferungen von Bildern angewiesen.

Nach der aktuellen Konferenz tagen die Teams in einer längeren Konferenz mit jeweils einem Team-CvD und erörtern die Themen, die langfristig angegangen werden können. Die Autoren arbeiten die in den Konferenzen vergebenen Themen zu Exposées aus, die recht streng nach den Vorgaben eines Formblattes gegliedert sind.

Typische Fernsehrecherche oder: Wie aus einer Idee ein Beitrag wird

Galileo legt viel Wert auf Unterhaltung und Bildästhetik, was einige Besonderheiten bei der Recherche mit sich bringt. Wir gehen die Recherche meist vom Bild her an. Das bedeutet nicht, dass die Inhalte weniger wichtig wären, es ist eine Frage der Reihenfolge: Man verwendet im ersten Schritt weniger Zeit auf die Inhaltsrecherche, sonst hat man womöglich drei Tage verloren und am Ende zeigt sich, dass das Thema bildlich nicht umsetzbar ist. Wir prüfen daher zuerst die Realisierbarkeit fürs Fernsehen, schreiben ein Storyboard. Fällt diese bildorientierte Recherche positiv aus, folgt die tiefere Inhaltsrecherche.

Mit manchen Fachgebieten wie der Chemie oder der Genetik tun wir uns dabei oft schwer, weil sich in diesen Fällen die wesentlichen Informationen nicht über das Bild vermitteln, sondern fast nur über den Text oder Animationen. Auch kann es das vorzeitige Ende eines Themas sein, wenn hohe Kosten für Bildmaterial anfallen, weil man Bilder aus vielen Quellen zusammenholen muss – und das ist bei Wissenschaftsthemen leider häufig der Fall. Auch wenn die Drehorte weit entfernt sind, kann dies das Aus eines Themas bedeuten. Um auch Auslandsthemen zu realisieren, sammeln wir diese und drehen mehrere Themen im Rahmen einer Reise ab. Ein Zehn-Minüter darf in der Regel drei Drehtage kosten, ein Sieben-Minüter zwei.

Rubriken, Geschichten aus der Fabrik und andere Erfolgsrezepte

Galileo hat im Jahr 2000 einige Veränderungen erlebt, die das Format bis heute prägen. Zu Anfang waren die Beiträge nicht länger als fünf Minuten. Diese Regel stammte noch aus dem Boulevardbereich, konnte *Galileo* doch innerhalb des Senders zunächst fast nur auf Erfahrungen aus Sendungen wie *taff* oder *sam* zurückgreifen. Im Jahr 2000 wurde dann der Acht- bis Zehnminüter populär – bis hin zum 15-Minüter, wenn die Bildebene besonders stark war oder das Schicksal oder der Charakter eines Protagonisten besonders fesselte.

Die Bildsprache hatte sich ebenfalls verändert, wiederum mit einer Tendenz zum öffentlich-rechtlichen Fernsehen. Auch langsame Kameraschwenks, ungeschnittene längere Sequenzen und eine nicht zu schnelle Schnittfolge wurden möglich, während in den ersten zwei Jahren der Sendung Reißzooms und Drei-Sekunden-Schnitte die Regel waren. Inzwischen setzen wir wieder auf eine leichte Beschleunigung des Erzähltempos; „clippige Erzählweise" ist vor allem bei Aufmachern gefragt.

Verändert hat sich auch der Umgang mit O-Tönen: Wenn ein Experte vor einer weißen Wand steht und sich seines Fachjargons bedient, dann sind solche O-Töne „Abschalter". Deshalb behalf man sich früher mit der Regel, dass ein O-Ton maximal 20 Sekunden dauern durfte. Außerdem feilte man an der Bildgestaltung: So wurde versucht, O-Töne durch eine Verkantung des Bildes um etwa zehn Grad interessanter erscheinen zu lassen. Zudem sollte das Bild in drei Ebenen aufgebaut werden: vorne eine Requisite, der Experte in der Mitte und im Hintergrund ein bewegtes Bildelement, das die Aufmerksamkeit des Zuschauers binden sollte. Heute dürfen O-Töne lang sein, aber nicht langweilig. Wir fordern dazu eine möglichst situative Einbindung der Protagonisten in die Bilderzählung. Idealerweise bewegen sie sich, richten ein Gerät her, während sie erzählen, oder sie laufen vor einem interessanten, sich verändernden Hintergrund auf die Kamera zu.

Ein Dauer-Erfolgsrezept von *Galileo* ist die intern so genannte „Produktions-MAZ". Viele Zuschauer identifizieren *Galileo* mit dieser Themenfarbe: Wie werden Würste oder Schokoriegel hergestellt? Wie entstehen Weingläser? In Gesprächen kommt häufig die Kritik, dass *Galileo* zu viele solcher Themen sende, aber zu selten anspruchsvolle, „harte" wissenschaftliche Inhalte vermittle. Das ist nicht korrekt, diese Inhalte finden weiterhin statt, aber in der Tat spielen wir an vier von fünf Tagen in der Woche wenigstens eine Produktions-MAZ. Diese orientiert sich auch an Alltagswissen, das dem Zuschauer vermittelt: „Jetzt habe ich verstanden, womit ich täglich zu tun habe."

Ein weiteres Erfolgsrezept sind die Rubriken. Seit vielen Jahren läuft „*Galileo* kurios", mit Beiträgen über amüsante Erfindungen, die niemand wirklich braucht. „*Galileo* genial" zeigt dagegen Erfindungen mit Nutzwert. Das „Galilexikon" erläutert die Herkunft von Redewendungen. Neuerungen sind seit Anfang 2005 das erfolgreiche „*Galileo* Experiment", das auf spielerisch-experimentelle Weise Fragen beleuchtet wie: „Kann man mit Kuh-Blähungen (also Methan) Auto fahren?" Oder: „Konnten Revolverhelden im Wilden Westen wirklich aus der Hüfte schießen?" Ende 2005 kam die erfolgreiche Rubrik „Tech Check" hinzu, in der Moderator Sebastian Höffner technische Geräte und Gebrauchsgegenstände testet. Ein Trend aus dem Jahr 2006 ist das „Studio Experiment", in dem verblüffende physikalische und chemische Phänomene gezeigt werden. Bereits mit der Sendeverlängerung im Jahr 2005 ist *Galileo* inhaltlich breiter geworden, seither dringen wir auch in Randgebiete

des klassischen Wissenssektors vor. Es wurden seitdem vermehrt Reportagen und Doku-Soaps gesendet, auch zeigen wir häufiger als früher
Filme zu historischen Themen („Wie funktioniert ein Piratenschiff?",
„Liebe im Mittelalter" etc.). Und Service ist eine neue Themenfarbe, die
wir zu einer Rubrik ausbauen.

Vorlieben der Zuschauer: keine Tiere, keine Sterne, wenig Medizin

Laut GfK-Daten hat die Sendung den höchsten Zuschaueranteil bei
Männern im Alter zwischen 14 und 29, den zweithöchsten bei Männern
zwischen 30 und 49 Jahren. Das Interesse dieser Hauptzuschauergruppe
bedient *Galileo* mit Männer-affinen Themen, neben der Produktions-
MAZ sind das Modelleisenbahn-Spezials oder Beiträge zu Megabau-
werken. Klassische Themen dieser Art waren über viele Jahre hinweg
auch Schwertransporte und Sprengungen – jüngst scheint hier das Zuschauerinteresse jedoch rückläufig zu sein.

Frauen-affine Themen sind seltener, Tier- und Naturthemen zum Beispiel gelten als „Risikogenre". Diese Themen waren früher erfolgreich,
heute scheint das Zuschauerinteresse gering zu sein. Glaubt man Pro-
grammeinkäufern, so ist das eine generelle Tendenz, die man auch bei
der *BBC* beobachtet, der Nummer eins im Tier- und Naturfilmbereich.
Erfolgreicher sind Frauen-affine Themen aus den Bereichen Liebe, Beziehung, Alltagspsychologie und Sex – hier bleiben auch die Männer
dran. Astronomie hingegen läuft bei *Galileo* schlecht. Anscheinend sind
dem auf Alltagswissen gepolten Wochentags-Zuschauer diese Themen
zu weit weg.

Wenig vorhersehbar ist der Erfolg von Medizinthemen. Deswegen
wird im Einzelfall genau geprüft: Hat dieses Thema alles, um genügend
Zuschauer zu fesseln? Hierbei ist nicht entscheidend, ob die Krankheiten
häufig sind: Diabetes und Bluthochdruck sind zwar Volkskrankheiten,
aber unter unseren Zuschauern sind nur wenige davon betroffen. Das
Erfolgsrezept für Medizinthemen ist die Erzähllebene: Wie stark ist das
Schicksal eines Betroffenen, wie nah kommt ihm der Reporter? Wesentli-

ches Erfolgskriterium scheint auch ein Faktor zu sein, den man „Heilsversprechen" nennen könnte: Auch in einer Elendsgeschichte sollte von Anfang an ein Hoffnungsschimmer in die Dramaturgie eingewebt sein.

Eher positiv und oft zeitlos: „Es gibt..."-Themen

Über Jahre hinweg galt das Grundrezept: *Galileo*-Themen müssen ungefähr zur Jahreszeit passen, brauchen aber keinen aktuellen Aufhänger. Dominierend waren „Es gibt..."-Themen gegenüber Themen nach dem Muster „Eine neue Studie über...hat ergeben". Von aktuellen Themenzwängen hatte sich die Redaktion befreit. Heute realisieren wir häufiger wochenaktuelle und tagesaktuelle Themen, was mittlerweile gut funktioniert, während wir früher damit oft nur weniger gute Quoten erzielten. Solche Erfahrungen zeigen, dass unser flexibles Reagieren auf die vorherrschende Stimmung der Zuschauer elementar ist und wir niemals Erfolgsrezepte für die Ewigkeit haben werden – wie das bei der *Sendung mit der Maus* zu sein scheint.

Ein Beispiel für den aktuellen *Galileo*-Ansatz: Am 10. August 2006 werden in London 18 potenzielle Flugzeug-Attentäter gefasst. *Galileo* zeigt aus diesem Anlass einen Beitrag über einen explosionssicheren Bombensack, der zum Einsatz kommen kann, wenn eine Crew während des Fluges Sprengstoffladungen bei einem Passagier entdeckt. Das Bildmaterial nehmen wir aus einem früher selbst gedrehten Beitrag und brauchen nur noch den aktuellen Aufhänger.

Ein Beispiel für den zeitlosen *Galileo*-Ansatz: Wenn eine Meldung zur Entsorgung von Batterien über die Agenturen läuft, könnte man zum Themenansatz gelangen: Was passiert mit Batterien, wenn man sie zurückgibt? Daraus entsteht ein Beitrag über Batterierecycling, der auch sechs Monate später laufen kann. Die Nachricht war dann nur der Anlass, darüber nachzudenken.

Interessant sind auch Seitenaspekte nicht-aktueller Themen, aber unter anderen Gesichtspunkten. So produzierten wir einen amüsanten Beitrag über die Logistik hinter dem Bundespresseball. Wir betrachten die

Ereignisse des täglichen Lebens mit unseren eigenen Augen und lösen Aspekte heraus, die auf den ersten Blick nichts mit Wissenschaft zu tun haben und die für *Galileo* interessant sind. Zum Oktoberfest bringen wir Beiträge wie: „Warum Männer Bierbauch ansetzen" oder „Woher der Kater kommt". Kurz vor der Fußball-WM 2006 warf *Galileo* als erstes Format einen Blick hinter die Kulissen der Nationalelf oder zeigte die Herstellung von Fußballschuhen. Eine weitere Themenquelle sind Beobachtungen und Fragen im Alltag: Etwa wenn man sich selbst bei einem Reifenwechsel fragt: Taugen eigentlich runderneuerte Reifen etwas oder sind die gefährlich?

Das dramaturgische Konzept: Zutaten für einen Zaubertrank

Die Dramaturgie der Beiträge fußt auf der Erkenntnis, dass ein Großteil der Menschen nicht so fernsieht, wie er den Wissenschaftsteil einer Zeitung liest. Fernsehen ist eher zufällig, man stößt beim Zappen auf *Galileo*. Die Intention einer solchen Sendung muss es also sein, den Zuschauer sofort zu fesseln. Dabei bedienen wir uns zunehmend Methoden, man könnte auch sagen „Zutaten", die ursprünglich vom Spielfilm kommen. Im Idealfall berichten wir nicht, sondern erzählen eine Geschichte. Und wir schulen die Redakteure in Seminaren mit Bildsprache und Filmdramaturgie, wobei Spielfilme als Vorbilder dienen.

Ein Grundmuster der Dramaturgie folgt dabei der Heldenreise von Christoph Vogler (*siehe Literatur zu diesem Beitrag*) – einem Erzählprinzip, das sich an den dramaturgischen Mustern von Märchen orientiert. US-Erfolgsregisseure wie George Lucas (*Star Wars*) orientieren sich an der Heldenreise. Der Held durchläuft zwölf Stufen einer Entwicklung, die Erzählung ist in drei Akten aufgebaut. Der erste Akt endet in der fünften Stufe mit dem „Überschreiten der ersten Schwelle", im zweiten Akt kommt es zum Entscheidungskampf, im dritten Akt erfährt der Held eine Erneuerung (11. Stufe) und kehrt mit einem Elixier (12. Stufe) zurück in seine alte Welt. Das alles klingt theoretisch, findet aber heute auch im Dokumentarfilm Anwendung.

Tatsächlich entdeckt man viele Heldenreisen in der Wirklichkeit, wenn man die Biographien von Erfindern oder großen Wissenschaftlern betrachtet. Oder wenn man die Geschichte einer zwangskranken Frau erzählt, die sich freiwillig in eine Klinik begibt (quasi die Schwelle übertritt), in einer Konfrontationstherapie den „Entscheidungskampf" gegen die eigenen Ängste führt und am Ende mit Erkenntnissen über sich selbst (dem Elixier) die Klinik wieder verlässt. Nur selten allerdings gelingt eine Reinform der Heldenreise, wie sie im Spielfilm möglich ist. Wenn man dieses Erzählprinzip anwenden will, läuft man manchmal auch Gefahr, die Wirklichkeit der Theorie anzupassen.

Ein weiteres Grundprinzip unseres Erzählstils ist die „Kernfrage" – der Aspekt, der uns am meisten am Thema interessiert und den höchsten Weitererzählwert hat. Im Idealfall durchzieht die Kernfrage den ganzen Beitrag und wird immer wieder neu gestellt. Sie kann lauten: „Welche Zutat sorgt dafür, dass sich Eiskonfekt im Mund so kühl anfühlt?" Der Film (gesendet im April 2006) ist dann aus der Perspektive eines imaginären Detektivs erzählt, der – erst nachdem er den ganzen Herstellungsprozess gesehen hat – dem Geheimnis auf die Spur kommt.

Natürlich gehört auch Personalisierung zu unseren Zutaten. Wie schwierig der Umgang damit sein kann, zeigen Beispiele aus der Medizinberichterstattung. Personalisierung ist hier besonders wichtig, birgt aber ihre Tücken: Der Vorteil liegt auf der Hand: Identifikation. Die Gefahr bei Medizinreportagen ist andererseits, durch zu starken Einsatz von Personalisierung einseitig zu werden. Erzählen wir eine komplexe Heilmethode am Fall eines einzigen Patienten, können wir den Zuschauer leicht manipulieren. Man sollte also erstens darauf achten, dass der Einzelfall typisch ist, und sollte zweitens möglichst einen zweiten oder dritten Menschen in die Geschichte einbauen, um das Gesamtspektrum der Krankheiten, Therapiemöglichkeiten und Therapieergebnisse darzustellen. Im Idealfall erfährt der Zuschauer so alles Wesentliche über eine Krankheit sowie die Chancen und Risiken einer Therapie, ohne dass er von Zahlen erschlagen wird. Ergänzend können Symbol-Szenen hilfreich sein, Bildstrecken, auf die man allgemeine Informationen texten kann.

Redakteure anderer Formate haben dazu oft andere Ansichten und berichten über ein Medizinthema ohne zu personalisieren. Meine Ansicht ist: Wenn man den Patienten bei einer Medizinreportage weglässt – und das passiert in Wissenschaftsformaten häufig – oder nur noch als Funktionsträger verwendet, der Schmerzen hat und nur über diese Schmerzen redet, dann kommt der Zuschauer diesem Menschen nicht nahe und damit auch dem Thema nicht. Der Autor versetzt sich – und so auch den Zuschauer – in die Position des Wissenschaftlers, der seine Patienten distanziert analytisch betrachtet. Dabei sollten wir eigentlich aus der Patientenperspektive erzählen. Es ist eine hohe Kunst, mit Einzelfällen zu arbeiten und trotzdem alle wichtigen Informationen unterzubringen.

Aufwändige Bilder – auch mal aus dem Hubschrauber

Aufwändige Bildästhetik ist eine weitere Zutat für den *Galileo*-Cocktail. Wir sparen nicht an aufwändigen Shots, wir arbeiten viel mit Licht, was die meiste Zeit beim Drehen kostet. Wir scheuen nicht die Unkosten für einen Hubschrauberflug, auch wenn das Luftbild dann nur 15 Sekunden eines Beitrags ausmacht. Manchmal verwenden wir viel Energie auf „Beauty-Shots" mit der Fingerkamera oder High-Speedkameras. Neuere Trends unserer Bildästhetik gehen hin zum 16:9-Format und zum Vollbildmodus – auf diese Weise erzielen wir eine Ästhetik, die der eines Kinofilmes nahe kommt. Genau aus diesem Grund aber sind weder Vollbildmodus noch 16:9-Format geeignet für Reportagen und streng dokumentarisch umgesetzte Beiträge. Wir nutzen diese Bildgestaltungsmöglichkeiten für aufwändige Inszenierungen, z.B. bei der Umsetzung von Mittelalter-Themen. Das Bildformat der Zukunft ist HDTV; einzelne Filme wurden für *Galileo* bereits mit dieser hochauflösenden Technik realisiert, so zum Beispiel das Prime-Time-Spezial „Sakrileg" im Frühjahr 2005.

Aufwändige Bildästhetik heißt im Übrigen auch, dass wir immer mit einem festen Stamm von Kameramännern und Cuttern arbeiten, die unsere ästhetischen Ansprüche kennen und weiter entwickeln. Ein *Galileo*-Team vor Ort besteht fast immer aus drei Leuten: Kameramann, Ton-Assistent und Autor. Der Videojournalist (Kameramann, Autor und Cutter in einer Person) ist bei *Galileo*-Beiträgen die Ausnahme.

Als letzte Zutat sei noch der Musikeinsatz bei *Galileo* erwähnt: Wir setzen gerne symphonische Musik, Soundtracks und elektronische Musik ein. Es wird versucht, die „graue Musikfarbe" zu vermeiden, den Durchschnitts-Beat, den man zwar unter jede Bildstrecke legen kann, der aber für sich genommen keine Aussage hat. Die meisten Autoren arbeiten oft mit einem sehr bewussten und präsenten Musikeinsatz.

Ein Beispiel für eine deutliche Umsetzung dramaturgischer Prinzipien von der Personalisierung und der Heldenreise bis hin zur Musik war ein Beitrag über das Sterben der Deutschen Mark (verabschiedet mit einem Trauermarsch von Gustav Mahler) und ihr anschließendes Recycling, ihre „Wiederauferstehung" als Ein-Euro-Münze. Die Hauptperson kann also durchaus ein Objekt sein – in diesem Fall die Mark als eine 52 Jahre alte Dame, die noch etwas erleben will.

Ausblick: Trends im Wissenschaftsjournalismus

Die Zahl der neuen Formate, die *Galileo* stark ähneln, hat in jüngster Zeit weiter zugenommen – etwa mit *Schau dich schlau* (*RTL II*) oder *Abenteuer Wissen daily* auf *Kabel 1*. Von Ende August 2006 an läuft auf *Vox* das tägliche Wissensmagazin *Wissenshunger* im Vorabendprogramm. *ProSieben* baut die Marke *Galileo* weiter aus. So kam im Jahr 2005 sonntags das Format *Galileo Extra* dazu, das vor *Wunderwelt Wissen* um 18 Uhr 30 läuft. Im Mai 2006 strahlte der Sender zur Prime Time samstags um 20 Uhr 15 eine Show zur alljährlichen Verleihung des *ProSieben*-Wissenspreises aus. Die für uns hoffnungsvollste Entwicklung sind seit dem Frühjahr 2005 die Ausgaben von *Galileo Spezial* zur Prime Time nach 22 Uhr, die Traumquoten zwischen 17 und 28 Prozent einfahren – ein bis dato für Wissens- und Doku-Formate nicht vorstellbarer Erfolg. Die ersten vier Dokumentationen aus dieser Reihe waren: „Sakrileg", „Tsuna-

mi", „Päpstin Johanna" und „Da Vinci-Code". Ein Ende des Trends zum
Wissensfernsehen ist nicht abzusehen; auch die privaten Fernsehsender
setzen weiterhin auf diese Farbe, wobei insgesamt das Alltagswissen vor
der „harten Wissenschaft" dominiert.

Fünf Fragen an Bernhard Albrecht

Berichte über Herstellungsprozesse sind oft nicht unproblematisch – beispielsweise gab es mal einen Beitrag über Nudeln oder Tomatensoße, in dem dann groß der Name eines Nudelherstellers zu lesen war. Wird dafür bezahlt?
Nein. Jeder Redakteur schlägt seine Themen selbst vor und realisiert sie
ohne Einflussnahme von außen. Wenn *Galileo* in einer Firma dreht, lassen wir uns nichts bezahlen, keinen Flug, kein Hotel. Und was das Zeigen von Logos etc. angeht, lässt sich auch umgekehrt argumentieren,
dass der Zuschauer ein gewisses Recht hat zu erfahren, wo gedreht
wurde. Er will womöglich wissen, um welche Tomatensoße es eigentlich
geht. Das ist Service am Zuschauer – deshalb darf das Logo ein- oder
zweimal im Beitrag auftauchen. Darüber hinaus gilt die Grundregel,
dass der Markenname nie im Text erwähnt wird. Eine Ausnahme davon
machen wir, wenn es sich um Unikate auf dem Markt handelt oder das
Produkt eine Ausnahmestellung im Marktsegment hat. So würde es wenig Sinn machen, von „einem Motorrad" zu sprechen, wenn der Film
zeigt, wie eine Harley zusammengebaut wird; ebenso wäre es schade,
nur von „einem Taschenmesser" zu sprechen, wenn es im Film um das
Schweizer Offiziersmesser geht.

Die eingängige Erzählweise ist ein großes Thema bei Galileo. Aber darf man einen Zuschauer auch einmal fordern? Und provokant gefragt: Welche Zuschauergruppe wünscht man sich bei Ihnen – jung, männlich, ungebildet?
Wir machen Beiträge, die man auch nebenher beim Abendessen sehen
kann und die der Zuschauer auch dann noch versteht, wenn er kurz
weggeschaut hat oder erst später eingestiegen ist. Daher ist die starke
Vereinfachung ein Gebot für uns. Wir wollen den Zuschauer schon ger-

ne auch ein wenig fordern, aber eben nicht so weit *über*fordern, dass er zur Fernbedienung greift. Das ist ein Grenzgang, den man abwägen muss. Wir sind nur deshalb seit acht Jahren so erfolgreich, weil wir einen Weg gefunden haben, Wissen und Wissenschaft so spannend, unterhaltsam und leicht verständlich zu erzählen, dass auch Achtjährige der Sendung folgen können und wir in einem Umfeld von Daily Soaps, Telenovelas und anspruchsfreien Kochsendungen bestehen können.

Dennoch war etwa bei O-Tönen oder Schnittfolgen die Rede davon, dass die Zuschauer bei einem Wissensformat offenbar mehr Seriosität verlangen. Wäre der Zuschauer für dieses Mehr an Glaubwürdigkeit dann nicht womöglich auch bereit, kompliziertere Dinge zu akzeptieren, die er nicht mehr ganz versteht?
Sofern sich diese komplizierten Dinge bildlich darstellen lassen, ja. Das ist dann auch eine Frage der Themenwahl. Wenn ein Thema auf der einen Seite eine starke Bildebene oder eine starke Geschichte hat und auf der anderen Seite komplex ist, dann gilt: Je mehr ich den Zuschauer davor mit der Story gefesselt habe, desto mehr Komplexität kann ich ihm danach zumuten – etwa bei einem anspruchsvollen Thema über künstliche Befruchtung: Dadurch, dass wir den Zuschauer mit einem persönlichen Schicksal fesseln, öffnen wir ihn für das hoch komplexe und im Beitrag umfassend und kritisch dargestellte Thema Unfruchtbarkeit. Auf den Punkt gebracht: Wir erzählen spannende Geschichten, ob sie nun kompliziert sind oder nicht.

Wenn man Experten vor einem Interview brieft, einfach zu sprechen, viele Verben zu benutzen, dann zeigt die Erfahrung, dass sie dennoch im Experten-Jargon sprechen. Da stellt sich die Frage, warum man Experten eigentlich überhaupt zu Wort kommen lässt. Dienen diese als bloßes Aushängeschild?
Es gibt Dinge, die ein Experte selbst sagen muss, natürlich auch der Glaubwürdigkeit halber. Und es gibt Inhalte, die sich bildlich nicht erzählen lassen, sondern die nur ein Statement liefern kann. Und wenn man über die Entdeckung eines Forschers berichtet, dann möchte der Zuschauer den auch sehen. Viele O-Töne von Wissenschaftlern sind aber gespickt mit Fremdwörtern. Man arbeitet mit ihnen zusammen so lange

an der Aussage, bis sie allgemeinverständlich wird. Wenn wir um einen vor der Kamera problematischen Experten nicht herum kommen, wiederholen wir solche Experteninterviews, wenn es unglücklich läuft, bis zu zehnmal – und das trotz des Briefings. Noch zwei Tipps: Der Reporter, der sich in das Thema gut eingearbeitet hat, sollte nicht der Versuchung erliegen, dem Experten zu viel Wissen kundzutun. Besser ist, sich dumm zu stellen: Wer dumm fragt, bekommt einfache, verständliche Antworten. Und: Bevor man jemanden vor die Kamera holt, sollte man ihn sorgfältig casten, das Telefon-Interview ist da bereits aufschlussreich.

Schöne Themen sind gefragt, hieß es. Inwieweit haben Sie aber auch einmal kritische Bemerkungen in einem Beitrag?
Wir lassen in unsere Beiträge durchaus kritische Aspekte einfließen, wir machen Produkt-Tests, wir leisten Zuschauer-Service. Aber wir vermeiden kritische Themen dann, wenn sie zu negativ sind – über Pharma-Skandale, Ärztepfusch oder Gifte in Nahrungsmitteln berichten wir seltener als früher. Ein Mensch, der gerade von der Arbeit kommt, möchte sich vielleicht nicht gleich wieder mit den Problemen der Welt herumschlagen. Allerdings gab es die Idee, kritische und investigative Geschichten auch bei *Galileo* wieder ins Format zu heben – nicht so wie *Report* oder *Monitor* mit anklagendem Zeigefinger, sondern in einer Erzählweise, die *Galileo* angemessen ist. Daran hat ein Kreativteam gearbeitet, weil der Wunsch in der Redaktion bestand. Die Philosophie aber lautet: Der Zuschauer darf bei uns nicht entlassen werden mit den Worten: „So, da hast du es und die ganze Welt ist schlecht."

Fünf Links zum Thema

- *Galileo* im Internet: www.prosieben.de/lifestyle_magazine/galileo/
- Homepage des Produzenten von *Wunderwelt Wissen*: www.storyhousepro.com
- W. Lanzenberger, Studioregisseur bei *ProSieben* und Konzeptentwickler für Wissensformate: www.wolfgang-lanzenberger.de/filmografie/pub_i_wissensmagazine.html
- Terminvorschau für *BBC*-Filme im deutschen Fernsehen: www.bbcgermany.de

- Breuer, R.: Erzählen statt Quälen. Im Fernsehen Informationsbeiträge einfach und elegant gestalten. Seminarmanuskript (2005): http://rolfbreuer.privat.t-online.de/start.html

Ergänzende Literatur

- Vogler, C.: Die Odyssee des Drehbuchschreibens. Über die mythologischen Grundmuster des amerikanischen Erfolgskinos, Zweitausendeins, 1998.
- Riedl, D.: Wissenschaft im Fernsehen: trocken oder schrill? Magisterarbeit Freie Universität Berlin, 1999.
- Ordolff, M. et al.: Texten für TV. Ein Leitfaden zu verständlichen Fernsehbeiträgen. Tr Verlagsunion, 2. Auflage, 2004.

„Natürlich merken wir an der Quote, dass alle Themen, die die Sendung mit der Maus beantwortet hat, auch gerne von anderen wissenschaftlichen und pseudo-wissenschaftlichen Magazinen beantwortet werden. Dennoch sind viele Kinder der Überzeugung, dass alles bei uns angefangen hat.“

Wissenschaft im Kinderfernsehen:
Von Fach- zu Sachgeschichten

Von Hilla Stadtbäumer
Sendung mit der Maus, WDR (Köln)

Die *Maus* ist der größte Promi Deutschlands – in manchen Umfragen schneidet sie besser ab als ein Bundeskanzler: Ihr Bekanntheitsgrad liegt bei über 95 Prozent der in Deutschland lebenden Personen.[50] Diese Zahl spiegelt auch eine andere Tatsache wider: Die Hälfte bis zwei Drittel der Zuschauer sind Erwachsene. Das Zielpublikum ist quasi zwischen 3 und 103 Jahre alt – was ungewöhnlich ist, da insbesondere Kindersendungen sonst sehr spezifisch auf die Zielgruppe zugehen: Man konzipiert heute beispielsweise gezielt eine Sendung für sechs- bis neunjährige Jungen, die zudem einige Mädchen anspricht, indem man herausfindet, was die Zielgruppe will. Erst dann beginnt die Produktion. Die *Maus* hingegen hatte ihren ersten Fernsehauftritt im März 1971 im Vorschulkinder-Magazin *Lach- und Sachgeschichten*, das 1972 in *Sendung mit der Maus* umbenannt wurde. Erst im Laufe der Jahre hat sich dieses Magazin zum Familienprogramm entwickelt. Das ist international einzigartig – was es umgekehrt schwer macht, das Format im Ausland zu vermarkten.

Die Macher hinter der Maus

Neben der eigentlichen *Sendung mit der Maus* betreut die Redaktion eine Internetseite, die Maus-Show und eine Ausstellung namens *Mausoleum*,

---

50 WDR mediagroup: Vergleichende Marktforschungsstudie im Auftrag der Lizenzhaus Köln GmbH, Institut: balters.com, Düsseldorf und InTrend, Nürnberg, Sommer 2001

in der man fast alles sehen kann, was es jemals in der Sendung gegeben
hat. Das *Mausoleum* als Wanderausstellung ruht mittlerweile, Teile der
Ausstellung befinden sich in verschiedenen Museen. Hinzu kommt das
Merchandising, wobei die Sendung selbst frei bleibt von jeglicher Form
von Werbung, auch für eigene Produkte. Der *WDR* hat eine Tochterge-
sellschaft (*WDR mediagroup*), die das Merchandising komplett übernimmt. Alle inhaltlichen Produkte wie Bücher, DVDs etc. werden jedoch
von der Redaktion geprüft und abgenommen.

Die Sendung selbst besteht – getreu dem ursprünglichen Titel – aus
Lach- und Sachgeschichten, wobei die Betonung immer auf „Geschichten" liegt. Wir erzählen auch im Lachgeschichten-Bereich abgeschlosse-
ne Geschichten, die verschiedene Intentionen haben und auch nicht immer lustig sein müssen. Ungefähr 16 Minuten Sendezeit der insgesamt
28 Minuten sind Lachgeschichten: Animation, Puppentrick. Die anderen
zwölf Minuten sind Sachgeschichten, die auch in den Bereich des Wissenschaftsjournalismus gehen.

In der Redaktion gibt es drei Redakteure, die zum Teil Sachgeschichten betreuen. Hauptverantwortlich macht das Jochen Lachmuth, der in
Dortmund Journalistik studiert hat, dann gibt es mit Matthias Körnich
einen weiteren Kollegen und ich mache (als einzige studierte Naturwis-
senschaftlerin) hauptsächlich die Tiergeschichten in der Sendung. Unsere Chefs haben geisteswissenschaftliche Fächer studiert. Das Personal ist
also ein bisschen anders als in Redaktionen wie *Quarks & Co* oder *W wie
Wissen*, wo man mehr darauf achtet, dass die Mitarbeiter ein naturwissenschaftliches Studium haben. Das mag auch daran liegen, dass die
Sendung mit der Maus im Programmbereich „Fernsehfilm, Unterhaltung
und Familie" angesiedelt ist – und nicht wie die Wissenschaftssendungen im Programmbereich „Kultur und Wissenschaft". Überschneidungen gibt es bei einigen freien Mitarbeitern, die zum Teil auch für Redaktionen der Programmgruppe „Wissenschaft" arbeiten.

Themen-Recherchen delegiert die Redaktion an die freien Mitarbeiter
oder an einen Produzenten. Ein großer Teil der Sachgeschichten wird
von zwei Firmen produziert: Die Firma von Armin Maiwald (*Flash Filmproduktion*) produziert gemessen an den Sendeminuten die meisten

Sachgeschichten, außerdem gibt es *Delta TV* von Christoph Biemann. Die restlichen Sachgeschichten entstehen in Eigenproduktion, das heißt, sie werden von anderen freien Autoren nicht nur recherchiert, sondern komplett als Film umgesetzt. Wichtig ist dabei, dass die Autoren Interesse und Spaß haben an dem, was sie tun – und dass sie die „Methode Maus" verstanden haben; wissen, wie man eine gute Geschichte erzählt, die immer auch unterhaltend sein soll.

Die Themen: Einstein für Sechsjährige?

Anregungen für Themen zu bekommen, ist für die Redaktion relativ einfach, denn wir stehen in einem intensiven Kontakt mit unseren Zuschauern: Wir kriegen ungefähr 1 000 E-Mails pro Woche und dazu vielleicht noch 150 bis 300 Briefe – von Kindern, Studenten, Müttern, Großmüttern und so weiter, die uns Fragen stellen. Viele E-Mails kommen auch von Lehrern, die Material möchten, was wir bisher meist nicht anbieten können. Manchmal kommen Kommentare zu Filmen von einer ganzen Schulklasse. Oder es kommen einfach nur Fragen – nehmen wir als Beispiel eine Frage von einem gewissen Stefan F.: „Warum gehen Gurkengläser oder Saftflaschen leichter auf, wenn man vorher unten drauf haut?" Das haben wir dann versucht zu beantworten, in diesem Fall nicht mit einem Film, sondern indem wir ihm unsere Recherche-Ergebnisse zuschickten. Er war mit der Antwort allerdings nicht völlig zufrieden, weil er das immer noch nicht ganz verstanden hatte. Dabei haben wir dann erfahren, dass Stefan schon 37 Jahre alt war...

Ein anderes Beispiel: „Hallo Maus, hallo Armin, hallo Christoph, meine Mutter hat letzte Woche einen Taschenwärmer gekauft. Ich hätte gerne gewusst, wie das funktioniert. In einer Flüssigkeit schwimmt ein Metallplättchen. Wenn man das knickt, wird der Beutel warm und die Flüssigkeit fest. Wenn man den Beutel anschließend für zehn Minuten in kochendes Wasser legt, wird der Inhalt wieder flüssig. Das kann man oft wiederholen. Ich heiße Gregor, bin zehn Jahre alt und finde die *Sendung mit der Maus* immer wieder spannend. Über eine Erklärung des Taschenwärmers in einer *Maus*-Sendung würde ich mich freuen."

Solche Sachen kommen schier ohne Ende. Die mit Abstand am häufigsten gestellte Frage lautet übrigens: „Warum ist der Himmel blau?" An Anregungen besteht also kein Mangel. Ungefähr ein Drittel der Themen, die dann in der Sendung zu einer Sachgeschichte werden, stammen von den Zuschauern, ein Drittel kommt aus der Redaktion, und ein Drittel kommt von den Produzenten und freien Autoren.

Welche Fragen aber schaffen es nun in die Sendung? Zunächst gibt es keine Beschränkung der Themen, etwa auf Naturwissenschaften – von Geschichte bis Biologie oder Chemie ist prinzipiell alles möglich. Die Fragen sollten aber möglichst aus der Lebenswelt der Kinder kommen: Die Kinder erleben etwas, sehen, hören, schmecken, fühlen etwas in ihrem Alltag, kommen nicht weiter und fragen uns. Das ist auch ein wichtiger Unterschied zum klassischen Wissenschaftsjournalismus. Man sagt eben nicht: „Da ist nun das Allerneueste im Bereich Genetik veröffentlicht worden, und wir versuchen das herunter zu brechen in einem Artikel in der Zeitung XY." Bei uns wäre die Grundfrage: Hat dieses Thema, das jetzt vielleicht brandaktuell ist, irgendetwas mit der Lebenswelt der Kinder zu tun?

Das gilt auch, wenn im Einstein-Jahr überall über Einstein berichtet wird. Unser Ansatz wäre dann: Sogar die Kinder hören Einstein, Einstein, Einstein, weil alle Medien voll davon sind. In der Redaktion entsteht daraus beispielsweise das Thema: „Man hat so viel über Einstein gehört. Was wäre eigentlich, wenn es ihn gar nicht gegeben hätte? Wäre dann die Welt jetzt anders als vorher?" Da gibt es wunderschöne Sachen, die auch Kinder kennen und die mit Albert Einstein zu tun haben, Laserpointer oder CD-Spieler etwa. Sicherlich sähe das etwas anders aus oder es gäbe das gar nicht, wenn es Herrn Einstein nicht gegeben hätte. Das wäre eine Herangehensweise für die *Sendung mit der Maus* – auch ohne die Relativitätstheorie für Sechsjährige erklären zu müssen.

In der Regel entscheidet jeder Redakteur eigenverantwortlich über die Themen, die er umsetzen möchte und informiert das übrige Team darüber. Bei Specials – also monothematischen Sendungen – oder heiklen Geschichten wie zum Thema Tod sprechen wir uns in unserer wöchentlichen *Maus*-Sitzung auch mit dem Leiter der Redaktionsgruppe „Kinder und Familie", Siegmund Grewenig, ab, der gegebenenfalls redaktionell an Geschichten mitarbeitet. Wichtig bei der Entscheidung ist natürlich die Frage, wie sich das Thema im Fernsehen darstellen lässt.

Bei der Recherche eines Themas erweist sich der Bekanntheitsgrad der *Maus* als enormer Vorteil: Wenn Sie bei einem Experten oder bei einer Firma anrufen und sagen, Sie kommen von der *Sendung mit der Maus*, stehen Tür und Tor offen. Dennoch gilt, anders als bei anderen Sendern: Es wird später nie explizit gesagt, wo gedreht wird, und es wird auch kein Firmenlogo zu sehen sein. Das ist tabu. Wir haben einmal in sieben Teilen gezeigt, wie ein Auto hergestellt wird – ohne ein einziges Mal das Logo der Autofirma zu zeigen. Es wurde überall herausgeschnitten. Mancher konnte vielleicht erkennen, dass da ein Ford gebaut wurde, aber die Namensnennung haben wir vermieden.

Nach einer Recherche stellt sich der Redaktion die Frage: Kann man das Ganze, was wir erklären möchten, in einer guten Geschichte verpacken? Und ist es so einfach darstellbar, dass es für einen Grundschüler verständlich ist? Das ist das gedachte Niveau: sechs, sieben, acht Jahre – wir erklären nicht vom Wissens- und Begriffsstand der Dreijährigen aus. Das funktioniert nicht. Die ganz kleinen Kinder holen sich etwas anderes aus der Sendung, sie schauen sich die Animationsfilme an und für sie sind die Spots wichtig: Maus, Elefant und Ente. Die Sachgeschichten sehen sie zwar mit, fragen aber dann: „Wann geht es endlich weiter?" Die wollen die Maus oder einen (anderen) Trickfilm.

Manche Recherchen erfordern auch eine enorme Hartnäckigkeit, weil man an Grenzen des Erklärbaren stößt, die es zu überwinden gilt. Ein Beispiel war der Versuch zu zeigen, wozu es gut ist, dass man als Kind viel Obst und Gemüse in sich reinschaufeln soll: Warum ist Vitamin C so wichtig? Die Grenze, an die Armin Maiwald in diesem Fall stieß: Wie lässt sich dieser Sachverhalt sichtbar machen? Er hat dann eine Biologin engagiert, mit der er über ein Jahr verteilt immer wieder versucht hat, eine Lösung zu finden. Schließlich kam 1995 ein Film dabei heraus, in dem weiße Blutkörperchen unter dem Mikroskop gefilmt wurden – zunächst unter Vitamin-C-Mangel als träge Tierchen, die dann plötzlich lebendig herumwuselten, nachdem Armin Maiwald sie mit Zitronensaft „gefüttert" hatte. Damit wurde die Wirkung von Vitamin C sozusagen erstmals sichtbar gemacht im deutschen Fernsehen.

Es zeichnet die *Sendung mit der Maus* aus, dass sie sich den Luxus erlauben kann, an Themen lange zu recherchieren und lange zu überlegen, wie man sie umsetzt. Wir haben wenige Themen, die auf den Punkt aktuell fertig sein müssen, sondern wir nehmen uns dafür so lange Zeit, wie die Geschichte eben Zeit braucht. Und auch das gibt es in anderen Redaktionen kaum: Bei uns bleiben sogar wichtige Themen schon einmal länger liegen – etwa: „Wie funktioniert ein Handy?" Das möchte jedes Kind wissen, es steht ganz oben auf unserer Liste. Mittlerweile hat Armin Maiwald einen tollen Kniff gefunden, wie er die Geschichte erzählen kann, ohne sie mit „unsichtbaren" technischen Details zu überfrachten: Armin stellt als Person das Handy dar und meldet sich im Funknetz an, die Basisstation wird ebenfalls von einer Person dargestellt, die Überprüfung der Daten dann als Gespräch usw.

Statt Infografik: Kinder als Elektronen

Oft kann man als Antwort auf eine Frage nicht direkt etwas zeigen wie weiße Blutkörperchen unter dem Mikroskop. Vielmehr gibt es eine Menge Themen, für die man Analogien, Modelle wählen muss. Und diese Modelle müssen anders sein als in anderen Wissenschaftssendungen, in denen man eine schicke Grafik machen kann, die man den Zuschauern präsentiert. Das funktioniert nicht bei Kindern, das ist nämlich nicht besonders interessant. Wir lassen daher Dinge nachspielen (wie im Falle des Handys), wir machen ein Modell und nehmen es auseinander. Es bleibt aber immer etwas übrig, was man sich noch vorstellen kann.

Ein Beispiel dafür war die Art und Weise, in der Armin Maiwald erklärt hat, wie man aus Sand und Sonne Strom machen kann. In dieser Schwerpunktsendung „Solar-*Maus*" wird erklärt, wie Photonen in einer

Solarzelle Strom erzeugen.[51] Bei diesem Thema war es extrem schwer, Analogien zu finden. Schließlich wurden zwei Busladungen voll mit Kindern in weiße Anzüge gesteckt, um die Rolle der Elektronen zu spielen, die von Bällen, die Photonen darstellen, von ihrem Platz verdrängt werden. Wenn man dann sieht, wie die Kinder zwischen der „n-dotierten" und der „p-dotierten" Ebene einer Solarzelle herumflitzen, die wir im Studio mit Hockern und Kugeln nachgestellt haben, dann versteht man diese schwierige Thematik irgendwann. Das ist eine Analogie, die man Achtjährigen noch zumuten kann.

Andere Fragen lassen sich dagegen direkt beantworten – etwa Fragen wie: „Können Schweine schwimmen?" Dazu braucht man keine großen Analogien. Da kann man eine verrückte Geschichte inszenieren, einen Experten und einige andere Leute befragen und das zum Schluss einfach ausprobieren, indem man ein Schwein mit den größtmöglichen Sicherheitsmaßnahmen in Anwesenheit der Feuerwehr zu Wasser lässt.

Die Komplexität einer Frage ist im Falle der Schweine und im Falle der Solarzelle extrem unterschiedlich. Die „Solar-*Maus*" ist eher für ältere Kinder. Dem ist schwer zu folgen, weil nicht nur *eine* Frage beantwortet wird, sondern eine Frage zur nächsten führt und man die ganze Zeit aufpassen muss. Generell sind solche Specials eher anspruchsvoller. In der Regel halten wir aber ein Niveau, das als erstes Grundschulkinder anspricht. „Können Schweine schwimmen?" ist hingegen auch etwas für Dreijährige. Dass wir keine genau definierte Zielgruppe haben, macht es eben schwierig, alle vor dem Fernseher zusammenzuhalten. Und doch findet jedes Familienmitglied etwas: Ältere Zuschauer schauen sich eher die Sachgeschichten an, die ganz Kleinen eher die anderen Beiträge.

Maus mit Nachrichtenwert? – Die Rolle der Aktualität

Ein klassisches journalistisches Kriterium ist Aktualität. Für uns aber bedeutet Aktualität, immer aktuell an der Lebenswelt der Kinder zu sein

---

51   Gesendet am 30.5.2004

– im Sommer Sommerthemen zu machen und im Winter Winterthemen. Und wenn es die ganze Woche über gewittert, dann zeigen wir am folgenden Sonntag, wie ein Blitz entsteht. Das ist unsere Form der Aktualität. Da wir Themen lange recherchieren, lange drehen, uns viel Arbeit machen mit der Sprachaufnahme und die oft auch noch prüfen lassen, ziehen sich die Produktionen manchmal bis zu einem Jahr hin. Ein normaler Fünf-Minüter dauert durchschnittlich etwa zwei Monate.

Wegen der langen Produktionszeiten versuchen wir in den Filmen möglichst, allgemeingültige Dinge mitzuteilen und nicht zu sagen: „Wie man letzte Woche im Fernsehen gesehen hat …", sondern: „Da ist irgendwann etwas passiert und das bedeutet...". Das liegt auch daran, dass wir darauf angewiesen sind, dass man Sachgeschichten öfter ausstrahlen kann, weil sie relativ teuer in der Produktion sind: Ungefähr die Hälfte der ausgestrahlten Sachgeschichten sind Wiederholungen. Themen, die man wirklich nur einmal ausstrahlen kann, werden sehr selten produziert. Dazu gehören Geburtstagssendungen, die sich komplett auf den Geburtstag beziehen oder eine Geschichte zur Wahl des Bundespräsidenten, die auch die aktuellen Kandidaten vorstellte. Manche Geschichte kann aber auch durch eine Änderung trotzdem wiederholt werden. So hat Armin Maiwald erklärt, wie ein Gesetz entsteht; zwei Protagonisten waren Kanzler Schröder und Bundespräsident Rau. Bei einer nochmaligen Ausstrahlung müssten nur diese Passagen aktualisiert werden, denn das Procedere ist ja dasselbe.

Den Themen an sich sind erst mal keine Grenzen gesetzt. Zunächst gilt immer: Alles ist möglich. Später, wenn man recherchiert hat, kann man immer noch nein sagen. Aber es gibt kein Tabu-Thema, nichts, was wir nicht anpacken wollten. Sei es die Solar-Energie, oder in neun Folgen komplett zu zeigen, wie ein Flugzeug gebaut wird. Auch echte Tabus greifen wir auf: Was passiert eigentlich, wenn man stirbt? „Abschied von der Hülle" war ein Special, das viele Reaktionen ausgelöst hat.[52] Es gab insgesamt 620 E-Mails dazu; der überwiegende Teil der Zuschauer,

---

52 Gesendet am 21.11.2004. Interview mit Armin Maiwald zu der Sendung unter: www.wdr.de/themen/kultur/rundfunk/maus/totensonntag.jhtml

auch direkt Betroffene, hat sich lobend über die sensible und kindgerechte Darstellung geäußert, viele wünschten sich eine Wiederholung oder Kopie der Sendung. 17 Mails waren kritisch: Die Verfasser meinten, dass wir unser junges Publikum mit dieser Sendung völlig überfordert hätten. In der Regel aber sind wir auf Themen und Formate angewiesen, die man in fünf bis sieben Minuten erzählen kann.

Die Filmproduktion und der spezielle Text: „Das ist der Herr..."

Als letzte Sendung im *WDR* dreht die *Sendung mit der Maus* die meisten ihrer Beiträge noch auf Film – ein teures Vergnügen. Allerdings: Wenn man es herunterrechnet, lohnt es sich, denn auf diese Art und Weise können wir viele Lach- und Sachgeschichten aus den 70er Jahren immer noch wiederholen. Wir wissen nicht, ob man die heutigen Produktionen in zehn Jahren alle noch zeigen kann, wie diese dann aussehen werden. Als wir auch mit anderen Produktionen angefangen haben, gab es aber ein anderes Problem: Beiträge, die digital gedreht wurden, fallen neben den alten Filmen völlig aus der Sendung raus. Das ist alles scharf. Und das ist plötzlich nicht mehr der Stil, der Look der *Sendung mit der Maus*. Man müsste das quasi künstlich altern und überarbeiten, was aber auch nicht gut aussieht. Und es hat eben nicht dieselbe Anmutung, die Bilder sind dann oft anders komponiert.

Das mag auch daran liegen, dass das Drehen auf Film direkten Einfluss auf die Produktion hat: Da das Material teuer ist, überlegen sich Autoren und Produzenten vorher, was sie tun. Wenn man mit modernen Bändern wie „Digi-Beta" arbeitet, dann drehen viele ohne Ende – und müssen dann Material sichten ohne Ende. Beim Film sagt man: „Das ist genau meine Einstellung, die drehe ich. Ein Meter Film kostet viel Geld, also sparsam damit umgehen." Es wird mehr auf den Punkt gedreht.

Eine Besonderheit ist auch die *Maus*-Sprache, geprägt durch Armin Maiwald, der vielfach kopiert wird in Persiflagen oder in der Werbung – über die wir uns manchmal ärgern. Vor der Sprachaufnahme sind die Filme fertig geschnitten und es gibt eine Art Textvorlage. Die Texte werden aber grundsätzlich alle frei aufs Bild gesprochen. Armin Maiwald hat sich zwar vorher überlegt, welche Informationen er rüberbringen möchte. Aber er schaut sich beim Sprechen den Film direkt an und kann eins zu eins beschreiben, was gerade passiert. Der Vorteil: Man bekommt keinen abgelesenen Text, es wird wirklich das erklärt, was ein Kind gerade in dem Augenblick wissen möchte – etwa weil plötzlich links oben etwas Neues im Bild ist. „Das links oben in der Ecke ist übrigens..." Oder bei einem Herstellungsprozess wird Schritt für Schritt erklärt: „Das nennt man so und so" und „Wir zeigen das noch mal ganz langsam, damit man noch mal ganz genau sieht, was da jetzt passiert." Wir brauchen extrem lange für Sprachaufnahmen. Dass unsere Filme immer noch vergleichsweise langsam geschnitten sind, macht es natürlich einfacher, richtig am Bild zu bleiben.

Das alles ist relativ aufwändig. Wenn man sich die aktuellen Fernsehredaktionen anguckt, wie schnell da ein Filmbeitrag fertig ist und wie schnell er gesprochen ist, ist das natürlich kein Vergleich.

Ausblick: Der Pisa-Boom

Ein Grund für die Veränderungen in der *Sendung mit der Maus* sind moderne Technologien: Manche *Maus*-Spots können wir nicht mehr senden, weil Kinder nicht wissen, was ein Grammophon oder ein Plattenspieler ist; sie kennen nur noch CD-Player. Umgekehrt kommen Computer heute in Spots vor, weil der Computer zur Lebenswelt auch der ganz kleinen Kinder gehört. Das Grundprinzip der Sendung hat sich aber nicht geändert. Und die Filme sind vielleicht etwas schneller geschnitten als vor 30 Jahren, aber auch hier hat sich nichts grundlegend geändert. Geändert hat sich hingegen das Umfeld: Es gibt einen regelrechten Boom von Wissens-Themen und -Formaten. Im Kinderbereich heißt der Hauptgrund dafür: *Pisa, Pisa, Pisa.*

Die Frage ist, ob es immer so weiter gehen kann mit immer neuen Formaten. Auch der Buchmarkt ist mittlerweile mit Titeln überschwemmt, die sich mit solchen Themen beschäftigen. Der Markt im

Fernsehen ist ebenfalls weitgehend gesättigt, aber immerhin erfahren die meisten Sendungen noch großen Zuspruch und so wird es auch erstmal bleiben. Die *Sendung mit der Maus* hat eine relativ konstante Quote, jedenfalls was die absoluten Zahlen angeht. Und natürlich ist die Vermittlung von Bildung und Wissen ohnehin Teil des Auftrags der öffentlich-rechtlichen Sender. Wenn die Leute irgendwann übersättigt sind mit Wissensthemen, dann würden zuerst wohl die Privaten einige Wissensmagazine wieder einstellen. Im Moment aber sieht es nicht danach aus. So lange es diese Bildungsdiskussion gibt, wird es auch weiterhin einen gewissen Wissensboom in den Medien geben.

Fünf Fragen an Hilla Stadtbäumer

Gehört die Sendung mit der Maus überhaupt zum Wissenschaftsjournalismus? Einige Ihrer Kollegen haben das ja in der Vergangenheit eher verneint.
Von uns würde sich keiner primär als Wissenschaftsjournalist bezeichnen – und irgendwie sind wir es doch. Wir möchten die Welt erklären für Kinder, auf eine unterhaltsame Art und Weise. Es geht uns also nicht um das Thema selbst, sondern es geht darum, die Kinder gleichzeitig zu unterhalten. Dazu benutzen wir die gleichen Methoden, die auch Wissenschaftsjournalisten benutzen.

Spüren Sie die Konkurrenz der anderen Wissensmagazine, Quizsendungen, von Galileo oder eines Wigald Boning, der oft auch auf sehr unterhaltsame Art Wissen transportiert? Setzt das die Maus unter Druck?
Wir haben uns sogar selber Konkurrenz geschaffen, indem wir eine andere Kindersendung entwickelt haben: *Wissen macht Ah!*. Die spricht etwas ältere Kinder an, es werden Experimente gezeigt, es gibt eine witzige Moderation, aber genau solche Themen wie in der *Sendung mit der Maus*. Das läuft am Abend auch im Kinderkanal um 19 Uhr 25. Seitdem sind viele Kinder, die auch viel *Galileo* gesehen haben, zu *Wissen macht Ah!* gewandert. Aber natürlich merken wir an der Quote, dass alle Themen, die die *Sendung mit der Maus* beantwortet hat, auch gerne von an-

deren wissenschaftlichen und pseudo-wissenschaftlichen Magazinen beantwortet werden. Dennoch sind viele Kinder der Überzeugung, dass alles bei uns angefangen hat – etwa in Briefen: „Das habe ich letzte Woche
bei euch geguckt und heute läuft das bei *Galileo*, die haben euch das
Thema geklaut. Könnt ihr das nicht verbieten?" Umgekehrt zeigt das natürlich auch die Überschneidungen, und *Galileo* läuft fast täglich. Auch
Wissenschaftsmagazine des *WDR* sagen von sich, sie seien die *„Sendung
mit der Maus* für Erwachsene". Die gewachsene Konkurrenz spürt man
deutlich. Wir können nur versuchen, sorgfältiger mit unseren Themen
umzugehen und noch genauer hinzuschauen als andere.

*Ist es schwieriger die Themen für Kinder umzusetzen? Gibt es einen Unter-
schied zu Sendungen für Erwachsene, bei denen man mehr voraussetzen kann?*
Ich weiß nicht, für wen es einfacher ist. Manchmal ist es schön, wenn
man Dinge voraussetzen kann. Ich finde es aber gut, dass wir das auf
Grundschulniveau vereinfachen. Und die erwachsenen Zuschauer unserer Sendung deuten an, dass sie sich in Wissenschaftsmagazinen oft
doch nicht so gut aufgehoben fühlen. Man muss das Publikum da abho-
len, wo es steht. Womöglich darf man bei Erwachsenen bei manchen
Themen das Niveau nicht so viel höher ansetzen.

*Hilft es, als Journalist selbst auf einem bestimmten Gebiet Experte zu sein oder
ist das eher hinderlich für das einfache Erklären?*
Natürlich kann das auch hinderlich sein. Andererseits: Selbst als studierter Wissenschaftsjournalist werden Sie nicht von allem sagen können:
„Hier bin ich der Spezialist." In der Redaktion werde ich als Biologin
immer gefragt, wenn es um Tiere geht. Ich werde zu 1,5 Millionen Tieren
gefragt, von denen ich vielleicht zehn gut kenne. Aber es ist schön, wenn
man im Studium lernt, wie man an Informationen herankommt. Und es
ist schön, wenn jemand weiß, wie er richtig formuliert, wann etwas
falsch wird und wann es gerade noch richtig ist, wenn ich vereinfache.
Dabei hilft ein Studium auch. Eine andere Möglichkeit ist, vereinfachte
Formulierungen mit Experten abzustimmen, wie Armin Maiwald das
tut, damit es trotz der „laxen" Umgangssprache immer noch stimmt.

Man kann die Sendung mit der Maus zum unterhaltsamen Wissenschaftsjournalismus oder zum „public understanding of science" zählen. Aber ist es in so einem Format auch möglich, Forschung kritisch zu hinterfragen, sich etwa kritisch mit dem Klonen zu beschäftigen? Oder verbietet sich das in einer Sendung, die im Programmbereich Unterhaltung läuft?

Das hat weniger mit dem unterhaltenden Moment zu tun als damit, dass wir immer versuchen zu erklären, aber nicht zu werten. Wir sagen nicht: „Das ist gut oder schlecht", sondern stellen nur dar: „So ist es und so wird es gemacht". Der Zuschauer soll sich sein Urteil dann selber bilden. Beim Produktionsprozess einer Tasse, sagen wir auch nicht: „Oh, jetzt ist die tolle Tasse fertig", sondern: „Jetzt ist die Tasse fertig".

Fünf Links zum Thema

- Die *Sendung mit der Maus* im Internet: www.die-maus.de
- Weitere Wissenssendungen für Kinder im Fernsehen: www.wdr.de/tv/wissen-macht-ah/ und www.loewenzahn.de
- Die *Sat1*-Wissensshow *clever!* im Internet: www.sat1.de/shows/clever/
- Die Homepage der Gesellschaft für Medienpädagogik und Kommunikationskultur: www.gmk.medienpaed.de
- Die University of Wisconsin bietet "well-researched, educational descriptions of the actual science behind current news stories": http://whyfiles.org

Ergänzende Literatur

- Nase, D.: Frag doch mal... Die meistgestellten Fragen an die Maus, cbj-Verlag, 2006.
- Stötzel, D. U.: Dissertation Universität Siegen, 1991 (Quelle zitiert nach: Stöckel, M. et al.: Käselöcher und Solarenergie. In: *JournalistikJournal* Nr. 1/2004, S. 17).
- Erlinger, H. D. et al. (Hg.): Handbuch des Kinderfernsehens. UVK, 1998.
- Kübler, H.-D.: Medien für Kinder. Von der Literatur zum Internet-Portal. Ein Überblick. VS Verlag für Sozialwissenschaften, 2002.
- Aufenanger, S.: Anregen statt vorgeben. Überlegungen zur Neuausrichtung von Wissenssendungen für Kinder im Fernsehen. In: TelevIZIon, 17/2004, S. 61-63.

„Gute Autoren können auch in ein Labor gehen, wo mit Fischmutanten gearbeitet wird. Auch das lässt sich im Radio umsetzen. Die Frage ist nur: „Wie?" (…) So gesehen ist eigentlich kaum ein Thema nicht hörfunktauglich."

Wissenschaft im Hörfunk I:
Wie die Wissenschaft ins Radio kommt

Von Uli Blumenthal
Deutschlandfunk (Köln)

„Ich lasse mir von Ihnen nicht den Mund verbieten", rief mir ein aufge-
brachter Physikprofessor bei einer Podiumsdiskussion in Erlangen zu.
Das Thema der Veranstaltung: „Einstein als Vorbild für die Vermittlung
von Wissenschaft". Was war passiert?

Ich hatte erklärt, dass für mich die Zeiten der Populärwissenschaft
vorbei sind, in denen Wissenschaftler der Öffentlichkeit selbst ihre Forschungsergebnisse vermitteln. Aufgabe der Forscher sei es, zunächst
einmal zu forschen. Wenn sie kommunizieren wollten, dann doch bitte
zuerst mit ihren Kollegen. Zugegeben, das war provokant und verkürzt.
Der Physikprofessor ließ sich nicht mehr beruhigen. „Ich darf also nur
über meine eigenen Ergebnisse reden, aber nicht über mein Fachgebiet?
Das wird ja immer schöner." Wer sonst solle der Öffentlichkeit einen
Überblick über die Disziplin geben, wenn nicht er als Forscher selbst,
war die fast schon wütende Frage. „Wissenschaftsjournalisten", zündelte
ich zurück. Und legte nach: „Wir bringen nicht im Team mit den Wissenschaftlern die Aufklärung unters Volk, wir sind ‚nur' Journalisten." [53]

Alles eine Frage der Information

Das allgemeine Bild des Wissenschaftsjournalismus ist immer noch stark
geprägt von einem seit längerem überholten Missverständnis: Wissen-

---

[53] Zitate aus: Adam-Radmanic, B.: Wissenschaftsjournalismus – zwischen Volksaufklä-
rung und „geilen Bildern": www.biotech-europe.de/editorials/161.html

schaftsjournalismus – das verspätete Ressort.[54] Ein Ressort, das sich immer wieder fachlich und vor allem journalistisch legitimieren muss. Wer würde heute einen Kultur-, Musik-, Sport-, Auto- oder Reisejournalisten die Frage nach seiner Rolle zwischen seinem Fachgebiet und der Öffentlichkeit stellen? Oder gar den Kollegen aus der Politik? Und was soll die Antwort im konkreten Fall dokumentieren? Lediglich die Existenzberechtigung oder gar eine Rangfolge? Es geht um viel mehr und ist grundlegender Natur: Auf dem Prüfstand steht ein zeitgemäßes und zukunftsträchtiges Verständnis des Begriffs „Information".

Der Wissenschaftsjournalismus hat sich als eigenständiges Ressort etabliert. Die Autoren arbeiten ebenso professionell wie ihre Kollegen, sie sind den gleichen Prinzipien verpflichtet, sie sind nicht mehr oder weniger im und mit dem Gegenstand der Berichterstattung beschäftigt und verhaftet, wie es in anderen Ressorts der Fall ist. Aber gerade letzteres wird ihnen immer wieder gern vorgehalten. Die Themen, über die Wissenschaftsjournalisten berichten, können – was die Informationspflicht anbelangt – mit denen anderer Ressorts konkurrieren. Recherche ist für Politik- und Wissenschaftsjournalisten gleichermaßen Pflicht.

Wissenschaft und Technik bestimmen unser Leben ebenso wie Politik, Wirtschaft, Kultur, Sport. Warum ist es für Wissenschaftsredaktionen (allein über deren Situation vor allem in den elektronischen Medien ließe sich im Zeitalter von *Pisa* viel sagen) aber so schwer, ihre zugewiesene Nische (Wissenschaftsmagazin/Wissenschaftsseite) zu verlassen? Weil in den Medien selbst häufig noch mit einem einseitigen, eingeengten und überholten Informationsbegriff agiert wird. Politik und Wirtschaft bestimmen das Tagesgeschäft und damit die Berichterstattung.

Machen Sie den Selbsttest: Wie viele Korrespondenten, die in den führenden Medien aus den USA über Politik oder Wirtschaft berichten, kennen sie? Und welcher Name fällt Ihnen beim Thema Wissenschaft ein? Keiner? Einer? Kaum anders sieht es unter Journalisten (vor allem

---

54 Der verbreitete Ausdruck „Das verspätete Ressort" geht auf einen gleichnamigen Buchtitel von Walter Hömberg zurück (UVK, 1989).

unter Korrespondenten) im politischen Raumschiff Berlin aus. Bildungs- und Forschungspolitik ist ein Stiefkind der Hauptstadtjournalisten. Wie vielfältig und nachhaltig wissenschaftliche Ergebnisse gerade heute Wirtschaft und Politik beeinflussen, zeigen nicht nur *Pisa* oder die Stammzellforschung. Das System Wissenschaft (übrigens nicht nur die „harten" Naturwissenschaften) liefert jeden Tag neue Erkenntnisse, über die zu berichten zu den Aufgaben der Medien gehört. Da braucht es zum einen feste und regelmäßige Wissenschaftssendungen, ausreichende personelle und finanzielle Ressourcen, qualifizierte freie Autoren und Autorinnen, aber auch vielfältige und vielfache Berührungsflächen mit anderen Ressorts. Und einen zeitgemäßen Informationsbegriff.

Forschung aktuell: Schon lange kein Experiment mehr

Der *Deutschlandfunk* (*DLF*) hat vor 20 Jahren mit der Ausstrahlung einer Wissenschaftssendung begonnen. Im Rahmen einer Programmreform erblickte 1986 nicht nur die Reihe *Journal am Vormittag* das Licht der Welt, sondern die Nachmittagssendungen bekamen eine neue Struktur. Edgar Forschbach, damals Kulturredakteur, nutzte die Gunst der Stunde, griff zu und überzeugte die Programmverantwortlichen von einer festen wöchentlichen Wissenschaftssendung in der vermeintlich hörerschwachen Sendezeit. Vorbilder gab es keine im deutschsprachigen Raum. Das Experiment jeden Donnerstag klappte, fand zunehmend Hörer, Autoren und Förderer in Programm- und Chefredaktion.

Drei Jahre später ging *Forschung aktuell* von Montag bis Freitag auf Sendung. Der Sonntag mit einem monothematischen Wissenschaftsfeature kam als nächstes hinzu, dann die Computer-Sendung am Samstag. Die Wissenschaftsredaktion verfügt damit über einen eigenen täglichen Sendeplatz. Dazu gesellte sich eine quotierte inhaltliche und redaktionelle Verantwortlichkeit für weitere Sendeplätze der Hauptabteilung Kultur.

Forschung aktuell berichtet heute pro Jahr etwa 10 000 Minuten über Neues „aus Naturwissenschaft und Technik" (so die offizielle Unterzeile der Sendung). Die Redaktion – das sind drei feste Redakteure, inklusive Redaktionsleiter. Dazu kommen drei bis vier freie Moderatoren und etwa 30 bis 40 freie Autoren in ganz Deutschland, die mehr oder weniger regelmäßig für uns arbeiten. Der *DLF* ist der einzige öffentlich-rechtliche Hörfunksender, der alle zwei Jahre ein Wissenschaftsvolontariat (Dauer 18 Monate) ausschreibt. Sechs bis acht Hospitanten/Praktikanten jährlich lernen hier Grundlagen des (wissenschafts-)journalistischen Handwerks.

Anregende Nachbarschaft: Wissenschaft zwischen Büchermarkt und Wirtschaft

Der erste der drei von der Redaktion *Forschung aktuell* verantworteten Sendeplätze heißt *Forschung aktuell – Aus Naturwissenschaft und Technik* und wird montags bis freitags von 16 Uhr 35 bis 17 Uhr ausgestrahlt – nach dem *Büchermarkt* und vor der Sendung *Aus Wirtschaft und Gesellschaft*. Das Themenspektrum reicht von Astrophysik über Genforschung bis zur Umwelttechnik. Wir liefern die wissenschaftlichen und technischen Hintergründe zu aktuellen Ereignissen, vom Shuttle-Absturz bis zur Kontroverse um die Forschung mit embryonalen Stammzellen. Die Sendung besteht aus vier Beiträgen à vier Minuten, einem Meldungsblock „Blick in die Forschung" (BiF) sowie der „Sternzeit". „Sternzeit" ist die deutsche Version von „Stardate", das ist eine Produktion des *McDonald Observatory* der *University of Texas*, die in den USA in vielen Radiosendern läuft und ein täglicher Blick auf den Sternenhimmel ist oder wissenschaftliche sowie historische astronomische Ereignisse beschreibt.

Jeden Samstag geht von 16 Uhr 30 bis 17 Uhr *Computer und Kommunikation* auf Sendung. Die Struktur ist ähnlich: Fünf Beiträge, ein „Digitales Logbuch", ein Meldungsblock (der sich aber auf Computer und Kommunikationstechnik konzentriert) und auch hier die Sternzeit. Die Bandbreite der Berichterstattung reicht von der neuesten Computertechnik, Podcasting, Softwareproblemen bei der Bundesagentur für Arbeit über die Auswirkungen der Verschärfung der Videoüberwachung bis hin zu interaktiven Lernangeboten für Kinder im Netz.

Der dritte Sendeplatz liegt am Sonntag zur gleichen Zeit: *Wissenschaft im Brennpunkt*, eine monothematische Sendung. Dort ist vor allem das möglich, was im Tagesgeschäft leicht untergeht oder in vier Minuten nicht immer zu schaffen ist: Über die gesellschaftlichen, politischen, ökologischen, wirtschaftlichen und ethischen Implikationen von Wissenschaft und Technik umfassend und mit den gestalterisch und dramaturgisch vielschichtigen Möglichkeiten eines Feature zu berichten.

„Gestern – Heute – Morgen": Rituale einer Wissenschaftsredaktion

Der Alltag eines Wissenschaftsredakteurs beim *DLF* beginnt morgens kurz vor 9 Uhr mit den Tageszeitungen, den Agenturmeldungen und der Terminvorschau, mit denen man sich auf die große Schaltkonferenz um 9 Uhr 30 vorbereitet. Alle Redakteure, die eine Sendung moderieren, stellen hier ihre Themen vor. So auch *Forschung aktuell*, wobei wir es nicht so einfach haben, wie die Kolleginnen und Kollegen vom Zeitfunk, bei denen zur Vorstellung der Inhalte oft nur Stichworte vorgetragen werden. Für eine Wissenschaftsredaktion empfiehlt sich diese Methode nicht. Denn mit einer Vorschau in der Art „Wir machen die erneuerbaren Energien in Florenz, die Astronomen in Prag und die Stammzellforscher aus *Nature*", kommt man bei den Zeitfunkkollegen nicht weit.

Vielleicht würden sie das auch „schlucken", aber das ist gar nicht in unserem Interesse. Wir wollen erstens, dass die Kollegen der anderen Ressorts verstehen, welche Themen wir machen, zweitens warum wir diese Themen *heute* machen und warum es drittens wichtig ist, über diese Themen zu berichten. Und wir haben viertens die Absicht und Hoffnung, dass unsere Themen so oder in abgewandelter Form Eingang in andere Sendestrecken des Programms finden, zumindest als Anregung. Da hat es keinen Sinn, das Schubladendenken weiter zu befördern. Also wird die Vorschau aufgebohrt, zu ein bis zwei Themen erzählen wir in zwei Sätzen eine Geschichte, das mit einer pfiffigen und wortwitzigen Schlagzeile für das dritte Thema garniert – und schon hat man die Aufmerksamkeit auf seiner Seite und immer häufiger interessierte Nachfragen und Kommentare aus dem Kreis der „Schalte". Wir wollen (und können) damit zeigen, wie berechtigt und aktuell tägliche Wissenschaftsberichterstattung ist. Und wie relevant wissenschaftliche Themen in einem Informationsprogramm über die Fachsendungen hinaus sind.

Die Redaktion von *Forschung aktuell* trifft sich dann jeden Tag um 11 Uhr zu einer Konferenz – zu einem Ritual, das wir „Gestern-Heute-Morgen" nennen. Zunächst wird die Sendung des Vortags diskutiert: Hatten wir die tagesaktuellen Themen alle im Programm, wie war die inhaltliche, handwerkliche und technische Qualität der Beiträge, des Meldungsblocks, wie die Moderationen, die Gestaltung und Dramaturgie der Sendung. Die Ergebnisse der „Manöverkritik" werden danach auch mit den jeweiligen freien Autoren besprochen. Dann werden die Themen für den aktuellen Tag und für den folgenden Tag vorgestellt. Der „Bifer", der Verantwortliche für den Meldungsblock „Blick in die Forschung", stellt die wichtigsten Wissenschaftsmeldungen des Tages vor. Natürlich gibt es sowohl bei den Themen für Beiträge als auch bei den Meldungen die üblichen Diskussionen: „Das hatten wir schon", „Ist das Thema wirklich neu?", „Ist das Thema für unsere Hörer interessant und relevant?", „Trägt das Thema wirklich einen ganzen Beitrag?"

Für die tägliche Redaktionsorganisation gibt es einen Redakteur vom Dienst (RvD), der gleichzeitig Moderator des folgenden Tages ist. Dem Moderator des aktuellen Tages steht der RvD als hilfreicher und helfender Geist zu Diensten: Er macht Beiträge fertig, nimmt Übersetzungen auf, mischt Beiträge ab. Gemeinsam entscheiden Moderator und RvD über kurzfristige Themenänderungen auf Grund aktueller Entwicklungen – und sei es um 16 Uhr. Dann versucht der RvD, einen Autoren heranzuholen für ein Kollegengespräch oder mit einem Wissenschaftler ein Telefoninterview zu vereinbaren. Der RvD ist „Backup" für den Moderator und bereitet parallel dazu die Sendung des Folgetages vor.

Wenn man zwölf Jahre lang *Forschung aktuell* macht, dann wähnt man sich immer mal wieder in einem Film wie „Matrix", dann neigt man zu Déjà-vu-Erlebnissen und denkt: Das kommt mir bekannt vor, was Fachzeitschriften, Agenturen, Presseinformationen da manchmal an Artikeln und Nachrichten bringen. Hier gilt es, immer wieder gegen eine gewisse Betriebsblindheit und -müdigkeit anzugehen, weil Themen, die ein Redakteur nicht mehr spannend findet, für die Hörer genau das Gegenteil sein können. Andererseits muss man sich vor einer reflexartigen Reaktion auf Themen hüten, die der Medienbetrieb selbst hervorbringt. Medien setzen Themen. Auch wir als Wissenschaftsredaktion versuchen über Themen zu berichten, die so noch nicht in anderen Programmen „gelaufen" sind. Aber ein Thema in die Sendung aufzunehmen, nur weil es das Nachrichtenmagazin X oder die große Tageszeitung Y auf der ersten Seite hat, da liegt die Latte bei uns inzwischen sehr hoch.

Hauptsache aktuell? – Kriterien der Themenauswahl

Bei der Themenauswahl heißt das oberste Kriterium Tagesaktualität. Die von Edgar Forschbach begründete Redaktion *Forschung aktuell* orientierte sich von Anfang an an den Zeitfunk-Redaktionen. Zeitfunk-Redaktionen machen nichts anderes, als den Tag abzubilden: Was passiert heute? – Dazu liefern wir die Informationen und Hintergründe!

Diese Konstruktion ist das Lebenselixier von und für *Forschung aktuell*. Wenn man sich, von *WDR 5-Leonardo* abgesehen, andere Hörfunksender in Deutschland anschaut, vom *BR, HR, NDR, rbb*, dann findet man nirgendwo eine tägliche Wissenschaftssendung. Sender wie der *MDR* haben nicht einmal eine Wissenschaftsredaktion im Hörfunk. Beim *DLF* eröffnete sich erstmals die Möglichkeit, sich in puncto Aktualität fast auf Augenhöhe mit dem Zeitfunk zu begeben: Es passiert heute etwas im System Wissenschaft und *Forschung aktuell* berichtet ab 16 Uhr 35.

Das zweite Kriterium für einen Beitrag in *Forschung aktuell* ist der Neuigkeitswert: Eine wissenschaftliche Publikation, die Entdeckung eines neuen Bakteriums, ein Vortrag auf einer Fachkonferenz, ein Fälschungsvorwurf gegenüber Forschern. Das entscheidende Kriterium bei der Auswahl unserer täglichen Themen lautet: Welche wirklich neuen Informationen bringt das System Wissenschaft aktuell hervor? Das schließt ein, Forscher und ihre Ergebnisse auch in den Beziehungen, Verflechtungen und Abhängigkeiten vor allem zur Politik zu betrachten. Wir unterliegen dabei ganz klar einer Chronistenpflicht. Auch die Karriere und Relevanz eines Themas in den Medien selbst ist ein Kriterium. Insgesamt werden Themenvorschläge und Angebote für Beiträge von Seiten der Redaktion heute kritischer diskutiert und bewertet als früher. Wir schauen genauer hin, was neu, aktuell, relevant ist, begleiten Wissenschaft und Wissenschaftler insgesamt journalistischer.

Das dritte Kriterium heißt Relevanz für den Hörer: Muss er wissen, dass sich die *Max-Planck-Gesellschaft* umstrukturiert? Oder ist es wichtiger, dass er von einem neuen Genschalter erfährt, der beim Plötzlichen Kindstod eine Rolle spielt? Man kann beides aufgreifen, wenn ein weiteres viertes Kriterium erfüllt werden kann: verständliche, anschauliche Darstellung. *Max-Planck-Gesellschaft* oder Genschalter? – man kann beides machen. Dazu braucht man gute Autoren, und gute Autoren besitzen nicht nur eine reichhaltige, anschauliche und passende Bildersprache, sondern wissen auch, dass Bilder ein Problem haben: Man muss sie konsequent durchziehen und sie müssen aufgehen, in der Gesamtkomposition funktionieren. Gute Autoren wissen auch, wie notwendig und zugleich schwierig es ist, eine Geschichte zu erzählen und nicht nur Zahlen über die Strukturänderung der *MPG* aneinander zu reihen oder aufzuzählen, welches Gen welches Eiweiß codiert. Wir wollen mit unseren Beiträgen vielmehr auch überraschen – über Themen informieren, von denen der Hörer nicht wusste, dass dazu geforscht wird, wozu er sich nie gefragt hat, wie etwas funktioniert; oder über Dinge, für die er sich bislang nicht interessiert hat, die aber sein Leben tangieren.

Die Themenplanung: Büroarbeit ohne Trick und doppelten Boden

Wir haben kaum grundlegend andere Informationsquellen als die Kollegen von *Leonardo*, und wir sind nicht klüger als die Kollegen vom *Bayrischen Rundfunk*. Was wir aber treiben, ist eine aufwändige Jahresplanung. Dazu „klappern" wir immer vor Weihnachten eine über die Jahre erarbeitete Linkliste zu Veranstaltungen und Tagungen im Internet ab.

Abschweifungen sind dabei die Regel und immer wieder eine Bereicherung. In diesen Wochen laufen die Drucker auf Hochtouren und spucken stapelweise Seiten mit Terminen aus. Die gilt es grob zu sichten, nach den großen Konferenzen und Themen im kommenden Jahr. Hier ist auch Querdenken gefragt, um Anregungen zum Beispiel für mögliche Feature zu finden. So entsteht aus einer simplen Terminankündigung für einen Workshop über „Tribologie" die Idee für eine Trilogie über physikalische Grundphänomene wie „Turbulenzen", „Reibung" und „Strömung". Von der Hauptinformation einen Schritt zur Seite zu gehen, die Informationen nicht nur aufzunehmen, sondern sie kreativ weiter zu verarbeiten, ist ein wichtiger Weg unserer Themenfindung.

Parallel dazu schicken uns 10 bis 15 Autoren detaillierte Planungen zu ihrem jeweiligen Fachgebiet. Auf dieser Grundlage haben wir einen recht umfassenden Überblick über die großen wissenschaftlichen Veranstaltungen und Termine. All diese Informationen werden in einer Hängeregistratur nach Monaten sortiert. Gleichzeitig gibt es bereits Absprachen mit den Autoren über die langfristige Besetzung von Terminen. Mit vier bis sechs Wochen Vorlauf werden die Monatsmappen aufgelöst und auf Tagesmappen verteilt. Dabei entsteht eine sehr konkrete Übersicht über Tagungen, Kongresse und andere Veranstaltungen.

Die Redaktion entscheidet dann gemeinsam, welche Termine mit wem besetzt werden können und welche nicht. Dabei spielt die Einhaltung des Etats die entscheidende Rolle. Vorteil dieser Vorgehensweise: Wir schauen uns Konferenzprogramme rechtzeitig im Detail an. Womöglich ist die Konferenz insgesamt nicht spannend, aber ein einzelner Vortrag erregt in der Ankündigung unser Interesse. Dann können wir einen Autor beauftragen, einen Beitrag aus den USA mit Telefon-O-Tönen zu recherchieren oder einen Wissenschaftler in Hamburg im Labor zu besuchen. Die Konferenz selbst ist dann „nur" der Aufhänger.

Die Tagesmappen wiederum werden kontinuierlich mit all den Informationen gefüttert, die die Redaktion erreichen – sei es per Brief, per Fax oder via E-Mail. Etwa eine Woche vor dem Sendetermin nimmt sich der Moderator „seine" Mappe und plant die Sendung im Detail. Als hilfreich für die Vorbereitung hat sich eine monatliche Moderatorenvorschau erwiesen. So ist es für die Autoren möglich, Beiträge ohne große Umwege in der Redaktion mit den Moderatoren direkt abzusprechen.

Das Studio immer dabei: Wie kommen die Beiträge ins Funkhaus?

Wenn ein Beitrag bei einem freien Autor „eingekauft" ist, stellt sich die Frage der Umsetzung: Wo und wie produziert der Autor? In einem Studio an seinem Wohnort oder dort, wo die Konferenz stattfindet? Gibt es überhaupt freie Produktionszeiten im eigenen Funkhaus oder bei anderen Sendeanstalten?

Mit der Digitalisierung hat sich die Arbeitsweise im Hörfunk dramatisch und grundlegend verändert: keine Bandmaschinen mehr, keine schalldichten Tonstudios, keine Bänder, keine riesigen Mischpulte. Die Produktion verlagert sich vor allem im aktuellen Wissenschaftsjournalismus aus dem Funkhaus heraus. Der Computer ist das Studio. Der Autor wird immer mehr zum Techniker und Produzenten seiner Beiträge. Das Handwerkszeug sind Mini Disc- oder Flashplayer, Laptop mit Schnittprogramm, Mikrofon, Wireless-LAN-Karte und das World Wide Web. Unsere Autoren schreiben nach einer Pressekonferenz oder während einer Tagung ihre Manuskripte auf dem Computer, schicken das Manuskript an den Redakteur im Funkhaus. Der redigiert den Text, schickt alles zurück. In der Zwischenzeit hat der Autor die O-Töne aus den Interviews in den Rechner geladen und geschnitten. Dann spricht er seinen Text über ein Mikro direkt in den Computer ein, schneidet auch diese Aufnahme und mischt den Beitrag selbst ab. Dann schickt er alles entweder als E-Mail an den Sender oder legt den Beitrag im Netz auf einem speziellen Uploadserver ab. Entspricht der Beitrag den technischen Standards, wird er in das digitale Computersystem des *DLF* eingespielt und der Autor bekommt eine Bestätigung für die Übertragung.

Falls erforderlich, hat der Redakteur im Funkhaus in der Zwischenzeit mit einem Sprecher die „Voice over"-Passagen für den Beitrag aufgenommen, geschnitten und in einer Clipliste abgelegt. An einer Audioworkstation mischen die Redakteure noch die Übersetzungen ab. Der

Beitrag wird beschriftet, in den digitalen Sendeplan eingestellt und steht bereit für die Ausstrahlung. Auf diese Weise lassen sich auch Gespräche mit Kollegen in aller Welt realisieren: Ein freier Autor sitzt zum Beispiel in den USA am Telefon, der Moderator sitzt im *Deutschlandfunk* im Redaktionsstudio. Der Moderator nimmt seine Fragen via Telefon gleichzeitig mit der Audioworkstation auf. Der Kollege in den USA nimmt seine Antworten mit einem Mikrofon direkt in seinem Laptop auf. Dann schneidet er die Antworten grob vor und schickt sie als Datei nach Deutschland. Dort mischt die Redaktion dann aus den beiden Aufnahmen der Fragen und Antworten ein Interview ab. Das Ergebnis: Ein in Studioqualität geführtes Kollegengespräch zu einem Kongress in den USA – bei dem sich der Hörer höchstens wundert, wie gut und verzögerungsfrei die Leitungen in die Staaten sind.

Als neue Möglichkeit bei der Beschaffung von O-Tönen und Interviews erweist sich die Internet-Telefonie. Immer mehr Wissenschaftler verfügen über entsprechend ausgerüstete Computer. Allerdings lässt die Qualität der verwendeten Mikrofone häufig noch zu wünschen übrig. Andererseits gibt es in den Hörfunkanstalten bislang kaum Erfahrungen, wie die beim „skypen" verwendeten Kompressionsverfahren die Qualität der Aufnahmen beeinflussen und ob und wie sich diese Veränderungen bei der weiteren Bearbeitung des Audiomaterials bis hin zur Ausstrahlung der Beiträge via Satellit fortpflanzen.

Kooperation oder Koexistenz? – Berührungsflächen im Programm

Um mit unseren Themen aus der hausinternen Schublade „Forschung" stärker heraus und zusätzlich ins Programm zu kommen, verschicken wir eine Wochenvorschau zu wichtigen wissenschaftlichen und wissenschaftspolitischen Ereignissen. Diese Übersicht enthält alle Konferenzen und Termine der kommenden Woche, die wir mit eigenen Autoren besetzt haben und die aus unserer Sicht von Relevanz für andere Redaktionen im *Deutschlandfunk* sein könnten. Man kann dies als Versuch betrachten, vor allem die aktuellen politischen Sendungen mit Wissenschaftsthemen zu „infiltrieren", für Termine und damit für Berichte oder Interviews zu sensibilisieren und aufzuschließen. Gebrauch gemacht wird aus unserer Sicht davon – natürlich – viel zu wenig. Das liegt zum einen an den zeitlichen Begrenzungen, denen selbst die Kollegen mit ihren Sendeplätzen ausgesetzt sind und die häufig nicht einmal ausreichen, alle wichtigen tagesaktuellen Entwicklungen angemessen zu behandeln. Neben dem Überangebot nicht nur an Themen, sondern auch an Korrespondentenberichten ist es schwer für die Wissenschaftsredaktion, in den Informationssendungen des Zeitfunks „zu landen". Zumal Beiträge aus *Forschung aktuell* nur bedingt passen, auf den Zeitfunk zugeschnittene Beiträge aber extra in Auftrag gegeben und produziert werden müssten. Eine vergleichbare Fülle an Korrespondenten wie in der Politik und im Zeitgeschehen gibt es für die Wissenschaft nicht. Weder in den USA noch in Westeuropa arbeiten Hörfunk-Korrespondenten mit dem Schwerpunkt Wissenschaft/Forschung/Technik.

Ein anderer, nicht zu unterschätzender Punkt sind die divergierenden Planungshorizonte, mit der Politik- und Wissenschaftsredaktion arbeiten. Und dann ist es in einer Wissenschaftsredaktion, wo die Redakteure selbst moderieren und als Autoren arbeiten, auch eine personelle Frage, auf die kurzfristigen Anforderungen der Politik-Kollegen immer so reagieren zu können, wie wir es uns im Idealfall selbst vorstellen. Vielleicht ist es ein interessantes Forschungsprojekt oder Diplomarbeitsthema für angehende Wissenschaftsjournalisten, sich einmal intensiv mit grenzüberschreitenden Kooperationsmodellen zwischen Wissenschaft und Politik im Hörfunk zu beschäftigen.

Fünf Fragen an Uli Blumenthal

Angenommen, zu Ihnen kommt ein Wissenschaftsjournalist aus dem Print-Bereich: Inwiefern müsste der sich umstellen, was müsste der neu lernen?
Schreiben für die Zeitung und für den Hörfunk sind zwei Paar Schuhe. Wer die Arbeit für den Hörfunk nicht wirklich als zweites Standbein betrachtet, sondern nur alle zwei Monate mal nebenbei einen Beitrag ma-

chen will, dem kann ich nur abraten. Solche Beiträge sind meist schlecht – im Stil und in der Dramaturgie. Von der Qualität der O-Töne ganz zu schweigen. Diese Kollegen fangen bei jedem Beitrag in der Regel bei Null an. Wir aber streben eine langfristige und kontinuierliche Zusammenarbeit mit unseren Fachautoren an. Das ist das Kapital einer Redaktion wie *Forschung aktuell*: Autoren, die fachlich auf der Höhe sind, gut schreiben und sprechen können, ein Gefühl und ein Händchen für die akustische Gestaltung der Beiträge haben, die Genres im Hörfunk stilsicher beherrschen. Vor allem die Produktionsbedingungen im Hörfunk weichen erheblich von denen für Printmedien ab. Damit nicht nur vertraut zu werden, sondern das wirklich zu beherrschen, benötigt Zeit und langen Atem. Wer das aber aufbringen will und auch noch eine gute Stimme hat, der kann sich gerne bei uns vorstellen.

Gibt es auch komplexe Wissenschaftsthemen, von denen Sie sagen würden, diese funktionieren im Hörfunk – eben wegen der fehlenden Visualisierung – gar nicht?

Natürlich müssen sich die Themen radiogerecht umsetzen lassen. „Wie testen Forscher das Hörvermögen von Grillen?" Das ist ein dankbares Thema. Aber gute Autoren können auch in ein Labor gehen, wo mit Fischmutanten gearbeitet wird. Auch das lässt sich im Radio umsetzen. Die Frage ist nur: „Wie?". Für den Hörer undefinierbare, weil nicht nachvollziehbare akustische Untermalungen wie ein kurz ein- und wieder ausgeblendeter summender Laborrührer sind keine Illustration, sondern zeugen eher von Unerfahrenheit oder Ideenlosigkeit des Autors. Ein guter Hörfunkbeitrag kommt auch ohne reportagehafte Elemente aus: Da ist es etwa das Gemälde hinter dem Schreibtisch eines Forschers, der über Stickstoffmonoxid arbeitet, auf dem die Buchstaben „NO" in Varianten gemalt sind. Das Bild war Grundlage für einen radiophonen Beitrag, der in den ersten 30 Sekunden sprachlich brillant mit den Initialen „NO" jongliert. So gesehen ist eigentlich kaum ein Thema nicht hörfunktauglich.

Haben Sie spezielle Formatvorgaben für Beiträge bei Forschung aktuell?
Die erste Vorgabe ist: maximal vier Minuten. Die zweite Vorgabe lautet:
Autoren sprechen selbst. Die dritte Vorgabe: deutsche O-Töne nie per
Telefon. Die vierte Vorgabe: Die Qualität der O-Töne und der „Spreche"
des Autors muss unseren Standards entsprechen. Die fünfte Vorgabe:
Jeder Beitrag wird redigiert. Die sechste Vorgabe: Alle Stilmittel sind er-
laubt – es muss nur funktionieren.

*Ist bei vier aktuellen Beiträgen pro Sendung überhaupt Zeit, sich viele Gedan-
ken über Hörbarkeit, über Geräusche und eine passende Musik zu machen?
Läuft das nicht eher auf Muster wie „Text, O-Ton, Text, O-Ton..." hinaus?*
Dieses Strickmuster gab es vor allem in den ersten Jahren von *Forschung
aktuell*. Sowohl die Redaktion als auch unsere Autoren haben gelernt – in
der Regel gemeinsam – die Darstellungsformen und -möglichkeiten immer wieder neu auszuloten und einzusetzen. Wichtig dabei ist, dass die
Redakteure selbst als Autoren arbeiten. Beim so genannten Kollegengespräch gehen wir seit einiger Zeit einen anderen Weg: Früher saß ein
Autor im Studio, sollte über einen Kongress berichten und sagte beim
Vorgespräch mit dem Moderator: „Ich habe zwei O-Töne, die ich in der
ersten und dritten Antwort bringe." Die Dramaturgie solcher Kollegengespräche lief dann auf diese O-Töne hin – im schlimmsten Fall: „Herr
XYZ, wie haben die Forscher das gemacht?" – „Ja, das habe ich Professor
Sowieso auch gefragt." Dann hätte man doch gleich den Wissenschaftler
interviewen können! Nun machen wir Kollegengespräche in der Regel
ohne zusätzliche O-Töne. Das Gespräch ist konzentrierter, dichter, lebendiger, authentischer und man kann vor dem Mikrofon viel besser
aufeinander eingehen. Kleine Änderung, große Wirkung.

*Forschung aktuell hat große Freiheiten, aber die Hürde in die Nachrichten ist
hoch. Bei anderen Medien, die keinen Bildungsauftrag haben, muss die Wissenschaftsredaktion die Nachrichtenkollegen eher bremsen, wenn diese mal wieder
ein vermeintlich sensationelles Thema entdeckt haben. Warum bringt nicht gerade der öffentlich-rechtliche Kultur- und Bildungssender Deutschlandfunk
auch in den Nachrichten mehr Wissenschaft?*

Die Frage kann man so nicht stellen, weil hier Dinge verglichen oder in Beziehung gesetzt werden, die nichts miteinander zu tun haben. Wer soll die Wissenschaftsnachrichten schreiben? *Forschung aktuell?* Es gehört nicht zu den originären Aufgaben der Redaktion, Meldungen zu generieren. Aber wir machen die Nachrichtenredakteure schon auf Themen aufmerksam, die Kollegen ihrerseits nutzen regelmäßig die Möglichkeit, nicht nur sensationelle Agenturmeldungen von uns checken zu lassen. Es geht nicht um Quoten in den Nachrichten des *Deutschlandfunks*, sondern darum, dass wir immer die wirklich aktuellen und wichtigen Themen im Programm haben.

Fünf Links zum Thema

- Das *Deutschlandradio* (*Deutschlandfunk* und *Deutschlandradio Kultur*) im Internet: www.dradio.de
- Die „Visitenkarte" der Wissenschaftsredaktion *Forschung Aktuell* des *Deutschlandfunks*: www.dradio.de/wir/visitenkarte/349397/
- Radioreporter unter Druck – ein Beitrag im *WPK-Quarterly*. Nr. 2/2004, Mai 2004: www.wissenschafts-pressekonferenz.de (Stichwort „Radioreporter unter Druck")
- Übersicht über Wissenschaftssendungen im Hörfunk mit Links zu deren Internetseiten: www.scro.de/media/radio-panel.php
- Informationen über Techniken wie das Schnittprogramm dira! auf der Homepage des Produzenten VCS: http://media.vcs.de/products/content/show/05102144727

Ergänzende Literatur

- Lublinski, J.: Wissenschaftsjournalismus im Hörfunk. Redaktionsorganisation und Thematisierungsprozesse. UVK, 2004 (zu *Forschung Aktuell* insbesondere: S. 169-190).
- Bloom-Schinnerl, M.: Der gebaute Beitrag. Ein Leitfaden für Radiojournalisten. UVK, 2002.
- Wachtel, S.: Schreiben fürs Hören. Trainingstexte, Regeln und Methoden. UVK, 2003.
- Linke, N.: Radio-Lexikon. 1200 Stichwörter von A-cappella-Jingle bis Zwischenband. List, 1997.
- Ott, S.: Information. Zur Genese und Anwendung eines Begriffs. UVK, 2004.

„Radio wird nebenbei gehört – in der Küche, im Auto, man konzentriert sich nicht allein darauf. Und wenn man einen Satz nicht gehört hat, kann man im Gegensatz zur Zeitung nicht noch einmal nachlesen. Man muss also extrem reduzieren. Auch das ist wieder eine Diskrepanz zur komplexen Wissenschaft."

Wissenschaft im Hörfunk II:
Astrophysik für alle – aktuell aus dem Autoradio

Von Peter Ehmer
Leonardo, WDR (Köln)

Vier Thesen zur Wissenschaft im Hörfunk: 1.) Hörfunk ist gerade für den Wissenschaftsjournalismus das schwierigste Medium. 2.) Wissenschaftsjournalisten sind oft keine Journalisten. 3.) Gerade Hörfunkjournalisten sollten die Recherche besonders beherzigen. 4.) Das Massenpublikum sollte das Ziel des Wissenschaftsjournalisten sein.

Warum Hörfunk das schwierigste Medium für Wissenschaft ist

Hörfunk ist das schwierigste Medium im Wissenschaftsjournalismus. Dafür gibt es drei Gründe: Der wichtigste Aspekt ist, dass Radio immer noch das schnellste Medium ist. Besonders plastisch wird das jedes Jahr Anfang Oktober, wenn die Nobelpreise verkündet werden: Gegen zwölf Uhr mittags kommt die Nachricht heraus, wer den Preis bekommen hat – und um viertel nach zwölf geht ein Redakteur auf Sendung und erzählt in drei, vier Minuten wer ihn gewonnen hat, warum er ihn gewonnen hat, warum das bedeutend ist und warum man das vielleicht sogar kritisch sehen kann, dass er ihn bekommen hat. Das heißt: In weniger als einer halben Stunde liefert man nicht nur die Fakten ab, sondern bereits Hintergrund und Analyse.

In puncto Aktualität ist Hörfunk quasi ein Idealfall, schneller kann ein Medium kaum sein. Für die Wissenschaftsberichterstattung ist das aber eine Crux, denn Wissenschaft ist – von solchen Anlässen abgesehen – nicht besonders aktuell, greifbare Ereignisse sind selten. In der Regel sitzen Forscher in einem Labor oder an einem Computer und setzen eine Art Puzzle zusammen. Irgendwann ist das Puzzle fertig, man hat ein Problem gelöst oder eine neue Erkenntnis gewonnen. Aber der Prozess dauert Jahre, manchmal Jahrzehnte, bis es – wenn überhaupt – zu einem „Heureka!" kommt und zu einer Pressekonferenz, auf der die Welt erfährt, dass alles ganz anders ist.

Hörfunk will indes aktuell sein, Schlagzeilen haben, an denen deutlich wird, dass man stundenaktuell ist und nicht nur tagesaktuell wie eine Tageszeitung. Deswegen ist es schwer, Themen aus der Wissenschaft in einem top-aktuellen Medium unterzubringen. Aus diesem Widerspruch heraus entsteht dann oft die Notlösung, Pseudoanlässe wie Kongresse zu suchen: Noch bevor der Kongress angefangen hat, macht man schon morgens einen Vorbericht, dass am Nachmittag der Kongress anfängt. Nur: Da lässt sich nur berichten, was man ohnehin schon weiß, bestenfalls: „man beabsichtigt", „man hofft" – und das sind eigentlich Nichtinformationen im engeren Sinne. Diese findet man auch in der aktuellen (politischen) Berichterstattung. Doch in der Politik und im alltäglichen Geschehen gibt es ja tatsächlich täglich echte Neuigkeiten (einen Anschlag im Irak etwa oder die Kürzung der Eigenheimzulage).

Der zweite Aspekt ist, dass Wissenschaft meist komplex ist und man Wissenschaftler oft nicht versteht. Jedenfalls ist der gemeine Zuhörer überfordert, weil die Wissenschaftssprache nicht die Sprache ist, die er normalerweise spricht. Man muss sie übersetzen und komplexe Dinge in kurze Aussagesätze packen, weil Hörfunk per se ein Medium ist, das nur mit einfachen Aussagen funktioniert. Radio wird nebenbei gehört – in der Küche, im Auto, man konzentriert sich nicht allein darauf. Und wenn man einen Satz nicht gehört hat, kann man im Gegensatz zur Zeitung nicht noch einmal nachlesen.[55] Man muss also extrem reduzieren. Auch das ist wieder eine Diskrepanz zur komplexen Wissenschaft. Und diese Diskrepanz ist im Hörfunk am Größten, das Medium Fernsehen

---

55 Mit dem Podcast-Angebot von *Leonardo* zum „zeitsouveränen Hören" ändert sich dies allerdings teilweise.

kann noch mit schönen Bildern animieren, im Hörfunk kann man diese nur über eine bildhafte Sprache erzeugen.

Der dritte Aspekt hängt ein wenig damit zusammen: Das Publikum ist inzwischen verwöhnt durch die Darstellung im Fernsehen. Dort gibt es hervorragend gemachte Wissenschaftssendungen, mit Animationen, mit tollen Bildern, unterhaltsam im besten Sinne. Auch die zum Teil neu gegründeten Zeitschriften verstehen es, mit Bildern zu faszinieren. Was soll der Hörfunk da entgegensetzen? Hörfunk hat Geräusche und Sprache – und es ist eine große Herausforderung, Wissenschaft so zu präsentieren, dass es Spaß macht und man auch Leute einfängt, die das eher als trockenes Thema sehen.

Wissenschaftsjournalisten – oder Journalistenwissenschaftler?

Wissenschaftsjournalisten sind meist zu wenig Journalisten. Das betrifft nicht nur den Hörfunk, sondern alle Medien. Generell sehen sich zu viele Wissenschaftsjournalisten – Autoren, aber auch Redakteure – in der Tradition mehr als Fürsprecher der Wissenschaft – um nicht das Bild vom „Transmissionsriemen" zwischen Forschung und Öffentlichkeit zu bemühen – in der Rolle des „Übersetzers" für Wissenschaft.[56] Es ist natürlich eine zentrale Aufgabe von Wissenschaftsjournalisten, Komplexes verständlich zu machen oder das Faszinierende herauszuholen. Aber da sollte man nicht stehen bleiben, sondern wir sind in erster Linie Journalisten, die Dinge kritisch anschauen und in Frage stellen und nicht Fürsprecher sein sollten.

Es gibt eine Parallele im Kulturjournalismus: Wenn ein Theater bedroht ist, schreien die meisten Kulturjournalisten auf: Man kann doch kein Theater schließen, das ist der Untergang der Kultur! Ich habe jedenfalls selten gehört, dass ein Kulturredakteur schreibt: „Ja, das Theater hat so schlechte Stücke gespielt, das muss man zumachen. Richtig so!" Und

---

56   Die zugewiesene „Übersetzerfunktion" des Wissenschaftsjournalisten wird ausführlich thematisiert und kritisiert von Kohring, M.: Die Funktion des Wissenschaftsjournalismus. Ein systemtheoretischer Entwurf. Westdeutscher Verlag, 1997.

auch im Wissenschaftsjournalismus fühlen sich viele irgendwie als An-
walt der Wissenschaftler: Die müssen ja sowieso immer darum kämpfen,
dass sie gehört werden, dabei sind sie doch so objektiv und sachlich. Da
ist ja etwas dran. Aber gleichzeitig haben auch Wissenschaftler ihre Interessen, manchmal ihre Skandale. Sie konkurrieren um Meinungen und
um Ergebnisse. Da muss man genauso kritisch hinschauen – in der Praxis des Hörfunks vielleicht sogar mehr als anderswo, weil Hörfunk ein
flüchtiges Medium ist. Die Gefahr besteht, dass man dazu neigt, nicht so
genau nachzurecherchieren; man geht ja nur mal schnell ins Studio und
erzählt etwas, was sich im Zweifelsfalle versendet. In einer Zeitung
bleibt so etwas hingegen dauerhaft schwarz auf weiß nachzulesen, da ist
der Druck womöglich größer, etwas noch einmal zu prüfen.

   Dabei sollten Hörfunkjournalisten die Recherche besonders beherzigen – eben weil man im Radio schlagwortartig erzählen muss, weil man
kaum Zahlen bringen kann (da sich diese ohnehin keiner merken kann),
weil kaum Quellenangaben möglich sind. Auch kann man komplexere
Dinge nicht einfach in einem Erklärkasten dazu stellen wie in der Zeitung. Da man die Dinge aber so verkürzt und einfach darstellen muss,
muss der Hörer das Vertrauen haben: „Was der mir im Radio da in einfachen Worten ganz lapidar über das neue Krebsmittel sagt, das
stimmt." Langfristig wird man das der Stimme im Radio aber nur glauben, wenn diese das Richtige sagt und die Leute nicht feststellen: „Gestern hat der etwas im Radio gesagt und nun lese ich überall etwas anderes." Nur wenn man ein Thema durchdrungen hat und die Fakten sehr
gut kennt, kann man es in kurze, einfache Sätze packen. Im Printbereich
hat man mehr Platz zu argumentieren und Nuancen zu transportieren –
wobei auch andere Medien natürlich nicht vor Fehlern gefeit sind.

Ran an das Massenpublikum: Wissenschaft für alle

Das Ziel der Wissenschaftsberichterstattung sollte ein Massenpublikum
sein, im Hörfunk findet Wissenschaft aber traditionell in einer Nische
statt. Entweder läuft es im Kulturprogramm, das ein bis zwei Prozent

Einschaltquote hat, oder im Abendprogramm, wenn die Quoten mit höchstens ein paar tausend Hörern gar nicht mehr messbar sind. Diese Sendeplätze liegen zum Teil am Selbstverständnis vieler Wissenschaftsredakteure: Wissenschaft ist schön, wenn sie eine Nische hat, da kann man sich ausbreiten, auch etwas komplizierter in der Ausdrucksweise und in längeren Formen. Wenn man hingegen in die Massenprogramme reingeht, populärer wird, dann wird es gefährlich, dann könnte es verfälscht sein und entspricht nicht mehr dem Selbstverständnis von Wissenschaft, weil Wissenschaft per se anspruchsvoll ist. Und diesen Anspruch meinen viele auch in der Umsetzung dokumentieren zu müssen.

Der andere Grund für das Nischendasein ist, dass viele Kollegen in den Massenprogrammen die Befürchtung haben beziehungsweise hatten, Wissenschaft sei zu trocken und langweilig und die Hörer schalten womöglich gleich ab. Ich bin dagegen überzeugt (und im *WDR* sind das inzwischen auch die Kollegen der massenattraktiven Programme wie *WDR 2*, *WDR 4* und *EinsLive*), dass das Publikum Wissenschaft faszinierend findet, sonst würden sich die Printmedien nicht ständig zu neuen Formaten entschließen. Das Publikum hat auch ein Interesse an diesen Themen, weil sie viel Service für den Alltag bieten. Das betrifft den Medizinbereich, aber ebenso Umweltthemen oder politische Entscheidungen von der Gen- und Klondebatte bis hin zur Wirtschaftspolitik und Sozialpolitik. Auch dazu haben Wissenschaftler etwas zu sagen; es gibt also ein Riesenpotenzial.

Es erfordert jedoch nicht nur Überzeugungsarbeit in den aktuellen Redaktionen, sondern auch bei den Wissenschaftsjournalisten selbst, damit sie ihre Themen so präsentieren, dass sie in diesen Programmen Erfolg haben. Bisher sind viele Wissenschaftsjournalisten jedoch zu wenig kreativ, nutzen die vielen Möglichkeiten des Hörfunks – von Geräuschen über das Erzeugen von Bildern bis hin zu interaktiven Elementen – zu wenig. Das Medium ist lebendig und unterhaltsam, wenn man auf dessen Klaviatur spielen kann, was viele Massenprogramme perfekt beherrschen. Mit Wissenschaft, mit Information kann man das auch machen. Es muss nur immer noch etwas dahinter stecken. Das ist eine Gratwanderung.

Fachwissen vor Ort: die Wissenschaftsredaktion im WDR-Hörfunk

Der *WDR*-Hörfunk hat sich im Wissenschaftsjournalismus seit einigen Jahren sehr positiv entwickeln können, womit so vielleicht gar nicht zu rechnen war. In unserer Wissenschaftsredaktion haben wir neun Redakteursstellen, die zum Teil von mehreren Redakteuren in Teilzeit besetzt sind. Mit neun Stellen sind wir die größte Hörfunk-Redaktion der *ARD*, die sich nur mit Wissenschaft beschäftigt. Wir haben jeden Tag bei *WDR 5* mit *Leonardo - Wissenschaft und mehr* von 16 Uhr 05 bis 17 Uhr eine Stunde Sendezeit mit jeweils vier Beiträgen und einem 15-Minuten-Feature. Das ist für den Hörfunk die zweite Primetime nach den Morgenstunden und es ist durchaus mutig, eine Wissenschaftssendung zu dieser Zeit zu machen, in der viele Leute – bestimmt die Hälfte der Hörer – nach der Arbeit mit dem Kopf voller Gedanken im Auto sitzen. Der Mut wird belohnt. *WDR 5* erreicht 3,4 Prozent aller Hörer, das sind knapp 500 000 Hörer täglich.[57] Das ist für ein Wortprogramm im Vergleich zur Konkurrenz in diesem Segment, also *WDR 3*, *Deutschlandfunk* und *Deutschlandradio*, sehr gut. Aber das ist wenig im Vergleich zu Massenprogrammen wie *WDR 2* oder *EinsLive*, die etwa 19 Prozent oder 16 Prozent haben.

Inhaltlich setzt sich die Sendung *Leonardo* meist zusammen aus einem Servicestück, einem längeren Stück und drei Kurzbeiträgen für aktuelle Themen, die bisher meist recht konventionell produziert werden. Der Redakteur oder Autor berichtet selbst etwas aus dem Studio, es gibt ein Kollegengespräch oder ein Gespräch mit einem Experten. Bei Formatlängen von drei bis fünf Minuten sind die Themen häufig spannend genug, damit der Hörer ohne besondere Kniffe dabei bleibt. Das kann dann auch schon einmal schlicht nach dem Strickmuster ablaufen: „Das hat der Forscher gesagt und das hat diese Bedeutung", worauf dann ein O-Ton folgt. Reine Fakten werden verständlich präsentiert.

Donnerstags beantwortet *Leonardo* in dem Format „Die kleine Anfrage – Hörer fragen, Experten antworten" Hörerfragen, die mit Wissen-

---

57   Zahlen nach MA 2006, Personen ab 14 Jahre, Montag-Freitag

schaft im weitesten Sinne zu tun haben. Dabei können Hörer live am Telefon die richtige Antwort miträtseln, bevor in dreiminütigen, etwas unterhaltsameren Formaten die Antworten präsentiert werden. Einige Fragen häufen sich zwar, aber was erstaunlich ist: Die kleine Anfrage läuft schon seit Ende der 90er Jahre und es gibt immer wieder neue spannende Fragen. Das Format zeigt auch das große Interesse der Hörer und es ist ein wunderbares Beispiel dafür, wie man Wissenschaft in den Alltag hineinbekommt und wie Wissenschaft eigentlich für jeden irgendwo ein Thema im Alltag ist. Man muss nur Formate finden, in denen man die Verbindung hinbekommt.

Etwas aufwändiger in der Planung sind die 15-Minuten-Feature, die mit einem Vorlauf von etwa acht bis zehn Wochen geplant werden. Das liegt vor allem daran, dass wir das auch in den Programmzeitschriften ankündigen wollen, die so einen langen Vorlauf haben. Bevor ein Feature-Thema vergeben wird, muss der Autor einen Erzählsatz und ein Exposé präsentieren. Auf unserer wöchentlichen Themenkonferenz wird dann – oft, nachdem der Autor einige Fragen oder Änderungswünsche berücksichtigt hat – über ein Thema entschieden. Der lange Planungsvorlauf ist notwendig, weil die Recherche für diese Feature viel Zeit benötigt (Netto rechnen wir etwa für die Recherche drei Tage, zum Schreiben des Sendemanuskripts zwei Tage, bevor so ein Stück dann in vier bis fünf Stunden im Studio produziert wird.).

Oft machen wir auf der 15-Minuten-Strecke auch einen tagesaktuellen Schwerpunkt oder ein „Thema der Woche". Das besteht dann zum Beispiel aus einem gebauten Fünf-Minüter, einem Experteninterview, einem Hintergrund oder einem Kommentar. Das Thema wird also aus kleineren Beiträgen zusammengesetzt, ein wenig analog wie die „Themen des Tages" auf Seite Zwei der *Süddeutschen Zeitung*. Wenn wir das morgens kurz nach 9 Uhr auf unserer Themensitzung entscheiden, steht der Themenblock dann noch am selben Tag. Der Freitag ist sogar generell dafür eingeplant: Statt eines Features bündeln wir auf diesem Platz die Informationen zum dominierenden Wissenschaftsthema der Woche und liefern weitere Hintergründe.

Inhaltlich werden einige Themenbereiche stärker berücksichtigt, weil wir davon ausgehen, dass diese auf ein sehr großes Interesse stoßen: Medizin, Psychologie, Umwelt/Natur, Bildung. *Leonardo* greift neben aktuellen Themen zudem gezielt „zeitlose" Themen auf, die auch ohne den typischen aktuellen Bezug relevant und spannend sind.

Falls Mikroben auf dem Mars landen: die Redaktion als Dienstleister

Seit 2003 liefern wir anderen Programmen tagesaktuell Beiträge zu – mit steigender Tendenz: *Leonardo*-Redakteure sind täglich mindestens mit zwei aktuellen Themen in einem *WDR*-Hörfunkprogramm zu hören. Wir sind als Fachredaktion ein anerkanntes Kompetenzzentrum geworden und können topaktuell für jedes Wellenformat passend berichten, bewerten und kommentieren. Wissenschaft ist zum selbstverständlichen Bestandteil vieler Sendungen geworden. Wir nehmen an den zentralen Schaltkonferenzen teil, bei denen alle aktuellen Redaktionen vom Studio Berlin bis Brüssel und von *EinsLive* bis *WDR 5* vertreten sind. Mittlerweile fließt fast die Hälfte unserer Arbeit in die anderen Programme.

Das wurde nur möglich, weil die Hauspolitik des *WDR*-Hörfunks lautete: Es ist wichtig, eine gut ausgestattete Fachredaktion Wissenschaft zu haben. Die Ressourcen dafür sind gut, und von unserer Seite wird im Gegenzug erwartet, dass die Redaktion immer präsent ist. Das ist ein Riesenvorteil, dass das Fachwissen nicht nur bei spezialisierten freien Autoren liegt, die dann zuliefern, oder bei wissenschaftlichen Experten, die man dann anrufen muss, sondern dass man ein gewisses Fachwissen im Sender selbst hat. Gerade Fachwissen fehlt häufig im Journalismus. Bei uns muss man dazu keine Naturwissenschaft studiert haben, aber man muss sich zumindest in ein Themengebiet gut einarbeiten.

Die Voraussetzung dafür ist, dass die Redakteure Zeit haben, auch einmal selber von einem Kongress zu berichten oder einen kompletten Vormittag zu recherchieren. In der Regel sind Redakteure heutzutage überwiegend damit beschäftigt, zu organisieren, freie Autoren zu beauftragen und zu verwalten. Bei uns gehen die Redakteure auch selber ans

Mikrofon und raus ins Land. Jeder hat ein Fachgebiet, in dem er sich besonders auskennt – und verpflichtet ist, sich auf dem Laufenden zu halten: Einer kümmert sich hauptsächlich um Medizin und Gesundheit, einer um Technik und Umwelt, einer um Computer und Raumfahrt, einer um Psychologie und Sozialwissenschaften etc.

Auf dieser Basis sind wir in der Lage, uns auch aktuell einzubringen: Wenn *WDR 2* um 11 Uhr anruft, weil in einer Agenturmeldung berichtet wird, Raumsonden hätten Leben – in Form von Mikroben – von der Erde auf den Mars importiert, dann kann unsere Redaktion innerhalb von zehn Minuten entscheiden: Das ist seriös und spannend oder nicht. Und es kann jemand eine Dreiviertelstunde später im Mittagsmagazin drei Minuten darüber erzählen – und zwar im Stil von *WDR 2*, sodass die Kollegen dort zufrieden sind, weil sie binnen einer Stunde so ein Thema auf dem Sender haben. Hätte auch noch *WDR 3* angerufen, dann hätten wir uns dort deren Duktus angepasst. Das verlangt eine gewisse Flexibilität, aber mit diesem Dienstleistungsangebot haben wir es geschafft, dass Wissenschaft in allen Programmen stattfinden kann. Das ist keineswegs selbstverständlich, wenn man das mit anderen *ARD*-Anstalten vergleicht, in denen das oft nicht gewollt ist oder schlicht die Ressourcen fehlen. Wissenschaft kann dort nur am Rande stattfinden.

Neue Konzepte und Formate: Wissenschaftler im Rollenspiel

In aller Regel hört sich Wissenschaft im Radio sehr konventionell an. Man hört einen Sprechertext vom Autor, unterbrochen von O-Tönen, in denen Wissenschaftler zu Wort kommen. Wenn man ordentlich zuhört, versteht man das auch, trotz vieler Fremdworte. Aber ich glaube nicht, dass diese Art der Berichterstattung die Zukunft des Wissenschaftsjournalismus im Hörfunk ist. Oft erinnerten diese Beiträge an eine Vorlesung in der Uni (die auch spannend sein kann), aber das ist kein echter Hörfunk oder zumindest kein Hörerlebnis, über den man sagt: „Das zieht mich hinein." Stattdessen wird etwas eins zu eins präsentiert, und entweder höre ich jetzt zu oder nicht.

Mittlerweile haben wir unsere langen Feature von 18 auf 15 Minuten gekürzt; mehr als 18 Minuten – das kann man bei den heutigen Hörgewohnheiten auch eines sehr interessierten Publikums schon fast nicht mehr machen und in Zukunft wohl noch weniger. Man kann sogar darüber streiten, ob man im Berufsverkehr zwischen 16 und 17 Uhr überhaupt so lange Stücke senden kann. Fünf, sechs Minuten lang kann man noch zuhören, darüber hinaus wird es schwierig. *WDR 5* als Wort- und Informationsprogramm hat sich als ein Markenzeichen jedoch auch längere Formate gesetzt, die sonst kaum noch existieren. Die längsten Beiträge sind anderswo vielleicht 3:30, aber keine 15 Minuten.

Um über so eine Strecke die Spannung zu halten und auch Hörer, die nebenher Auto fahren oder sonst etwas tun, immer wieder zu packen, versuchen wir bei *Leonardo*, einen neuen Weg zu gehen. Den haben wir quasi dem Fernsehen entlehnt, wo man auch Wissenschaft möglichst in einer Geschichte erzählen muss, spannend und unterhaltsam. Mit Blick auf die Zukunft, auch spannend für eine jüngere Zielgruppe, denn derzeit sind unsere Hörer im Durchschnitt etwa 60 Jahre alt. Wir müssen auch jüngere Hörer gewinnen, wobei vor allem eine Altersgruppe zwischen 30 und 35 Jahren gemeint ist, die dann vielleicht nicht mehr nur *EinsLive* hören will. Diese Hörer sind aber anders sozialisiert, sie sind eben mit Privatrundfunk, Internet und iPod aufgewachsen – einem riesigen Angebot, was man mit Ohren und Augen alles machen kann. Wie kann da ein Hörerprogramm überhaupt noch bestehen und Gefallen finden? Das ist eine Riesenherausforderung.

Ein bescheidener Versuch besteht nun darin, das 15-Minuten-Format als erzählte Geschichte zu bringen – und in einem noch so abstrakten Thema eine Story zu finden. Ein Themenbeispiel war der Fund einer Moorleiche in Niedersachsen, von der man dachte, sie sei 40 Jahre alt und habe mit einem Mord aus den 60er Jahren zu tun. Die Kripo hat die Leiche untersucht und es stellte sich heraus, dass der Mörder vor 2600 Jahren gelebt haben muss – und somit kein Fall mehr für die Kripo war. An dieser Moorleiche kann man indes wunderbar zeigen, wie heute Archäologie funktioniert. Allerdings sollte der Autor das dann als Krimi erzählen, mit einem fiktiven Kommissar aus einem niedersächsischen

Städtchen, aber mit einem reellen Wissenschaftler, der die Moorleiche seziert. Eingebettet in diesen Krimi bekommt man sozusagen en passant die ganze Forschung und Technik der Archäologen mit.

Ein anderes Beispiel war eine aufwändige Feature-Reihe zur Geschichte der Medizin. Das kann man sehr analytisch machen, viele Medizinhistoriker und Mediziner befragen. Die Autorinnen haben einen anderen Weg gewählt, ohne einen einzigen O-Ton, sondern in Form einer durchgehend erzählten Geschichte, die szenisch in Form eines Hörspiels umgesetzt wurde. In den einzelnen Folgen geht man durch die Jahrhunderte, von den Neandertalern über die arabische Medizin bis heute. Da gibt es dann fast thrillerartige, nachgestellte Szenen, wie damals die Medizin funktionierte. Aber die Szenen sind keine pure Fantasie, sondern sie sind recherchiert und entsprechen in diesem Sinne der Wahrheit. Zwischen den nachgespielten Szenen erläutert dann eine Erzählerin die Hintergründe und ordnet die Szenen ein. Die Reihe soll demnächst auch als Hörbuch erscheinen.

Das funktioniert auch mit abstrakteren Themen, etwa mit Neutrinos, die in Neutrinofallen eingefangen werden, um quasi den Zustand des Universums zu beschreiben. Das ist Astrophysik pur, und es ist fraglich, wie viele Leute beim Autofahren interessiert, was irgendwelche Neutrinos im Universum machen. Aber auch da findet man einen Weg, das plastischer zu erzählen. In diesem Fall spielte es in Italien, in einer eigentümlichen Höhle bei Rom, in der riesige Wassertanks stehen. Und erzählt wurde es dann an der Figur von Sherlock Holmes, der die Spur dieser seltsamen Teilchen verfolgt – amüsant, spannend und lehrreich.[58]

Solche Wege versuchen wir seit Anfang 2005 zunehmend zu gehen. Und wir versuchen, diese Denkweise nicht nur bei den großen Formaten, sondern auch bei normalen Beiträgen unterzubringen; Wege zu finden, um Wissenschaft im Hörfunk zu einem spannenden Hörerlebnis zu machen. Zumindest sollte es Spaß machen zuzuhören, wobei trotzdem alle Informationen gut recherchiert und seriös sein sollten, wie es zum

---

58   Das Manuskript kann unter www.wdr5.de (Archiv) nachgelesen werden: Sendedatum: 1.3.2006

guten Journalismus gehört. Damit sind wir in der *ARD* noch recht alleine. Es gab auch Vorbehalte bei Autoren, die jahrzehntelang anders gearbeitet haben. Und bei Wissenschaftlern: Denn bei so einem Konzept muss man die Wissenschaftler mitunter eng einbinden, schließlich müssen sie in der Geschichte in eine Rolle hineinschlüpfen und Lust haben, diese Rolle auszufüllen. Das bedeutet natürlich nicht, dass jemand falsche Dinge sagt, aber er muss so ein „Spiel" mitmachen. Es hat sich aber herausgestellt, dass die angesprochenen Wissenschaftler kaum Probleme mit unseren Wünschen haben, sondern im Gegenteil, auch Spaß daran finden können.

Das ist dann eine ganz andere Art von Journalismus. Das Gespräch mit einem Wissenschaftler läuft nicht mehr so ab: „Sie haben eine interessante Theorie, erzählen Sie doch mal die wichtigsten Ergebnisse." Dann zehn Minuten später: „Das habe ich in dem einen Detail noch nicht verstanden. Können Sie das nochmals erläutern mit den Molekülen in der Zelle?" Weitere zehn Minuten später: „Und welche Bedeutung hat das für den Patienten?" – Das ist die klassische Form. Damit kann man eine Menge Material sammeln, aber man muss auch viel wegschmeißen.

Der andere Ablauf sähe so aus: „Herr Professor, ich habe ein spannendes Thema, das ich gerne aufbereiten würde. Sie arbeiten auf diesem Gebiet und ich würde die Geschichte gerne folgendermaßen erzählen... Wenn Sie dabei den Part übernehmen könnten, dieses Konzept kritisch zu beleuchten, indem sie auf die vorgespielte Antwort des anderen immer direkt antworten." Damit zwingt man den Interviewpartner in eine enge Rolle hinein, was der zunächst meist nicht will. Aber für das Produkt, für den Hörer, bekommt man bessere Aussagen: pointierter, präziser, passender – und kann damit eine schöne Geschichte erzählen.

Auch wir experimentieren noch mit solchen Formaten. Dass das eine andere Art von journalistischer Arbeit ist und bestimmt nicht die einzige und womöglich nicht die beste, ist ebenfalls klar. Aber es ist ein Versuch, den die Redaktion von *Leonardo* spannend findet. Inzwischen finden das auch immer mehr Autoren spannend, sodass schöne Sachen dabei herausgekommen sind. Und wir merken: Die Sendung hört sich anders an, macht mehr Spaß. Bei unseren konventionellen Beiträgen, die weiterhin in der Sendung laufen, kommen wir dagegen zunehmend zu dem Schluss: Das hört sich nicht so gut an – und was wir früher gesendet haben, können wir uns oft gar nicht mehr vorstellen. Hier hat ein Prozess des Umdenkens eingesetzt, der auch nie zu Ende sein darf. Man muss immer weiter überlegen, welche Formate man noch entwickeln kann.

Die Zukunft: Hörspiel, Podcast und das Internet als „Erklärkasten"?

Dennoch handelt es sich auch bei unserem neuen Konzept immer noch mehr oder weniger um konventionelles Radio: Es sind Hörfunkformen, bei denen etwas vom klassischen Hörspiel übernommen wurde, und die strenge Erzählidee nutzen Fernsehkollegen, wenn sie gut sind, jeden Tag. Streng genommen ist das also nichts prinzipiell Neues. Ob aber Wissenschaftsjournalismus im Hörfunk oder der Hörfunk generell in fünf Jahren noch so aussieht wie heute, ist eine andere Frage. „Podcasting", das Herunterladen von Radiobeiträgen aus dem Internet auf mp3-Player oder auf Handys, führt womöglich dazu, dass der Hörer immer mehr gezielt hört, was und wann er will. Dann werden andere Formate entwickelt werden müssen, denn Podcasting wird von den Nutzern nicht im Zusammenhang eines Radioprogramms oder einer Sendung wahrgenommen, sondern als eigenständiges Format. Man wird künftig ein Radioprogramm also nicht 1:1 als Podcast anbieten können (zurzeit wird *Leonardo* noch als komplette Sendung „gepodcastet").

Zunehmen wird auch die sonstige Verbindung mit dem Internet. Die ausführlichen Informationen im Netz und der Hörfunkbeitrag sind schon heute kaum mehr zu trennen – und besonders für ein Medium wie den Hörfunk ein großer Gewinn. Damit sind wir wieder am Anfang: Weil Hörfunk einfach sein muss und man keine komplexen Dinge oder Zahlenkolonnen darstellen kann, sind Zusatzinformationen besonders wichtig. Angelehnt an den Printbereich könnte man sagen, das Internet wird zum Info- und Erklärkasten des Hörfunks.

Fünf Fragen an Peter Ehmer

Läuft man bei den hörspielartigen Format-Ansätzen nicht Gefahr, dass leicht zu erzählende Themen künftig noch stärker bevorzugt werden, weil die komplexere Wissenschaft sich in dieser Form nur schwer umsetzen lässt?
Früher haben die Redaktionen meist entschieden: „Das ist ein wichtiges Thema, also machen wir das." Ob es dann tatsächlich verständlich bei den Hörern ankam, ob das Thema nicht doch zu komplex war, ob man es stärker hätte einordnen müssen, um die Bedeutung klarzumachen, war eine ganz andere Frage. Das Sender-Empfänger-Problem stand hinten an. In der Redaktion hatte man aber ein gutes Gewissen, weil man ein aktuelles und wichtiges Thema ausgewählt hatte. Es gibt Themen, von denen wir – unabhängig von neuen Formaten – inzwischen sagen: „Ein wichtiges Thema, wir können es im Hörfunk aber nicht abbilden." Ich würde zwar behaupten, mit der richtigen kreativen Idee kann man fast jedes noch so komplexe Thema vermitteln, aber manchmal fehlt zu dem Zeitpunkt, an dem so ein Thema auftaucht, eben noch die richtige Idee. Dann tendiere ich eher dazu, das lieber noch nicht zu senden, bevor die Hörer womöglich nichts davon haben.

Was wäre ein extrem schwieriges Hörfunkthema, das sich auch mit neuen Formansätzen schwerlich lösen lässt?
Wenn die Formatvorgabe lautet, Geschichten zu erzählen, dann haben wir oft Schwierigkeiten mit politischen Themen, die *Leonardo* auch machen will. Gesundheitsreformen wären ein Beispiel. Wir versuchen zwar, das in Richtung konkreter Krankheiten herunter zu brechen. Aber bei solchen abstrakteren Themen, zu denen verschiedene Akteure komplexe Reformvorschläge machen und Finanzierungsmodelle haben, da kommen wir an Grenzen dieses Formats. So eine Geschichte kann man vielleicht an einem Patienten festmachen, oder man nimmt einen Politiker, der sich für etwas besonders einsetzt, als roten Faden. Man könnte auch eine fiktive Geschichte daraus machen: „Was wäre, wenn...?" – und spinnt die Gesundheitsreform am Beispiel einer Behandlung dann in die Zukunft weiter. Man kann auch hier eine Geschichte finden, aber es ist

eine besondere Herausforderung. Allerdings sendet *Leonardo* natürlich auch andere Formate, die je nach Thema flexibel genutzt werden.

Wie gehen Sie an Beiträge für Kanäle heran, auf denen Wissenschaft eher ungewöhnlich ist? Machen Sie auch Beiträge für das Jugendformat EinsLive?
Wir versuchen immer, unsere Beiträge so anzupassen, dass sie dem Format entsprechen. Mit Topthemen ist man manchmal viermal am Tag im Programm: als Nachrichtenminute, im Kinderfunk, bei *WDR 2* und bei *WDR 3*. Jedes Mal muss man eine andere Haltung einnehmen. Es macht auch Spaß, in diese verschiedenen Rollen hineinzuschlüpfen. *EinsLive* werden wir künftig verstärkt mit Wissenschaftsthemen beliefern. Das ist eine schöne Herausforderung. Der Zugang ist in der Tat ganz anders. Das Format hat nichts mit dem Umfang und mit der Art des Präsentierens zu tun, wie wir es auf *WDR 5* machen würden. Wenn es den Medizin-Nobelpreis für eine Arbeit über Pheromone (Sexual-Lockstoffe) gibt, dann erzählt man auf *EinsLive* womöglich in einer Minute eine sexy Story darüber, ob man mit dieser Forschung die Chancen bei seiner Liebsten verbessern kann. Ich habe damit im Prinzip kein Problem. Wir sind nur in der Pflicht, darauf zu achten, dass der Kern der wissenschaftlichen Erkenntnis richtig dargestellt wird. Aber ich finde es richtig, für jedes Publikum eine Form zu finden. Wir müssen dann entscheiden, ob wir das noch verantworten können oder ob die Wissenschaft dann mit dem Wahrheitsgehalt nichts mehr zu tun hat. Das ist eine wichtige Rolle von spezialisierten Wissenschaftsjournalisten, sie sollten das Feld nicht Allroundern überlassen. Viele Wissenschaftsthemen sind für viele Programme spannend. Aber im Zweifelsfalle machen die anderen Programme das Thema sonst mit Journalisten, die keine Ahnung davon haben und Unsinn erzählen. Oder sie machen Verlautbarungsjournalismus und erzählen nur, was die Pressestelle der Uniklinik herausgegeben hat. Ob das stimmt, ist eine andere Frage. Wenn ein Wissenschaftsjournalist nicht den Mut hat, sich auf dieses populäre Feld zu begeben, auf diese Art von Journalismus, dann ist das Ergebnis im Sinne des Wissenschaftsjournalismus häufig ein schlechteres. Also gehe ich

lieber selber dort hin und versuche in 1:30 Minuten wenigstens die eine
zentrale Basis-Aussage zu transportieren.

*Insbesondere in den elektronischen Medien rücken Fakten und Fiktionen, Ver-
mittlung und Unterhaltung oft näher zusammen – bis hin zu Sciencetainment-
Formaten wie „clever!" mit Wigald Boning. Müsste man bei solchen Formaten
nicht gerade im Hörfunk deutlicher machen, was bei aller spannenden Inszenierung nun Fakt ist und was Fiktion?*
Wir versuchen das in unseren szenischen Features durch eine klare Zu-
ordnung der Rollen: Der eine Sprecher spielt die Szenen, der andere
greift sie auf und sagt: „So ungefähr könnte es unseren Recherchen nach
gewesen sein und das sind die Hintergründe." Natürlich ist auch denkbar, dass bei einem Thema die Frage auftaucht, ob man es am besten
umsetzt, indem man wie bei manchen Fernsehformaten Szenen nach-
stellt, die historisch nicht belegt sind – und der Rezipient nicht mehr
weiß, ob etwas wirklich so gewesen ist oder nur dramaturgisch so gewollt war. Diese Diskussion müsste dann tatsächlich geführt werden.
Dabei muss man aber auch berücksichtigen, dass dieses hörspielartige
Format ja nicht für jedes Thema in Frage kommt und auch künftig nicht
die einzige Form sein wird, Wissenschaft zu präsentieren. Dennoch sind
diese unterhaltsamen Formate genauso wichtig wie andere.

*Wie reagieren seriöse Wissenschaftler darauf, dass sie sich nun plötzlich in eine
Rolle fügen müssen, um in einer teilweise fiktionalen Sendung „mitzuspielen"?*
Es ist längst nicht die Regel bei diesen Formaten, dass man einen Wissenschaftler so eng in eine Rolle einbindet. Zunächst geht es vor allem
darum, dass sich der Autor schon vorher genau überlegt: Was will ich
erzählen und wie will ich das erzählen? Und welche Wissenschaftler
brauche ich dafür? Je gezielter er dem Experten dann später die Fragen
stellen kann, desto konkreter wird dieser in dem Beitrag antworten. Es
ist also nicht so, dass der Wissenschaftler immer einen ganzen Tag lang
eine Schauspielerrolle in einem Feature übernimmt. Für viele Autoren
bedeutet das aber den umgekehrten Weg zur üblichen Praxis: Viele Autoren neigen bisher dazu, erst einmal breit zu recherchieren, stunden-

lange Mitschnitte zu sammeln, aus denen dann ein Beitrag destilliert wird. Künftig sollte die Vorrecherche vielleicht breiter sein am Anfang, um dann gezielter auf die Gesprächspartner zugehen zu können. Der Extremfall ist dann eben, dass man einen Forscher fragt: „Wir würden gerne mit Ihnen eine Bahnfahrt machen und auf dieser Reise würde ich gerne im Zugabteil das Interview führen – weil die Dramaturgie meines Feature so aussehen soll, und das Ein- und Aussteigen im Zug dazu gehört. Deswegen führen wir das nicht im Büro, sondern in der Bahn." Dann sagt der: „Schöne Idee, mache ich mit" oder: „Ich muss arbeiten". So etwas ist immer noch die Ausnahme, aber sie zeigt, wie weit dieses Konzept gehen kann und wie es sich von der üblichen Grundstruktur der Recherche im Hörfunk unterscheidet.

Fünf Links zum Thema

- *Leonardo* im Internet: www.wdr5.de/sendungen/leonardo/
- Wegweiser zu Wissens-Sendungen des *Westdeutschen Rundfunk*: www.lernzeit.de
- Deutschlands „erstes Wissens-Radio" *Wilantis*: www.wilantis.de
- Das europaweite Netzwerk von Radio-Wissenschaftsjournalisten „Science in Radio Broadcasting": www.scienceonair.org
- Mazzonetto, M. et al.: Science in Radio Broadcasting. The role of the radio in science communication. Online verfügbar unter: www.polimetrica.com/polimetrica/146/

Ergänzende Literatur

- Lublinski, J.: Wissenschaftsjournalismus im Hörfunk. Redaktionsorganisation und Thematisierungsprozesse. UVK, 2004 (zu *Leonardo* insbesondere: S. 191-214).
- LaRoche, W. von: Radio-Journalismus. Ein Handbuch für Ausbildung und Praxis im Hörfunk. List Verlag, 2004.
- Zindel, U. et al. (Hg.): Das Radio-Feature. Ein Werkstattbuch. Neu aufgelegt inklusive CD mit Hörbeispielen. UVK, 2006.
- Cohen, D.: Presenting a Radio Science Program: Engaging the Public Interest. In: Stocklmayer, S. (Hg.): Science Communication in Theory and Practice. Kluwer Academic Publishers, 2001. S. 169-176.

„Wissenschaft ist insofern ein besonders schwieriges Thema bei einer Agentur, weil viele Wissenschaftsthemen mehr Zeit benötigen, als im normalen Agenturrhythmus üblich ist. (...) Vom Zeitproblem abgesehen, fällt es in der Wissenschaft (...) oft leichter, die Substanz des Inhalts zu beurteilen.“

Wissenschaft bei einer Nachrichtenagentur: Balanceakt zwischen rasendem Reporter und rasendem Forscher

Von Till Mundzeck
Deutsche Presse-Agentur (Hamburg)

Der Physik-Nobelpreis für einen Deutschen, eine Vogelgrippe-Mutation und in 40 Zeilen den Stand der Stammzellforschung – Wissenschaftsjournalismus bei einer Nachrichtenagentur ist vor allem von der Aktualität und der Konzentration aufs Wesentliche geprägt. Die *Deutsche Presse-Agentur* (*dpa*) beliefert als Marktführer in Deutschland fast alle deutschen Tageszeitungen und wichtigen Radio- und Fernsehsender. Über eine eigene Online-Redaktion aktualisiert *dpa* zudem zahlreiche Internet-Nachrichtenseiten live. Die viertgrößte Agentur der Welt (nach *AP*, *Reuters* und *AFP*) beliefert zudem Medien in mehr als 90 Ländern mit Nachrichtendiensten in Deutsch, Englisch, Spanisch oder Arabisch, mit Bildern, Grafiken und Audio-Beiträgen. An diesem breiten Spektrum der Bedürfnisse unterschiedlicher Medien muss sich auch die Wissenschaftsberichterstattung orientieren. Dieser Spagat und die Vielfalt der Themen sind eine Herausforderung, vor allem aber eine täglich neue, spannende Expedition in die Welt der Forschung.

Das Medium: 800 Meldungen am Tag

Die *dpa* (*Deutsche Presse-Agentur GmbH*) hat ihren Firmensitz in Hamburg. Bundesweit gibt es derzeit rund 60 *dpa*-Büros, weltweit ist die Agentur in etwa 80 Ländern vertreten. Insgesamt arbeiten allein im Wortbereich circa 1 000 Journalisten für die 1949 gegründete Agentur.

Die zentrale Wortredaktion befindet sich in Hamburg, die Bildzentrale in Frankfurt am Main. Das Hauptstadtbüro in Berlin ist nicht nur Heimat des bundespolitischen Korrespondententeams, auch das Ressort Politik Deutschland sitzt – als einziges Ressort der zentralen Wortredaktion – in Berlin und nicht in Hamburg.

Viele Nachrichtendienste der *dpa* sind regional organisiert: Es gibt in Deutschland zwölf Landesdienste für je ein oder zwei Bundesländer. Das Flaggschiff der Agentur ist der bundesweite Basisdienst, der alle überregionalen Nachrichten aus Politik, Wirtschaft, Kultur, Vermischtem und Sport aus dem In- und Ausland liefert. Der Basisdienst enthält täglich etwa 800 Meldungen, das sind rund 600 Schreibmaschinenseiten. Der Großteil der Inlandsnachrichten im *dpa*-Basisdienst speist sich aus den Landesdiensten und den bundespolitischen Korrespondenten.

Dazu bietet *dpa* – zum Teil über Tochterfirmen und Beteiligungen – Bilder, Grafiken und Spezialdienste wie einen Reportagekanal, Ratgeber- und Verbraucherstücke und spezialisierte Wirtschaftsnachrichten an. Die *dpa-infocom* bereitet das Nachrichtenangebot für das Internet auf und aktualisiert damit zahlreiche deutsche Webseiten. Obwohl die Agentur in ihrem eigenen Internetauftritt keine Nachrichten bietet, ist sie so dennoch auch Marktführer bei den Online-Nachrichten in Deutschland. Verschiedene Module (von Promi-News bis zum Sport-Ticker) erlauben neben dem Standard-Nachrichtenkanal ein auf den Kunden zugeschnittenes Online-Angebot. Für Radiosender gibt es gesprochene Nachrichten, O-Töne, Beiträge und Interviews der *dpa*-Tochter *dpa/Rufa*.

Die Rechtsform der *dpa* ist eine GmbH mit 191 Gesellschaftern: Verlegern, Verlagen sowie Fernseh- und Radiosendern. Niemand darf mehr als 1,5 Prozent des Stammkapitals halten, der Rundfunk insgesamt nicht mehr als 25 Prozent. Diese Regelungen sollen die Unabhängigkeit sichern. *dpa* arbeitet – so steht es in ihrem Statut – strikt unabhängig und überparteilich. Die Vielzahl der Medienkunden und die Eigentumsverhältnisse bieten große journalistische Freiheit, weil sich kein Redakteur nach einem Einzelmedium oder einem Werbekunden richten muss.

Der *dpa*-Basisdienst und die Landesdienste sind über Abonnements zu beziehen, das heißt, die belieferten Medien zahlen einen Pauschalpreis und nicht etwa jede genutzte Meldung einzeln. Der Preis richtet sich bei den Printmedien nach der verkauften Auflage, bei den Rundfunkmedien nach der Zuschauer- oder Hörerzahl. Die klassischen Nachrichtendienste werden per Satellit zu den Kunden übermittelt, was auch eine technische Unabhängigkeit gewährleisten soll.

Die Redaktion: zwischen Vermischtem und Kultur

Der *dpa*-Basisdienst hat die klassischen Ressorts Politik, Wirtschaft, Kultur, Vermischtes und Sport. Als einzige deutschsprachige Nachrichtenagentur hat *dpa* eine eigene Wissenschaftsredaktion. Sie gehört zum Ressort „Vermischtes/Modernes Leben" in der zentralen Wortredaktion in Hamburg, zu dem außerdem auch die Medien- und die Kulturredaktion zählen. Die Wissenschaftsredaktion sendet ihre Meldungen in der Regel unter der Ressortkennung Vermischtes, gelegentlich aber auch in der Politik, etwa beim Streit um die Förderung der Stammzellforschung oder Berichten von der Welt-Aidskonferenz.

Die zentrale Wissenschaftsredaktion der *dpa* besteht aus drei Redakteuren – zwei Biologen und einem Physiker – und bedient zwei Produkte: den *dpa*-Basisdienst und ein spezialisiertes Dossier Wissenschaft. Während sich die meisten Wissenschaftsmeldungen im Basisdienst auch für die vermischten (oder politischen) Seiten oder entsprechende Sendungen eignen, richtet sich das Dossier vor allem an Wissenschaftsredaktionen und kann manche Themen in einer Ausführlichkeit behandeln, die den Rahmen des Basisdienstes sprengen würde.

Zusätzlich zu den Redakteuren in der Hamburger Wissenschaftsredaktion gibt es in manchen Büros wie etwa Berlin und New York Kollegen mit dem Schwerpunkt Wissenschaft. Die meisten *dpa*-Redakteure sind jedoch keine Wissenschafts-Spezialisten, und so besteht eine wichtige Aufgabe der Hamburger Wissenschaftsredaktion – neben dem Steuern und Produzieren der Wissenschaftsnachrichten der *dpa* – auch in der Beratung von Kollegen: Ist ein neues Diabetesmittel relevant? Wie ist die Krankheit eines ausländischen Staatschefs einzuschätzen? Was sollen wir von einem großen Fachkongress berichten? Außer der internen Beratung von Kollegen liefern wir in diesem Rahmen auch Erklärstücke für andere Ressorts, etwa über die Anreicherung von Uran oder die rechtliche Situation der Stammzellforschung in Deutschland.

Die Themen sind bei *dpa* klassisch aufgeteilt: Für Natur- und Lebenswissenschaften sowie Technik ist die Wissenschaftsredaktion zuständig, für Geisteswissenschaften die Kulturredaktion, für Bildungsfragen die Politikredaktion. In der Wissenschaft muss dabei jeder Redakteur – trotz der unterschiedlichen fachlichen Ausbildung – alle Bereiche gleichermaßen bearbeiten können, da der aktuelle Betrieb natürlich nicht von der An- oder Abwesenheit eines Spezialisten abhängen darf. Größere Themenkomplexe werden aber nach Möglichkeit fachlich aufgeteilt.

Wissenschaftsberichterstattung bei *dpa* bedeutet vor allem Nachrichtenproduktion. Was ist neu, was ist wichtig, was ist interessant? Zwei dieser drei Kriterien sollte eine Agenturmeldung in der Regel erfüllen. Im *dpa*-Basisdienst sendet die Wissenschaftsredaktion etwa 10 bis 20 Meldungen pro Tag. Das umfangreichste Themengebiet ist dabei Medizin und Gesundheit, aus dem schätzungsweise jede zweite Wissenschaftsnachricht stammt: Von „weichen" Nachrichten wie etwa dem aktuellen Trend bei der Zahl der Schönheitsoperationen über Krankheiten und Krankheitsausbrüche (Masern, Aids, Sars, Vogelgrippe) in aller Welt bis zu harten Fakten wie der Studie aus einem renommierten Fachjournal über einen experimentellen Impfstoff gegen die Biowaffe Rizin.

Zu den Quellen zählen Fachjournale, Pressemitteilungen und Pressekonferenzen, wissenschaftliche Tagungen und Kongresse sowie auch andere Medien. Die Redaktion erreichen täglich mehr als 100 Pressemitteilungen per Fax, E-Mail oder Post – Verbraucherschützer finden Acrylamid in Lebkuchen, ein Bundesinstitut empfiehlt neue Impfungen für Kleinkinder, Astronomen entdecken die bislang größte Struktur im Universum. Dazu schicken Fachjournale wie *Science*, *Lancet* oder *Physical Review Letters* regelmäßig Vorab-Berichte. Wir prüfen dieses Angebot und geben dann Meldungen bei *dpa*-Büros im In- und Ausland in Auftrag.

Die Kollegen in diesen Büros bieten auch ihrerseits Wissenschaftsthemen an – etwa von der Pressekonferenz eines Neurologenkongresses, aus der Pressemitteilung der örtlichen Universität oder, speziell im Ausland, aus den Berichten anderer Medien. *dpa* arbeitet weltweit mit etwa 80 anderen Nachrichtenagenturen zusammen, etwa der österreichischen *APA* oder der italienischen *ANSA*, die ihrerseits Quellen für *dpa*-Meldungen sein können. Oft sprechen die *dpa*-Korrespondenten Wissenschaftsthemen vorab mit der Wissenschaftsredaktion in Hamburg ab.

Der Mut zum Verzicht und das Vier-Augen-Prinzip

Die Prüfung von Pressemitteilungen muss schnell geschehen, aber wegen der enormen Reichweite von Agenturmeldungen auch besonders sorgfältig sein. Während etwa die Mitteilung der Weltgesundheitsorganisation über einen Polio-Ausbruch in Namibia wenig Anlass für Zweifel bietet, ist das bei anderen Mitteilungen nicht immer so einfach – speziell, wenn wirtschaftliche oder politische Interessen dahinter stehen. Übersteigen Schwermetalle im Mineralwasser geltende Grenzwerte, ist ein angepriesenes Medikament wirklich eine substanzielle Neuerung? Wir können natürlich nicht generell auf Themen verzichten, die mit Interessenkonflikten belastet sind: Eine neuartige Krebs-Impfung kann ein Segen für die Gesundheit der Bürger, aber auch für die Kasse der Herstellerfirma sein – da gilt es, im Einzelfall abzuwägen.

Kaum eine Möglichkeit haben wir, im laufenden Betrieb die Richtigkeit wissenschaftlicher Studien zu überprüfen. Ein wichtiges Kriterium dafür, ob wir solche Arbeiten aufgreifen, ist daher, ob sie in einem Fachjournal erschienen sind, das selbst ein Peer-Review-Verfahren hat. Die Publikation ist dann von Fachkollegen der Autoren geprüft, und wir gehen erst einmal davon aus, dass solche Studien sachlich richtig sind. Das schließt allerdings eine Plausibilitätsprüfung nicht aus. Diese bestehen vor allem viele medizinische und psychologische Studien nicht, weil sie oft – wegen der zahlreichen und oft komplizierten Zusammenhänge in diesen Disziplinen – nur eine statistische Korrelation beschreiben können, aber keine kausale Erklärung bieten. Ein Beispiel: Sehen Frauen Männern ihre Vaterqualitäten tatsächlich am Gesicht an, wie eine Studie

„statistisch signifikant" ergeben hat? Die Forscher räumen selbst ein, dass sie nicht erklären können, wie sich die Vaterqualitäten im Gesicht eines Mannes manifestieren – wir verzichten auf eine Berichterstattung.

Oft holt sich die Wissenschaftsredaktion Rat bei unabhängigen Fachleuten. Deren Bewertung fließt dann nicht selten auch in die Berichterstattung ein. Über Jahre ist eine umfangreiche Sammlung von Expertenkontakten entstanden, auf die wir zurückgreifen können. Selbst wertet *dpa* dagegen nicht. *dpa*-Meldungen sind immer streng neutral und stellen, wenn nötig, nachrichtlich eine Meinung gegen die andere.

Gelegentlich werden auch die Zweifel selbst zum Thema. US-Forscher berichten in einem anerkannten Fachjournal über ein neues Verfahren zur Kernfusion auf dem Labortisch, aber selbst die Fachkollegen desselben Instituts sind nicht überzeugt und zudem bei dem Versuch gescheitert, die Experimente zu wiederholen. Diesen Forscherstreit können wir natürlich nicht entscheiden, aber wir berichten über die Auseinandersetzung und liefern so eine Einordnung zu der neuen und schlagzeilenträchtigen angeblichen Fusionsmethode.

Lassen sich entscheidende Fragen nicht klären, heißt es: Im Zweifel verzichten. Das Ablehnen von Themen gehört zu den wichtigen Aufgaben der Redaktion, und dafür ist oft eine Menge Recherchezeit nötig. Gezielte Irreführungen wie im Fall des südkoreanischen Klonforschers Hwang Woo Suk, dessen Team in Fachjournalen gefälschte Forschungsergebnisse publizierte, sind im Journalistenalltag aber kaum zu entdecken – schließlich hatten auch renommierte Forscher daran geglaubt.

Nicht alle Meldungen fußen auf Mitteilungen von außen. Viele Beiträge beruhen auf eigenen Ideen und Recherchen. Das reicht von Jubiläen wie der Entdeckung des Neandertalers vor 150 Jahren über interessante Nebenaspekte des aktuellen Geschehens (Kommen zum Beispiel als Folge des Klimawandels neue Seuchen nach Europa?) bis hin zu eigenen Beobachtungen aus dem *dpa*-Korrespondenten-Netz – wie einer besonders hohen Zahl von Wespen in einem Jahr oder plötzlich herabrieselnden Blättern von den Bäumen in weiten Teilen Deutschlands, die dann erklärt werden. Anregungen geben häufig auch Kollegen anderer Redaktionen, etwa in der Ressortkonferenz um 9 Uhr 30. Die Entscheidungen für einen Beitrag trifft die Wissenschaftsredaktion jedoch autonom.

Viele solcher Beiträge werden – wie die meisten Erklärstücke und einordnenden Interviews zu Berichterstattungskomplexen anderer *dpa*-Ressorts – in der Wissenschaftsredaktion selbst verfasst. Auch von den übrigen Themen bearbeiten wir vieles selbst, je nach Absprache mit den betroffenen Büros. Grundsätzlich gilt bei *dpa* die regionale Zuständigkeit: Finden Forscher einen Saurier in Thüringen, ist – je nach genauer Lage des Fundorts – beispielsweise das *dpa*-Büro in Erfurt zuständig. Eine Studie deutscher Astronomen, die in einem renommierten Fachblatt erscheint, bearbeitet aber auch nicht selten die zentrale Wissenschaftsredaktion, zumal da sich die Arbeit internationaler Forscherkooperationen oft nicht eindeutig einem Ort zuordnen lässt.

Ebenso charakteristisch wie die Regionalität ist für *dpa* das so genannte Vier-Augen-Prinzip: Jeder Beitrag muss außer vom Autor von einem *dpa*-Redakteur gegengelesen und gegebenenfalls redigiert werden, bevor er veröffentlicht wird.

Die meisten Themen der Wissenschaftsredaktion bestehen aus einem einzelnen Beitrag oder aus einer Kurzmeldung und einem folgenden Beitrag von 60 bis 80 Zeitungszeilen. Sich fortentwickelnde Ereignisse verfolgen wir jedoch über den Tag hinweg und versorgen so vor allem die elektronischen Medien mit fortlaufenden Nachrichten. Für die Printmedien gibt es in der Regel am Nachmittag eine große Zusammenfassung. Einen Redaktionsschluss gibt es bei einer Agentur zwar nicht, aber bei größeren Komplexen bemühen wir uns, eine Zusammenfassung deutlich vor Redaktionsschluss der meisten Zeitungen anzubieten. Ob das geht, hängt natürlich vom Verlauf des Ereignisses selbst ab.

Ein hektischer Tag voll Wissenschaft: Das Beispiel der Lemgoer Zwillinge

Ein Beispiel für eine fortlaufende Berichterstattung ist etwa die dramatische Trennung der Zwillinge Lea und Tabea aus Lemgo, die im Herbst 2004 die Öffentlichkeit bewegte. Über den Verlauf der komplizierten

Operation in Baltimore (USA) hatten die US-Kollegen schon während
der Nacht berichtet. Um kurz nach 9 Uhr deutscher Zeit lag dann die
Mitteilung der Klinik vor, dass eines der Mädchen die Trennung nicht
überlebt hatte. Das haben wir als Eilmeldung verbreitet, dem Thema also
eine hohe Priorität gegeben. Alle *dpa*-Meldungen besitzen eine Priorität.
Über der Eilmeldung steht noch die Blitzmeldung, der Tod des Papstes
war ein Beispiel dafür. Unter der Eilmeldung stehen Vorrangmeldungen
wie wichtige Zusammenfassungen, dann folgt die normale Priorität.

```
9:08 Eilmeldung:
USA/Gesundheit/Medizin/Kinder/
(Eil · · · · · )
Siamesische Zwillinge getrennt - Tabea gestorben =
Baltimore (dpa) - Nach der Trennung der Siamesischen Zwillinge
aus Nordrhein-Westfalen ist eines der Mädchen am frühen
Donnerstagmorgen gestorben. Tabea habe den Eingriff nicht
überlebt, teilte das Johns Hopkins Kinderhospital in Baltimore
mit. Der Zustand von Lea sei kritisch aber stabil.
dpa tim yyzz hu
```

Abb. 8: Mit dieser Eilmeldung begann nach der Trennung der Lemgoer Zwillinge ein Nachrichtenmarathon für die Agenturen.[59]

Nach der Eilmeldung folgte (wie in solchen Fällen vorgeschrieben) spätestens 15 Minuten danach ein Überblick mit etwas mehr Informationen.
Anschließend haben wir die weitere Berichterstattung geplant: Die US-Kollegin, die bis in die Nacht ausgeharrt hatte, musste wieder geweckt
werden, ein Kollege aus Bielefeld und ein Fotograf machten sich auf den
Weg in die Heimatstadt der Zwillinge, ein weiterer Kollege kontaktierte

---

59 Die Punkte hinter der Kennzeichnung „Eil" markieren fünf Klingelzeichen. Die Kürzel am Ende geben Hinweise auf die Autoren: tim steht für den Autoren Till Mundzeck, hu für die gegenlesende Redakteurin dieser Meldung, Simone Humml. Die übrigen Kürzel bedeuten: „yy" = im Inland geschrieben, „zz" = in der Zentrale geschrieben. „xx" würde eine im Ausland geschriebene Meldung kennzeichnen. Im Inland hat auch jedes Landesbüro ein Kürzel, z.B. „yyby" für den Landesdienst Bayern.

die Gemeinde der sehr religiösen Familie, und das *dpa*-Büro Regensburg bemühte sich um ein Interview mit dem Präsidenten der *Deutschen Gesellschaft für Kinderchirurgie* zur Einschätzung des Falls.

```
09:08 Eilmeldung: Zwillinge getrennt - Tabea gestorben
09:22 Überblick
10:39 Erste Zusammenfassung
11:20 Vorschau der geplanten Berichterstattung
11:23 Heimatstadt Lemgo bestürzt über Tod der kleinen Tabea
12:47 Trauer in der Betheler Kinderklinik
12:57 Hintergrund: Trennung Siamesischer Zwillinge am Kopf ist
      besonders riskant
13:03 Zusammenfassung Reaktionen Lemgo/Bethel
14:29 Zweite Zusammenfassung aus Baltimore, mit Reaktionen
14:57 Korrespondentenbericht aus USA: Albtraum der Chirurgen - ein
      Zwilling bei Trennung gestorben
14:59 dpa-Gespräch Kinderchirurg: OP an Siamesischen Zwillingen
      ist Einzelfall-Entscheidung
15:07 Korrespondentenbericht aus Lemgo: Tabea ist tot - In der
      Heimat wird getrauert und um Lea gebangt
15:27 Chronologie: Lea und Tabea - Marathon-Operation endet
      dramatisch
16:30 Gesamtzusammenfassung: Trauer und Hoffnung nach Trennung von
      Lea und Tabea
```

Abb. 9: Ein Überblick über die Beiträge zur Trennung der siamesischen Zwillinge, die fast zwei Prozent der dpa-Berichterstattung des Tages ausmachten.

Die Archivredaktion stellte Beispiele ähnlicher Trennungen zusammen, die Wissenschaftsredaktion schrieb eine Chronologie der Operation, die Grafikredaktion illustrierte sie. In der Wissenschaftsredaktion flossen die Nachrichtenstränge zusammen, die vor allem aus den Informationen aus Baltimore und den Reaktionen in der Heimat der Familie bestanden. Am Ende standen rund 15 Beiträge im *dpa*-Basisdienst, etwa zehn Kollegen allein aus der Wortredaktion waren daran beteiligt. Zudem hat die Rundfunkagentur *dpa/Rufa* Beiträge angeboten – von Nachrichtenstücken bis zum Telefoninterview mit einem Facharzt.

Natürlich gab es an dem Tag noch andere Themen: Unter anderem haben wir zum Weltalzheimertag berichtet, eine Studie aus *Science* über die Bedeutung von Kindern für die Fortentwicklung einer Sprache vorgestellt, neue Konzepte zur Empfängnisverhütung erläutert, die auf einem Gynäkologenkongress in Hamburg vorgestellt wurden, und eine Untersuchung zum Import bedrohter Tierarten in die EU im Vorfeld der Weltartenschutzkonferenz aufgegriffen. Zudem gab es noch einen Bericht über einen erfolgreichen deutschen Hobby-Kometenjäger.

Ausblick: Wissenschaftsmeldungen in Zeiten des Internets

Braucht man in Zeiten des Internets, das Informationen frei Haus liefert, überhaupt noch Agenturen? Insbesondere aus der Wissenschaft gibt es frei zugängliche Nachrichten zuhauf. Unserer Erfahrung nach werden Agenturen aber sogar wichtiger. Wir übernehmen zunehmend die Rolle der Informationsschleuse. Was im Internet auf die Leute einstürmt, lässt sich oft kaum allein bewältigen. Wir verstehen unsere Funktion daher auch als Filter, um Substanzielles von Belanglosem zu trennen. Und schließlich müssen die allermeisten Informationen aus dem Internet für die journalistische Verwendung bearbeitet werden. Das gilt nicht nur für die Wissenschaft, sondern für alle Themen einer Nachrichtenagentur.

Web und E-Mail machen die Berichterstattung schneller. Neue Ergebnisse werden sekundenschnell um den Globus verbreitet, Fachaufsätze sind auch dann abrufbar, wenn es in der Redaktion des Fachjournals Nacht und kein Ansprechpartner erreichbar ist. Die Zahl der Mitteilungen, die täglich in der *dpa*-Wissenschaftsredaktion eintreffen, hat sich durch das Internet vervielfacht. Die schnelle und vor allem unkontrollierte Verbreitung macht aber eine sorgfältige Prüfung nötig, das Misstrauen darf in Zeiten des Internets ruhig etwas höher sein.

Dazu trägt auch bei, dass viele Forscher in Europa den Nutzen guter Öffentlichkeitsarbeit erkannt haben. Manche Studie wirkt, als wäre sie überhaupt nur begonnen worden, damit später die Medien darüber berichten, und nicht weil die Fragestellung wissenschaftlich so bedeutend war. Grundsätzlich ist gegen „bunte" Wissenschaft nichts zu sagen. Auch *dpa* verbreitet solche Meldungen, die oft besonders gut gedruckt werden. Auch eine originelle Studie sollte allerdings eine gewisse Substanz bieten – oder so skurril sein, dass bereits dies ein Thema ist. Hier helfen wieder die drei Fragen: Was ist neu, was ist wichtig, was ist interessant? Mindestens zwei dieser Kriterien sollten erfüllt sein.

Allgemein beobachten wir eine Zunahme des Interesses an Wissenschaftsthemen in den Medien, die ungefähr mit dem Klonschaf Dolly begonnen hat. Damit verbunden ist das Bedürfnis nach erläuternden Erklärstücken gewachsen: Wie entsteht ein Tsunami, wie funktioniert Satellitennavigation? Daneben ist eine gewisse Boulevardisierung der Wissenschaft in den Medien zu beobachten – mit allen Vor- und Nachteilen. Wissenschaft wird bunter und zugänglicher. Auch Forscher haben erkannt, dass es sich lohnt, ihre Arbeit populär darzustellen, was sich oft in Kontakten zu Journalisten positiv bemerkbar macht. Auf der anderen Seite mangelt es manchen Themen erkennbar an Substanz, was in der schnelllebigen Medienwelt nicht immer verhindert, dass sie Schlagzeilen machen. Der Kurs durch die Untiefen der Wissenschaft ist schwieriger geworden, aber die Expedition macht jeden Tag aufs Neue Spaß.

Fünf Fragen an Till Mundzeck

Die dpa muss ein Spektrum bedienen von der Boulevardzeitung bis zum Online-Portal. Womöglich ist der Fall der siamesischen Zwillinge bei Bild ein klarer Aufmacher, während bei Qualitätszeitungen diskutiert wird, ob es legitim ist, Einzelschicksale zum Weltereignis zu machen. Ist dpa gezwungen, so ein Thema groß zu machen, selbst wenn man es selbst eigentlich nicht gut findet?
Wir haben kein Problem mit Boulevard-Themen. Grundsätzlich senden wir eher mehr als weniger, eben um unterschiedliche Bedürfnisse zu bedienen. Auch über das erste angebliche Klonbaby haben wir viel berichtet – aber vor allem darüber, dass eine Sekte behauptet, es sei zur Welt gekommen. Und wir haben den Medienrummel zum Thema gemacht und erklärt, wie schwierig es ist zu klonen. Dennoch haben wir uns hin-

terher in der internen Blattkritik gefragt, ob das vom Umfang her womöglich zu viel war. Immerhin stand von vornherein fest, dass es nur ein Medienspektakel war. Andererseits: Je mehr fundierte Informationen wir herausgeben, desto sicherer sind wir, dass die Redaktionen das richtig einschätzen können. Im Extremfall machen wir sogar Meldungen, die erklären sollen, warum etwas *kein* Thema ist. Da steht quasi zwischen den Zeilen: „Druck mich nicht!" Wenn ein Thema groß kursiert, das nach unseren Gesprächen mit Experten nichtig ist, dann schreiben wir auch das, um unsere Kunden darüber zu informieren.

Warum neigen manche Medien dazu, sogar kleine Meldungen, die kaum Profil bildend für eine Zeitung sind, lieber selbst von Praktikanten schreiben zu lassen, als sie von dpa zu nehmen – oft mit keinem besseren Ergebnis?
Gerade bei großen Zeitungen gab es zeitweise den Trend zur „Autorenzeitung". Diese bringen möglichst selbst geschriebene und bewertete Nachrichten, im Idealfall exklusiv. Das gibt dem Medium eine eigene Identität. Und wir verstehen uns auch ausdrücklich als Rohstofflieferant. Zudem wird oft *dpa* gedruckt, ohne dass es als Quelle genannt ist, wozu die Kunden nicht verpflichtet sind. Akzeptanzprobleme haben wir nicht.

Gibt es einen grundsätzlichen Unterschied in der Philosophie der Wissenschaftsberichterstattung von dpa und Agenturen wie AP, AFP und Reuters?
Das können die Redaktionen, die alle Agenturen abonniert haben, besser vergleichen, wir können die anderen Agenturen nicht mitlesen. Da Wissenschaft inzwischen häufiger Schlagzeilen macht, greifen natürlich alle Agenturen die großen Themen auf. *dpa* ist aber meines Wissens die einzige Agentur mit einer eigenen Wissenschaftsredaktion in Deutschland.

Ist Wissenschaft ein besonders schwieriges Thema für Agenturen? Agenturen arbeiten ja in einem ganz anderen Zeitrhythmus als die Forschung.
Wissenschaft ist insofern ein besonders schwieriges Thema bei einer Agentur, weil viele Wissenschaftsthemen mehr Zeit benötigen, als im normalen Agenturrhythmus üblich ist. Im Zweifel überziehen wir aber eher die Zeit und hinken etwas hinterher, können es dafür aber richtig

erklären; oder haben geklärt, ob es sich überhaupt um eine substanzielle Meldung handelt. Hier nutzen wir auch die Möglichkeit, vorab eine Achtungsnotiz zu schicken: „Achtung, die Meldung verzögert sich, weil wir nachfragen müssen." In der Regel sind unsere Kunden dankbarer dafür, dass wir dann eine Stunde später etwas Fundiertes liefern, als dass wir ganz schnell irgendetwas rausschicken. Sicherheit geht vor Schnelligkeit – nach dem bekannten Prinzip: „Get it first, but first get it right."

Andererseits sind Wissenschaftsthemen womöglich leichter objektivierbar als politische Nachrichten, die keinerlei Naturgesetzen unterliegen. Oder?
Vom Zeitproblem abgesehen, fällt es in der Wissenschaft tatsächlich oft leichter, die Substanz des Inhalts zu beurteilen. Wissenschaft hat den Vorteil, dass sich viel objektiv in „richtig" und „falsch" unterscheiden lässt, was in der Politik nicht so einfach ist. Ob man etwa die Aussage eines Politikers inhaltlich für substanziell hält oder nicht, ist eine persönliche Meinung. Wichtig ist in so einem Fall auch die Funktion, in der jemand etwas gesagt hat. In der Wissenschaft ist es einfacher, sich auf die inhaltliche Substanz zu konzentrieren. In der Politik spielen auch Meinungsäußerungen eine Rolle, in der Wissenschaft zählen nur die Fakten.

Fünf Links zum Thema

- Die *Deutsche Presse-Agentur* im Internet: www.dpa.de
- Übung Nachrichtenschreiben: www.vs-verlag.de/pdf/uebungsteil_weischenberg.pdf
- Überblick über Nachrichtenagenturen: www.agenturjournalismus.de
- Eine Liste mit Links zu deutschen und internationalen Nachrichtenagenturen: www.journalistenlinks.de/Agenturen_und_Dienste/Nachrichtenagenturen/#links
- Originaltextservice (Pressemitteilungsdienst) von dpa: www.presseportal.de

Ergänzende Literatur

- Weischenberg, S.: Nachrichten-Journalismus. Anleitungen und Qualitäts-Standards für die Medienpraxis. VS Verlag für Sozialwissenschaften, 2001.
- Krämer, W. und Mackenthun, G.: Die Panik-Macher. Piper, 2003.

„Als Massenmedium verfolgen wir eher den Anspruch, Themen aufzuschreiben, die viele Leser interessieren und faszinieren (...). Umgekehrt sind wir der wissenschaftlichen Seriosität verpflichtet. Wenn etwa eine Agenturmeldung vom Stil „Die Ufos sind gelandet" (...) hereinkommt und der Chef vom Dienst halb fragend meint, „Das ist doch Wissenschaft?", können die Gegenargumente aus der Wissenschaftsredaktion glücklicherweise meist überzeugen."

Wissenschaft im Internet I:
Schnell, schneller, Internet

Von Markus Becker
Spiegel Online (Hamburg)

Spiegel Online ist das führende Nachrichtenangebot im deutschsprachigen Internet: mehr als 400 Millionen Page Impressions und circa 65 Millionen Visits pro Monat.[60] Das entspricht etwa der Reichweite großer Tageszeitungen. Seit 2002 hat sich *Spiegel Online* weit von der Konkurrenz wie *Süddeutsche.de*, *FAZ.net* oder *Focus Online* abgesetzt. Das liegt womöglich auch daran, dass *Spiegel Online* in der Krisenzeit des Internet die einzige Redaktion war, in der nicht radikal gekürzt wurde. Der Kern der Textredakteure ist weitgehend erhalten geblieben, in der Bild- und der Schlussredaktion wurde etwas gekürzt, aber als sich die wirtschaftliche Situation gebessert hat, wieder aufgestockt. Bei den Hauptkonkurrenten arbeitete zeitweise hingegen nur noch ein Bruchteil der Redakteure.

Das Medium: Zeitung + Radio + Fernsehen...

In der gesamten Medienbranche ist *Spiegel Online* heute eines der wenigen aktuellen Medien, das expandiert. Die Werbeumsätze haben sich im Jahr 2005 im Vergleich zum Vorjahr verdoppelt, sodass wir mittlerweile auch nicht mehr am finanziellen Tropf des Mutterhauses hängen. Insgesamt wurden in den Jahren 2005 und 2006 zusammen 25 neue Stellen geschaffen, inklusive dreier Volontäre. Auch die Redaktion *Wissenschaft /
Netzwelt* ist zwischen 2003 und 2005 von zwei auf fünf Redakteure ge-

---

60 Quelle: ivw, Stand Juli 2006

wachsen. Die Zielgruppe von *Spiegel Online* ist überdurchschnittlich jung und gebildet: Der Anteil der Leser mit Hochschulabschluss ist mit 30 Prozent ungefähr dreimal so hoch wie im Bevölkerungsdurchschnitt.[61]

Nachrichten ohne Kurzmeldungen

Das Internet ist derzeit vielleicht das spannendste Medium überhaupt, denn es vereint die Vorteile von Radio, Fernsehen und Zeitung: Es ist das schnellste Medium, oft schneller noch als das Radio. Nicht umsonst werden wir mittlerweile von vielen Printmedien wahrgenommen wie eine Agentur. Gleichzeitig bietet ein Online-Medium aber die Möglichkeit einer starken Hintergrundberichterstattung, wie man sie von guten Zeitungen kennt. Das liegt zum einen daran, dass wir im Unterschied zu einem Printprodukt nicht an strenge Längenvorgaben gebunden sind. Zum anderen liegt das an der Möglichkeit, zu früheren Artikeln zu verlinken. Zu Dauerthemen wie der Vogelgrippe können zudem mehrteilige Infokästen als Hintergrund abgerufen werden. Die Textform einer Kurzmeldung als solche kommt bei *Spiegel Online* praktisch nicht vor. Der kürzeste Text entspricht bereits etwa 60 Zeilen einer Zeitung. Nach oben haben wir uns eine Selbstbeschränkung auferlegt, weil man im Internet keine natürliche Seitenobergrenze hat. 9 000 Zeichen gelten als Limit, das ist der Umfang einer mittleren Reportage in der *Süddeutschen*.

Die Möglichkeiten, wie im Fernsehen mit bewegten Bildern, Audiodateien sowie mit interaktiven Grafiken arbeiten zu können, sind in der Anfangsphase des Internets überschätzt worden. Aber nach Meinung der Fachleute wird dieser Bereich in den nächsten Jahren explodieren – weil die Übertragungsraten rasant steigen. So hat sich die Zahl der DSL-Anschlüsse in Deutschland zwischen 2004 und 2005 von 5,58 auf 9,1 Millionen fast verdoppelt.[62] Entsprechend werden auch die Multimedia-

---

61   internet facts September 2005
62   Allensbacher Computer- und Technikanalysen, ACTA 2004 und 2005

Angebote zunehmen. Personell haben wir diesen Bereich bereits Anfang 2006 und nochmals Mitte 2006 verstärkt, sodass sich nun zwei Redakteure speziell um die Verbindung von Text, Bild und Ton kümmern.

Das Ressort: „Wissenschaft und Netzwelt"

Spiegel Online besteht aus elf Ressorts, die den klassischen Ressortzuschnitten von Politik bis Wirtschaft entsprechen. Die Hauptzugriffszeiten der Nutzer liegen zwischen 8 und 18 Uhr, was auf eine starke Nutzung im Büro schließen lässt. Unsere Kernarbeitszeit beginnt gegen 9 Uhr, besetzt ist die Redaktion von 6 bis 24 Uhr.

Das vom *Spiegel* bekannte Ressort *Wissenschaft und Technik* gliedert sich bei *Spiegel Online* in die Ressorts *Wissenschaft* und *Netzwelt*, was historisch bedingt ist: Die Netzwelt gab es bereits, als *Spiegel Online* 1994 als erstes Nachrichtenangebot weltweit (einen Tag vor dem *Time Magazine* und kurz vor der *New York Times*) ans Netz ging. Das Wissenschaftsressort kam später dazu. Beide Ressorts arbeiten eng zusammen: Mit Ausnahme der Ressortleiter sind die Redakteure mit unterschiedlicher Gewichtung für beide Bereiche tätig. Insgesamt arbeiten dort fünf Redakteure, eine Volontärin und ein Pool von rund zehn freien Autoren, die regelmäßig für uns schreiben. Die Honorarhöhe liegt in etwa auf dem Niveau von Tageszeitungen. Für viele Autoren ist das dennoch attraktiv, denn bei uns werden sie viel gelesen und es geht unkomplizierter, schneller und aktueller zu als bei Zeitschriften.

Ohne den Bereich *Netzwelt* produziert das Wissenschaftsressort im Durchschnitt vier bis sieben Artikel pro Tag. In der Regel kümmert sich ein Redakteur um das aktuelle Nachrichtengeschäft, ein zweiter macht Recherchen oder Dienstreisen. Wenn viel passiert, ist der Zweite auch eine Art Ausputzer, der sicherstellt, dass keine wichtigen Themen unberücksichtigt bleiben. Über die meisten Themen entscheidet das Ressort selbst, aber auch von der Chefredaktion kann die Entscheidung kommen, dass ein Wissenschaftsthema gemacht werden muss. Konferenzen sind erfrischend selten: Es gibt eine Redaktionskonferenz am Vormittag, im Ressort werden Themen ohne Ritual besprochen. Insgesamt passiert so viel in der Wissenschaft, dass man fast immer eine gute Meldungslage hat – wir könnten regelmäßig mehr Texte schreiben, als möglich ist. Wissenschaft ist jedenfalls kein Stoff, über den man nur wochen- oder monatsaktuell berichten kann.

Die vielleicht größte Besonderheit bei einem Online-Medium lautet: Wir haben keine Deadline. Selbst beim Radio hat man eine gewisse Deadline, die zwar auch oft sehr kurzfristig ist, aber man hat sie. Aktuelle Nachrichten bei *Spiegel Online* können und sollen hingegen permanent herausgegeben werden. Das führt zum Beispiel bei einer wichtigen Rede des US-Präsidenten dazu, dass wir noch während der Rede Artikel ins Netz stellen; wenn er entscheidende Dinge gesagt hat, dann erscheinen die im Idealfall zwei Minuten später bei uns auf der Seite – das ist unser technischer Aktualisierungsrhythmus: Was wir auf die Seite stellen und frei schalten, ist spätestens zwei Minuten später online.

Das Gegenlesen und Redigieren von Meldungstexten wird innerhalb des Ressorts erledigt; der Ressortleiter ist prinzipiell für die Texte verantwortlich. Längere Stücke und Texte externer Autoren durchlaufen hingegen eine Schlussredaktion, wenngleich deren Größe nicht mit dem *Spiegel* zu vergleichen ist. Wenn der Text danach bei der Endkontrolle des Chefs vom Dienst für gut befunden wird, geht er an die Textproducer, die ihn auf die Seite einbauen und in die Warteschleife setzen, die alle zwei Minuten abgeräumt und die Seite aktualisiert wird.

Internetrecherche für das Internet?

Wie jeder Zeitungs-, Radio- und TV-Journalist nutzt auch eine Online-Redaktion das Internet häufig als Ausgangspunkt für eine Recherche. Große Webseiten wie etwa die der *New York Times* oder der *Washington Post*, beziehungsweise im Wissenschaftsressort die Meldungsseiten der großen Fachblätter und Universitäten (*EurekAlert!, Newswise*), beobachten wir standardmäßig. Aber wir nutzen das Netz auch nicht mehr als andere. Wir telefonieren viel, wobei ungefähr 80 Prozent unserer Interviewpartner aus den USA und aus Großbritannien kommen – was daran liegt, dass *Spiegel Online* im Vergleich zu anderen deutschen Medien eine sehr internationale Ausrichtung hat. Das ist auch im Wissenschaftsressort der Fall, zumal die internationale Spitzenforschung – auf die wir uns in der Berichterstattung konzentrieren – nun einmal hauptsächlich in den USA und Großbritannien stattfindet.

Auch die Literatur, die wir auswerten, ist nicht medienspezifisch für ein Online-Medium: Fachzeitschriften wie *Nature, PNAS, Lancet* etc. Allerdings: Im Ergebnis entstehen spannende Geschichten daraus eher selten; diese Standardberichte machen, verglichen mit Politik oder Wirtschaft, einen kleineren Anteil des Berichtaufkommens aus. Man hat großen Gestaltungsspielraum in der Suche nach eigenen Geschichten. Dieser Spielraum wird künftig aber womöglich geringer, weil Wissenschaft zunehmend von tagesaktuellen Medien entdeckt wird.

Sofort-Feedback für gute Überschriften

Im Vergleich zu vielen Tageszeitungen wird Wissenschaft bei *Spiegel Online* sehr prominent platziert. Themen aus der Wissenschaft stehen häufig auf einem der fünf Aufmacherplätze der Startseite und werden bei den Lesern entsprechend oft nachgefragt. Zwar generieren Politik, Sport und vor allem bunte Themen im Panorama und in der Kultur die höchsten Klickzahlen. Aber die Wissenschaft liegt in der Statistik meist direkt hinter diesen Ressorts und verzeichnet inzwischen durchgehend eine höhere Reichweite als etwa die Wirtschaft.

Diese aktuellen Zugriffsstatistiken können alle 15 Minuten sowohl für die Gesamtseite als auch für einzelne Artikel abgerufen werden und sind ein interessantes Werkzeug um zu sehen, was gelesen wird. Wenn wir einen Artikel schreiben, können wir sofort danach eine Kurve abrufen, die den Anteil des Artikels an den Gesamtklicks im Angebot angibt. Damit kann ein Redakteur auch sofort sehen, wenn ein Artikel nicht so läuft, wie man sich das vorgestellt hat. Dann stimmt womöglich dessen

Überschrift nicht. Ändert man die Überschrift, so sieht man im besten Fall sofort, dass daraufhin die Zahlen steigen.

Daraus ergeben sich auch Erkenntnisse darüber, was die Leser mögen und was sie nicht mögen. So banal es klingt, bringt beispielsweise ein aktives Verb in der Überschrift oft eine messbare Verbesserung des Interesses. Dann gibt es ein Set von Schlüsselwörtern, die oft ziehen, manchmal aber auch nicht – das Reizwort „Sex" etwa ist im Internet bereits so abgenutzt, dass es keineswegs mehr automatisch funktioniert. Auch das Zusammenspiel zwischen Überschrift und Teaser spielt eine Rolle; insbesondere ein Teaser, der noch etwas offen lässt und nicht schon die vollständige Zusammenfassung liefert, wirkt sich positiv aus.

Das Anforderungsprofil und das Geheimnis des Erfolges

Würde man ein Anforderungsprofil für Mitarbeiter im Ressort Wissenschaft aufstellen, so stünde ein sicherer Blick für Themen weit oben. Das bedingt einen umfassenden Überblick über die Forschung. Zumindest bei einem Massenmedium wie wir es sind, ist man aber in erster Linie Journalist, erst in zweiter Linie Wissenschaftler. Spezialkenntnisse in einzelnen Fächern helfen in manchen Fällen, andererseits ist die Spezialisierung bei einem naturwissenschaftlichen Studium so extrem, dass man diese Kenntnisse in einem Massenmedium selten anwenden kann. Die Grundkenntnisse hingegen, die man oft benötigt, hat ein Physiker oder Chemiker oft bereits im zweiten Semester gelernt. Vom Lehrinhalt aus dem zehnten Semester wissen ein paar Jahre nach dem Studium nur noch Wenige Genaues. Und in einer kleinen Redaktion ist der Gesamtüberblick auch deshalb wichtiger, weil man sich nicht für jeden Bereich einen Spezialisten leisten kann. Wenn der eine im Urlaub ist, muss der andere sich um alles kümmern: Er muss von Archäologie bis Physik zumindest Grundkenntnisse haben, um Nachrichten einschätzen und schreiben zu können.

Das wiederum erfordert journalistische Standardfähigkeiten wie eine schnelle und präzise Recherche sowie einen sicheren Schreibstil in allen

Textformen. Bei *Spiegel Online* macht man heute keineswegs nur „Copy and Paste" aus den Agenturen. Das war Ende der 90er Jahre sicherlich stärker ausgeprägt, aber mittlerweile arbeiten wir wie jede Tageszeitung auch. Daher muss man Nachrichten schreiben, aber auch vor Ort gehen und die klassische Reportage aufschreiben können.

Ein Geheimnis des Erfolges von *Spiegel Online* ist vielleicht der besondere Tonfall, der „*Spiegel*-Sound". Das heißt nicht, den Stil des Mutterhauses genau zu kopieren. Wir versuchen eher, das für uns am besten Geeignete heraus zu ziehen. Neben reinen Nachrichten versuchen wir, bei längeren Texten weniger trocken zu sein und keine Angst zu haben vor einer Einordnung. Wir trennen nicht strikt zwischen Nachricht und Einordnung. Zwar kommentieren wir in seltenen Fällen auch ausführlich, aber ansonsten fließt die Meinung, die wir uns gebildet haben, in die Beiträge ein. Zudem wollen wir Wissenschaft witzig aufschreiben. Unser Ziel ist es, einen hohen Unterhaltungswert zu erreichen, ohne Details auszulassen. Man kann die gleiche Informationsdichte haben wie jene, die es knochentrocken aufschreiben, und zugleich unterhalten. Diese Gratwanderung gelingt nicht immer, aber sie ist möglich und lohnend.

Insgesamt unterscheidet sich das Leseverhalten wohl gar nicht so sehr von der Tageszeitung. Viele behaupten zwar, das Internet sei ein Quer-Lese-Medium, in dem lange Texte nicht gelesen werden. Gegen diese Theorie sprechen bei uns jedoch Beobachtungen, die wir beispielsweise mit längeren Texten aus eigener Produktion oder aus Kooperationen mit anderen Zeitschriften machen, die in mehreren Teilen abzurufen sind. Dabei sehen wir, wie viele Leser noch den dritten Teil dieser langen Artikel abrufen. Bei gut geschriebenen Texten gehen weit über 50 Prozent der Leser in diesen dritten Teil – und somit kaum weniger als bei einer langen Reportage in der Tageszeitung. Auch die Textformen und der Schreibstil, also etwa die Länge der Sätze, unterscheiden sich nicht von der Zeitung. Die Textstruktur ist indes, zumindest bei den längeren Texten, oft an den gedruckten *Spiegel* angelehnt – etwa mit einem szenischen Einstieg.

Print und Online: gemeinsam und nebeneinander

Der Erfolg von *Spiegel Online* gegenüber den Internetangeboten der Tageszeitungen dürfte zu einem beachtlichen Teil darin begründet liegen, dass sich mit dem *Spiegel* nur wenige inhaltliche Überschneidungen ergeben, da hier ein tagesaktuelles Medium neben einem wochenaktuellen steht. Der Ansatz beider Medien ist sehr unterschiedlich. Die *Spiegel*-Redaktion hat viel mehr Zeit, um auch weit abseits des Nachrichten-Mainstreams nach Geschichten zu suchen.

Wenn große Themen in Fachzeitschriften wie *Science* und *Nature* veröffentlicht werden, kommt *Spiegel Online* natürlich nicht umhin, mit Ablauf der Sperrfrist am Donnerstag oder Freitag einen Artikel auf die Seite zu stellen. Die Printausgabe berichtet trotzdem montags darüber, schreibt das aber ganz anders auf. Über die Themen der Wissenschaftsredaktion werden wir wöchentlich informiert, um Doubletten zu vermeiden. Umgekehrt wandern Exklusiv-Geschichten der Printredaktion, die nicht bis zum Montag exklusiv bleiben können, auf die Online-Seiten. Auch das Netz der Korrespondenten arbeitet für *Spiegel Online*. Das Wissenschaftsressort selbst ist leider nicht so großzügig ausgestattet wie die großen Ressorts, sodass da selten etwas für uns abfällt.

Die Themen, die Ufos und die Frage der Seriosität

Bei unseren Themen steht die Faszination, das „Abenteuer Forschung" neben Brisantem und Ernstem im Vordergrund. Die klassischen Servicethemen – „Wie straffe ich meine Haut?" oder „Wie ernähre ich mein Kind?" – kommen dagegen kaum vor. Und wer Tipps gegen Krebs benötigt, sollte lieber seinen Arzt fragen. Besonders erfolgreich sind Geschichten über Naturgewalten wie Erdbeben, Stürme oder Vulkanausbrüche und Themen mit politischen Aspekten wie der Klimawandel, Militärtechnologie oder Zeitgeschichtliches. Beispiele waren die Beiträge „Afar-Senke: Neuer Ozean wird Afrika spalten" (1.3.2006), „Nahost-Konflikt: Die Hightech-Waffen der Hisbollah" (17.6.2006), „Internet-

Archiv des Zweiten Weltkriegs: Fünf Millionen Bilder des Grauens"
(19.1.2004). [63] Inzwischen geben wir auch eigene Studien in Auftrag, wie
etwa über chemische Spuren von Kokain-Konsum in deutschen Flüssen
(9.11.2005) oder die klinische Wirkung umstrittener Nanotechnologie-
Nahrungsergänzungsmittel (3.8.2006).[64]

Über Diskussionen in der Wissenschaft berichten wir auch. Fachin-
terne Debatten sind manchmal spannend, aber als Massenmedium verfolgen wir eher den Anspruch, Themen aufzuschreiben, die viele Leser
interessieren und faszinieren und möglichst noch Bezug zum Alltag haben. Umgekehrt sind wir der wissenschaftlichen Seriosität verpflichtet.
Wenn etwa eine Agenturmeldung vom Stil „Die Ufos sind gelandet" im
Bereich Vermischtes hereinkommt und der Chef vom Dienst halb fragend meint, „Das ist doch Wissenschaft?", können die Gegenargumente
aus der Wissenschaftsredaktion glücklicherweise meist überzeugen.

Die Marke *Spiegel* verpflichtet natürlich auch, wie wir an den Reaktionen der Leser merken. Inhaltlich muss man sehr präzise sein. Offenbar werden Wissenschaftsthemen bei *Spiegel Online* auch stark von Fachleuten gelesen, die uns quasi als Einstiegsquelle zur Erstinformation
nutzen. Bei uns lesen sie über viele Neuigkeiten zum ersten Mal, informieren sich dann aber weiter, wenn sie aus dem Fachbereich kommen.
Stellen sie dabei Fehler fest, bekommt das die Redaktion oft brutal durch
Leserbriefe mitgeteilt, die im Netz wohl im Durchschnitt unflätiger ausfallen: Die Leute können spontan eine E-mail schicken, in der sie sich
schnell den Frust über diese halbgebildeten Journalisten von der Seele
schreiben. Daran merkt man aber auch oft, dass man nicht zuletzt von
Leuten gelesen wird, die Ahnung von Wissenschaft haben.

Insgesamt ist das Leserecho ohnehin hoch. Zu kontroversen Themen
auf der Seite bekommen wir schnell 30 bis 40 Leserbriefe pro Tag, hinzu
kommen die Forumsbeiträge. Darunter ist auch viel Unfug zu lesen, die

---

63   www.spiegel.de/wissenschaft/erde/0,1518,403596,00.html und
     www.spiegel.de/wissenschaft/mensch/0,1518,427158,00.html sowie
     0,1518,282533,00.html
64   www.spiegel.de/wissenschaft/mensch/0,1518,383687,00.html und
     0,1518,428835,00.html

Kreationisten-Debatte war so ein Beispiel. In der Regel finden die Debatten jedoch auf einem überraschend hohen Niveau statt.

Wissenschaft im Netz: in Zukunft bewegter und bunter

Wissenschaftsberichterstattung im Online-Bereich wird künftig multimedialer werden, weil die Technik dann darauf ausgelegt ist. Bei Übertragungsraten von 50 Megabit pro Sekunde kann man echtes „Video on Demand" verbreiten. Diesen Trend werden große Online-Medien mitgehen müssen. Niemand kann aber vorhersagen, wie das Internet in fünf Jahren genau aussehen wird. Gerade im Wissenschaftsbereich sind bewegte Bilder interessant – im Falle des *Spiegel*, weil wir über *Spiegel TV* exklusives Material anbieten können, und weil die Forschung selbst zunehmend multimediales Material produziert. Das nutzen wir bereits: Wenn in *Science* eine Studie über singende Eisberge erscheint, bitten wir die Forscher um Audiodateien, die man sich dann auf *Spiegel Online* anhören kann. Und wenn es eine Geschichte über eine Tiefseegarnele gibt, die auf der Jagd grün leuchtet, dann bringen wir ein Video, in dem sich das Tier einen Fisch schnappt.[65] Ich würde weinen, wenn ich das als Zeitungsredakteur im Internet sehen müsste, während ich womöglich nur ein Schwarz-Weiß-Foto von der grün leuchtenden Garnele bringen kann.

Fünf Fragen an Markus Becker

Es ist attraktiv, das schnellste Medium sein zu können, aber wächst damit nicht die Gefahr der falschen Berichterstattung, gerade im Wissenschaftsbereich?
Je schneller das Medium ist, desto größer ist diese Gefahr. Natürlich muss man gewisse Qualitätsstrategien entwickeln. Bei uns wird kaum eine Nachricht, die aus nicht-„peer reviewed" Journalen kommt, veröf-

---

65 www.spiegel.de/wissenschaft/erde/0,1518,386367,00.html und 0,1518,273822,00.html, Erscheinungsdatum 25.11.2005 und 17.11.2003

fentlicht, bevor wir sie nicht durch eine zweite Quelle haben prüfen lassen. Da spielt auch journalistischer Instinkt oder einfach gesunder Menschenverstand eine Rolle. Ein Beispiel: *dpa* berichtet von einer erstaunlichen Erfindung der *University of Capetown* in Südafrika – einer Solarzelle, die sich einfach per Computer ausdrucken lässt und pro DIN-A2-Blatt 100 Watt (!) Leistung haben soll. Da muss man bei aller Schnelligkeit skeptisch werden. Als Quelle war die „namhafte Zeitung *Business Day*" genannt. Da wir die Nachricht trotz mehrerer Anrufe in Südafrika nicht verifizieren konnten, haben wir darauf verzichtet.

Trotzdem treffen da zwei Welten aufeinander: Wissenschaft als ein Prozess, der in Monaten bis Jahren arbeitet, und ein Medium, das minutenaktuell sein will. Ist das ein größeres Problem im Wissenschaftsbereich als in der Politik, wo man vielleicht schneller weiß, womit man es zu tun hat?
Ja. Wenn man Frau Merkel falsch zitiert, dann heißt es morgen: Was interessiert mich das Geschwätz von gestern? Wenn aber ein Wissenschaftler 15 Jahre lang Fruchtfliegen studiert hat, und nun sorgt ein Journalist dafür, dass das Ergebnis dieser 15-jährigen Arbeit überall im Internet falsch verbreitet wird, dann trifft das hart. Daher bedarf es einer Reihe von Kontrollmechanismen – wie eines Anrufs bei einem Experten. Inzwischen reagieren insbesondere junge Wissenschaftler schnell und freundlich auf solche Anfragen, zumal wir in dieser Gruppe offenbar sehr bekannt sind. Wenn trotzdem einmal etwas schief gegangen ist, gibt es im Online-Bereich die Möglichkeit, Fehler schnell zu berichtigen, ohne dass sie auf ewig gedruckt im Archiv landen.

Dennoch können die Online-Medien kaum den Standard ihrer Mutterhäuser erreichen. Auch der Spiegel als Zeitschrift wird mit einer riesigen Infrastruktur zwischen Dokumentaren und Schlussredaktion produziert, und nun geht es minutenaktuell zu. Wird dem Leser da nicht groß das Spiegel-Image suggeriert, wobei das „Online" dahinter bedeutet, dass die Inhalte vom Fact Checking her nicht zu vergleichen sind mit dem, was im gedruckten Magazin zu lesen ist?
„Minutenaktuell" gilt natürlich nicht für alle Artikel. Ein Artikel über ein großes Thema entsteht mitunter über einen Zeitraum von Wochen bis

Monaten. Minutenaktuell sind wir bei Ereignissen wie etwa der Lan-
dung der Discovery. Insgesamt aber haben wir in der Wissenschaft mit
vier bis sieben Artikeln pro Tag einen geringeren Output als die Politik
mit 20 bis 25. Dort ist man stärker auf Agenturmaterial angewiesen, wir
können uns mehr Zeit lassen. Der Arbeitsdruck ist nicht geringer, aber
es bleibt mehr Arbeitszeit pro Artikel. Was die Seriosität angeht, so versuchen die Leser diese in erster Linie am Markennamen zu erkennen.
Daher haben sich auch im Internet vorwiegend Markennamen durchgesetzt, Seiten der Tageszeitungen etwa oder des *Spiegel*. Damit verpflichtet sich aber wiederum der Markenname und darauf achtet das Mutter-
haus: Wenn *Spiegel* darüber steht, dann müssen wir Vernünftiges zustande bringen. Natürlich verfügen wir nicht über die riesige Dokumen-
tationsabteilung des *Spiegel*, aber größere Texte lassen wir auch von der
„Dok" des Mutterhauses überprüfen.

Wie groß ist der Druck der Wissenschafts-PR bei Spiegel Online?
Wir erhalten jede Menge „Papier-Spam", insbesondere die Pharma-
Industrie hat offenbar Geld genug, um selbst für hanebüchenen Unfug
noch Hochglanz-Pressemappen mit 50 Seiten Umfang zu schicken. Ich
würde schätzen, rund 95 Prozent davon landet im Papierkorb. Ironi-
scherweise ist der Anteil an Brauchbarem in der Post geringer als bei
Presseinformationen, die per E-Mail kommen. Was Pharma-Themen betrifft, berichten wir fast ausschließlich auf der Basis von Studien aus
Fachzeitschriften. Der Peer-Review-Prozess ist für uns eine gute Einrichtung, weil wir recht sicher sein können, dass Experten Details geprüft
haben, was wir nie eigenständig gegenchecken könnten. Fact Checking
von politischen Nachrichten ist oft einfach, aber wie soll man eine 100-
seitige klinische Studie darauf prüfen, ob alles mit rechten Dingen zuge-
gangen ist, wenn sogar Fachzeitschriften nicht vor Betrug gefeit sind?

*Welche Bedeutung werden Blogs künftig spielen, etwa im Bereich Wissenschaft
und Medizin? Zieht da Konkurrenz auf oder ist das eine Modeerscheinung, die
wieder verschwinden wird wie das Tagebuchschreiben?*

Ich finde, dass das Phänomen in den USA groß ist, die Blogger-Szene in Deutschland sich aber wichtiger nimmt, als sie ist. Die Blogs in den USA haben qualitativ eine andere Dimension und teilweise hohes politisches Gewicht. Groß geworden sind sie durch den Irakkrieg, als Reporter großer Fernsehsender wie *CNN* oder *ABC* das, was sie dort nicht berichten konnten, in Blogs veröffentlichten. Von einem solchen Stellenwert ist die große Mehrheit der deutschen Blogs weit entfernt. Hierzulande nennt sich schon „Medien-Blogger", wer auf Internetseiten der Medien nach Tippfehlern sucht. Leider gibt es nur wenige deutsche Blogs, die wegen ihres Inhalts interessant sind, aber viele, die das Weltbild ihres Urhebers abbilden. Natürlich können Blogs der Wissensgesellschaft und der Politik Impulse geben. Aber ich sehe sie nicht unbedingt als Konkurrenz zu professionellen Medien. Dafür fehlt meist das journalistische Handwerkszeug. Für den amüsantesten Zug der „Blogosphäre" halte ich, dass Blogger das tun, was sie Journalisten vorwerfen: Der (wie auch immer gearteten) objektiven Realität die eigene Sicht der Dinge aufzupressen.

Fünf Links zum Thema

- Die Homepage von *Spiegel Online*: www.spiegel.de
- Zur Geschichte und Glaubwürdigkeit des Onlinejournalismus: www.ard-werbung.de/showfile.phtml/neuberger.pdf?foid=6923
- Forschung zu Blogs und Online-Journalismus: www.onlinejournalismus.de/forschung
- Jonet-Tag 2005 mit Schwerpunkten zum Thema Blogs: www.jonet.org/blog
- Wissenschaft online beim *Bayerischen Rundfunk*: www.br-online.de/wissen-bildung/

Literatur

- Bönisch, J.: Meinungsführer oder Populärmedium: Wie Nachrichtenredakteure *Spiegel Online* nutzen und beurteilen. Diplomarbeit Universität Eichstätt. Siehe auch: Meinungsführer oder Populärmedium? Das journalistische Profil von *Spiegel Online*. In: netzwerk recherche (Hg.): nr-Werkstatt: Online-Journalismus. 2005, S. 50-58.
- Hooffacker, G.: Online-Journalismus. Schreiben und Gestalten für das Internet. Ein Handbuch für Ausbildung und Praxis. List, 2004.
- Saim, A. R.: 1 x 1 für Online-Redakteure und Online-Texter. Einstieg in den Online-Journalismus. Businessvillage, 2006.
- Glotz, P.: Online gegen Print. Zeitung und Zeitschrift im Wandel. UVK, 2004.

„Online ist kostenlos. Dieser Punkt stößt unsereins am bittersten auf, denn jene, die Inhalte erstellen, haben natürlich Kosten. (…) Aber der, der die Zeitung macht, soll das anscheinend allein aus Freude oder von Dritten gesponsert tun. Das ist eine Diskrepanz, die den Wert der Inhalte zurückgedrängt hat. (…) Wir zumindest werden wohl bei der altmodischen Haltung bleiben, dass der Leser einen Teil der Erstellungskosten tragen sollte – und wenn es nur dazu dient, dass dieser nicht an Einfluss verliert."

Wissenschaft im Internet II:
Der Reiz von Raketenstarts auf Briefmarkengröße

Von Richard Zinken
wissenschaft-online und spektrumdirekt (Heidelberg)

Neben Fußball gibt es wohl kaum ein Thema, bei dem man sich mit scheinbaren Weisheiten so blamieren kann, wie beim Internet. Was gestern belächelt wurde, ist heute Hype; was heute Hype ist, wird morgen belächelt. Und so retten wir uns mit einer gehörigen Portion Konservatismus durch die Flauten und Stürme der Online-Branche. Dieser Konservatismus schlägt sich im journalistischen Selbstverständnis genauso wieder wie im Rigorismus, mit dem wir Geld vom Leser für unsere Arbeit bekommen wollen. Der Lohn des Konservatismus findet sich wiederum weniger in diesem Geld, als vielmehr in den Lesern selbst: Etwa der 80-jährigen Dame aus der Schweiz, die sich jeden Morgen auf unseren Newsletter freut. Diesem Konservatismus, der vielleicht mit dazu führte, dass wir dem Platzen der Online-Blase nicht zum Opfer fielen, sind manche skeptischen Übertreibungen dieses Textes geschuldet.

Das Medium: „Online" ist nur der Weg

Beim „Online-Journalismus" wird das „Online" oft stark in den Vordergrund gestellt, und der „Journalismus" tritt eher in den Hintergrund. Dabei wird vergessen, dass Online zunächst einmal nur der Weg ist, wie der Inhalt zum Leser kommt. Der Weg ist hier aber sicher nicht das Ziel, zumal da man sich fragen muss: Wo fängt Online eigentlich an? *Spiegel Online* bestand lange Zeit in großen Teilen aus Beiträgen, die im Heft erschienen sind oder dafür geschrieben, aber nicht gedruckt wurden. Hinzu kommt bei jeder Online-Redaktion natürlich ein großer Teil aktueller Berichterstattung. Aber das Ergebnis ist in vielen Fällen eben eine Mischung, in der auch Beiträge vorkommen, die zunächst für ein Printmedium geschrieben wurden.

Andersherum stellt sich die Frage: Wo hört Online-Journalismus auf? Zum Beispiel erschienen Beiträge aus *spektrumdirekt* praktisch eins zu eins auch in der Tabloid-Zeitung *News* aus der *Verlagsgruppe Handelsblatt*.[66] Auch hier zeigt sich schnell, dass das, was unsere Redaktion macht, nicht einfach Online-Journalismus ist, sondern im Wesentlichen Journalismus. Dennoch gibt es natürlich einige Punkte, die das Spezielle des „Online" im Journalismus ausmachen – manche mehr, manche weniger.

Schnell, umfangreich, vernetzt, multimedial, interaktiv... – und kostenlos?

1.) Online heißt schnell. Zumindest ist es vermeintlich schnell, denn schnell ist zunächst nur die Art der Verbreitung. Der Prozess, dass das journalistische Produkt noch in die Druckerei und dann per LKW ausgeliefert werden muss, entfällt. Die eigentliche Arbeit aber ist klassisch und kein bisschen schneller. Sie können nicht schneller schreiben, nur weil Sie Online-Journalist sind. Dabei wird auch gerne vergessen, dass der eigentliche Prozess, wenn ich eine gedruckte Zeitung mache, auch nicht die Verbreitung ist, sondern die Arbeit vorher. Durch diese Vorstellung, dass Online nun mal schnell ist, ist der Druck recht hoch – was wiederum auf Kosten der Qualität gehen kann. Es wird einfach erwartet, dass ein Ereignis praktisch in Realtime da ist.

2.) Online ist oft umfangreich. Man geht auf eine Seite und hat eine Liste mit 50 Artikeln. Denn technisch ist es egal, ob 5 darauf stehen oder 50. Serverplatz ist reichlich vorhanden und der Leser kann dann selbst scrollen. Journalismus aber bedeutet eigentlich, die Auswahl für den Le-

---

66   Die von September 2004 bis Juni 2006 in Frankfurt am Main getestete Tabloid-Zeitschrift *News* ging im August 2006 in die Zeitschrift *Business News* über.

ser zu treffen: Was ist wichtig und was ist nicht wichtig? Hier muss man aufpassen, dass nicht die Technik das Produkt vorgibt.

3.) Online bedeutet Vernetzung. Aber hier muss man sich klarmachen, dass niemand gerne von Pontius zu Pilatus geschickt wird. In einem Printobjekt wie einer Zeitung würde man auch nicht ständig sagen: „Lesen Sie mehr bei den anderen." Oder: „Lesen Sie mehr in Ihrer Hausbibliothek." Im Online-Bereich geschieht das durch übertriebene Verlinkung hingegen häufig. Man glaubt, es dem Leser schuldig zu sein, ihn an 20 weitere Stellen zu schicken. Auch hier gilt: Journalismus heißt eigentlich, eine Auswahl zu treffen, Vorarbeit zu leisten für den Leser.

4.) Online ist multimedial. Allerdings stellt sich bei diesem Modewort die Frage: Wer hört schon gerne Musik beim Lesen und möchte dabei auch noch einen Videoclip ablaufen lassen? Natürlich bietet Online viele Möglichkeiten, andere Medienformen einzubinden – aber Vorsicht, dass hier nicht ebenfalls nur die Möglichkeiten das Produkt bestimmen.

5.) Online ist kostenlos. Dieser Punkt stößt unsereins am bittersten auf, denn jene, die Inhalte erstellen, haben natürlich Kosten. Und der Leser gibt viel Geld für seinen Briefkasten aus, in den die elektronische Zeitung geliefert wird: seinen Computer. Und er ist klaglos bereit, den Briefträger zu bezahlen, der ihm die Zeitung bringt: seinen Internetprovider. Aber der, der die Zeitung macht, soll das anscheinend allein aus Freude oder von Dritten gesponsert tun. Das ist eine Diskrepanz, die den Wert der Inhalte zurückgedrängt hat.

6.) Online ist interaktiv. Aber auch hier gibt es viele Beispiele, bei denen diese Interaktion nicht journalistisch geprägt ist, sondern nur das Zur-Verfügung-Stellen von interaktiven Plattformen bedeutet: Foren und Chats, in denen sich Menschen dann austoben, ohne dass letztlich ein redaktionelles Produkt dadurch befördert wird. Und selbst die im Netz aufblühenden Blogs bedeuten letztlich kein Vordringen der Interaktion, da auch sie größtenteils passiv konsumiert werden.

7.) Online ist oftmals anonym. In der Vergangenheit unserer Redaktion war das eine Tendenz zum Newsticker-Syndrom. Man macht anonyme News-Listen, verhält sich wie eine Nachrichtenagentur und meint, das sei etwas Besonderes. Wenn ein Journalist online Stellung bezieht,

geschieht dies heute meist in Form eines Blogs. Journalistische Gesamt-
produkte, die die klassische Mischung von Bericht, Kommentar, Glosse
in einem vereinen, sind noch selten. Und wo ist das Editorial, wenn Sie
auf ein Online-Produkt gehen? Wo ist die Person, die sich als Person
hinstellt, wie man es von einer Zeitschrift gewöhnt ist, und sich dem Leser am Eingang als für dieses Werk verantwortlich vorstellt?

8.) Umgekehrt ist Online auch gerade *nicht* anonym – etwa dort, wo
sich der User in Chats und Foren austobt. Dort wird es dann in einer Art
persönlich, die nicht die Redaktion oder die Publikation repräsentiert,
sondern nur einen speziellen Teil der Leserschaft.

9.) Schließlich ist Online weltweit verbreitet. Das ist eine Chance, aber
auch eine Herausforderung. Die Redaktion muss sich bewusst sein, dass
der Leser irgendwo auf der Welt sitzen kann. Man kann schreiben, wie
das Wetter ist, dass es ein schlechter Sommer war. Aber der schlechte
Sommer war in Deutschland. Und es kann sein, dass es für 20 Prozent
der Leser ein wunderbarer Sommer war, oder – noch schlimmer – dass
es gar kein Sommer war, weil es ein Leser in Südamerika ist, der gerade
seinen Winter hinter sich hat. Anders als bei einer lokalen Tageszeitung
müssen Sie sich klar machen, dass Sie nicht wissen, wo Ihr Leser sitzt.

Von der engen Beziehung zwischen Printwelt und Onlinewelt

Wenn man eine Online-Zeitung macht, sollte man also nicht von der
Prämisse ausgehen, dass alles, was in der Printwelt richtig ist, in der
Welt des Online falsch ist. Im Gegenteil: Das meiste, was in der Printwelt
richtig ist, ist auch für den Online-Bereich richtig. Was für das journalistische Handwerk gilt, gilt weiterhin. Und eine Zeitung oder Zeitschrift
hat eben nicht nur deshalb 100 Seiten, weil der Werbemarkt nicht mehr
hergab, sondern sie hat auch diesen Umfang, weil die Redaktion die
Entscheidung getroffen hat: Das ist das, was unsere Leser erwarten.
Mehr würde sie wieder abschrecken – gemäß dem bekannten Problem,
dass alle sagen: „Ich habe es wieder nicht geschafft, das alles zu lesen am
Wochenende." Man muss vorsichtig sein, damit man keine Enttäu-

schung beim Leser erzeugt, indem man ihm zu viel geboten hat. Auch das sollte gleichermaßen für den Online-Journalismus gelten.

Nicht alles, was technisch machbar ist, ist auch sinnvoll. Kein Verleger, kein Redakteur würde sich von seinem Drucker sagen lassen, wie er seine Zeitung genau zu machen hat; dass es etwa ein neues Druckverfahren gibt, weswegen man doppelt so viele Artikel auf die Seite packen soll. Genau das aber geschieht im Internetgeschäft. Der Programmierer sagt: „Mit einem RSS-Feed bekommt dein Leser den Artikel praktisch sofort nach dem Abspeichern." Aber: Ist das Journalismus? Und ist das Dienst am Leser? Sollten wir nicht auch online zwischen breaking news und Sonstigem unterscheiden? Man bietet Darstellungsformen auf dem neuesten Stand der Technik an, hinter denen oft kein journalistischer Gedanke steht. Auch hier wird es versäumt, dem Kunden eine Hilfestellung zu geben, die transportiert, was wir Journalisten für wichtig halten.

Ebenso wenig wie Programmierer den Inhalt machen sollten, sollten Techniker das Layout machen. Auf vielen Internetseiten findet man 15 verschiedene Schrift-Arten und Formen, Größen und Farben, fett oder nicht fett. Was man Jahrhunderte lang im Printbereich gelehrt und gelernt hat, ist offenbar vergessen worden. Der eine Teil der Webseite wurde vor einem halben Jahr so programmiert, der nächste später in einer anderen Art, und das dritte Element kommt vom Werbekunden, auf den man keinen Einfluss hat. Dennoch hätte eine Redaktion auf 80 Prozent des Layouts Einfluss – eben um Dinge nach Bedeutung hervorzuheben und dem Leser Orientierung zu geben. Journalisten oder Layouter, die das tun, finden wir im Online-Bereich zu selten.

Wenn Bücher Zeitschriften treffen: wissenschaft-online

Der Name *wissenschaft-online* steht heute nur noch für das Portal, das den Zugang zu verschiedenen Inhalten rund um wissenschaftliche Themen bietet. Gegründet wurde es 2001 als Gemeinschaftsunternehmen von *Spektrum der Wissenschaft* und *Spektrum Akademischer Verlag* (beide damals *Verlagsgruppe Georg von Holtzbrinck*) – um gemeinsame Kontexte im Zeitschriften- und im Buchverlag zu vermarkten. Das ist wiederum typisch für das Internet: Oft geht es um Vermarktung anderer Angebote. Der redaktionelle Vorläufer von *wissenschaft-online* war die Online-Redaktion von *Spektrum der Wissenschaft*, die 1997 begann, den „Spektrum-Ticker" mit täglichen Meldungen anzubieten. Auf der Buchseite werden Bezahlinhalte aus den Lexika von *Spektrum Akademischer Verlag* sowie Fachwörterbüchern von *Langenscheidt online* vermarktet.

Die Zielgruppe sind Privatkunden, Schulen, Universitäten und Bibliotheken, die einen Zugriff auf rund 500 000 Stichworte aus zehn Fachlexika von Physik und Biologie bis zur Neurowissenschaft erwerben können. Dazu kommen aktuelle und Archiv-Inhalte aus *Spektrum der Wissenschaft* und weiteren Zeitschriften. Daneben startete das Unternehmen von Anfang an mit zwei weiteren Erlösquellen: dem *Science-Shop* (einer Online-Fachbuchhandlung) sowie technischen und redaktionellen Dienstleistungen wie die Betreuung von Webseiten anderer Verlage. Ein Beispiel ist die deutsche Webseite von *Nature*, die wir drei Jahre lang gemacht haben. Bis heute gehört die deutsche Webseite des *Lancet* dazu – deren Artikel wir übersetzen und einpflegen. Da *Spektrum Akademischer Verlag* an die Verlagsgruppe *Elsevier* verkauft wurde, ist das ursprüngliche Unternehmen *wissenschaft-online GmbH* heute Teil der *Spektrum der Wissenschaft Verlagsgesellschaft*. An den ursprünglichen Geschäftsfeldern hat sich durch die Verschmelzung jedoch nichts geändert.

Die Macher und die Abonnenten

Bei *wissenschaft-online* arbeiten redaktionell außer mir drei Redakteure, die vor allem die Tageszeitung *spektrumdirekt* erstellen. Hinzu kommen ein bis zwei Praktikanten sowie – extrem wichtig – ein Stamm von sechs festen freien Mitarbeitern und noch einmal so vielen, die sporadisch für uns arbeiten. Es hat sich gezeigt, dass ein (in der Regel naturwissenschaftliches) Studium in der Redaktion zwingend ist. Eine Kollegin ist Geografin, wir haben zwei Biologen, ich selbst bin Physiker. Um die Geschwindigkeit zu erreichen, die wir benötigen, muss man sehr im Thema sein. Man hat keine Zeit, sich jedes Mal zwei Tage lang schlau zu machen.

In der Technik und im Webdesign arbeiten zwei Leute, die sich auch um die von uns betreuten fremden Internetseiten kümmern. Zwei Leute sind für E-Commerce wie den Buchshop zuständig, und eine Person im Marketing kümmert sich um den Kontakt zu Großkunden wie Bibliotheken und forschenden Firmen, die Zugänge zu bestimmten Inhalten abonniert haben. Die Onlinezeitung *spektrumdirekt* allein kostet rund 40 Euro im Jahr, nimmt man Fachgebiets-Abos dazu, etwa drei Lexika wie Biologie, Biochemie und ein *Langenscheidt*-Fachwörterbuch, kostet der Zugang zu so einem Gesamtpaket 80 bis 90 Euro pro Jahr.

Das Portal von *wissenschaft-online* hat die Aufgabe einer Drehscheibe, die einen fachbezogenen Überblick gibt. Wer den Bereich Psychologie besucht, bekommt eine Sammlung entsprechender Inhalte aus *spektrumdirekt*, Webtipps, Rezensionen sowie Hinweise auf passende Inhalte von Zeitschriften wie *Gehirn & Geist*. Zudem lässt sich über *wissenschaft-online* in allen verbundenen Datenquellen recherchieren.

Die Tageszeitung „spektrumdirekt"

Bis März 2004 bestand ein Teil des Portals aus einem Nachrichtenticker. Das haben wir geändert, weil dieser genau den Aspekten entsprach, die ich kritisch angemerkt habe: anonym, mit starkem Meldungscharakter, nicht erkennbar als redaktionelles Produkt. Die Idee war dann, eine Wissenschafts-Tageszeitung zu produzieren, die journalistisch daherkommt, ausgabenweise publiziert wird, und in der die Redaktion entscheidet, welches Thema geeignet ist, um auf Platz 1 zu erscheinen, und was unter „kurz&knapp" abgehandelt wird. Dazwischen haben wir eine Palette von journalistischen Formen – Hintergrundberichte, Kommentare, Interviews, aber auch Buchrezensionen und Unterhaltungselemente, die die Interaktionsmöglichkeiten des Internet nutzen.
Die redaktionelle Arbeit beginnt gegen 9 Uhr morgens mit Quellenstudium. Wesentliche Quellen sind Fachzeitschriften wie *Nature, Science,*

Cell, PNAS, PLoS, Lancet. Neben diesen Primärpublikationen gehen wir Pressemitteilungen von Instituten und Meldungen von Nachrichtenagenturen durch. Jeder Redakteur hat dabei inhaltliche Schwerpunkte. Um 10 Uhr wird in einer Konferenz über die Themen entschieden. Zwei Punkte spielen hier eine Rolle: Zum einen müssen wir auf die Mischung achten. Es gibt berechtigte Kritik, dass wir oft zu viel Biologie und Medizin haben. Das spiegelt zwar die Situation in der Forschung ebenso wider wie das dominierende Interesse der Leser. Nur darf eine Themenmischung nicht rein demokratisch entschieden werden. Stattdessen müssen wir für ein Gleichgewicht sorgen.

Das andere Entscheidungskriterium ist die Relevanz für unsere Leserschaft, die sich stark aus wissenschaftlich orientierten Menschen zusammensetzt, die über ihr Fachgebiet hinaus auf dem Laufenden bleiben wollen. Sie sind breit interessiert – was für den Forscher im eigenen Fachgebiet interessant ist, weiß er schon aus Primärquellen. Bei uns sind die Leser froh, dass sie andere Dinge, die sie in ihrer normalen Arbeit nicht erfassen können, dann in einer lockeren Art erfahren. Das zweite Kriterium lautet also: Was ist von breitem wissenschaftlichen Interesse?

Sind diese Entscheidungen gefallen, wird die Primärquelle genau gelesen und nachrecherchiert. Die Forscher werden auch wegen Bildern kontaktiert. Zum Glück sind diese dabei sehr kooperativ, sodass man häufig binnen eines Tages Bilder per E-Mail bekommt. Wenn beim Schreiben weitere Fragen entstanden sind, fragt man bei längeren Stücken auch inhaltlich bei den Wissenschaftlern nach.

Nicht immer müssen die Artikel am gleichen Tag geschrieben werden, denn wenn eine Arbeit aus *Nature* vorab am Montag vorliegt und das Embargo endet mittwochs um 19 Uhr, dann kann das Thema auch mit mehr Spielraum an freie Mitarbeiter vergeben werden. Die Entscheidung, welche Artikel wir nach außen geben, hängt auch vom Fachgebiet ab. Auf härtere Physikthemen ist beispielsweise ein freier Mitarbeiter spezialisiert. In der Tagesproduktion sind die Artikel gegen 17 Uhr fertig und werden dann gegenseitig von den Redakteuren redigiert. Bis 19 Uhr soll die Ausgabe stehen, wobei immer ein wechselnder Schlussredakteur für Platzierung und Gestaltung zuständig ist.

Zu den eigenen Beiträgen nehmen wir *dpa*-Meldungen oder auch Pressemitteilungen der *Max-Planck-Gesellschaft*, die wir gegebenenfalls noch überarbeiten. Die meisten Inhalte von Hintergrundbeiträgen holen wir uns aus den wissenschaftlichen Quellen, aber wir greifen auch Themen auf, die in der allgemeinen Diskussion sind: Sars, Geflügelpest, Klimageschichten. An diese gehen wir anders heran, ein Hintergrundbericht beruht auf verschiedenen Quellen und führt auch oft zu ganzen Themensammlungen auf *wissenschaft-online*. Dauerhaft wichtige Themen wie das Klonen sollen künftig als Dossier in einer pdf-Datei zusammengefasst werden. Insgesamt beruhen jedoch gut 90 Prozent aller Beiträge auf aktueller Forschung, auf Fachzeitschriften oder zumindest Pressemitteilungen von Instituten. Themen, die eher aus der allgemeinen Presse stammen, haben wir vielleicht ein- oder zweimal im Monat – bei insgesamt etwa 100 längeren Artikeln pro Monat. Hinzu kommen Interviews und Kommentare. Dabei nutzen auch die Kollegen aus den Print-Redaktionen des Verlages den Vorzug des Online-Mediums. Sie haben ein aktuelles Thema so am folgenden Tat statt einen Monat später veröffentlicht und die Leserschaft von 20 000 Beziehern unseres Newsletters.

Inhaltlich ist das Themenspektrum breit – das kann auch mal ein Beitrag zur Psychologie eines Werbeslogans für Wegwerfwindeln in unserer Rate-Rubrik „DenkMal" sein. Gerade diese soll die Leser animieren, sich interaktiv mit den Inhalten zu befassen. Die Interaktionen sollten aber journalistisch motiviert sein. Umfragen wie „Sind Sie für oder gegen dies oder jenes?" sind Interaktion, aber nicht unbedingt Journalismus. Es wird eine Frage gestellt und man sieht, wie die Leute geantwortet haben. Aber es fehlt die Interpretation, die Einbettung der Umfrage.

Internet alternativ: entschleunigt, dosiert – und nicht kostenlos

Bei der Konzeption von *spektrumdirekt* haben wir ein paar Konsequenzen gezogen aus den skizzierten Internetklischees zwischen Schnelligkeit und unbegrenztem Platz. Zunächst einmal haben wir das Angebot bewusst entschleunigt. Das gab zunächst große Diskussionen in der Redaktion. Mein Vorschlag, Tagesausgaben mit festen Titelseiten zu machen, war relativ untypisch für das Internet: Die Artikel werden nicht veröffentlicht, wenn sie fertig sind, sondern wenn *alle* fertig sind, wenn die Ausgabe (meist um 19 Uhr) steht. Hat einer der Artikel eine Sperrfrist bis 23 Uhr, dann steht die Ausgabe eben erst um 23 Uhr online. Wir halten diesen journalistischen Auftritt für wichtig weil er uns erlaubt, beim Publizieren unsere Gewichtung zu präsentieren. Aus Erfahrung wussten wir auch: Viele Leser greifen auf *spektrumdirekt* über den Newsletter zu. Den aber erhalten sie ohnehin erst morgens, er wird nachts um 3 Uhr verschickt. Wenn wir laufend Artikel rausjagen, sobald sie fertig sind, wird das also ohnehin nur von einem Teil der Leser genutzt.

Nur eine ganz dringende Nachricht bringen wir als Vorabmeldung. Sie erscheint sofort auf allen Seiten von *wissenschaft-online*, und auf der Titelseite von *spektrumdirekt* als Einklinker („Vorab gemeldet"). Während es in unseren ersten Diskussionen über den Kompromiss so klang, als würde jeden Tag so eine Meldung nötig sein, ist das heute vielleicht alle zwei Wochen der Fall. Die Art von Informationen, mit der wir arbeiten, ist eben meist doch nicht so eilig und auch die Sorge, dass sie bei *Spiegel Online* schon steht, ist geringer als bei anderen Themen.

Was den Umfang angeht, lautete ein typische Reaktion auf die Frage, warum nach einem Schnupper-Abo dann nicht abonniert wird: „Das ist mir zu viel, das kann ich nicht alles lesen." Bei der gedruckten Tageszeitung wird das zwar auch angeführt. Auch dort lesen die Leute natürlich nicht alles, aber gerade bei einem Newsletter fällt das noch mehr auf, da die Leute eine Liste bekommen und sofort sehen: „Ich habe zehn Artikel und klicke nur einen an – das lohnt sich nicht." Wir müssen dem Leser daher eine Orientierung der Relevanz nach geben; das Gefühl, wenn du diesen Artikel liest, dann hast du das Wichtigste. Die redaktionelle Vorleistung dahinter soll auch über die Präsentation deutlich werden. Und so bezeichnen wir *www.spektrumdirekt.de* nicht als Homepage, sondern als Titelblatt unserer Online-Zeitschrift.

Mit „Multimedia" sind wir ebenfalls eher konservativ. Der Hauptgrund: Wir haben nicht das Geld, es so zu machen, wie wir es für sinnvoll hielten – das Medium wirklich zu nutzen und etwa Experimente interaktiv darzustellen. Multimedia bedeutet momentan meist, dass Videoclips eingebunden sind. Trotz besserer Datenübertragungsraten ist Video noch kein Computermedium. Noch gehört ein Film eher ins Fernsehen. Beim Leser erzeugt es Frust, wenn Sie mit geringer Auflösung beispielsweise Vorgänge im Herzen zeigen wollen. Und was passiert, wenn Sie einen Raketenstart per Livestream anbieten? Womöglich finden es so viele interessant, dass der Server zusammenbricht. Was wiederum zur Folge hat, dass Leser, die dieses Ereignis nicht interessiert, die aber gerne Artikel gelesen hätten, auch nicht auf die Seite kommen.

Persönliche Ansprache statt „bei Google gelesen"

Davon abgesehen ist ein Raketenstart in Briefmarkengröße nicht sehr spannend. Und die Geburt eines Elefantenbabys ist zwar an sich spannend – nur soll man darauf warten, bis es live geschieht, man dann aber nichts erkennt? Da schaue ich mir die besten Szenen lieber in den *Tagesthemen* an. Daher lautet unser Motto bei Multimedia: lieber gar nicht, als schlecht. Was nicht heißt, dass wir nicht – wenn sie gut sind – zum Beispiel Videos einbinden, die wir von Forschern bekommen. Und dass wir künftig mehr eigenes Material produzieren werden, mit besserem Budget auf unserer Seite und besserer Technik auf Seiten der Nutzer.

Das ist ohnehin ein Problem von Online-Angeboten: Man weiß nicht, wie das, was man macht, beim Kunden ankommt. Wir wissen nicht, welchen Browser er benutzt, welche Auflösung, welche Plug-Ins. Wir wissen es zwar statistisch, aber die Statistik ist für den Einzelnen wertlos. *Wissenschaft-online* hat daher auch technisch einen konservativen Auftritt, der dann von 99 Prozent der Besucher genutzt werden kann.

Wissenschaft-online war von Anfang an kostenpflichtig. Das ist nicht einfach, denn es gibt viel – zumindest scheinbare – Konkurrenz. Wir werden mit allem verglichen, auch mit Artikelsammelstellen wie *Google-News* – zu denken, dass man etwas „bei *Google* gelesen" habe, gehört zu den größten Irrtümern der Online-Welt. Wir müssen darauf setzen, dass der Leser merkt: Hier hast du ein Produkt aus einer Hand, mit einer Redaktion, die für dich die Wissenschaftswelt beobachtet, bewertet und der du, auch dank des guten Namens *Spektrum*, vertrauen kannst.

Um dieses Vertrauen zu stärken, wollen wir auch nicht anonym daherkommen. Der Newsletter von *wissenschaft-online* hat ein Editorial, in dem die Menschen hinter den Artikeln erwähnt werden. Die Reaktionen sind positiv. Ich empfehle, auf die Leser zuzugehen. Bei Newslettern gibt es zwei Arten der Personalisierung: die technische Möglichkeit, bei der Versendung „Liebe Frau Meier" etc. an den Anfang zu schreiben und im Text anonym zu bleiben. Damit sagt man jedoch, „Ich kenne dich", aber verstecke mich selber hinter der Maschine. Andersherum ist es freundlicher: den Leser in seiner Anonymität zu belassen, ihm nicht zu zeigen, dass die Maschine den Namen kennt – sich dafür aber im Text offen zu zeigen und zu sagen: „Sie können uns gerne schreiben."

Durch solche Zuschriften erfahren wir über die Leser oft mehr, als unsere Analysesoftware (wieder statistisch) erzählt. Um ein Bild von der weltweiten Verbreitung zu bekommen, haben wir im Newsletter einmal einen virtuellen Luftballon verschickt, den man zurückschicken konnte: Neuseeland war das Weiteste, dann Australien, Hongkong, Südamerika. Zwar lesen uns dort nicht viele, aber diese dafür umso begeisterter. Noch wichtiger ist die Erkenntnis, dass wir stark in Österreich und in der Schweiz gelesen werden. Das muss man im Hinterkopf haben, damit man keine Ansprache für eine rein deutsche Leserschaft wählt.

Alles online? – Trends im Wissenschaftsjournalismus

Wir sind nicht der Meinung, dass unser Angebot schon die Krone der virtuellen Schöpfung ist, aber wir sind selbstbewusst genug zu sagen: „Es ist eine Möglichkeit, heute Wissenschaftsjournalismus im Internet zu betreiben." Gerade der Grundansatz, Gesicht zu zeigen und Orientierung zu geben, wird wichtiger. In Zeiten, in denen jeder alles überall finden kann, wird das Bedürfnis nach Selektion, Aufbereitung und Bewertung wachsen. Und so wird sich Wissenschaftsjournalismus im klassischen Sinne – ob gedruckt, gesendet oder online – behaupten können.

Blogs und Foren sind dabei keine Konkurrenz, ganz im Gegenteil, sie führen neue Leser zu. Auch die wachsenden Inhalte auf den Seiten der Forschungseinrichtungen und das große Thema „Open Access", also freier Zugang zu den Originalartikeln der Forscher, macht den Wissenschaftsjournalismus reizvoller: Momentan können unsere Leser, wenn wir sie denn neugierig gemacht haben, oft nur auf das Abstract der Forscher zugreifen, das Original ist meist teuer. Ist dieses aber frei zugänglich, wird unsere Arbeit des Aufbereitens dieser Inhalte eher wertvoller.

Überhaupt macht mehr Angebot mehr Orientierung notwendig. Ob indes eine größere Zahl der Leser künftig bereit ist, für diese Arbeit auch dann etwas zu zahlen, wenn sie rein online geschieht, bleibt spannend. Und es hängt vor allem davon ab, wie andere Qualitätstitel dies handhaben werden. Wir zumindest werden wohl bei der altmodischen Haltung bleiben, dass der Leser einen Teil der Erstellungskosten tragen sollte – und wenn es nur dazu dient, dass dieser nicht an Einfluss verliert.

Fünf Fragen an Richard Zinken

Das Medium Online wird gerade von Jüngeren genutzt, die selten klassische Lesegewohnheiten haben. Widerspricht das nicht dem „konservativen Ansatz"?
Die Frage ist doch, worauf sich „klassisch" bezieht. Geht es nicht vor allem darum, nicht mehr an den Kiosk gehen zu müssen, um sich gefaltetes Papier zu besorgen? Bedeutet „progressiv" wirklich, dass alles schnell, bunt und schreiend kommen muss? Oder, um eine andere Online-Spezialität aufzugreifen: Nein, wir werden nicht nur noch erläuternde statt malerische Headlines wählen, nur damit uns *Google* besonders gut findet. Wir schreiben für Menschen, nicht für Maschinen.

Die enormen Zuwachsraten bei DSL-Anschlüssen deuten womöglich schon darauf hin, dass viele Leute in Zukunft die Multimedia-Möglichkeiten des Internets nutzen wollen. Wie werden Sie darauf reagieren?
Wir werden mehr und mehr multimediale Elemente einfügen, zunächst aber nur als Zusatzmaterial. Die Grundinformation werden wir aber

noch lange in Textform publizieren, damit uns auch die 80-jährige Dame aus der Schweiz hoffentlich noch lange als Leserin erhalten bleibt.

Bei allen anderen Medien scheint der Aktualitätsdruck eher zu- als abzunehmen, die Frage des Chefredakteurs „Warum haben wir das noch nicht?" droht allerorten. Kann man diesem Aktualitätsdruck, insbesondere bei einem für Aktualität prädestinierten Medium, auf Dauer widerstehen?
Lorenz Lorenz-Meyer, der in Darmstadt Online-Journalismus lehrt, hat es in einer *spektrumdirekt*-Kritik auf den Punkt gebracht: Aktualität ist im Wissenschaftsjournalismus eigentlich eine Pseudo-Aktualität. Wir berichten meist über Dinge, die Monate zuvor erforscht wurden, die aber jetzt erst den langwierigen Weg der Qualitätsprüfung durchlaufen haben. Da kommt es, wenn wir ehrlich sind, auf einen Tag mehr oder weniger nicht an. Um diese Haltung allerdings offensiv vertreten zu können, muss man seinen Lesern solche Zusammenhänge nahe bringen und – ganz wesentlich – überzeugend darlegen, dass der Artikel, der eventuell einen Tag später erscheint, entsprechend besser ist. Insofern sollte die Frage des Chefredakteurs lauten: „Warum haben wir das nicht besser?"

Spektrumdirekt soll jeden Tag um 19 Uhr neu erscheinen, ähnlich wie eine Zeitung einen festen Erscheinungszeitpunkt hat. Wieso unterwirft man sich dann doch wieder einem Pseudo-Aktualitätsdruck und verschiebt das Erscheinen wegen der Sperrfrist eines einzigen Fachzeitschriftenartikels auf 23 Uhr?
Wichtiger als der Erscheinungszeitpunkt, den wir so auch nicht kommunizieren, ist uns das Gesamtbild einer Ausgabe, die Mischung: Mindestens zwei Hauptartikel, mindestens drei verschiedene Fachgebiete sowie eine Ausgewogenheit zwischen trockenen und bunteren Themen. Aber ich will nicht leugnen, dass wir auch nicht unnötig der Konkurrenz hinterherhinken wollen. Und wenn es einmal wirklich schnell gehen muss, dann nutzen wir natürlich das Instrument der Vorabmeldung.

Forschungsreinrichtungen bemühen sich zunehmend, wissenschaftliche Inhalte in ihren Internetauftritten gleich selbst so aufzubereiten, dass der Nutzer sie direkt dort abrufen kann. Ist das nicht gerade für ein eher wissenschaftsnahes journalistisches Angebot eine wachsende Konkurrenz? Immerhin verarbeiten auch Sie zum Teil nur Pressemitteilungen der Max-Planck-Gesellschaft weiter. Die Kollegen von den Presseabteilungen nicht nur der *Max-Planck-Gesellschaft* sind wirklich sehr gut und sehr fleißig. Aber gerade darin liegt unsere Bedeutung: Will oder kann ein normal interessierter Leser wirklich alles verfolgen, was die Institute publizieren? Braucht er das? Ich denke nein. Das häufigste Argument derjenigen, die uns nicht abonnieren wollen, ist immer noch: „Ich habe nicht genug Zeit, das alles zu lesen." Und da haben sie mein vollstes Verständnis.

Fünf Links zum Thema

- *wissenschaft-online* im Internet: *www.wissenschaft-online.de*
- Die Wissenschaftszeitung *spektrumdirekt*: *www.spektrumdirekt.de*
- Der Wissenschaftsteil der Netzeitung: *www.netzeitung.de/wissenschaft*
- Michael Soukop über Bezahlinhalte mit Links zu weiteren Artikeln zum Thema: *www.onlinejournalismus.de/forschung/gebuehren.php*
- Bruce Lewenstein über "The Ethics of Online Science Journalism": *www.imim.es/quark/7/ethicsof.htm*

Ergänzende Literatur

- Meier, K.: Internet-Journalismus. UVK, 2002.
- Meyer, B.: Der Online-Redakteur. Wie wandelt das Internet das Berufsbild des Journalisten? Untersuchung am Beispiel von Online-Redaktionen deutscher Abonnements-Tageszeitungen. Diplomarbeit Universität Leipzig 2000.
- Schulze, T.: Nutzungspreise für Online-Zeitungen. Betriebswirtschaftliche Aspekte lose gekoppelter Systeme und Electronic Business. Deutscher Universitätsverlag, 2005.
- Krug, S.: Don't make me think. Web Usability. Das intuitive Web, MITP-Verlag, 2002.

„Computerbildschirme, die vor 15 Jahren die Anziehungspunkte in Ausstellungen waren, sind mittlerweile fast langweilig geworden. Das führt dazu, dass sich gerade junge Menschen wieder gerne mit dem beschäftigen, was man anfassen kann, und was man machen kann. Der Trend auf der Tagung des Deutschen Museumsbundes im Jahr 2006 war sogar: NO MULTIMEDIA!"

Wissenschaft im Museum:
Der Erlebniswert des Lärmtunnels und erlebte Forschung

Von Gerhard Kilger
DASA (Dortmund)

„Nur noch einen kleinen Druck nach vorn und wir haben an der ISS an-
gedockt", lockt der Vorführer, und wie von Geisterhand geführt schweben wir virtuell in die Raumstation. Innen können wir dank der Simula-
tionstechnik in der *DASA* die Arbeitsschritte dort oben nachvollziehen
und einen Blick auf die Erde werfen. Schwindlig wird es fast jedem,
wenn Auge und Hand im Weltall operieren und Gleichgewichtssinn
und Motorik unten in der realen *DASA* bleiben. Hautnah wird Forschung erlebbar – natürlich nicht nur Forschung auf der ISS.

Das Medium: Wissensvermittlung statt Wissensverordnung

Die *DASA* (*Deutsche Arbeitsschutzausstellung*) ist ein museumsähnliches
Gebilde, das über die Arbeitswelt und ihren Stellenwert in der Gesellschaft informiert. So lautet der Auftrag, den sie im Jahr 1986 vom damaligen Arbeitsminister bekommen hat. Sie ist ein Informationsinstrument,
um neben Gesetzen und Regeln öffentlichkeitswirksam Dinge umzusetzen, die der Gesetzgeber in der Arbeitswelt für sinnvoll hält. Die *DASA*
ist daher Teil der *Bundesanstalt für Arbeitsschutz und Arbeitsmedizin*, die
sich Fragen der Qualität der Arbeit, ihren gesundheitlichen und ethischen Aspekten widmet. Die Umsetzung der Regeln zum Arbeitsschutz
sind Ländersache, während die Bundesanstalt Forschung koordiniert
und der Legislative zuarbeitet. Die Zentrale der Bundesanstalt steht neben der *DASA* in Dortmund.

Aus Sicht der Politik haben öffentlichkeitswirksame Instrumente zunehmend eine größere Bedeutung als bloße Gesetze. Für eine demokratischere Gesellschaft soll gelten: „Mehr Eigenverantwortung, weniger Staat." Viele Regulierungen im Arbeitsleben wurden abgeschafft. Aufgabe der *DASA* ist es, in der entstehenden Lücke eine mündigere Gesellschaft zu fördern. Allerdings ist Mündigkeit ein zwiespältiges Wort für Ausstellungsmacher – genauso ist es zwiespältig, von Selbstverantwortung im Arbeitsleben zu sprechen. Große Entscheidungen werden oft in der Wirtschaft selbst getroffen, Einzelne stehen dem recht machtlos gegenüber. Ausstellungsmacher übernehmen daher (wie Journalisten) eine wachsende Verantwortung. Die Mündigkeit jedes Einzelnen kann schlichtweg nicht hergestellt werden, aber öffentlichkeitswirksame Einrichtungen können die Mündigkeit vieler zumindest fördern.

Sehen, Hören, Erfahren – die Sinne der Ausstellungsmacher

Das Besondere an der *DASA* ist, dass sie – anders als normale Museen – keine Kulturinstitution ist und auch nicht zur Unterhaltung gedacht ist. Dennoch bedient sie sich aus didaktischen und ästhetischen Gründen ähnlicher Methoden. Eine Ausstellung wird heute jedoch nicht mehr von der Produktionsidee oder einem einzelnen Exponat her aufgebaut, sondern aus der Rezipientenanalyse heraus: Wie werden Informationen wahrgenommen? Wer sind die Zielgruppen? Erst dann werden über Präsentations- und Darstellungsziele Konzepte entwickelt.

Die erste Zielgruppe der *DASA* sind Schüler und Schülerinnen im Alter zwischen 10 und 18 Jahren. Früher hat man sich auf die 15- und 16-Jährigen konzentriert – diese sind aber inzwischen weniger interessiert an Dingen, die man in einer Ausstellung machen kann. Die zweite Zielgruppe ist die Fachwelt, die mit Arbeit und Arbeitsschutz zu tun hat, die dritte ist die breite Öffentlichkeit.

Anders als bei einer Zeitung handelt es sich bei einer Ausstellung um eine ganzheitliche Angelegenheit: Man nimmt mit *allen* Sinnen wahr. Informationen kann ich nicht nur sehen oder hören, sondern ich kann auch anfassen, interagieren, erfahren. Ich befinde mich in realen Räumen, die ihren eigenen Geruch haben, die man selbst erlaufen kann. Diese ganzheitliche Erfahrung hat – Wahrnehmungspsychologen wissen das – die nachhaltigste Wirkung. Schnell gelesene Texte sind schnell vergessen. Die Botschaft eines Textes muss daher intensiviert werden, indem man sie auf unterschiedlichen sinnlichen Kanälen gleichzeitig vermittelt. Das Phänomen kennt man aus dem Urlaub: Wenn man an einem historischen Ort war, bleibt die Geschichte besser im Gedächtnis, als wenn man sie nur in einem Buch gelesen hat.

Der Erfahrungswert ist also nicht zu unterschätzen. Erlebnishaft gestaltete Ausstellungen haben ihren Sinn daher nicht im Unterhaltungswert und Spaß an sich, sondern darin, wie nachhaltig die Vermittlungsziele später in Erinnerung bleiben. Auch die Vermittlungsziele sind „mehrkanalig" – und zwar auf der kognitiven *und* der affektiven Ebene. Das Vermittlungsziel „Es war schön" hat dabei durchaus Priorität. Ein Beispiel: Wenn die Botschaft lautet: „Ohne Helm auf der Baustelle herumzugehen, ist gefährlich", dann ist das eine rein kognitive Information, die nicht besser rezipiert wird als die Aufschrift „Rauchen ist gefährlich" auf der Zigarettenschachtel. Wenn ich aber eine Ausstellung zu diesen Informationen so anlege, dass ich insgesamt ein positives Erlebnis habe, und dieses sich koppelt mit den Informationen, dann transportieren wir über das Ausstellungserlebnis „Der Besuch war schön" gleichzeitig unsere Hauptvermittlungsziele. Verkürzt könnte man sagen: „Der *DASA*-Besuch ist schön" wird gleichbedeutend mit der Information „Arbeitsschutz ist gut".

Die ganze Ausstellung, bis hin zu den Schildchen an den Exponaten, ist daher so angelegt, dass es nicht um Warnungen, Verbote oder gar die Darstellung von schrecklichen Unfällen geht, sondern dass die Positivdarstellung überwiegt. Das ist schwierig, weil Unfälle und Krankheiten natürlich vorkommen, aber es ist möglich. Um die Botschaften zu transportieren, werden die unterschiedlichen Methoden und Kanäle mehrschichtig zu einem Medienverbund vernetzt. Wer einen Text für ein Exponat produziert, stellt diesen gleich im Verbund mit anderen Informationsebenen her.

Die Regie: gelesen und gehört, gesehen und gehört – und wieder gelesen

Die klassische Textebene ist systematisiert wie bei einer Zeitschrift: Headline, Subheadline, Gruppentext, Fließtext und Info-Kästen. Zusätzlich zu den schriftlichen Texten gibt es in der Ausstellung aber noch einen akustischen Führungstext, der etwa dem gesprochenen Ton bei einem Fernsehbeitrag entspricht. Dieser erläuternde Text wird über Kopfhörer transportiert, die frei im Raum tragbar sind. In der *DASA* gibt es ungefähr 150 Textzonen, die jeweils eine Länge von zwei Minuten haben. Man erwandert sich also einen gesprochenen Text. Dieser darf aber keine Konkurrenz zu den schriftlichen Texten bilden, vor allem darf sich keine Sequenz widersprechen, das wäre besonders kontraproduktiv. Der Text muss darauf eingehen, was man möglicherweise gerade liest und umgekehrt. Das ist der erste Medienverbund: geschriebener Text und gesprochener Text.

Dann gibt es in einer modernen Ausstellung viel Filmmaterial, etwa aus Originalfilmen, die wiederum eine eigene Textebene besitzen. Auch dieser Text muss mit den anderen zwei Textebenen im Verbund stehen. Und schließlich gibt es noch eine weitere Textebene, die zustande kommt, wenn man mit Original-Schriften oder Original-Plakaten arbeitet. Auch da steht wieder etwas drauf. Es muss also eine regelrechte Regie hergestellt werden, nach der diese unterschiedlichen Textebenen in einem gemeinsamen Medienverbund aufeinander abgestimmt sind.

Die 2-Sekunden-Lyrik: Texten für eilige Besucher

Erschwerend kommt hinzu, dass die Texte nicht nur in einen Medienverbund passen, sondern auch extrem kurz sein müssen – viel kürzer als das, was man von Zeitungen gewohnt ist. In einer wahrnehmungspsychologischen Studie wurde einmal die Verweildauer im *Deutschen Mu-*

seum gemessen.[67] Das Ergebnis: Die Verweildauer vor einer Textinformation liegt im Schnitt bei zwei Sekunden. Diese extrem kurzen Texte müssen das Publikum also motivieren, nicht nach zwei Sekunden abzubrechen. Das wird in der Regel so erreicht, dass die Zeilenlängen etwa der semantischen Trennung entsprechen. Sie haben also immer nur eine Information pro Zeile und somit keinen semantischen Sprung im Zeilensprung. Jede Zeile trägt für sich – daher wird auch nie im Blocksatz, sondern mit Flatterrand gesetzt, da sonst bei den kurzen Zeilen Verzerrungen entstehen würden.

Gerade in den Gruppentexten soll noch etwas die Verständlichkeit erleichtern: eine stark subjektive Vermittlungsebene. Die Texte werden „subjektiv-lyrisch" formuliert, und in diese Darstellung müssen dann die Hauptbotschaften eingesetzt werden.
Auf der nächsten Vermittlungsebene, dem Fließtext, tritt diese subjektive Ebene dann in den Hintergrund und es wird informativer getextet – aber auch hier nach einer Lesbarkeit, wie man sie aus rein journalistischen Texten kennt.

Deutlich höher als im Journalismus ist eine Anforderung: die Richtigkeit. Da wir uns in einer staatlichen Institution befinden, müssen die Texte verbindlich sein, es kann sogar juristische Konsequenzen haben, wenn etwas Falsches in den Texten steht. Zunächst schreiben Experten dazu ihren Text – so wie diese es gewohnt sind zu schreiben. Diese Texte sind eine Art Steinbruch für die weitere

---

Virtuelle Welten

Dem virtuellen Roboter
über die Schulter
und auf die Finger sehen,

im Weltraum spazieren
und mit den Füßen
auf der Erde bleiben.

Virtuelle Welten erschaffen
für die Industrie,
für die Forschung,
für die Zukunft –

Paradox,
wir kommen der realen Welt
näher, indem wir sie verlassen.

Abb. 10: Beispiel für einen „subjektiv-lyrischen Ausstellungstext". (H.-G. Kaspers, DASA)

---

67   Klein, H.-J.: Vom Meisterwerk zum Werkmeister. Publikumsinteressen und Wahrnehmungsweisen bei der Darstellung von Technik und Industriekultur. In: *Museumskunde*, Bd. 56, Heft 3, 1991, S.148-161

Bearbeitung. Dann kommen sie in eine Bearbeitungsstufe, die einem Textjournalismus entspricht. Dafür gibt es wenige freie Texter. Hier wird stark verkürzt und aus Gründen der Lesbarkeit ein Text daraus gemacht, der mit dem des Autors nur noch entfernt zu tun hat. Diesen Text leitet ein koordinierender Redakteur beziehungsweise eine koordinierende Redakteurin zur fachlichen Prüfung an mehrere Experten.

Nach dieser ersten Korrekturphase werden die Texte beim Redakteur wieder zusammengefasst. Das gestaltet sich insofern schwierig, als zwei Experten manchmal dazu neigen, genau das Gegenteil zu sagen. Um wieder auf eine Meinung zu kommen, gibt es zwei Möglichkeiten: Entweder erstellt die Redaktion eine weichere Formulierung, die alle Expertenmeinungen subsummieren kann. Das wiederum gefällt der *DASA* nicht, weil diese keine langweiligen Texte will. In so einem Fall wird entschieden: „Diesem ist mehr Glauben zu schenken als jenem!" Die Entscheidung liegt beim Direktor, weil jemand klar verantwortlich sein muss, falls eine falsche Aussage getroffen wird. Hinzu kommen noch Gremienberatungen, in denen die verschiedenen Fassungen nochmals gegenübergestellt werden. Am Schluss wird eine Endfassung formuliert, die wieder vor allem auf gute Lesbarkeit hin angelegt ist, aber beispielsweise auch auf Aktualität. Diese Endfassung wird von den Fachleuten schließlich nochmals gegengelesen, bevor sie in den Druck geht.

Das mag aufwändig erscheinen für ein paar Zeilen Text. Allerdings werden diese paar Zeilen – anders als journalistische Produkte – dann auch viele Jahre gelesen. Deswegen legt man in Museen und Dauerausstellungen wesentlich mehr Energie in die Textkoordination als bei der Publikation in einer Zeitschrift oder einer Zeitung. Die Texte, die heute aktualisiert werden, sind teilweise zehn Jahre alt. Die erste Eröffnung der *DASA* war 1993, im Jahr 2000 waren alle zehn Ausstellungseinheiten fertig. Danach haben wir begonnen, die ersten Texte aus dem Jahr 1993 wieder zu überarbeiten. Ein Zyklus von etwa zehn Jahren ist durchaus üblich – wobei man bedenken muss, dass die Texte von ungefähr 200 000 Leuten pro Jahr gesehen werden, von denen natürlich nicht jeder liest. Diese Zahl entspricht unserer „Auflage" oder Reichweite, die damit durchaus die einer Zeitung erreicht – nur über einen längeren Zeitraum verteilt. Und ebenso wie bei einer Zeitung sind die Texte nach dem Prinzip der Mehranbietung angelegt – auch dort liest man ja nicht von vorn bis hinten alles durch, sondern nur einzelne Artikel. Dem entsprechen bei uns so genannte Rollkarteien, die man (zusätzlich zu den natürlich viel mehr gelesenen Gruppentexten) aufklappen kann.

Wie ein Schnitt im Film: die Dramaturgie der Räume

Trotz des großen Aufwands für die Textproduktion ist die wichtigste Ebene die visuelle Kommunikation. Im Ausstellungswesen leitet diese sich weniger vom Design ab, denn typischerweise arbeitet man in Ausstellungen und Museen in ganz Europa mehr mit Künstlern und Künstlerinnen aus Theater und Film zusammen. Wenngleich wir in der *DASA* auch zwei Designer haben, gestalten wir die Innenräume hauptsächlich in Zusammenarbeit mit Bühnenbildnern. Die sind es gewohnt, Inhalte zu visualisieren; das lernen Designer weniger. Die Bühnenbilder einer Ausstellung unterscheiden sich allerdings insofern von jenen im Theater, als das Publikum selbst agiert. Es ist nicht nur Zuschauer und schaut auf die Bühne, wo Schauspieler auf- und abtreten. Daher sind die Räume auf unterschiedliche Sehrichtungen hin konzipiert.

Hier wird auch die Parallele zum Film deutlich: Durch das „Ergehen" im Raum und in der Raumfolge entsteht eine zeitliche Abfolge, entstehen Geschichten. Wir sprechen von Raumdramaturgien. Die gibt es im Theater nicht, sondern eher durch den Schnitt im Film. Im Ausstellungsbereich gelten für diese Raumfolgen bestimmte Kriterien. Sie können nicht in jedem Raum eine hohe Informationsdichte besitzen, und sie können umgekehrt nicht die ganze Zeit auf dem Höhepunkt arbeiten. Sie müssen vielmehr von einer Ouvertüre aus in eine Vertiefung kommen. Sie brauchen Verweilzonen und Übergänge sowie Angebote für Studieninseln.

Die Systematik ist so angelegt, dass man eine raumzeitliche Abfolge empfindet wie bei einem gut geschnittenen Film. Zunächst muss Empathie hergestellt werden, um in den Raum zu kommen. Ein Beispiel: die

Geschichte und die Arbeitsbelastungen in Druckereien seit der Industrialisierung. Druckerpressen und andere alte Maschinen sind in unseren Augen heute besonders schön, weil sie nostalgisch anmuten. Schnell erweckt man damit also einen technikhistorischen Eindruck wie in einem Liebhabermuseum: Man geht zu den „schnuckeligen alten Maschinchen". In unserem Fall können wir das Publikum daher nicht direkt in eine solche Ausstellung hinführen, wir brauchen eine Einstimmung.

Diese Einstimmung besteht darin, dass man erst einmal spielerisch Gesundheitstests machen darf. Auf dieser Spielwiese kann man seine Reaktionszeit und seine Sehstärke messen und einen Hörtest machen. Die Botschaft lautet: „Aha, es geht um mich, um meine Gesundheit." Und mit dieser Frage nach der eigenen Gesundheit gelangt man in den Raum mit den alten Druckmaschinen – und sieht so womöglich schnell, dass die Arbeit daran eine große Belastung war. Die Lebenserwartung von Schriftgießern etwa überschritt selten 25 Lebensjahre, wegen der Bleivergiftungen und anderer Gefahren, die mit diesem Handwerk verbunden waren. Die körperliche Belastung, um Zeitungen herzustellen, bedeutete, dass ein Drucker pro Blatt ungefähr zehn Sekunden gearbeitet hat und diesen Vorgang der Auflage entsprechend zigtausend Mal wiederholte – ein 14-Stunden-Tag, den man biologisch mit einem täglichen Marathonlauf vergleichen kann. Solche Arbeitsbedingungen waren vor 150 Jahren normal. Insofern wären alte Maschinen allein irreführend, die für sich heute den Eindruck vermitteln: „Damals war die Welt noch in Ordnung." Daher muss man in Ausstellungen mit einer Einstimmung arbeiten. Und danach müssen wir die Möglichkeit haben, eine Botschaft vertiefend weiterwirken zu lassen. Deswegen haben wir also diese Form des Bühnenbilds und der Raumdramaturgien entwickelt.

Anfassen ist in, Computer sind out

Ein großer Vorteil einer Ausstellung gegenüber anderen Medien ist eine weitere Vermittlungsebene: das Selbermachen. Im Museumswesen spricht man, ausgehend von den USA, von „Hands On". Indem ich etwas tun kann oder selber anfasse, kann ich auch durch die haptischen Möglichkeiten etwas erfahrbar machen. Dazu gibt es mittlerweile eine Menge ausgeklügelter Techniken. Beispielsweise kann man seine eigene Fähigkeit zur „zeitlichen Extrapolation" messen, das heißt, wie gut man abschätzen kann, wann ein Ereignis eintritt. Bei allen Steuerungsprozessen ist dies von hoher Bedeutung. Oder man kann im Lärmtunnel erfahren, wie viel Dezibel Schallquellen oder eigene Schreie haben. Diese Vermittlungsebene des „Hands On" wird noch weiter an Bedeutung gewinnen – das sehen wir an den Entwicklungen in den USA, in England und Frankreich. Das liegt auch an einer interessanten Beobachtung, die die allermeisten Museen machen: Computerbildschirme, die vor 15 Jahren *die* Anziehungspunkte in Ausstellungen waren, sind mittlerweile fast langweilig geworden. Das führt dazu, dass sich gerade junge Menschen wieder gerne mit dem beschäftigen, was man anfassen kann, und was man machen kann. Der Trend auf der Tagung des Deutschen Museumsbundes im Jahr 2006 war sogar: NO MULTIMEDIA!

Museumsmacher – eine künftige Perspektive für Journalisten?

Die Frage ist nun, wie man diese unterschiedlichen Formen der Vermittlung lernen kann. Immerhin ist die Bedeutung von Museen und Ausstellungen in der Wissensvermittlung nicht zu unterschätzen. Einer Statistik des Instituts für Museumskunde zufolge übersteigen die Besucherzahlen in Museen die Besucherzahlen in Fußballstadien.[68] Insgesamt gibt es in Deutschland etwa 744 naturwissenschaftlich-technische Museen und Dauerausstellungen.[69] Dennoch handelt es sich im Vergleich zu den

---

68 14,6 Mio. Besuche, Naturwissenschaftliche und Technische Museen im Jahre 2003; 98,3 Mio. Besuche, alle Museen in Deutschland, 2003 (Statistisches Bundesamt, Statistisches Jahrbuch 2005; Quelle: Institut für Museumskunde der Staatlichen Museen zu Berlin); Bundesliga und 2. Bundesliga Spielzeit 2002/03: 12,8 Mio. Besucher, davon circa 3 Mio. in der 2. Liga (Quelle: www.dfb.de)

69 Statistische Gesamterhebung an den Museen der Bundesrepublik Deutschland, Heft 59, 2004, S. 20

Massenmedien um eine kleine Sparte, sodass es kaum Ausbildungsmöglichkeiten gibt. Museumsmitarbeiter kommen daher aus unterschiedlichsten Fachrichtungen und haben sich oft durch Zufall erst ins Museums- und Ausstellungswesen begeben. Die Ausbildung im Museum erfolgt in der Regel über ein zweijähriges Volontariat, das oft auch promovierte Hochschulabsolventen beginnen. Dieser Seiten-Einstieg in die Museumslaufbahn ist immer noch die Regel. Es gibt aber zwei Diplom-Studiengänge (demnächst als BA/MA) für Museologie – an der *Fachhochschule für Technik und Wirtschaft* (FHTW) in Berlin und an der *Hochschule für Technik, Wirtschaft und Kultur Leipzig*.[70] Studierende der Museologie, die mit dem Master abschließen, sind wohl die künftige Museumsgeneration.

Gerade in Technik- und Wissenschaftsmuseen wird aber auch der Journalismus immer wichtiger. Denn diese Museums-Sparte bewegt sich von der Funktion einer Kultureinrichtung hin zur Einrichtung des Bildungssektors. Wissenschaftsmuseen sehen sich als Teil des Systems der Wissensvermittlung – als Orte, wo Wissenschaft und Technik oft besser vermittelt werden können als in Schulen oder Universitäten. Dahinter verbirgt sich die Erkenntnis, dass bei wissenschaftlich-technischen Fragen im Berufsleben nur 20 Prozent des formell erworbenen Wissens verwertbar ist. Diese Zahl stammt von John H. Falk, einem Professor, der in den USA ein *Institut für innovatives Lernen*[71] leitet. Bezogen auf das Berufsleben erwerben wir also 80 Prozent selbst – etwa durch informelles Lernen und vor allem „Free Choice Learning".[72] Während unter das informelle Lernen alle Formen des Selbstlernens fallen, das sich in unmittelbaren Lebens- und Erfahrungszusammenhängen außerhalb des for-

---

70   Siehe www.f2.fhtw-berlin.de und www.htwk-leipzig.de
71   Institute for Learning Innovation, Annapolis: www.ilinet.org/freechoicelearning.html
72   Livingstone, David W.: Informelles Lernen in der Wissensgesellschaft. Erste kanadische Erhebung über informelles Lernverhalten. In: QUEM-Report Heft 60: Kompetenz für Europa. Wandel durch Lernen – Lernen durch Wandel. Referate auf dem internationalen Fachkongress 21.-23. April 1999 in Berlin, S. 65-91. Online verfügbar: www.abwf.de/content/main/publik/report/1999/Report-60.pdf

malen Bildungswesens entwickelt[73], bezeichnet „Free Choice Learning" eine essentielle Komponente für lebenslanges Lernen. Die Lernenden wählen aus, was für sie wichtig ist, und nutzen alle Möglichkeiten wie Internet, Museen, Literatur, TV, um an Informationen zu gelangen. Motivation für diese Art des Lernens sind die eigenen Bedürfnisse und Interessen. Darum ist es besonders effektiv, da die Lernenden selbst Kontrolle darüber haben, was und wie sie lernen. In den USA hat das zur Folge, dass Schulklassen und Studierende der ersten Semester einmal pro Woche in Science Center gehen. Dort spielen natürlich auch „Hands On" eine große Rolle.

Und damit spielen auch Leute eine große Rolle, die es gewohnt sind, wissenschaftliche Inhalte in Text und Bild umzusetzen. In solchen Wissenschafts- und Technikmuseen gibt es einen hohen Bedarf an Wissenschaftsjournalisten. Die Aktualität dieser Museen lebt ja weniger von der Dauerausstellung als von Wechselausstellungen: Zukunft der Arbeit, Mobbing, berufliche Bildung, Augenarbeit, Hygiene, Erfindung und Patente waren aktuelle Themen, die in der *DASA* erlebbar waren. Im Jahr 2006 ist es beispielsweise die „Macht Musik", die über alle Sinne interdisziplinäre Forschungsergebnisse in Ausstellung und Veranstaltungen zusammenfließen lässt. Wissenschaftsjournalisten können über ihre mediale Kompetenz das zukünftige Berufsbild des Kurators einer Ausstellung ergänzen.

Zudem ist die Zahl der Science Center in den USA und in England bereits vor einigen Jahren stark gewachsen. Und auch in Deutschland gilt: Manche Museen und Opernhäuser werden geschlossen, während viele Science Center neu entstehen – sei es etwa das *Universum* in Bremen oder das *Phæno* in Wolfsburg.

---

73 Vgl. Dohmen, G.: Das informelle Lernen. Die internationale Erschließung einer bisher vernachlässigten Grundform menschlichen Lernens für lebenslanges Lernen aller. 2001. Siehe auch: www.bmbf.de/pub/das_informelle_lernen.pdf

Fünf Fragen an Gerhard Kilger

Aktualität gilt als ein Qualitätsmerkmal im Journalismus – durch schnelle Medien wie das Internet vielleicht mehr denn je. Ist ein Museum, dessen Ausstellung auf Jahre angelegt ist, da nicht geradezu ein Anachronismus?
Schnelles Reagieren auf das Tagesgeschehen ist nicht die Stärke von Museen. Ausstellungen müssen geplant und gebaut werden, im schnellsten Fall ist so etwas in einem halben Jahr möglich. Dies allerdings erzieht die Museumsleute dazu, mit Themen umzugehen, die eben nicht in kurzer Zeit wieder weggelegt werden, Themen von anhaltender, von nachhaltiger Aktualität. Medizinische Schädigungen im Innenohr infolge Lärms sind beispielsweise heute ebenso aktuell wie wohl noch in zehn Jahren.

Mit welchem Aktualitätsbegriff arbeitet man im Museumswesen?
„Aktualität" im Museumswesen heißt: Wie kann ich den Fragen und Problemen von heute, das morgen gestern ist, viel gründlicher nachgehen? „Aktualität" im Museum hat einen längeren Atem.

Ausstellungen verwenden Methoden aus Theater und Film, der emotionale Zugang dominiert also noch mehr als in journalistischen Medien. Wo aber ist die Grenze zwischen Information und Manipulation der Besucher?
Die Grenze zwischen Information und Manipulation ist sehr eng. Dazwischen ist aber ein „Zwischenraum", dort ist beispielsweise die gesundheitliche Prävention angesiedelt. Jeder weiß, dass die Information über die schädliche Wirkung von Gefahrstoffen nicht genügt, man muss zur Verhaltensänderung Überzeugungsarbeit leisten.

Wie unabhängig ist eine Ausstellung? Können Industrie, Sponsoren und andere Lobbygruppen Einfluss auf die Informationen nehmen?
Ganz unabhängig ist natürlich keine Ausstellung. Hier in Deutschland können zwar Einflüsse von Industrie, Sponsoren oder anderen Lobbygruppen fast gänzlich ausgeschlossen werden, doch jede staatliche Einrichtung hat seinen Auftraggeber, dessen Erwartungen zu erfüllen sind. Insofern findet bei Ausstellungen keine „Pressefreiheit" statt.

Warum hat eine Ausstellung, die oft spannender ist als Klassiker wie das Deutsche Museum, einen abschreckenden Namen? Wenn der Vater am Sonntag zum Sohn sagt: „Wir gehen in die Deutsche Arbeitsschutzausstellung!", will man sich als Kind doch in seinem Zimmer einschließen...

Den abschreckenden Namen zu tragen, hängt mit den Vorgaben des Auftraggebers zusammen. Sehr zum Leidwesen aller Verantwortlichen hat der „Arbeitsschutz" seit vielen Jahren nicht den positiven Klang von „Umweltschutz". Man hat die Vorstellung, mit populären Produkten, wie einer Arbeitsschutzausstellung, auch den Namen des Arbeitsschutzes selbst wieder zu beleben. Diese gut gemeinte Entscheidung kostet die *DASA* sicher Hunderte von Besuchern am Tag. Heute sprechen wir selbst nur noch von der *DASA*.

Fünf Links zum Thema

- Die *DASA* und die *Bundesanstalt für Arbeitsschutz und Arbeitsmedizin* im Internet: www.dasa-dortmund.de und www.baua.de
- Naturwissenschaftliche, technische und „Hands On"-Museen in Deutschland und weltweit: www.ecsite-d.de, www.ecsite.net und www.astc.org
- Informationen zu wissenschaftsjournalistischen Ausbildungen im Museumswesen: www.museumsvolontaere.de und www.museumsbund.de
- Das erste mathematische Mitmachmuseum der Welt: www.mathematikum.de
- Gelungener Auftritt eines Wissenschaftsmuseums im Internet: www.heureka.fi

Ergänzende Literatur

- Kilger, G. et al.: Über die neue Qualität musealer Arbeit. In: Museumskunde, Bd. 69, Nr. 2/2004.
- Dawid, E. et al.: Texte in Museen und Ausstellungen. Transcript, 2002.
- Schwarz, U. et al.: Handbuch Museografie und Ausstellungsgestaltung. Avedition, 2001.
- Goldstein, E. B.: Wahrnehmungspsychologie. Spektrum Akademischer Verlag, 2002.
- John, H. et al. (Hg.): Industrie- und Technikmuseen im Wandel. Perspektiven und Standortbestimmungen. Transcript, 2005.
- Weitze, M.-D. (Hg.): Public Understanding of Science im deutschsprachigen Raum: Die Rolle der Museen. *Deutsches Museum*, 2001.

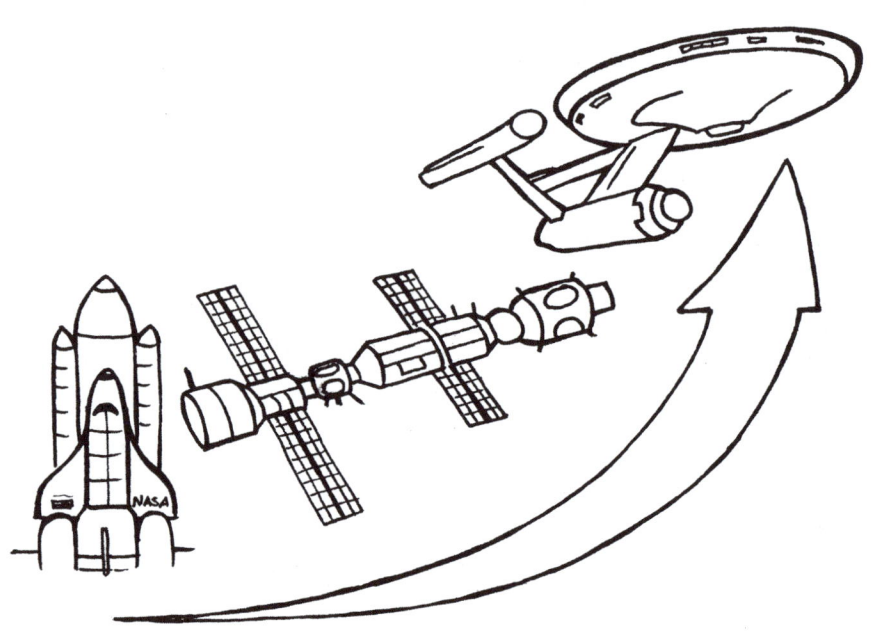

„Science Fiction ist eine Schnittstelle zwischen Wissenschaft und Gesellschaft. (...) Heute spricht man gar gelegentlich von einer „Enterprise-Generation" von Wissenschaftlern, die mit Star Trek aufgewachsen sind und denen viele der in der Science Fiction-Serie eingeführten Erfindungen zu Leitbildern der eigenen Forschung wurden."

Wissenschaft ausgestellt:
Von der Science Fiction bis zum Dialog mit Einstein

Von Stefan Iglhaut
Ausstellungsmacher und Kulturmanager, Leiter der Einstein-Ausstellung des MPI für Wissenschaftsgeschichte (Berlin)

Es ist noch nicht lange her, da fand man naturwissenschaftliche Institutionen und Forschungsabteilungen der Industrie von Stacheldraht und Sicherheitsschleusen umgeben. Die Wissenschaft vor der Gesellschaft zu schützen, schien ein Hauptmotiv dieser martialischen Maßnahmen zu sein, und es herrschte oft eine kalte Atmosphäre voller Unsicherheit, wenn Sie eine solche Institution besuchten. Die Wissenschaft hatte sich eingemauert in ihre Labors. Den in modernen Demokratien erwartbaren offenen Austausch gab es nicht, verbreitete Technikangst und Wissenschaftsfeindlichkeit gehörten zu den Folgen. Die Öffnung wurde teilweise von Bürgerinitiativen erstritten, teilweise zum politischen Programm gemacht. Informationen über aktuelle naturwissenschaftliche Forschung zu veröffentlichen, hatte etwas Investigatives – trotz der Erfolgsgeschichte der Wissenschaft gab es Verschlossenheit auf der einen Seite, auf der anderen den Verdacht auf Fehlentwicklungen, die aufgedeckt werden müssten.

Der Drang der Wissenschaft in die Öffentlichkeit

Dieses geschlossene System begann, sich in den vergangen 25 bis 30 Jahren zu öffnen: Wir beobachten heute, wie die Wissenschaft von ihrem gesellschaftlichen Umfeld in die Öffentlichkeit gerufen wird, wie aber umgekehrt die Wissenschaft auch regelrecht in die Öffentlichkeit drängt.

Dieter Simon, vormaliger Präsident der Berlin-Brandenburgischen Akademie der Wissenschaften, kommentierte dies so:

„Anders als früher spricht nicht mehr nur die Wissenschaft zur Gesellschaft, sondern umgekehrt auch die Gesellschaft zur Wissenschaft.
Dieser Dialog führt zur Entstehung eines neuen Wissens, an dessen Er-
zeugung nicht nur die Wissenschaftler, sondern die Gesellschaft selbst
beteiligt ist. Offensichtlich dringt die Öffentlichkeit, je mehr sie von der
Forschung und deren Ungewissheiten und Risiken begreift, in die Wissenschaft ein. Es könnte sein, dass es künftig genau auf diesen Einbau
der Öffentlichkeit in die Wissenschaft ankommt. Denn dadurch gewinnt
das erzeugte Wissen Verlässlichkeit und Legitimation." [74]

Seit dem Jahr 2000 ruft die Bundesregierung Wissenschaftsjahre aus:
2006 ist das Jahr der Informatik, anlässlich des UNESCO-„World Year of
Physics" gab es das Einsteinjahr; davor Jahre der Lebenswissenschaften,
der Chemie, der Technik. Eine „Lange Nacht der Wissenschaften" findet
ein großes Publikum. Begleitet werden diese Initiativen von der Marke-
tingkompetenz großer PR-Agenturen, die mit den Strategien politischer
Kampagnen das Feld bereiten. „Dank Informatik" prangt als Slogan von
Postern, Websites und Gebäuden. Wissenschaft wirbt für sich, wirbt um
Akzeptanz und ringt auch um Nachwuchs. Doch es gibt weitere Gründe
für die Öffnung des Systems Naturwissenschaft:

1.) Moderne Naturwissenschaft ist meist hochkomplex, deshalb werden populäre Kommunikationsformen zum Verständnis benötigt. Wissenschaftskommunikation ist an ein allgemeines Publikum adressiert
und braucht eine verständliche Sprache und eine plausible Verbindung
zur Alltagskultur. Diese Leistung wird häufig nicht von der Wissenschaft selbst erbracht, sondern von Kommunikatoren und Vermittlern.

2.) Geschlossene Systeme stehen im Widerspruch zu den Prinzipien
einer offenen Gesellschaft. In dieser ist Wissenschaft gefordert, ihre Ziele
zu erörtern und ihre Ergebnisse öffentlich zu diskutieren.

---

74 Simon, D.: Demokratisiert die Wissenschaft! Forscher und Politiker wollen die Wis-
    senschaft besser verkaufen. Doch die PR-Kampagne ist eine Selbsttäuschung. *Die Zeit*,
    Nr. 38/2000

3.) Die moderne Wissenschaft berührt die Menschen aufgrund ihres Potenzials von Innovation und Problemlösung. Von ihr werden Antworten erwartet auf Fragen wie: Was bedeutet der Klimawandel für unser Leben? Welche Chancen und Risiken bringt die Gentechnik? Welche kulturellen Veränderungen erwachsen aus der Globalisierung?

4.) Ein weiterer Grund für das Bemühen um öffentliche Präsenz ist die Rückkoppelung zwischen wissenschaftlichen Einrichtungen und den Entscheidern aus der Forschungsförderung. Das finanzielle Gerüst der Wissenschaft ist heute nicht nur in Programmen der Politik oder der Stiftungen ablesbar, sondern wird von Öffentlichkeitsarbeit mitbestimmt. Erfolgreiche wissenschaftliche Arbeit benötigt heute geeignete Darstellungen und Kanäle, um wahrgenommen zu werden.

5.) Wissenschaftskommunikation ist Teil des umfassenden Wettbewerbs um Aufmerksamkeit. In einer Mediengesellschaft muss sich Wissenschaft auch medial präsentieren. Hier kommt dem Journalismus eine maßgebliche Rolle zu, wenn er informiert, aufklärt und vermittelt.

Science Fiction als Vorbild für Wissenschaftskommunikation

Ein Genre, das älter ist als heutige Wissenschaftskommunikation, aber ähnliche Funktionen erfüllt, ist die Science Fiction. Zu ihren Wegbereitern gehörten Edgar Allen Poe ebenso wie Kurd Laßwitz. Und die von Jules Verne imaginierte Reise „Von der Erde zum Mond" (1865) beruhte auf Erwägungen über Schwerkraft und Schwerelosigkeit, über die Rotationsgeschwindigkeit der Erde und Flugbahnen von Himmelskörpern. Viele seiner Szenarien waren aus technisch-wissenschaftlichen Entwicklungen des 19. Jahrhunderts abgeleitet und in einer Mischung aus Prognose und Phantastik weitergedacht.

„Science Fiction hat den großen Vorteil", so der Naturwissenschaftler und Autor Karlheinz Steinmüller, „dass sie wissenschaftlich-technische

Sachverhalte diskutierbar macht." [75] Er nennt ein Beispiel: „Das Beamen ist durch Star-Trek berühmt geworden und nicht durch Norbert Wiener, der es als erster erdacht hat." Steinmüller spricht damit ein Thema an, das sich in der Zukunftsforschung wie in der Wissenschaftsgeschichte großer Beliebtheit erfreut – die wechselseitige Beeinflussung von Wissenschaft und Science Fiction. Heute spricht man gelegentlich gar von einer „Enterprise-Generation" von Wissenschaftlern, die mit Star Trek aufgewachsen sind und denen viele der in der Science Fiction-Serie eingeführten Erfindungen zu Leitbildern der eigenen Forschung wurden. Dies ist nicht nur ein aktuelles Phänomen. Steinmüller: „Auch frühere Wissenschaftlergenerationen wurden von mehr oder weniger utopischen Visionen beflügelt, wie sie etwa Francis Bacon vorgebracht hat, der das Meer mit U-Booten kolonisieren wollte." [76] Umgekehrt haben die Raumfahrtpioniere und Science Fiction-Leser Hermann Oberth oder Wernher von Braun selbst Science Fiction-Erzählungen verfasst und sich damit zwischen Wissenschaft und Fiktion hin und her bewegt.

„Phantastische Technikfolgenabschätzung" und das Einsteinjahr

Science Fiction ist eine Schnittstelle zwischen Wissenschaft und Gesellschaft. Sie schafft nachvollziehbare und ansteckende Bilder für das, was noch ungedacht ist, bettet wissenschaftliche Erkenntnisse und Prognosen in simulierte Lebenswelten ein, betreibt also eine Art „phantastische Technikfolgenabschätzung". Nur so, und nicht rein wissenschaftlich, kann auch eine begründete gesellschaftliche und politische Diskussion über Technik und Wissenschaft geführt werden. H.G. Wells und Jules Verne gehören zu den weitsichtigsten Autoren, gemessen an der Antizipation tatsächlicher Entwicklungen. Im Einsteinjahr 2005, das auch das

75   Beth, T. und Steinmüller, K.: Naturwissenschaft zwischen Publicity und Science Fiction. Ein Gespräch mit Stefan Iglhaut und Thomas Spring. In: Iglhaut, S. und Spring, T. (Hg.): Science + Fiction. Zwischen Nanowelt und globaler Kultur. Bd. 1: Bilder und Texte, Berlin 2003, S. 229-247
76   Ebd.

100. Todesjahr Jules Vernes war, konstatierten Harald Lesch und Harald Zaun in *Telepolis*: „Während der technikfreundliche Jules Verne in seiner 1863 verfassten, aber erst 1994 veröffentlichten Schrift ‚Paris im 20. Jahrhundert' sowohl benzinbetriebene Automobile, Faxgeräte und Telefone sowie den Siegeszug des Englischen als Weltsprache prophezeite, sagte H.G. Wells in seinem 1914 erschienenen Buch ‚Befreite Welt' sogar den Abwurf der ersten Atombombe voraus."[77]

Doch so groß die Verführung sein mag, Science Fiction an ihrer prophetischen Genauigkeit zu messen, ihre Attraktion bezieht sie nicht aus dem Zukunftsdenken, sondern aus dem Modelldenken. Die Zukunft, der Weltraum oder Alternativwelten wie der Cyberspace spielen Modelle für die Gegenwart durch. Leitbilder der Science Fiction – vom Leben im Weltraum bis zum Nanoroboter in der Blutbahn – tauchen als Forschungsziele ebenso wie als Themen der Populärkultur wieder auf. Diese Annahme wird von vielen Wissenschaftlern bestätigt, nur wenige streiten sie heftig ab wie einer der berühmtesten Science Fiction-Autoren, der 2006 verstorbene Stanislaw Lem: „Die SF-Autoren kopieren bloß, die inspirierende Wirkung der SF ist gleich null."[78]

In der Publizistik wie der Wissenschaftskommunikation lassen sich vermehrt Science Fiction-Elemente feststellen: Spektakuläre Entdeckungen, die nicht mehr nur durch die Peer Review der Fachzeitschriften laufen, sondern in Feuilletons aufbereitet werden, sind angereichert mit Verheißungen und Erwartungen. Erfolgsmeldungen und optimistische Prognosen machen neugierig auf Anwendungen der Grundlagenforschung, schaffen ein positives Klima und lassen Politik und Drittmittelgeber aufhorchen. Man muss nicht bis zu den Fälschungsskandalen gehen um zu sehen, dass auch wissenschaftliche Modelle zuweilen an der Science Fiction geschult sind: Denkmodelle, die Zukunftsversprechen anbieten, bis diese von der Wirklichkeit widerlegt werden und ins Reich der Science Fiction-Literatur zurückkehren. Dazu der Informatiker Tho-

---

77   Lesch, H. und Zaun, H.: Der Communicator-Effekt. Anmerkungen zum antizipierenden Moment im Science-Fiction-Genre, Telepolis 2005. Im Internet nachzulesen unter: www.heise.de/tp/r4/artikel/19/19775/1.html

78   Ebd.

mas Beth: „Eine wichtige Erkenntnis ist tatsächlich die, dass wir den Unterschied zwischen Publizistik, Wissenschaft und Science Fiction, die Trennung zwischen diesen Gebieten nicht mehr klar ziehen können. Nehmen Sie irgendwelche von diesen Sekundärartikeln, die in der *Frankfurter Allgemeinen* oder der *Neuen Zürcher Zeitung* oder *New York Times* erscheinen, wo über mögliche Anwendungen von Erfindungen aus der Physik, Biochemie, Informatik berichtet wird, die weit über realistische Möglichkeiten hinausgehen, aber ein Szenario erzeugen, das Hoffnung generiert bei Entscheidungsträgern, Finanziers etc. Das ist ganz klar ein eigenes Genre geworden."[79]

Leibniz im Jahr 1675 – ein Vater des Mediums Ausstellung

Das Medium Ausstellung ist ein anderes Metier, und ich sehe mich dabei in größerer Nähe zum Wissenschaftsjournalismus als zum Kampagnenstil derjenigen, die um Akzeptanz und Nachwuchs werben. Ausstellungen sind Medien des Begreifens: Anders als der meist lineare Aufbau von Texten in Büchern oder Bildabfolgen in Filmen bespielen sie den Raum, setzen den Besucher in Bewegung und wecken dabei sein Interesse über die reine kognitive Beschäftigung hinaus. Sie sind dreidimensional und beziehen den Körper des Besuchers ein. Deshalb arbeiten Ausstellungen im Idealfall mit allen Medien und Sinneseindrücken.

Man muss nicht von „Erlebniswelten" sprechen, will man aktuelle Strategien beschreiben, wissenschaftliche Inhalte attraktiv aufzubereiten. Die Inszenierung von Räumen und die Schaffung künstlicher Welten haben, vom Theater kommend, eine lange Tradition im Ausstellungswesen. Schon in der Aufklärung entwickelten Philosophen und Naturwissenschaftler Konzepte für Technik- und Naturwissenschaftsausstellungen: Francis Bacon schlug um 1600 ein Erfindermuseum vor, René Descartes wollte Wissenschaftler zur Erläuterung technischer Apparaturen heranziehen – eine moderne Idee. Das 1794 gegründete *Conservatoire des*

---

79   Vgl. Anmerkung 75

Arts et Métiers in Paris machte sich eine technische Sammlung für die Ausbildung von Ingenieuren zunutze und begann, ihre Bestände auch öffentlich zu präsentieren. Gemeinsam ist diesen Initiativen ein Duktus der bildenden Vermittlung, der sich an ein allgemeines Publikum richtet, und darauf setzt, dass mit sinnlicher Erfahrung die nachhaltigste Erkenntnis erzielt werden kann. Diese Einsicht ist schon alt, sie wurde bereits auf antiken Bühnen umgesetzt. Schiller sprach von Museen als „Bildungsstätten der Anschauung", und Elemente der Forderung nach einer multisensorischen Darbietung von Themen, Stoffen, Botschaften finden sich bis heute wieder in den Kontexten der Szenographie, aber auch in der Werbung.

Ein ebenso sinnliches wie universelles Konzept des Ausstellungswesens entwirft Leibniz (1675): „Nehmen wir an, dass einige Personen von Stand, die sich auf schöne Merkwürdigkeiten, insbesondere auf Maschinen, verstehen, gewillt wären, diese in öffentlichen Vorführungen zu zeigen. Neben den Personen, die für die finanzielle Seite der Unternehmung aufkämen, bedürfte es auch solcher Personen, die mit neuen Erfindungen zu ihrem Gelingen beitragen könnten. Die Personen wären Maler, Bildhauer, Zimmerleute, Uhrmacher und ähnliche Personengruppen. Man könnte im Verlauf der Unternehmung allmählich Mathematiker, Ingenieure, Architekten, Gaukler, Wunderheiler, Musiker, Dichter, Buchhändler, Schriftsetzer, Graveure, und andere anstellen, ganz nach Bedarf. So ließe sich zum Beispiel die Laterna Magica vorführen – mit ihr könnte man gut anfangen –, Flugversuche, nachgebildete Meteoriten, unterschiedlichste optische Erscheinungen; eine Darstellung des Himmelszeltes mit seinen Sternen; Kometen; Wasserspiele, ungewöhnlich geformte Gefäße; Alraunen und andere seltene Pflanzen. Ungewöhnliche und seltene Tiere..." [80]

Ein Grenzgänger zwischen Wissenschaft und Kunst wie Leibniz kann als Schirmherr und Bezugsgröße auch für heutige Ausstellungspraxis nicht hoch genug eingeschätzt werden, worauf Horst Bredekamp und

---

80 Leibniz, Gottfried Wilhelm: Drôle de Pensée, touchant une nouvelle sorte de Représentation. In: Wunderkammer des Abendlandes. Museum und Sammlung im Spiegel der Zeit. Bonn, 1994

Jochen Brüning mit ihrem Projekt *Theatrum Naturae et Artis* (2000/2001) hingewiesen haben.[81] Leibniz' Gedankenspiel kann heute als Anleitung zur spartenübergreifenden Gestaltung und sinnlichen Vermittlung gelesen werden. Die eingefahrenen Formate „Kunstausstellung" und „Wissenschaftsausstellung" müssen durchbrochen und damit nicht nur gewohnte Diskursregeln überprüft, sondern auch die gewohnten Gruppen von Ausstellungsbesuchern neu in den Fokus gerückt werden. Dabei geht es um Öffentlichkeit, nicht vorwiegend um Fachpublikum.

Wissenschaft statt Mythos: Wie man Einstein auf die Bühne holt

Das in der Öffentlichkeit verbreitete Bild von Albert Einstein ist das eines skurrilen, weltfernen Genies. Seine Theorien erscheinen für Laien unbegreiflich. Im Jahr 2005 schien Einstein jedoch allgegenwärtig zu sein. Auf seinen Spuren bewegten sich zahllose Programme, Veranstaltungen und Veröffentlichungen. Der Anlass: 100 Jahre zuvor hatte der damals 26-jährige in Bern lebende Patentamtsmitarbeiter neben anderen Arbeiten vier revolutionäre wissenschaftliche Artikel in den *Annalen der Physik* veröffentlicht. Die Theorien des bis dato in Fachkreisen unbekannten Physikers erschütterten die theoretische Physik: Die spezielle Relativitätstheorie revolutionierte die Vorstellung von Raum und Zeit, die Gleichung $E=mc^2$ wurde fast so bekannt wie ihr Urheber. Zum Schicksal von Einsteins Nachruhm gehört jedoch, dass sich seine bündigen Bonmots und Portrait-Ikonen in der Öffentlichkeit am stärksten festsetzen. Es sind die Kurzbotschaften und Fotos, die den Kultstatus Einsteins ausmachen; in der Werbebranche hat man sein Gesicht gar als „Logo für Genie" bezeichnet.

Was aber kann man tun, wenn Einsteins Grundlagenforschung im Vordergrund stehen soll? Wie vermittelt man eine Theorie, von der selbst ihr Urheber scherzhaft sagte, es gebe nur etwa zehn Personen, die

81 Bredekamp, H., Brüning, J. und Weber, C. (Hg.): Theatrum Naturae et Artis. Theater der Natur und Kunst. Wunderkammern des Wissens. Bd. 1: Katalog, Bd. 2: Essays. Berlin, 2000

sie verstanden hätten? Wie kann ein Werk verständlich dargestellt werden, das vom Mythos der Unverständlichkeit umrankt wird? Die Frage ist auch eine Frage nach der Akzeptanz und der Verständlichkeit von Grundlagenforschung. Es sind häufig narrative Ideen, die einen komplexen Stoff attraktiv machen. Dazu braucht es Geschichtenerzähler, ob Wissenschaftler, Künstler, Ausstellungsmacher, Dokumentarfilmer oder Science-Fiction-Autoren.

Die Ausstellung „Albert Einstein – Ingenieur des Universums", die vom Berliner *Max-Planck-Institut für Wissenschaftsgeschichte* unter der wissenschaftlichen Leitung von Jürgen Renn veranstaltet wurde, ging den Weg der Kontextbildung. Die wissenschaftlichen Fragen Einsteins wurden in die Tradition der Erkundung der Natur gestellt, in das historische Geflecht von Interpretationen von Phänomenen, die sich einer unmittelbaren Anschaulichkeit entziehen. Der Ausstellungstitel „Ingenieur des Universums" entstammt dabei einem der vielen seltsam adressierten Briefkuverts, die Einstein erreichten. Auf einem davon findet sich die Bezeichnung „Dr. Albert Einstein – Chief Engineer of the Universe". Der Titel nimmt auf diese Weise zugleich ironischen Bezug auf den Einstein-Mythos und Einsteins bleibende Einsicht, dass Weltbilder von Menschen konstruiert und daher veränderlich sind.

Die Ziele der Ausstellung: Wissenschaft im gesellschaftlichen Kontext

Einstein schließt nicht nur an physikalische Theoreme des 19. Jahrhunderts an, seine Fragen haben mit grundsätzlichen Überlegungen über die Natur des Raumes, der Gravitation sowie von Magnetismus, Strahlung und Elektrizität zu tun. Einsteins Physik wird erst verständlich, indem man ihre wissenschaftsgeschichtliche Umgebung darstellt: Annahmen über die Mikrostruktur der Welt und Modelle des Kosmos. Zum Verständnis seiner Rolle gehören auch der zeitgeschichtliche Kontext, die Abgründe des 20. Jahrhunderts. Die Erzählstrategie der Ausstellung war daher eine Integration von Leben und Werk in ihren Kontexten.

Der zentrale Teil der Ausstellung war dem Lebensweg Einsteins gewidmet. Er beginnt in einer Epoche, die vom industriellen und künstlerischen Aufbruch geprägt ist, und endet im Schatten der Supermächte an der Schwelle eines Nuklearkrieges. Sein Leben führt ihn durch private Tragödien und historische Umbrüche. Er bereist viele Nationen, bis er zum kulturellen Symbol eines Gestalters des 20. Jahrhunderts avanciert. Gerade im Einsteinjahr ging es auch darum, Einstein nicht als großen Deutschen zu vereinnahmen, sondern die Erinnerung wach zu halten, welches Unrecht ihm in Deutschland widerfuhr. Ein Teil der Ausstellung sollte den historischen Kontext vermitteln. Hier begegnete der Besucher Einstein in der bürgerlichen Welt des elektrotechnischen Familienbetriebs, der Welt der Schweizer Bohème zwischen studentischer Anmaßung und etablierter Spezialwissenschaft, der Welt der preußischen Elite zwischen gewaltbereitem Nationalismus und pazifistischem Protest, der Welt des Judentums zwischen Antisemitismus und zionistischem Aufbruch bis zur Welt der Emigration zwischen wehrhafter Demokratie und politischem Misstrauen.

Wissenschaftliche Fragen sind heute mehr denn je gesellschaftliche Fragen: Auf welche Technik setzen wir für die Energieerzeugung? Wie verhindert man die Verbreitung von Atomwaffen? Soll wissenschaftliche Information frei im Internet verfügbar sein? Einsteins öffentliche Stellungnahmen zu Fragen der Weltpolitik lassen ihn seit Beginn des Ersten Weltkrieges ins Visier des Staates geraten, in den USA bemüht sich FBI-Chef J. Edgar Hoover darum, Einstein als Kommunisten mit „unamerikanischer Gesinnung"[82] zu überführen. Zu Einsteins Erbe gehört auch die Forderung nach einer verantwortungsbewussten, freien und demokratischen Kultur des Wissens – und der Politik.

Im Zentrum des dritten Teils der Ausstellung standen deshalb Einsteins politisches Vermächtnis einer atomwaffenfreien Welt und sein wissenschaftliches Erbe in der heutigen Physik und Kosmologie, aber auch in Anwendungen wie Laser und Satellitennavigation. Hier wurde

---

82 Vgl. Renn, J. (Hg.): Albert Einstein – Ingenieur des Universums. Bd. 1: Einsteins Leben und Werk im Kontext. Wiley-VCH, 2005, S. 196f.

modernste Wissenschaft durch interaktive Exponate aufbereitet und zugleich auf ihre Ursprünge bezogen – mit einem Blick auf ungelöste Rätsel: Was ist aus Einsteins Einwänden gegen die Quantentheorie geworden? Wie gut ist die Relativitätstheorie gesichert? Wie passen beide zusammen? Zudem wurden die Besucher mit aktuellen Fragen der Verantwortung von und für Wissenschaft und ihrer gesellschaftlichen Dimension konfrontiert. In einem fiktiven Konferenzraum konnten sie sich historische und aktuelle Debatten vergegenwärtigen.

Die Methoden: Originalexponate und fiktive Interviews mit Newton

Der Besucher von „Albert Einstein – Ingenieur des Universums" traf auf eine Inszenierung, die über eine reine Objektpräsentation hinausgeht. Die Ausstellung bot räumliche Szenarien und thematische Bühnen an, Ambientes, die ihre Anziehungskraft aus dem Zusammenspiel von Erzählung, Objektaura, metaphorischem Raumkontext und Inszenierungsmitteln bezogen. Die Szenographie lebte vom Zusammenwirken von Originalexponaten aus der Wissenschaftsgeschichte, Einsteins Schriften und biographischen Dokumenten, der medialen Begleitung und Vertiefung durch interaktive Erläuterungen und Filme sowie der Dokumentation in Text und Bild. Zeitzeugen Einsteins wurden aufgesucht und interviewt, fiktive Interviews mit den Vätern der klassischen Physik ebenso wie Gespräche mit lebenden Wissenschaftlern geführt. So wurden Angebote für ein Verständnis von Einsteins Persönlichkeit und Theorie geschaffen, die weniger auf die flüchtige Wirkung des Einstein-Mythos setzen als auf eine Begreifbarkeit von Wissenschaft.

Zur Verständlichkeit gehört die Kontroverse, denn komplexe Themen zeigen sich oft widersprüchlich: Die Ausstellung unternahm den Versuch, wissenschaftliche Thesen und Theorien nicht durch Abhandlungen, sondern durch Streitgespräche und widerstreitende Interpretationen der Welt verständlich zu machen. Es geht bei einem derartigen Projekt und in der Entwicklung von Wissenschaft insgesamt nicht um Wahrheiten, sondern um Standpunkte, die stets umstritten sind und einem stetigen Wandel unterliegen: Wissenschaftliche Wahrheit wird permanent sozial verhandelt. Der Besucher begegnete Aristoteles, Newton und Einstein in einem fiktiven, aber in ihren Standpunkten wissenschaftlich plausiblen Disput über die Schwerkraft. An anderer Stelle diskutieren Boltzmann, Lorentz und Planck über die Vollendung der klassischen Physik. Sie ruhte auf drei Säulen: Mechanik, Elektrodynamik und Thermodynamik. Kann die gesamte Physik auf einen dieser Teilbereiche zurückgeführt werden? Oder es sind Nietzsche, Mach und Einstein, die versuchen, sich darüber zu verständigen, was Wissenschaft ist.

Ein besonderes pädagogisches Programm war ebenfalls Teil des Konzepts: Nach amerikanischem Vorbild standen „Explainers" als Ansprechpartner überall in der Ausstellung zur Verfügung. Sie erklärten die Stationen und nahmen von sich aus Kontakt mit den Besuchern auf. Zusätzliche Angebote wie die „Experimente" schließlich standen für Workshops, in denen Kinder, Schüler, Lehrer und Familien angeregt wurden, historische und kulturelle Hintergründe der Naturwissenschaften zu entdecken: Wenn es den Kindern gefällt, dann kommen auch die Eltern. Das Feedback auf die Ausstellung zeigte, dass auch viele Wissenschaftler unter den 130 000 Besuchern waren. Aber der überwiegende Teil war allgemeines Publikum.

Fünf Fragen an Stefan Iglhaut

Wie sah das Zusammenspiel zwischen dem Max-Planck-Institut und den Ausstellungsmachern aus? Wer hatte welche Aufgaben?
Die anderthalb-jährige Arbeit der Vorbereitungszeit war in zwei Teams strukturiert. Das eine hat *Max-Planck*-Direktor Jürgen Renn organisiert mit einem Dutzend Spezialisten für Physik, Astronomie oder politische Geschichte. Für die Umsetzung gab es ein zweites Team, das in der Produktionsphase auf über 100 Beteiligte anwuchs, die an Medienproduktionen, Rauminstallationen, Computerprogrammen oder Publikationen gearbeitet haben. Den Kern bildeten erfahrene Planer – Kuratoren, Gestalter und Projektmanager. Das *MPI für Wissenschaftsgeschichte* hat den

wissenschaftlichen Inhalt aufbereitet und in einem engen, laufenden Dialog mit den Gestaltern die drei Hauptmodule detailliert: „Wissenschaftliche Vorgeschichte", „Einsteins Leben und Werk" und „Nachwirkungen Einsteins in der heutigen Wissenschaft, Technik und Politik". Inhaltsteam und Umsetzungsteam bildeten eine Symbiose, Jürgen Renn und ich führten alle Entscheidungen gemeinsam herbei. Es war ein Ping-Pong, ein gemeinsames Wagnis mit besonderem Ergebnis – was auch die Frage eines Berliner Kurators beantwortet, wie es gelungen sei, zu einem so schwierigen Komplex wie Einstein eine an „Popsprache" erinnernde Ausstellung zu gestalten.

Wie entwickelt man die Ideen, wie man Elektrodynamik oder Allgemeine Relativitätstheorie am besten audiovisuell oder textlich umsetzen kann?
Gestaltungsideen oder dramaturgische Ideen erwachsen am besten, wenn man sich konkret mit dem Thema beschäftigt, sich etwa in Einsteins Texte einliest. Technisch gesehen gibt es ein unbegrenztes Reservoir, wie man Theoriekomplexe, Lebensläufe und historische Kontexte erzählen kann. Man kann einen Raum bespielen oder ein virtuelles Fenster in ein Medium aufmachen oder ein Objekt ins Zentrum stellen. Das Geheimnis ist die Kombination, die wechselseitige Kontextualisierung von Objekten, Medien und szenographischen Elementen. In der Ausstellung gab es zum Beispiel einen weißen Raum, in dessen Mitte eine einzige Vitrine stand – mit Einsteins Arbeiten von 1905 im Faksimile und Monitoren, auf denen ein erläuternder Film gezeigt wurde. Ansonsten war der Raum leer und weiß und so hinterleuchtet, dass es blendete. Da zudem die Ecken als Rundung ausgebildet waren, ist der dreidimensionale Raum quasi verschwunden – womit das Thema in eine Raummetapher übersetzt war: eine neue Theorie des Lichts und des Raums, ausgestellt in einem Raum aus Licht. Filmszenarios aus „2001 – Odyssee im Weltraum" oder „Matrix" wirken hier sicher als kulturelle Ikonen fort...

Kann man eine wissenschaftliche Ausstellung als begehbares Multimedia ansehen? Sind die Regeln ähnlich, wie bei einem Multimedia-Auftritt im Internet, wo man verschiedene Medien und Ebenen anklicken kann?

Wir haben die Ausstellung tatsächlich in gewisser Weise so organisiert. Mit rund 1 200 Exponaten war es eine Objektausstellung, aber die Idee, dass man zu jedem Objekt weitere Fenster öffnen kann, hat durchaus mit der Idee des World Wide Web zu tun. Allerdings ist es komplexer, dies auf einem Rundgang durch den Raum zu inszenieren, auf dem man sich statt per Computermaus mit dem ganzen Körper durch eine Objektlandschaft bewegt. Ein blendend weißer Raum aus Licht wirkt stärker als jede weiße Fläche auf dem Bildschirm. Man kann räumliche Erfahrung nicht ersetzen durch Simulation im Zweidimensionalen. Dabei müssen Ausstellungen durchaus nicht mit Medien und Filmen arbeiten und nicht gleich rund 5,5 Millionen Euro kosten wie im Falle der Einstein-Ausstellung. Die Kunst ist es, auch mit geringen Mitteln, aber räumlicher Phantasie und einer Themenzuspitzung zu betonen, dass es sich lohnt, an einen Ort zu gehen. Man kann nicht alles per Internet erkunden und behaupten, das sei die gleiche Erfahrung.

Wie sind die Ausstellungstexte entstanden? Und wie stark waren daran Journalisten und wie stark Wissenschaftler beteiligt?

Die erste Idee lautete: Wir lassen zunächst Wissenschaftler die Texte schreiben und geben sie dann an Textprofis wie Wissenschaftsjournalisten, die das lesbar umgestalten. Das führte aber prompt zu Problemen, weil sich dabei auch inhaltliche Verfälschungen eingeschlichen haben. Bei naturwissenschaftlichen Fakten, die präzise stimmen müssen, kann man eben nicht – damit es besser lesbar ist – eine Formel weglassen oder eine Begründung flüssiger schreiben, die nun mal so umständlich ist, wie sie ist. Dieses Verfahren hat nicht funktioniert, sodass wir Teams gebildet haben: Die *Max-Planck*-Forscher haben ihre Texte überwiegend selbst geschrieben, dabei aber von Anfang an journalistische Kollegen mit an Bord genommen, die dann in Teamarbeit mit den Wissenschaftlern die Texte mitverfasst haben.

Ist es ein Trend, dass wissenschaftliche Ausstellungen durch freie Büros entworfen werden? Und welche Qualifikationen haben die Mitarbeiter?

Freie Büros konzentrieren sich auf andere Aufgaben als Museen, wo zum Beispiel die Pflege und Dokumentation von Sammlungen im Vordergrund stehen. In meinem Büro treten je nach Projekt spezialisierte Teams zusammen – Wissenschaftler, Gestalter, Planer – und können dadurch sehr flexibel reagieren. Ein wichtiger Teil der inhaltlichen Arbeit sind dem Journalismus ähnliche Tätigkeiten wie Redaktion und Recherche, während in der Gestaltung vorwiegend professionelle Filmemacher, Architekten und Lichtdesigner gefragt sind.

Fünf Links zum Thema

- Homepage des Autors und die Einstein-Ausstellung virtuell: www.iglhaut-partner.de und www.einsteinausstellung.de
- Wissenschaftsjahre 2005 und 2006: www.einsteinjahr.de und www.informatikjahr.de
- Die Ausstellung *Science + Fiction*: www.scienceandfiction.de
- Die Ausstellung *Theatrum Naturae et Artis*: www2.hu-berlin.de/hzk/theatrum/
- Das größte Wissenschaftsmuseum weltweit: www.sstm.org.cn/english/index.htm

Ergänzende Literatur

- Renn, J. (Hg.): Albert Einstein. Ingenieur des Universums. Dreibändiges Begleitwerk und DVD zur Ausstellung, Reihe „Abenteuer Wissensgeschichte" des *Max-Planck-Instituts für Wissenschaftsgeschichte*. Wiley-VCH, 2005.
- Iglhaut, S./Renn, J.: Ingenieur des Universums. Eine Ausstellung über Einsteins Revolution, ihre Voraussetzungen und ihre Folgen. In: *Die Zeit / ZeitWissen*, Sonderheft, April 2005.
- Renn, J.: Auf den Schultern von Riesen und Zwergen. Einsteins unvollendete Revolution. Wiley-VCH, 2005.
- Korff, G.: Museumsdinge. deponieren – exponieren. Böhlau Verlag, 2002.
- Iglhaut, S. et al. (Hg.): *Science + Fiction*. Zwischen Nanowelt und globaler Kultur. Ausstellungsführer. Bd. 1: Bilder und Texte, Bd. 2: Katalog. Jovis, 2003.

„Der Erfolg des Communicator-Preises zeigt, dass Potenzial da ist, um gute Wissenschaftler in Zukunft auf drei Beine zu stellen: Das eine Bein für die Forschung, das andere für die Lehre und das dritte für die Kommunikation mit der allgemeinen Öffentlichkeit. (…) Auch diese Kriterien sollten nachprüfbar sein und etwa bei Berufungen eine Rolle spielen.“

Wissenschaft in einer Pressestelle I:
Vermittler, Vermarkter und manchmal Verkäufer

Von Eva-Maria Streier
Deutsche Forschungsgemeinschaft (Bonn)

Presse- und Öffentlichkeitsarbeiter sind „loyale Prügelknaben mit diplomatischem Geschick", hieß es einmal in der *FAZ*.[83] Das ist eine gute Zusammenfassung: Loyal müssen sie sein, wenn sie sich in den Dienst einer bestimmten Institution stellen. Prügelknaben werden Presse- und Öffentlichkeitsarbeiter leicht, weil sie manchmal für Fehler des Hauses verantwortlich gemacht werden, die von der Öffentlichkeit beziehungsweise von den Medien aufgenommen worden sind. Und das diplomatische Geschick versteht sich für Menschen, die zwischen verschiedenen Interessen vermitteln, von selbst.

Die Institution: groß wie ein Ministerium

Die *Deutsche Forschungsgemeinschaft (DFG)* ist mit einem jährlichen Budget von rund 1,5 Milliarden Euro die größte forschungsfördernde Institution in Deutschland. Die Palette der Fachgebiete reicht von Archäologie bis Zoologie, die Förderung von Einzelprojekten eines Wissenschaftlers bis hin zu *DFG*-Forschungszentren mit 50 Mitarbeitern. Wichtig ist, dass die Gremien der *DFG* die Anträge im Wettbewerb und unter Qualitätsgesichtspunkten prüfen. Die Bewilligungsquote liegt bei 30 bis 32 Prozent, je nach Wissenschaftsgebiet. Die *DFG* fördert gleichzeitig etwa 25 000 Projekte, dabei gehen gut 80 Prozent der Mittel direkt oder

---

83   *FAZ*, Beilage „Beruf und Chance", 3.5.1997

indirekt in die Förderung des wissenschaftlichen Nachwuchses. Weitere Aufgaben sind die Pflege internationaler Beziehungen (mit Büros in Washington, Peking, Moskau und Neu Delhi) sowie die Beratung von Parlamenten und Behörden. Das bekannteste Beispiel waren im Jahr 2001 die Empfehlungen in der Stammzell-Debatte, die sich im Wechselspiel zwischen Wissenschaft, Medien und Politik fast zu einem kleinen Krimi hochgeschaukelt hat; es gehören aber auch weniger spektakuläre Denkschriften zum Tierschutz und zu gesundheitsschädlichen Arbeitsstoffen (MAK-Kommission) zum Beratungsauftrag. Die *DFG* hat 780 Mitarbeiter, so viel wie ein größeres Ministerium. Die Mittel kommen jeweils etwa zur Hälfte vom Bund und den Ländern. Die Tatsache, dass die *DFG* Steuergelder erhält, bedingt die Verpflichtung zu Transparenz und auch zur Kommunikation der Forschungsergebnisse.

Vorrang für Redaktionen: Grundsätze der PR-Arbeit

Abteilungen für Presse- und Öffentlichkeitsarbeit sind in allen großen Institutionen, ob Ministerien, Verbänden oder Stiftungen, in ihrer Aufgabenstellung im Prinzip gleich. Man kann sie als Schaltstelle oder auch als Filter bezeichnen. Sie müssen, je nach der politischen Linie des Hauses, Ergebnisse nach außen vertreten, manchmal auch verkaufen. Es ist natürlich zu filtern, was, wem, wie und manchmal auch wann herausgegeben wird. Umgekehrt lautet die Aufgabe, für das Haus wichtige Informationen von außen zu sammeln. Im politischen Bereich ist dies häufig gekoppelt mit Personen-PR, etwa für einen Minister. Das ist in der *DFG* nicht so sehr der Fall, weil stärker Sachfragen und Forschungsergebnisse im Vordergrund stehen. In der Organisationsstruktur sollten Presseabteilungen immer Stabsstellen sein, die dem Vorstand direkt zugeordnet sind. Pressesprecher großer Institutionen sollten auf jeden Fall Mitglied im Direktorium oder in Abteilungsleiterrunden sein, in denen Entscheidungen besprochen werden, um qualifiziert Auskunft geben zu können. Naturgemäß sind Presseleute eher Generalisten, aber es ist wichtig, dass sie über alle wichtigen Vorgänge im Haus automatisch informiert werden. Es gehört dann eine journalistische Spürnase dazu, herauszufinden, welches Thema wichtig, interessant oder auch gut verkäuflich sein könnte. Und natürlich geht es manchmal auch darum, Schaden von der Institution abzuwenden, sie in möglichst gutem Licht darzustellen – das gelingt vor allem durch eine offene Informationspolitik. „Offen" heißt nicht offensiv, weil Werbung kontraproduktiv ist zur Vermittlung von Sachinhalten. Nur durch Offenheit kann eine Vertrauensbasis aufgebaut werden, die ein entsprechendes Arbeiten mit Journalisten ermöglicht.

Ein Beispiel dafür sind die Fälschungsfälle in der Forschung. Da geht es um heikle Fragen: Auf der einen Seite darf niemand vorverurteilt werden, wenn ein Verdacht auftaucht. Auf der anderen Seite gibt es das legitime Interesse der Presse, möglichst viel zu erfahren. Aber wenn eine gute Vertrauensbasis da ist, gibt es nicht nur Verständnis dafür, dass manches aus Sicht der Institution noch nicht spruchreif ist, sondern dass umgekehrt auch Journalisten womöglich vertraulich über einen Teil ihrer Recherche-Ergebnisse berichten – was der Aufklärung eines Falles durchaus dienen kann, auch innerhalb eines Hauses wie der *DFG*.

In vielen Institutionen sind Presse- und Öffentlichkeitsarbeit getrennt, bei der *DFG* laufen sie zusammen. Pressesprecher und Öffentlichkeitsarbeiter sollten eine journalistische Ausbildung haben, zumindest aber zeitweise in diesem Bereich gearbeitet haben. Sie müssen einschätzen können, was unterschiedliche Medien brauchen, was die *Bild*-Zeitung braucht oder die *FAZ*, welchen Informationsstand oder welches Problembewusstsein die jeweils Anrufenden haben. Und einen Hörfunkjournalisten, der in einer Stunde aktuell auf Sendung geht, kann man nicht warten lassen, bis ein Vermerk im Haus abgestimmt ist. Deshalb ist es so wichtig, im Zweifelsfalle direkten Zugang zum Vorstand zu haben, um etwa einen O-Ton rasch „einfangen" zu können. Redaktionen haben in unserer Abteilung immer Vorrang. Sie sind unsere „Kunden", und es ist relativ egal, was gerade sonst noch ansteht. Wenn Journalisten anrufen, melden wir uns so rasch wie möglich zurück und versuchen, die erbetenen Auskünfte zusammenzutragen. Damit baut sich im Laufe der Zeit auch ein Renommee auf, weil man als Journalist weiß: Wenn man bei der *DFG* anruft, gibt es zuverlässig Rückrufe, auch wenn wir manchmal erst selbst recherchieren müssen.

Vorbild Hologramm: Presse- und Öffentlichkeitsarbeit bei der DFG

Im Innenhof des Bürohauses der *DFG* in Bonn befindet sich ein großes Hologramm, das vom Sitzungssaal aus angestrahlt werden kann. Ein Hologramm muss im richtigen Winkel angestrahlt werden, erst dann leuchtet es und wird gleichzeitig transparent. Das ist wie ein Leitmotiv für die Presse- und Öffentlichkeitsarbeit: Wir wollen die Themen herausholen aus der unscheinbaren, oft trockenen Beschreibung eines Forschungsprojekts: Was steckt da drin? Wie muss man es beleuchten, damit es seine Strahlkraft entfalten kann?

Insgesamt arbeiten in der Presse- und Öffentlichkeitsarbeit der *DFG* 13 Personen, darunter drei Halbtagskräfte und ein/e Volontär/in. Die Redakteurinnen und Redakteure haben einen geisteswissenschaftlichen oder naturwissenschaftlichen Hintergrund und alle eine zum Teil langjährige journalistische Vorerfahrung. Zum Kern der Pressearbeit gehören ein täglicher Pressespiegel, Pressemitteilungen, Pressekonferenzen und -gespräche, Journalisten- und Interviewanfragen. Hinzu kommen der Internetauftritt und der Spezialdienst „Informationen für die Wissenschaft". Schließlich gibt es noch Einzelaktivitäten wie Pressereisen, bei denen Wissenschaftler und Journalisten zusammenkommen, Kooperationen mit verschiedenen Medien, vor allem dem Fernsehen, Medientraining für Wissenschaftler und den *Communicator-Preis*, der Wissenschaftler für herausragende Leistungen in der Vermittlung ihrer Forschungsergebnisse auszeichnet.

Zur Öffentlichkeitsarbeit gehören die *DFG*-Zeitschriften *forschung* (viermal jährlich) und *german research* (dreimal). Wir bitten Wissenschaftler, Beiträge zu schreiben, die anschließend redaktionell bearbeitet werden. Zur Abstimmung gehen die Texte noch einmal an die Autoren. Wenn das Heft erscheint, ist oft die Reaktion auf die Überschriften interessant, die vorher nicht abgestimmt werden. Da gibt es Kommentare der Wissenschaftler wie „Das ist viel zu verkürzt" bis hin zu bösen Anrufen, das sei „reißerisch" – häufig aus Unkenntnis, dass eine Überschrift im Journalismus nur *pars pro toto* stehen kann. Die Beschwerden verstummen aber meist sehr schnell. Wir erleben dann, dass per Anruf noch einmal 50 Frei-Exemplare angefordert werden, denn das Heft sei ja doch gut angekommen. Das nennt man dann „Initiationsprozess".

Die englische Ausgabe *german research* greift Artikel aus der *forschung* auf, die sich für ein internationales Publikum eignen und dann übersetzt in rund 120 Ländern verbreitet werden. Hinzu kommt in der Regel einmal jährlich eine Ausgabe der *forschung spezial*, in der ausgewählte und besonders publikumswirksame Artikel aus der *forschung* noch einmal neu zusammengestellt werden. Davon gibt es auch eine englische Ausgabe. Wir haben schon zweimal für jeweils zwei Wochen etwa 30 000 Exemplare in ICE-Zügen ausgelegt – und im Anschluss zahlreiche Bestellungen erhalten. Hinzu kommen im Bereich Öffentlichkeitsarbeit einzelne Forschungsberichte bis hin zu Denkschriften über Themen wie Klinische Forschung oder Astronomie, die alle im Fachverlag *Wiley-VCH* publiziert werden. Dann gibt es Veranstaltungen wie *Wissen Schafft Kunst* und Vorträge von *DFG*-geförderten Forschern in Bonn, München und Berlin. Dass wir Jahresberichte, Info-Broschüren und Flyer bereithalten, ist selbstverständlich; in der Regel liegen diese zweisprachig vor. Hinzu kommen die DVD- und Videofilme über die *DFG*. Ein Schwerpunkt in den letzten Jahren sind Ausstellungen, die zum Teil als Wanderausstellungen durch die Welt reisen.

Im Bereich Fernsehen kooperieren wir seit Jahren mit verschiedenen Sendern, vor allem mit dem *WDR* und dem *ZDF*. Im Einsteinjahr etwa gab es eine Reihe, in der schwerpunktmäßig Filme gezeigt wurden, die in Kooperation mit der *DFG* entstanden sind. „Einsteins Erben und das Monster aus dem All" (gesendet am 2. März 2005 im *ZDF*) war so ein Beispiel, in dem es um schwarze Löcher ging. Kooperation bedeutet, dass wir helfen, die Themen zu definieren, dass wir Wissenschaftler vermitteln, die auch bei den Dreharbeiten mitmachen. Manchmal wird die Produktion auch von der *DFG* mitfinanziert, aber in der Regel beschränkt sich das auf die inhaltliche Vermittlung.

Weniger ist mehr: das Beispiel Pressemitteilungen

Pressemitteilungen gibt die *DFG* zu neuen Forschungsprogrammen heraus, zu Preisen, zu Tagungen oder Veranstaltungen. Was wir verstärken wollen, sind „Ergebnispressemitteilungen" über den Abschluss von Forschungsprojekten, die so geschrieben sind, dass sie als eine Art Reportage auch für Zeitungen druckbar sind. Die Anzahl der Pressemitteilungen ist deutlich gestiegen, von 54 im Jahr 2001 auf 86 im Jahr 2005. Ich weigere mich jedoch, Pressemitteilungen zu Themen wie „Professor XY hat 60. Geburtstag" herauszugeben. So etwas klicken Redaktionen weg, die überschwemmt werden mit Meldungen. Das Prinzip ist hier: Weniger ist mehr. Pressemitteilungen sollten nur zum Einsatz kommen, wenn auch wirklich etwas Interessantes zu verkünden ist. Auch da erwirbt man sich ein Standing, wenn eine Redaktion irgendwann sagt: „Wenn die *DFG* eine Pressemitteilung macht, lohnt es sich zumindest zu schauen, um was es geht." Aber es gibt immer noch Institutionen, die Pressemitteilungen verbreiten, bei denen nicht nachvollziehbar ist, wen man damit erreichen will.

Wie entsteht nun eine Pressemitteilung? Nehmen wir als Beispiel eine Bewilligung von sieben neuen Forschergruppen durch die *DFG* – also hoch angesiedelte, interdisziplinäre Projekte. Unsere Volontärin hat dann über die sieben Forschergruppen Kurzdarstellungen geschrieben, die mit den zuständigen Programmdirektoren für die einzelnen Fächer abgestimmt werden. Es ist ein Vorteil, dass wir alle Experten im Haus haben, um etwa nachzufragen: Wie ist das zu verstehen? Oder um eine Formulierung überprüfen zu können. Wenn es in der Sache nicht richtig ist, kann es korrigiert werden. Wenn es stilistisch als nicht korrekt empfunden wird, behalten wir uns jedoch vor, zu sagen: „Das ist unser Metier. Wir müssen es so weit herunterbrechen, dass es verständlich ist." Das ist auch ein Balanceakt. Das letzte Wort hat im Zweifelsfall die Presseabteilung, aber wir versuchen, vorher zu einer Einigung zu kommen. Wenn dieser Abstimmungsprozess, die „Mitzeichnung", abgeschlossen ist, geht die Pressemitteilung heraus – auf mehreren Kanälen. Als Erstes wird sie auf der *DFG*-Homepage online gestellt, dann geht sie an etwa

1 200 Journalisten per E-Mail und wird über den *Informationsdienst Wissenschaft* (*idw*) verbreitet. Ausgewählte Pressemitteilungen werden übersetzt und über den US-Server *EurekAlert!* und beim europäischen Dienst *AlphaGalileo* verbreitet.

Alternative zur Pressemitteilung: Der „pro-aktive" Weg

Im Bereich Wissenschaftspolitik ist der Weg oft ein anderer. Da ist es selten Erfolg versprechend, eine Pressemitteilung an alle Medien zu schicken. Wir wählen da häufig andere Formen. Ein Beispiel: *DFG*-Präsident Ernst-Ludwig Winnacker veröffentlicht in der *Süddeutschen Zeitung* am 4. Januar 2005 unter der Rubrik „Außenansicht" einen Gastbeitrag. Es geht darum, wie man die Exzellenz-Initiative aus dem Streit um die Föderalismusreform zwischen Bund und Ländern herausbekommen kann, um die Universitäten zu stärken. Auf diesem Feld muss man vorsichtig agieren, weil es viele Gespräche im Hintergrund gibt mit Staatskanzleien, auf Ministerebene etc. Und wenn der Präsident sich entscheidet, dass er sich dazu öffentlich äußern will, dann ist es ein mögliches Instrument, das in Form eines Gastbeitrags bei einem Leitmedium wie der *FAZ* oder der *Süddeutschen* zu versuchen. Man geht also pro-aktiv auf ein Medium zu und sagt: „Wir haben ein Artikelangebot, haben Sie Interesse?"

Ein solcher Beitrag provoziert in der Regel eine Menge Reaktionen, auch aus der Politik. Er zog zudem ein Interview der *FAZ* am 19. Januar 2005 nach sich. Christian Schwägerl griff das Thema noch einmal auf unter der Überschrift: „Geisel des Kompetenzstreits".[84] Schließlich hat man bei der *DFG* entschieden, vor den damals anstehenden Wahlkämpfen auch noch einmal gemeinschaftlich mit der *Max-Planck-Gesellschaft* und der *Hochschulrektorenkonferenz* zu versuchen, offensiv auf die Politik zuzugehen. Daraus entstanden ist wieder eine pro-aktive Aktion: ein Brief an die Bundespressekonferenz, in dem die Präsidenten der drei Einrichtungen anbieten, sich zum Thema „Forschung in der Geiselhaft der Poli-

---

84 *Süddeutsche Zeitung*, 4.1.2005, S. 2, und *FAZ*, 19.1.2005, S. 4

tik" zu äußern, was auch angenommen wurde. Das ist ein Beispiel, wie man im Bereich Wissenschaftspolitik pro-aktiv, reaktiv und wieder pro-aktiv agieren kann, um ein Thema voranzutreiben.

Kommunikationsfähigkeit – *ein* Kriterium für gute Wissenschaft!

Der erwähnte *Communicator-Preis* ist aus der Motivation heraus entstanden, in der Wissenschaft ein Anreizsystem zu schaffen, damit die Kommunikation mit der Öffentlichkeit als zentraler Bestandteil wissenschaftlicher Arbeit gesehen wird. Er wird seit dem Jahr 2000 vergeben und ist mit 50 000 Euro dotiert, die der *Stifterverband für die Deutsche Wissenschaft* der *DFG* zur Verfügung stellt. Ausgezeichnet werden sollen Wissenschaftler, die sich über viele Jahre um die Vermittlung ihrer Arbeit in eine breite Öffentlichkeit bemühen. Die Jury besteht aus Wissenschaftsjournalisten, Kommunikationsfachleuten und einigen Wissenschaftlern.

Der Hintergrund für die Schaffung dieses Preises ist symptomatisch für das Verhältnis zwischen Wissenschaft und Öffentlichkeit: Wissenschaftliche Kommunikation und Kommunikation mit der Öffentlichkeit funktionieren nach unterschiedlichen Prinzipien. Während die wissenschaftliche Welt immer noch weitgehend nach immanenten Gesetzen wie Effizienz und Publikationsraten funktioniert, gilt es zwar nicht mehr als unfein, sich mit der Öffentlichkeit oder den Medien zu befassen, aber es bleibt häufig lästig, raubt Zeit, lenkt vom Eigentlichen ab. Damit ist die für die Vermittlung neuen Wissens in die Öffentlichkeit erforderliche Zeit und Mühe noch lange kein selbstverständlicher Bestandteil wissenschaftlichen Arbeitens, sondern eben eine zusätzliche Leistung. Wenn aber die These zutrifft, die beispielsweise der Wissenschaftsberater der britischen Regierung, Sir Robert May, schon 1999 bei der Konferenz der *American Association for the Advancement of Science* vertreten hat, dass nämlich eine offene Kommunikation mit der Öffentlichkeit eine Überlebensfrage für die Wissenschaft sei[85], dann stellt sich die Frage, wie das

---

85   Vgl.: Im Hörsaal der Eitelkeiten. *Die Zeit*, Nr. 6/1999

zu bewerkstelligen ist. Nach meiner Erfahrung ist langfristig der einzig Erfolg versprechende Ansatz eine Erweiterung der Gesetze der Scientific Community: Neben erstklassiger Forschung und ebensolcher Lehrbefähigung muss als dritte Qualifikation die Kommunikationsfähigkeit und die Kommunikationsbereitschaft hinzutreten. Auch diese Kriterien sollten nachprüfbar sein und etwa bei Berufungen eine Rolle spielen.

Wenn wir so weit wären, wären wir einen Riesenschritt weiter. In dem Versuch, dies umzusetzen und diesen Aspekt zu gewichten, hat die *DFG* sich zunächst ein Anreizsystem überlegt: Als wir die Gelder vom *Stifterverband* bekamen, hätten wir auch einen neuen Preis für junge Experimentalphysiker oder eine andere Sparte schaffen können. Aber ich denke, der Erfolg des *Communicator-Preises* zeigt, dass Potenzial da ist, um gute Wissenschaftler in Zukunft auf drei Beine zu stellen: Das eine Bein für die Forschung, das andere für die Lehre und das dritte für die Kommunikation mit der allgemeinen Öffentlichkeit.

Die Kommunikationsfähigkeit soll auch das Medientraining verbessern, das wir anbieten – ein zweitägiges Seminar, in dem Doktoranden und Postdocs mit Grundregeln der Presse- und Öffentlichkeitsarbeit vertraut gemacht werden. Sie schlüpfen selbst in die Rolle des Journalisten, schreiben, setzen sich vor die Kamera, geben ein Statement. Durch die Kenntnis wächst das Verständnis, im besten Falle das Vertrauen für die Kultur der „anderen Seite". Einmal haben wir das ausgeweitet auf *DFG*-Vize-Präsidenten und Sprecher von Forschungszentren. Es war bemerkenswert, wie wenig zum Teil auch erfahrene Wissenschaftler, die häufig in den Medien sind, von deren Gesetzen wissen. Zudem haben wir ein Programm gestartet, in dem wir Forschern anbieten, in Redaktionen Kurzpraktika von ein bis zwei Wochen zu machen.

Der Trend: Fließende Grenzen von PR und Journalismus

Die Zahl der Journalisten, auch bei privaten Rundfunk- und Fernsehsendern, die sich mit Wissenschaft und Bildung befassen, ist stark gestiegen – was mit dem zunehmenden Interesse für Wissenschaft in der

Gesellschaft und der größeren Zahl der Medien zu tun hat. Naturgemäß erhöht das die Frequenz der Nachfragen nach Themen, Gesprächspartnern und Einschätzungen. Allerdings geht die wachsende Zahl der Sendeplätze oder Wissenschaftsseiten nicht immer einher mit einer wachsenden Zahl von Wissenschaftsjournalisten. Und das hat eine Kehrseite, die uns einerseits freut, bei der ich andererseits mit dem Herzen der Journalistin denke: Das ist eigentlich nicht gut.

Wir merken nämlich mehr und mehr, dass gut gemachte Pressemitteilungen häufig von Medien eins zu eins übernommen werden. Übernimmt die PR also den Journalismus? Die Abgrenzungen zwischen den beiden Bereichen lösen sich ein Stück weit auf. Gründe sind einerseits der Druck in den Redaktionen, aber auch der Druck in den Organisationen, die Wissenschaft „verkaufen" müssen. Hier gibt es teilweise regelrechte Auswüchse, insbesondere bei Pharma- und anderen Firmen, die inzwischen oft eine ganze Armada von Presse- und Öffentlichkeitsarbeitern aufbieten. Umgekehrt bedeutet dies, dass gut ausgebildete Presse- und Öffentlichkeitsarbeiter mit journalistischem Hintergrund im Wissenschaftsbereich sehr gesucht sind.

Fünf Fragen an Eva-Maria Streier

Wie stellen Sie es in einer so großen Institution sicher, dass Anfragen kurzfristig beantwortet werden können?
Wenn eine Anfrage zu einem konkreten Forschungsthema kommt, recherchieren wir das sofort im Haus mit den Programmdirektoren, die auf den Bereich spezialisiert sind. Die fragt man dann etwa, wen wir als Gesprächspartner empfehlen können. Datenbanken wie GEPRIS, die Auskunft über *DFG*-geförderte Projekte und Forscher geben, sind für die Vorrecherche hilfreich, aber persönliche Einschätzungen ersetzen sie nicht. Ein Beispiel war der Vorwurf, dass die Himmelsscheibe von Nebra, für die die *DFG* eine Forschergruppe in Sachsen-Anhalt bewilligt hat, nicht echt sei. Wenn die *Bild*-Zeitung Halle anruft, weil ein anderer Forscher sagt, das Ding sei gefälscht, dann kann ihnen der Programmdirek-

tor des Bereichs Archäologie auch einige Hintergründe sagen, die das in den richtigen Kontext bringen. Und wie gesagt: Wenn Journalisten anrufen, müssen andere Sachen liegen bleiben.

Es ist unterstützenswert, dass die Wissenschaft auf mindestens drei Beinen gehen soll. Zudem bestehen ja viele Gemeinsamkeiten zwischen der Kommunikation mit der Öffentlichkeit und der Lehre, sodass davon auch Synergien für die Didaktik zu erwarten sind. Und Wissenschaftler schauen ihre eigenen wissenschaftlichen Erkenntnisse, wenn sie diese an andere Zielgruppen adressieren als an ihre Community, auch noch einmal anders an, gewinnen womöglich neue Erkenntnisse. Welche Beobachtungen machen Sie da?

Die Erfahrung ist, dass es mehr und mehr Wissenschaftler beherrschen, mit verschiedenen Zielgruppen umzugehen – bis hin zum Vortrag im Kindergarten. Es gehört aber noch nicht zum wissenschaftlichen Kerngeschäft. Kommunikationsaktivitäten müssten daher per Definition zu den Kriterien einer Begutachtung hinzukommen, etwa wenn ein *DFG*-Sonderforschungsbereich verlängert werden soll. Wenn da neben der reinen Forschungsarbeit ein guter Film entstanden ist oder eine Ausstellung, dann sagen die Gutachter jetzt langsam auch, dass sie das mit berücksichtigen – eben neben den x Dissertationen und y Habilitationen und z Publikationen aus dem Projekt. Denn bisher scheuen viele Forscher vor diesen Aktivitäten zurück, weil ihnen dann Zeit verloren geht für die Wissenschaft. Ein Beispiel ist der Theologe und *Communicator*-Preisträger Hubert Wolf aus Münster. Da ging es um ein Filmprojekt, das das *ZDF* machen wollte: eine Langzeitbeobachtung über seine Arbeiten in vatikanischen Inquisitionsarchiven. Wolf hatte Sorge um seine Doktoranden. Wenn die dem Filmteam Zeit opferten, dann könnten sie bis zum Ablauf der Förderperiode womöglich nicht sechs Bände, sondern nur viereinhalb publizieren. Ich habe das im Direktorium zur Sprache gebracht und ihm dann in einem offiziellen Brief geschrieben, dass es im Interesse der *DFG* sei, diesen Film zu machen, den er dann bei der Begutachtung vorlegen könne. Langfristig muss es selbstverständlich werden, dass die populäre Aufbereitung eines Themas mit eingereicht werden kann.

Wenn die Wissenschaftler ihre journalistischen Fähigkeiten verbessern, wird dann der Wissenschaftsjournalist nicht irgendwann überflüssig?
Wenn Wissenschaftler in der Lage sind, besser zu kommunizieren, dann kommt das zunächst der Lehre zugute, ebenso Öffentlichkeitsarbeitern und Journalisten. Aber das ist ein breites Betätigungsfeld, und ich glaube nicht, dass die Arbeit da so schnell ausgeht. Womöglich wird die Arbeit für Journalisten sogar anspruchsvoller, wenn auch weniger gute Wissenschaftler sich besser verkaufen.

Wie sieht die Kommunikation auf europäischer Ebene aus?
Unter anderem haben wir mit anderen deutschen Wissenschaftsorganisationen seit Jahren ein Büro in Brüssel, die so genannte *Koordinationsstelle Wissenschaft (KoWi)*, die ursprünglich geschaffen wurde, um deutschen Wissenschaftlern Wege durch das komplizierte Antragsdickicht zu EU-Forschungsgeldern zu weisen. Die Präsidenten der europäischen Wissenschaftsorganisationen treffen sich zudem zweimal im Jahr in einer Gruppierung namens *EuroHorcs (European Heads of Research Councils)*. Auch deren Pressesprecher haben sich zusammengeschlossen, und zwar im *European Science Communication and Information Network (ES-CIN)*. Wir treffen uns einmal im Jahr, wobei immer ein Land einlädt.

Gibt es einen grundsätzlichen Unterschied bei der Pressearbeit einer Einrichtung wie der DFG und einer Firma? Oder dürfen beide gleichermaßen ihre „Produkte" bestmöglich verkaufen?
Um es zuzuspitzen: Das ist der Unterschied zwischen Werbung und Öffentlichkeitsarbeit. Eine Firma darf und muss ihre Produkte anpreisen, um sie bestmöglich verkaufen zu können. Die *DFG* muss offen legen, was sie tut und fördert, auch weil es sich bei unseren Mitteln um öffentliche Gelder handelt. Das heißt, sie muss auch mögliche Fehler und Probleme offen legen.

Fünf Links zum Thema

- Die *Deutsche Forschungsgemeinschaft* und das Verzeichnis der von ihr geförderten Projekte im Internet: www.dfg.de und www.dfg.de/gepris
- Eine Übersicht über wichtige Forschungseinrichtungen in Deutschland: www.forschungsportal.net/karten/verzeichnis.html
- Das Netzwerk der Pressesprecher der europäischen Forschungsorganisationen (*Escin*): www.esf.org/escin/default.htm
- Pressemitteilungen von Forschungseinrichtungen (in Europa): www.alphagalileo.org
- Audiovisuelles Pressematerial für Wissenschaftsjournalisten: www.athenaweb.org

Ergänzende Literatur

- Brauer, G.: Presse- und Öffentlichkeitsarbeit. Ein Handbuch. UVK, 2005.
- Merten, K.: Einführung in die Public Relations. Bd. 1, Grundlagen. VS Verlag für Sozialwissenschaften, 2005.
- Aretin, K. von et al. (Hg.): Wissenschaft erfolgreich kommunizieren, Wiley-VCH, 2005.
- Wildt, J. et al. (Hg.): Journalistisches Schreiben für Wissenschaftler. Luchterhand, 2001.
- Hammerstein, N.: Die *Deutsche Forschungsgemeinschaft* in der Weimarer Republik und im Dritten Reich. Wissenschaftspolitik in Republik und Diktatur. Verlag C.H.Beck, 1999.
- Herrmann, D. et al.: Handbuch der Wissenschaftspreise und Forschungsstipendien. Alpha Informationsgesellschaft mbH, 2002.

„Man sollte die Redaktionen (...) nicht mit schlechten und langweiligen Pressemitteilungen zumüllen, sondern auf Qualität achten. Nach meiner Meinung sind gut gemachte Pressemitteilungen nach wie vor der beste Weg, um Themen in die Redaktionen zu bringen."

Wissenschaft in einer Pressestelle II:
Nachrichten – mal angedacht, mal angewandt

Von Franz Miller
Fraunhofer-Gesellschaft (München)

Wie jede Suche nach den Ursprüngen beginnt die Geschichte der *Fraun-hofer-Gesellschaft* mit einem Märchen: Es war einmal ein armer Glaser-lehrling, dessen Leben durch ein Unglück eine überraschende Wende nahm: Nach dem Tode seiner Eltern kam Joseph Fraunhofer nach Mün-chen, um eine Glasmacherlehre anzutreten. Der Lehrherr Weichselber-ger ging hart mit dem Jungen um, verbot ihm den Besuch der Feiertags-schule und das Lesen. Am 21. Juli 1801 stürzte das Haus ein, das Weich-selberger gemietet hatte, und begrub den Jungen unter sich. Im damali-gen Polizeibericht steht: „Hier erfuhr man, dass es der Lehrling sey, der noch lebte, und anfangs einen Finger, dann die Hand, endlich einen Arm herausstreckte. Man steckte ihm Schnupftücher zu, die mit Wasser und Essig eingefeuchtet waren, um ihn zu laben, und brachte ihn endlich nach vierstündiger, rastloser, lebensgefährlicher Arbeit, ohne dass etwas an ihm Schaden gelitten hätte, ans Tageslicht ...“ [86]

Kurfürst Max IV. Joseph war zur Unglücksstelle gekommen, ebenso der Politiker und Unternehmer Joseph von Utzschneider, der später zum wichtigsten Förderer Fraunhofers wurde. Mit der Rettung wurde der 14-jährige Glaserlehrling stadtbekannt. Zudem schenkte der Kurfürst ihm 18 Dukaten und bot Unterstützung an. Fraunhofer konnte nun die Feier-tagsschule besuchen und seinem außergewöhnlichen Lerneifer nachge-hen. Er setzte das Geld ein, um sich selbst auszubilden. In wenigen Jah-

---

86   Preyss, C.R.: Joseph von Fraunhofer. Optiker - Erfinder - Pionier. Stöppel-Verlag, 1989

ren hatte er sich als Autodidakt alles beigebracht, was damals Stand der optischen Industrie war. Ein beispielloser Aufstieg begann: Zum Unternehmer, der die besten Fernrohre der damaligen Zeit baute, und zum Forscher, der noch heute bekannt ist als der Entdecker der nach ihm benannten Linien im Sonnenspektrum. Fraunhofer starb mit 39 Jahren an Tuberkulose. Trotz seines kurzen Lebens war aus ihm ein gefragter Professor, weltberühmter Forscher und erfolgreicher Unternehmer geworden. Er war außerordentliches Mitglied der Bayerischen Akademie und der bayrische König Max Joseph hatte ihm den Adelstitel verliehen.

Schon Fraunhofer und Utzschneider verstanden sich übrigens auf Öffentlichkeitsarbeit: Der „Dorpater Refraktor" war das größte Fernrohr der damaligen Zeit. Fraunhofer hatte es konstruiert, und vor dem Transport nach Russland wurde es in der Münchner Salvatorkirche ausgestellt und von vielen Menschen bewundert – ein gesellschaftliches Ereignis.

Die Institution: Die Nachfolger des Joseph von Fraunhofer

Mehr als 200 Jahre später vollzog sich ein ähnlich unvorhersehbarer Aufstieg. Dieses Mal war nicht nur ein Haus eingestürzt, ganz München lag in Trümmern. Hugo Geiger, Staatssekretär im Bayerischen Staatsministerium für Wirtschaft, berief am 26. März 1949 die Gründungsversammlung der *Fraunhofer-Gesellschaft* (*FhG*) ein. Diese Organisation zur Förderung der angewandten Forschung sollte Reste vorhandener Forschung erhalten und neue Gebiete ausbauen, um den Wiederaufbau der Wirtschaft zu unterstützen. Auch diese Organisation musste harte Jahre durchlaufen, bis sie ihren Weg und die öffentliche Anerkennung fand. Mit der Aufnahme in die öffentliche Förderung Anfang der 70er Jahre kam der Durchbruch. Das Aschenputtel durfte an den Tisch der anerkannten Forschungsorganisationen. Das *Fraunhofer*-Modell mit erfolgsabhängiger Grundfinanzierung erwies sich als sehr dynamisch und wurde zum Treiber eines rasanten Aufstiegs. Innerhalb weniger Jahre verdoppelte sich das Forschungsvolumen und vermehrte sich die Zahl

der Institute. Nach der Wiedervereinigung wurden mit großem Engagement 20 Einrichtungen in den neuen Bundesländern aufgebaut. Im
Jahr 2001 wurde das *Forschungszentrum Informationstechnik* (früher *GMD*)
in die *Fraunhofer-Gesellschaft* integriert: acht Institute auf dem Gebiet der
Informations- und Kommunikationstechnik.

Das *Fraunhofer*-Finanzierungsmodell ist heute noch aktuell. Der Clou
ist, dass die öffentliche Förderung vom Erfolg abhängig ist. Und zwar
von einem messbaren Erfolg. Sich auf klare und messbare Kriterien zu
verpflichten, dazu gehört Mut. Nirgendwo sonst wagten es Forscher zu
sagen: „Wir wollen vom Staat anteilig nur soviel Geld, wie wir selbst
erwirtschaftet haben. Wenn wir weniger erfolgreich in der Auftragsforschung mit der Wirtschaft sind, wollen wir auch weniger öffentliche
Förderung." Das Problem war dann, dass die Auftragsforschung der
Fraunhofer-Institute immer erfolgreicher wurde und der Staat bald nicht
mehr soviel zulegen konnte. Auch heute noch gilt in etwa folgende Ziel-
größe: Ein Drittel des Gesamtetats bekommt die *Fraunhofer-Gesellschaft*
als öffentliche Grundfinanzierung, zwei Drittel erwirtschaftet sie selbst
durch Auftragsforschung. Mit diesem Modell und der klaren Ausrichtung auf Technologien, die in fünf bis zehn Jahren anwendungsreif sind,
hat sich die *FhG* ein unverwechselbares Profil gegeben. Die Aufgabe:
anwendungsorientierte Forschung zum direkten Nutzen für Unternehmen und zum Vorteil der Gesellschaft.

Heute betreibt die *FhG* mehr als 80 Forschungseinrichtungen an
Standorten in ganz Deutschland. 12 400 Mitarbeiterinnen und Mitarbeiter, überwiegend mit natur- oder ingenieurwissenschaftlicher Ausbildung, bearbeiten jährlich mehrere tausend Forschungsprojekte. Die
Fraunhofer-Gesellschaft konzentriert sich auf sechs Forschungsfelder: In-
formations- und Kommunikationstechnik, Mikroelektronik, Produktion,
Werkstoffe und Bauteile, Life Sciences, Oberflächentechnik und Photo-
nik. Hinzu kommen die Institute der Verteidigungs- und Sicherheitsfor-
schung. Die *Fraunhofer*-Institute bündeln ihre Kompetenzen in Kooperationen, um gemeinsam am Markt aufzutreten und ihren Kunden ein
breiteres Dienstleistungsspektrum anzubieten. Fachlich verwandte Institute arbeiten in Verbünden zusammen. Sie wirken in der Unterneh-

menspolitik sowie bei der Umsetzung des Funktions- und Finanzierungsmodells der *Fraunhofer-Gesellschaft* mit.

Im Jahr 2005 baute die *Fraunhofer-Gesellschaft* ihr Forschungsvolumen um 17 Prozent auf 1,25 Milliarden Euro aus. Davon fallen mehr als 1,068 Milliarden auf den Leistungsbereich Vertragsforschung. Trotz der schwierigen wirtschaftlichen Lage gelang der *Fraunhofer-Gesellschaft* eine Steigerung der Wirtschaftserträge. Sie erhöhten sich um 113 auf 430 Millionen Euro – das sind 36 Prozent der gesamten Auftragsforschung. Dieser Anstieg resultiert aus Lizenzerträgen, die im Geschäftsjahr 2005 durch den herausragenden Erfolg der MP3-Technologie erzielt wurden: Inzwischen zählt ein Großteil der weltweit agierenden Unterhaltungs- und IT-Unternehmen zu den Lizenznehmern der MP3-Technologie – erfunden am Erlanger *Fraunhofer-Institut für Integrierte Schaltungen IIS*.

Das Metier – und die brisante Beziehung von Forschern und Medien

Der typische Ablauf einer Pressekonferenz: Ein Professor erklärt wortreich Chart für Chart, was er erforschen möchte und wie wichtig das sei. Auf Nachfragen der Journalisten, ob es denn auch andere Forschergruppen oder andere technische Konzepte gebe, kommen nur vage Hinweise. Am nächsten Tag steht ein kurzer Artikel in der Zeitung, in dem über das Forschungsprojekt in wenigen Zeilen lapidar berichtet wird. Der Professor ist wütend, weil der Journalist die Bedeutung seines Forschungsansatzes nicht gewürdigt hat; der Journalist ist sauer, weil er für die paar Zeilen einen halben Tag verplempert hat.

Die Beziehung zwischen Forscher und Medien ist brisant, weil sie an ähnlichen Themen arbeiten – aber aus unterschiedlichen Blickrichtungen. Beide beanspruchen für sich die „Suche nach Wahrheit", unterstellen aber dem anderen, nur auf den eigenen Erfolg aus zu sein. Beide befürchten, von anderen missbraucht zu werden: Die Medien wollen nicht Akzeptanzbeschaffer für die Wissenschaft sein, die Forscher nicht Sensationslieferanten für die Medien. Hinzu kommt: Forscher können auch schreiben, Wissenschaftsjournalisten sind auch Wissenschaftler. Jeder hält seine Arbeitsweise für die richtige, die andere für falsch. Wenn die Forscher Journalisten vorwerfen, dass die Medien alles unseriös verkürzen, kontern die Journalisten, dass Wissenschaftler alles so kompliziert ausdrücken, damit es Laien nicht beurteilen können.

Wie kommen sie dennoch zusammen und wie kann man diese Beziehung moderieren und steuern? Was will der Journalist? Informationen, Neuigkeiten, am besten Sensationen, Skandale – und alles exklusiv. Was will der Forscher? Bekanntheit, Einfluss, neue Projekte. Was tut der Journalist, um den Forscher zu gewinnen? Er sagt: Ich schreibe über dich, wenn du mir wirkliche Neuigkeiten oder eine streitbare Aussage lieferst. Der Forscher hat aber meist Informationen zu bieten, die nicht neu sind, weil Forschung immer einen gewissen Vorlauf hat, oder Informationen, die für ein breiteres Publikum nicht relevant sind. Was wird der Forscher also tun? Er wird versuchen, den Journalisten anzulocken, auch wenn er nur geringen Informationsgehalt zu bieten hat. Das ärgert Journalisten, weil sie auf ihrer anstrengenden Suche nach verwertbaren Informationen mit Minderwertigem belästigt und aufgehalten werden. Der Forscher aber hält seine Arbeit für das Wichtigste der Welt und beklagt, dass die Journalisten über jeden Unsinn ganze Seiten füllen, aber sein Spezialgebiet nicht verstehen wollen.

Folgende Regeln müssen wir den Forschern immer wieder nahe bringen: Prüfe nach, was wirklich neu und einzigartig ist. Suche einen aktuellen Anlass für die Berichterstattung. Überlege, welche Botschaft du dem Journalisten geben möchtest. Wähle Themen aus, die einen Bezug zum täglichen Leben haben. Stelle die Relevanz der Forschung für die Menschen in den Vordergrund. Gehe mit erfolgreichen Themen an die Presse, nicht mit Ladenhütern. Suche den richtigen Zeitpunkt. Stelle nicht vor, was du möchtest, sondern was du erreicht hast. Verwende Superlative wie „Weltneuheit" nur, wenn es belegt und nachprüfbar ist. Hilf dem Journalisten, eine objektive Bewertung zu finden, durch Vollständigkeit der Angaben und vergleichende Informationen über Konkurrenten, Wettbewerber, Märkte. Kurz: Gib den Medien, was sie brauchen: fundierte, aktuelle Informationen. Vor allem aber reagiere schnell, denn darin liegt das Hauptproblem der Medien, schneller als die Konkurrenten zu relevanten Informationen und Aussagen zu kommen.

Zentral und dezentral: Presse- und Öffentlichkeitsarbeit bei der FhG

Die *Fraunhofer-Gesellschaft* ist dezentral organisiert. Die Institute werden wie Profit-Center vom Institutsleiter geführt. Deshalb betreibt auch jedes Institut eigene Presse- und Öffentlichkeitsarbeit. An allen Instituten sind PR-Referenten beschäftigt, die inzwischen überwiegend ausgebildete Fachkräfte aus den Kommunikationsberufen oder Journalisten sind. Sie sind die Ansprechpartner für die Presse vor Ort, pflegen vor allem die Kontakte zur Lokal- und der jeweiligen Fachpresse und sie unterstützen die Forscher beim Erstellen von Fachartikeln.

Die Dachkommunikation wird von der zentralen Presse- und Öffentlichkeitsarbeit in München betrieben, die sich dazu mit den Instituten abspricht. Dabei werden alle Themen kommuniziert, die die *Fraunhofer-Gesellschaft* und die Forschungspolitik insgesamt betreffen sowie alle institutsübergreifenden Themen. Zudem wird durch ausgewählte Forschungsnachrichten eine Basiskommunikation erzeugt, so dass das gesamte Spektrum der *Fraunhofer*-Forschung immer präsent ist und ein ausgewogenes Bild in der Öffentlichkeit entsteht. Zur Dachkommunikation gehören übergreifende Themen wie etwa das Generalthema „Innovation". Dazu haben wir viele Beiträge des Präsidenten, Professor Hans-Jörg Bullinger, in zahlreichen Medien veröffentlicht und mehrere Bücher herausgebracht. Bullinger vertritt das Thema intensiv nach innen und außen. Er war Mitglied in der Initiative „Partner für Innovation" der Bundesregierung unter Gerhard Schröder und ist auch im „Rat für Innovation und Wachstum" vertreten, den Bundeskanzlerin Angela Merkel in der Nachfolge installierte. Die von Bundesforschungsministerin Annette Schavan vorangetriebene High-Tech-Strategie der Bundesregierung wird vom „Pakt Wissenschaft und Wirtschaft" unterstützt, der gemeinsam vom *Fraunhofer*-Präsidenten und dem Vorsitzenden des *Stifterverbands*, Dr. Arend Oetker, geleitet wird.

Eine besondere Aktion in diesem Zusammenhang waren die „12 Leit-Innovationen", die wir gemeinsam mit *bild der wissenschaft* (*bdw*) im Dezember 2004 vorstellten.[87] Sie zeigten Gebiete, auf denen Deutschland Chancen hat, neue Märkte zu erschließen. In dieser Kooperation stellten wir *bdw* die Ergebnisse unserer aufwändigen Recherchen, Analysen und Bewertungsprozesse exklusiv zur Verfügung. Auf dieser Basis bearbeiteten Redakteure von *bdw* die Themen mit Hilfe von uns benannter Experten. Ein gemeinsam mit *bdw* beauftragter Fotograf entwickelte Bildideen für die Themen und eine einheitliche Bildsprache für die ganze Strecke. In einer gemeinsamen Pressekonferenz stellten wir das Ergebnis vor.

Solche Kooperationen erweisen sich für beide Seiten als erfolgreicher Weg, um übergreifende Themen zu kommunizieren. Die *FhG* arbeitet auf diese Weise mit zahlreichen Medien zusammen. Meist geht es um die Mitwirkung in Jurys für Preise, oft um die exklusive Vorstellung von Studien. Bei allen Kooperationen gilt prinzipiell, dass wir uns nicht in die redaktionelle Darstellung einmischen.

Weitere übergreifende Themen sind die „Jahre der Forschung", aber auch der „Tag der Technik", der „Girlsday" oder andere Aktivitäten der Scientific Community. Insgesamt arbeiten in der Presse- und Öffentlichkeitsarbeit der Zentrale 20 Personen, darunter Journalisten, Kommunikationswissenschaftler, aber auch viele Quereinsteiger. Darüber hinaus unterstützen uns Agenturen und freie Journalisten. Für die Pressearbeit sind sieben Redakteure zuständig. Prinzipiell gilt, dass jede Anfrage von Journalisten am selben Tag beantwortet wird. Das Presse-Team arbeitet in hohem Maße selbstständig. Auswahl der Themen und Zusammenstellung werden nicht vorgeschrieben, müssen von niemandem genehmigt werden. Das Kriterium lautet: Welche Themen könnten die Medien interessieren, oder – beim *Fraunhofer-Magazin* – was kommt bei seinen Lesern (überwiegend Kunden) an? Die Texte werden grundsätzlich von Journalisten geschrieben, nicht von Wissenschaftlern. Der fertige Text wird dem zuständigen Wissenschaftler jedoch zur Freigabe vorgelegt. Dabei gilt als Maßgabe, sich auf fachliche Korrekturen zu beschränken.

---

87 *bild der wissenschaft*, Nr. 1/2004, S. 92-113

Es liegt vor allem an der Kreativität unserer Redakteure, wie gut die Pressearbeit ist. Sie graben Themen aus, bewerten sie, entwickeln eine Geschichte – ähnlich wie freie Journalisten. Natürlich wissen wir, bei welcher Forschungsorganisation wir sind. Deshalb werden wir nicht negativ über unsere Institute schreiben, das kann niemand von uns erwarten. Umgekehrt werden wir aber nichts beschönigen, wenn Probleme oder Schwächen erkennbar sind. So sind auch wir gezwungen, Themen zu hinterfragen. Wir recherchieren und holen oft Hintergrundinformationen ein, um eine Technologie einordnen und die Geschichte im übergreifenden Zusammenhang darstellen zu können.

Themen finden für die anspruchsvollsten Leser: Journalisten

Nur die wenigsten Themen liegen parat auf dem Tisch. Was da ist, lässt sich häufig schwer umzusetzen. Bei den „klassischen" Anlässen, etwa wenn ein öffentliches Projekt gewonnen wurde, wenn ein Jubiläum ansteht oder wenn Politiker das Institut besuchen, ist der Informationswert gering. Allein die Tatsache, dass ein Institut ein großes Projekt bewilligt bekommen oder abgeschlossen hat, ist noch kein Anlass für die Presse, darüber zu berichten. Es muss schon ein wichtiges Problem angepackt werden oder ein Durchbruch erreicht worden sein. Also ist es besser, nach Themen und aktuellen Anlässen zu suchen. Die Redakteure müssen in der Fülle von Forschungsprojekten erst die medienwirksamen Themen finden, die sich wie Edelsteine zunächst kaum von gewöhnlichen Kieselsteinen unterscheiden. Erst wenn sie freigelegt, kunstvoll geschliffen und poliert sind, entfalten sie ihren Glanz. Hat ein Redakteur etwas Vielversprechendes entdeckt, geht er gewöhnlich zum Projektleiter, lässt sich die technischen Details erklären und im Labor die Vorgehensweise demonstrieren. So ist gewährleistet, dass nicht abstrakt Technologien erklärt werden, sondern der konkrete Forscher in seinem Arbeitsumfeld dargestellt wird.

Wir geben aktuelle Pressemitteilungen heraus und zu Beginn eines jeden Monats einen Mediendienst, in dem sechs ausgewählte Forschungsergebnisse auf jeweils einer Seite dargestellt werden. Er ist bei vielen Redaktionen, aber auch freien Journalisten beliebt. Pressearbeit heißt, für Journalisten zu schreiben. Und Journalisten sind die anspruchsvollsten Leser, die es gibt. Wir erwarten, dass Zeitungsredakteure nur die besten Themen auswählen, bewerten und aufbereiten. Also können wir nicht annehmen, dass sie bei unserer Pressemitteilung weniger kritisch prüfen, wie relevant das Thema für ihre Leser ist. Man sollte die Redaktionen daher nicht mit schlechten und langweiligen Pressemitteilungen zumüllen, sondern auf Qualität achten. Nach meiner Meinung sind gut gemachte Pressemitteilungen nach wie vor der beste Weg, um Themen in die Redaktionen zu bringen.

Unsere Pressearbeit konzentriert sich auf eine bestimmte Zielgruppe: Medien, die von technisch interessierten Führungskräften in Wirtschaft, Wissenschaft, Politik und Verwaltung gelesen werden. In der alle zwei Jahre untersuchten *Leseranalyse Entscheider* (*LAE*) kann man nachlesen, welche Printmedien diese Lesergruppe am besten erreichen. Das sind für uns anspruchvolle Zeitungen, Wochenblätter und Monatszeitschriften wie *Süddeutsche Zeitung, FAZ, Handelsblatt* und *Wirtschaftswoche, Die Zeit* oder *bild der Wissenschaft*. Blätter, die breitere Bevölkerungsschichten erreichen, sind für unsere Pressearbeit weniger relevant. Generell lässt sich sagen, dass der Name *Fraunhofer* etwa 24-mal pro Tag in den Printmedien erscheint, davon 11-mal in Zeitschriften und Wochenzeitungen. Im Fernsehen wird *Fraunhofer* etwa dreimal pro Tag erwähnt.[88]

Das Audio-Magazin und die wachsende Bedeutung der Bilder

Das Bild nimmt in der Pressearbeit eine wachsende Rolle ein, viele Themen kommen nur mit einem Foto oder einer Graphik ins Blatt. Bilder werden oft ähnlich aufwändig wie Texte entwickelt: Das richtige Motiv muss gefunden und in Szene gesetzt werden. Wir beschäftigen dazu eine Reihe freier Fotografen, die zu bestimmten Themen auch eine eigene

---

88 Quelle: Medienauswertung *Fraunhofer-Gesellschaft* für das Jahr 2005

Bildsprache entwickeln. Zudem bietet die Presse- und Öffentlichkeitsarbeit Ton und Film an. Das erste *Fraunhofer*-Audio-Magazin erschien im Dezember 2004. Aufgrund der hohen Nachfrage haben wir zum Jahreswechsel 2005/2006 ein weiteres Audio-Magazin produziert. Dort wurden zwölf Themen in kurzen Beiträgen – mit O-Tönen, Hintergrundgeräuschen und Sprecher – aufbereitet. Nun stehen die Audio-Clips auch als Podcasts im Netz. Zu wichtigen Themen lassen wir von externen Produzenten Filmbeiträge erstellen. Im Übrigen arbeiten wir immer wieder in Kooperationen mit Fernsehsendern zusammen. So zog etwa ein Redakteur mit Familie in das „intelligente Haus" in Duisburg und berichtete eine Woche lang täglich in der Sendung *nano* über seine Wohn-Erlebnisse.[89]

Der Trend geht zu Crossmedia-Projekten, das bedeutet, wir stellen ausgewählte Themen gleichzeitig in verschiedener medialer Form dar - zum Lesen, Hören und Sehen. Selbstverständlich werden alle Produkte, die in der Presse und Öffentlichkeit hergestellt werden, für das Internet aufbereitet und sind dort abrufbar.

Ausblick: Mehr Wissenschaftsjournalismus, mehr Wissenschafts-PR

Der derzeitige Boom des Wissenschaftsjournalismus und seiner neuen Variante „Wissensjournalismus" wird sicher noch einige Jahre anhalten. Deshalb werden auch die PR-Aktivitäten der Forschungseinrichtungen weiter zunehmen und viele weitere Akteure dazu kommen, die den Wettbewerb um die Aufmerksamkeit der Mediennutzer zusätzlich verschärfen. Die Nutzer werden immer dringender nach Orientierung, Auswahl, Vergleichen und lesergerechter Aufbereitung verlangen. Wer ist besser dafür geeignet als Journalisten, die sich das verständliche Darstellen und kritische Auswählen und Bewerten zur Profession gemacht haben? Allerdings wird der Job als Informationsbroker immer anspruchsvoller. Nicht nur mehr Irrelevantes, sondern auch mehr ver-

---

89   Informationen zum „intelligenten Haus": www.inhaus-zentrum.de

meintlich Sensationelles wird ihnen untergejubelt. Gleichzeitig werden Fehleinschätzungen problematischer, weil die Konkurrenz das umgehend zu Angriffen nutzt. Für die Pressearbeit heißt das noch höhere Qualität und umfassendere Beschreibung der Relevanz, sonst dringt auch die beste Pressemitteilung nicht mehr zu den Redakteuren vor. Weniger könnte hier nicht nur mehr sein, sondern der einzige Weg, um den Kanal von der Forschung zu den Medien offen zu halten.

Fünf Fragen an Franz Miller

Nach welchen Kriterien entscheidet die Pressestelle der Fraunhofer-Gesellschaft, zu welchen Themen sie eine Pressemitteilung macht und zu welchen nicht?
Zum einen gibt es Themen, die aus Forschungssicht eher unwichtig sind, aber etwa zu einer bestimmten Jahreszeit viele Medien interessieren. So hat eines unserer Institute aus Kartoffelstärke künstlichen Schnee für eine Filmproduktion hergestellt – eine schöne Pressemeldung für den Winter. Dabei handelte es sich jedoch nicht um eine großartige Forschungsleistung. Auch gibt es bei *Fraunhofer* einen Schokoladenforscher – ein gutes Weihnachtsthema. Häufig werden Expertenmeinungen gesucht, wenn ein Unglück passiert ist. Wir recherchieren dann, ob einer unserer Forscher dazu etwas beitragen kann. Schließlich gibt es, wenn auch selten, die echten technischen „Durchbrüche". Hier müssen wir dann aber auch eine Relevanz für die Menschen finden oder den aktuellen Aufhänger, sonst interessiert das niemanden.

Wie sieht die Strategie Ihrer Pressemitteilungen aus, was sind die Ziele?
Zunächst sollte eine Pressemitteilung so gut geschrieben sein, dass ein Journalist sie übernehmen *könnte*, was auch immer wieder geschieht. Aber das ist eigentlich nicht das Ziel. Das Ziel ist eher, einen Anreiz zu schaffen und Journalisten vom Thema zu begeistern. Das fängt bei Überschriften an, die überraschend und doch verständlich sein sollen. Und wir versuchen, die Texte so interessant zu machen, dass die Redakteure angeregt werden, selbst eine gute Geschichte daraus zu entwickeln.

Wer entscheidet über eine Pressemitteilung? Im Jahr 2004 gab es beispielsweise eine recht zweifelhafte Pressemitteilung des Fraunhofer-Instituts für Biomedizinische Technik (IBMT) über einen angeblichen Durchbruch in der Stammzellforschung, die später auch in zahlreichen Medien kritisiert wurde. Wer trägt für so etwas die redaktionelle Verantwortung?

Für alle Pressemitteilungen der *Fraunhofer-Gesellschaft* tragen wir in der Münchner Zentrale die Verantwortung. Aber die einzelnen *Fraunhofer-* Institute geben eigene Mitteilungen heraus. In diesem Fall kam die Pressemitteilung vom *IBMT*, ohne dass wir über den Inhalt Bescheid wussten. Der Institutsleiter hatte uns erst zwei Tage vorher informiert, dass in Berlin eine Pressekonferenz stattfindet. Wir haben abgeraten, weil wir das ganze Vorgehen für problematisch hielten. Es war aber längst entschieden und mit wichtigen Partnern aus Kiel, dem Rektor der Universität und dem Wirtschaftsminister des Saarlands verabredet. Der Plan war, zwei Stunden lang eine Pressekonferenz abzuhalten und danach keine Informationen mehr herauszugeben. Unsere Meinung war und ist: Das kann man nicht machen. Wissenschaftsjournalisten lassen sich so nicht abspeisen, sondern verlangen bei einem so brisanten Thema die Möglichkeit, das zu überprüfen und nachzufragen. So schrieben einige sehr kritisch über die Veranstaltung.[90] Ich teile diese Kritik, muss aber eingestehen, dass es uns in der kurzen Zeit nicht gelungen ist, die Sache abzublasen oder zu verändern. Unsere Institutsleiter agieren selbstständig; wir versuchen, Einfluss zu nehmen, was eben nicht immer gelingt.

Die Fraunhofer-Gesellschaft ist viel stärker von Aufträgen aus der Industrie abhängig als andere deutsche Forschungseinrichtungen, sie ist viel stärker davon abhängig, Geld einzuwerben. Wirkt sich dieser Druck, stärker werbend tätig sein zu müssen, auf die Presse- und Öffentlichkeitsarbeit aus?

Natürlich müssen unsere Institute in der Wirtschaft Aufträge akquirieren, aber das findet eher auf Messen oder Fachkongressen statt. Presse-

---

90 Anmerkung des Herausgebers: Beispiele dafür waren Artikel in der *Süddeutschen Zeitung* (29.5.2004, S. 1), *Financial Times Deutschland* (3.6.2004, S. 33) und *Die Zeit* (3.6.2004, Ressort Wissen). In der Redaktion der *Süddeutschen Zeitung* beschäftigte die Recherche am betreffenden Tag zwei Redakteure und zwei freie Autoren.

arbeit hat nichts mit dem direkten Verkaufen zu tun. Ziel ist es, unsere Themen bekannt zu machen und zu erreichen, dass die *Fraunhofer-Gesellschaft* in der Öffentlichkeit als eine seriöse, leistungsstarke Forschungsorganisation wahrgenommen wird. Da endet unsere Aufgabe.

Wie stark überprüfen Sie Informationen, die Sie von den Instituten bekommen?
Wir gehen in die Labors und schauen uns das an, prüfen ob es patentiert ist, ob es Veröffentlichungen dazu gibt. Im Detail beurteilen können das aber oft nur andere Experten, da sind wir von der Presseabteilung überfordert. Also fragen wir bei anderen Instituten oder unseren Kollegen von der Forschungsplanung nach, wie sie das Projekt einschätzen. Natürlich kann man nie ausschließen, dass ein Forscher sein Projekt schöner darstellt, als es ist. In der angewandten Forschung haben wir aber einen Vorteil: Anders als in der Grundlagenforschung müssen die Forscher unmittelbar beweisen, dass ihr Verfahren funktioniert.

Fünf Links zum Thema

* Das Medien-Angebot der *Fraunhofer Gesellschaft*: www.fraunhofer.de/fhg/press/
* Die Geschichte von mp3: www.iis.fraunhofer.de/amm/techinf/layer3/index.html
* Umfrage zur Kommunikation von Innovationen: www.innovationskommunikation.de
* Innovationskoomunikation in der EU:
  http://cordis.europa.eu/innovation/de/policy/communications/home.html
* Wessel, J.: Öffentlichkeitsarbeit und Journalisten. Befragung von Medizinjournalisten: www.kommwiss.fu-berlin.de/wissjour.html (Publikationen -> Forschungsarbeiten)

Ergänzende Literatur

* Bentele, Piwinger, Schönborn (Hg.): Kommunikationsmanagement. Strategien, Wissen, Lösungen. Luchterhand, (Loseblattsammlung) Stand Juni 2006.
* Mast, C. und Zerfaß, A. (Hg.): Neue Ideen erfolgreich durchsetzen. Das Handbuch der Innovationskommunikation. Verlag *Frankfurter Allgemeine Buch* 2005.
* Zetzsche, I. (Hg): Wissenschaftskommunikation. Streifzug durch ein „neues" Feld. Lemmens-Verlag, 2004.
* Müller, C. (Hg.): SciencePop. Wissenschaftsjournalismus zwischen PR und Forschungskritik. Nausner & Nausner, 2004.

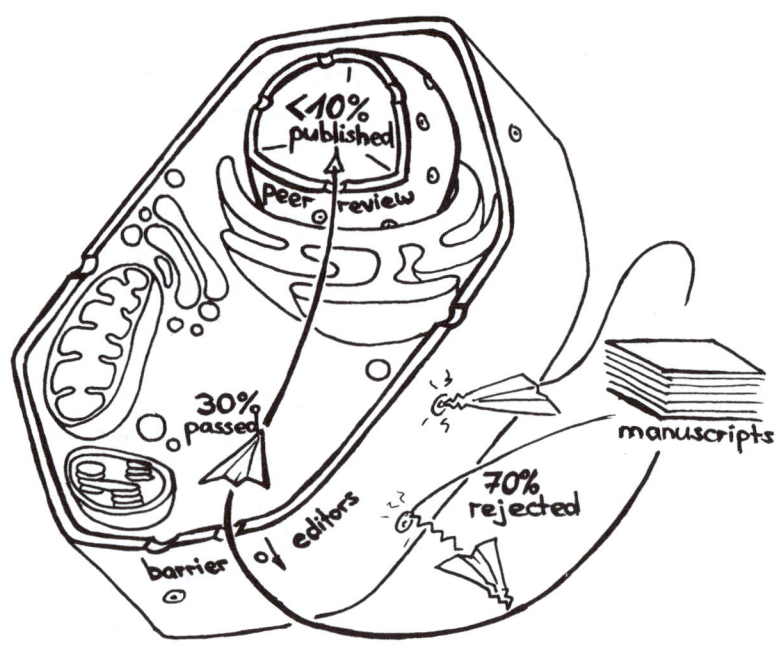

"*Each year, more than 10 000 manuscripts are submitted for publication, and most are immediately rejected – not because they necessarily include bad science, but because they do not conform to that part of the mission which requires the published science to be not only rigorous and careful, but also to represent "a significant advance in any branch of science" (...) Many scientists are convinced that one selection criterion is to get Nature in the newspapers. But actually it is not!*"

Wissenschaft bei einer internationalen Fachzeitschrift I: Between Peer Review and a Science Journalism Generator

By Alison Abbott
Nature (München)

What scientist wouldn't like to publish in Nature? Even, as we remember with wry embarrassment, a certain Professor Hans Krebs, who elucidated the citrus acid cycle. Now known as the Krebs cycle, this is the biochemical pathway which allows cells to generate energy in the presence of oxygen. Krebs sent his manuscript to *Nature* in 1937 and received a polite note saying that there was a backlog of manuscripts. It offered him the opportunity to submit it elsewhere – or wait. Krebs decided to publish elsewhere, in a more obscure Dutch journal called *Enzymologia*. Many years later, in 1953, *Nature's* editor asked Krebs to referee a research paper. Krebs reviewed the paper, taking the opportunity to point out that he had been awarded that year's Nobel prize for the work that *Nature* rejected. Whoops!

Mother Nature and her many sisters

Nature has been published every week since it was launched in 1869. It covers a wide range of research in the fields of basic biology and basic physics (which includes chemistry). In addition to the original research reports, which form the backbone of the magazine, *Nature* has various sections covering arts and cultural events, and the environment in which science happens. It has a large news department. For journalists, *Nature* serves as a news agency, not only because of its news section but most particularly because of the research reports.

Nature used to belong to a family company group called *Macmillan*. In 1999 it was taken over by the *Holtzbrinck-Verlag* which also runs other high-quality titles (*Die Zeit*, *Tagesspiegel* and *Scientific American*). *Nature* was attractive to *Holtzbrinck* not only because of its prestigious name, but also because it is profitable. *Nature* is one of the two top interdisciplinary journals with the highest citation rates, the other being *Science*.

Nearly everything you can say about *Nature*, which is headquartered in London, applies also to *Science* (headquartered in Washington) because we are two competing journals like *Süddeutsche* and *FAZ*. Nevertheless there are some differences. For example *Nature* has many sister journals: nine research journals like *Nature Genetics* or *Nature Materials*, seven review journals and four clinical practice journals. Most of them are also top ranking but, by definition, they are not interdisciplinary like *Nature*. Each of the journals operates independently. Some, like *Nature Medicine* and *Nature Biotechnology*, have relatively large news sections.

Another difference between the journals is their financing systems. *Science* does not belong to a publishing house as *Nature* does, but to the *American Association for the Advancement of Science* (*AAAS*), a big grassroots organisation of the scientific community. That is also the reason why *Science* has a circulation nearly double that of *Nature*: Every scientist gets it for free as part of the subscription to the *AAAS*. The circulation of *Nature* itself is about 65 500 but the movement towards electronic publishing makes circulation figures less clear cut than they used to be.

The majority of our readership comprises researchers, more than two-thirds of whom are biologists and around 30 percent of whom are physicists or chemists. This reflects the fact that nowadays most of the scientists in the world are biologists. A small percentage of our readers are journalists, policy makers and various other scientific stakeholders.

The scientific part

Nearly every scientist would like to publish in *Nature* but not every scientist appreciates *Nature*'s mission. Each year, more than 10 000 manuscripts are submitted for publication, and most are immediately rejected – not because they necessarily include bad science, but because they do not conform to that part of the mission which requires the published science to be not only rigorous and careful, but also to represent "a significant advance in any branch of science". In return for creaming off the most important new science, *Nature* guarantees to make sure the world knows about it. The stated mission of *Nature* is twofold. Firstly "it serves scientists through prompt publication of significant advances in any branch of science, and provides a forum for the reporting and discussion of news and issues concerning science". And secondly "it ensures that the results of science are rapidly disseminated to the public throughout the world, in a fashion that conveys their significance for knowledge, culture and daily life".

Original research papers are published in the back half of the journal, in the form of dense, highly specialised 'Letters' and 'Articles' which are difficult for non-experts to understand. Editing tries to clarify as much as possible, but non-experts need more help, so much of the front half of *Nature* aims to increase the level of understanding. That is why we have the "News & Views" section, where scientists put some of these articles in a broader context which explains the significance: so a physicist, for example, may begin to understand why a highly technical biology paper really is important to the furthering of scientific knowledge. But "News & Views" is still the scientific part of *Nature*, not the journalistic one.

Nature's Peer Review at a glance

Before a manuscript gets published in *Nature* there is a complicated editorial selection process. We have an editor in chief, Philip Campbell, and two section editors, one for biology and one for physics/chemistry, who lead teams of manuscript editors who are based not only in London but also in Washington, New York, Boston and San Francisco. The 16 editors in biology receive 100 to 150 submissions per week. The 10 physics editors receive about 80 to 100 submissions a week. The manuscript editors reject around seventy percent of the submitted manuscripts immediately – for various reasons, but very often because they don't fulfil *Nature's* mission: the science is not considered to be ground-breaking. The editors are looking for a significant enhancement or transformation of scientific or technological understanding, sometimes a significant development in a scientific technique.

Many scientists are convinced that one selection criterion is to get *Nature* in the newspapers. But actually it is not! Articles published in *Nature* get press coverage because journalists are interested in issues of major scientific significance – we do not need to be artificially selecting for 'sexier' stories. The most important thing is that there has to be a big step such that a result means something for science in general – rather than just being incredibly good only within one discipline. This type of pre-selection system which is used by both *Nature* and *Science* distinguishes them from the specialised journals like *Physical Review Letters* which are not trying to speak to the world, but only to their colleagues.

When a manuscript has passed this pre-selection process it goes through the standard peer review process which is more or less the same for all journals. It will be sent out to two or three referees who have expertise in the particular scientific area. It is very difficult to find scientists who are experts yet not competitors, and it is a key job of manuscript editors to get to know scientists who will provide informed opinions which are unbiased. The referees send back their comment to the manuscript editor who will discuss it with the other editors in the team. Then he or she decides if the paper is to be rejected or under what conditions it could be accepted. Sometimes there are several rounds in this process before a paper is finally accepted. The average time interval between submission and publication is 135 days. The fastest track is 14 days but this only operates occasionally, for very particular topics.

Fewer than 10 percent of the submitted papers are eventually published. This means that many scientists are disappointed. Many have their own interpretation as to why they have been rejected, often involving a purported geographical bias. A German, for example, may claim that *Nature* is too British-orientated, and *Science* too US-orientated. Or that you get rejected because English is not your first language. It is important to us that none of these biases should exist. We have checked our statistics and they indicate in fact, no geographical bias. The origin of the submitted papers reflects more or less the allocation of scientists in the world. The US has the highest proportion of scientists. The number of scientists in Germany and France is about the same but more German than French scientists submit to *Nature*. And English language is not an issue – there is a whole department of copy editors in house whose job is to rework articles to bring them into correct grammatical form.

There is however a cultural bias among the referees, and we are trying hard to eliminate it. For example a disproportionately high number of referees are American and a disproportionately low number are Japanese, especially if you compare it with the percentage of submitted papers. There are also cultural reasons for this. US scientists are better trained in delivering clear, critical comments than Japanese scientists who can tend towards the cryptically polite.

There is a section in the scientific part called "Brief communications" which is written by scientists, and which occasionally brings notoriety. Here things are sometimes at a high risk of being misunderstood by journalists as having equal value as a proper letter or article. They sometimes appear in the press in this way.

Nature as a science journalism generator

Science journalists cannot ignore *Nature* and *Science,* primarily because of the importance of the original scientific papers. But in the front half of *Nature* we also have our own News and News Features sections, where people like myself report, or write news features, about science and its environment. The structure of the news department is as international as the structure of the science department. For example there are two news editors in London and Washington, and fulltime journalists not only in the US and the UK but also in Munich, Paris and Tokyo. And we have freelancers from Sydney to Capetown or Sao Paulo, some of whom have

the status of "contributing correspondents" – they are not on staff, but
are contracted to provide a certain number of articles each year.

We have eight or nine pages a week to fill with news, and at least five
or six with features. What makes news for a magazine like *Nature*? We
have, in general, to think about the basic news issues in the same way as
a newspaper. We also have to think about who is reading us, as any journalist has to do. In our case we know that most of our readers are scientists. What are the news issues that they want to read about?

First and foremost, news is always about 'events', as in any form of
journalism – something has to change, you have to tell people something
that they do not know, something new that has happened. And it has to
affect the international research community. And, most importantly, it
has to be 'not boring'. It has to make people aware, make people an-
noyed, make people respond – themes might include enabling break-
throughs, key lab closures, misconduct, university conditions. And it
should also be exclusive to our readers, telling them something they
have not read elsewhere. For us in Germany, that means the news correspondents of *Science* and *Nature* really have to watch each other: If Gretchen Vogel is writing something one week, I will have to write it that
same week – or never. Finally the stories may be amusing, irritating, but
for a serious journal like *Nature* they have to be important as well.

Where do we get our ideas from? This is the hardest question to answer, but broadly speaking our sources include what we read in newspapers every day, online web pages like *Cordis* (www.cordis.eu) or the
infections update *ProMed* (www.promedmail.com). We have a list of
sources that we run through each morning. But I do not spend much
time on online-sources. The most important for us is talking to people. If
you don't talk to your community, you will never really understand
what is happening. So we go to labs, we go to conferences and we just
simply talk to people. I could not give better advice to anyone wanting
to be a journalist: less time on the computer and more time on the telephone or in the car.

Nature news articles include short items, things that happened this
week, but we also have longer two-to-four page features which draw to-

gether information about a particular issue from across the world, or which go into a story in more depth. In both cases, the pegs are the same, but the format is different.

If a story is very long, it is important that we employ classical journalistic tricks to hold attention and to persuade people to read right to the end. We don't want a physicist reading about biology (or vice versa) to stop half way through. So you might signal at the beginning that something really interesting will only be revealed towards the end. Or in the middle you might briefly change the stylistic flow – insert a short, dramatic five-word paragraph, for example, or take the reader by surprise with an offensive or very funny quote. In all cases there should be strong, but unobtrusive scientific content which is explained simply, understandable to the whole of the scientific community. Correspondents also have to think about pictures and diagrams to make the texts both attractive and easier to understand.

Some typical examples of news articles: "Political deadlock leaves scientists frustrated" (Schröder's & Merkel's parties split over stem-cell research issues) or "Physics prize puts spotlight on optics" (Nobel Prize in Physics 2005). Some typical examples of news features: "Back to the bottom" – new robot submersible for marine scientists; "Deep in thought" – deep brain stimulation as treatment for psychiatric disorders, or "Chemical reaction" – friction arises within (non-profit) *American Chemical Society* due to business-like attitude. So news in *Nature* follows the same journalistic principles as in other publications.

Nature journalists are expected to continuously come up with ideas, which they then 'pitch' to the news or features editors. We have a weekly news meeting by telephone. The telephone conference takes place at 16.00 Central European Time, so that our correspondents around the world can join in. For our West Coast journalists, this means an early start of 7 a.m., for our Tokyo correspondents a late finish at midnight. We each talk in turn about our plans for the week, and the others can comment on them. In this way a journalist based in one country can incorporate suggestions or perspectives from other parts of the world. Our ability to be more global is another of our advantages.

The day after the telephone conference, the news editor will write a news list, which will include individual deadlines. Some of our pages go to the printer on Friday night, some on Monday night, and two go 'late' on Tuesday lunchtime. News has to flow to the editor, and then to the subeditors, in a smooth way. It wouldn't work if everyone sent their stories in at the same time. Obviously things are worked out so that a story sent down on Friday is not one which is likely to change during the next few days, and there is enough flexibility to allow us to substitute late breaking stories at the last minute.

Features are decided in a more direct one-to-one discussion with one of the features editors. You may have to fight a bit more with some of your ideas. An editor might say: "That sounds a bit boring"; or "That sounds a bit weak." Features require much more research and so you have more time to work on them. The writing is more literary. There are four features editors, each with their own subject areas. The whole production cycle is a few days longer, as features are more complicated and there are more checking stages.

A journalist's text is edited in broad sweep by the relevant news or features editor. It then goes to the subeditors for more fine-tuned copy editing and fact checking. Only with a feature does a journalist get to see the very final version of the text before it goes to the printer. Mostly we are all working on several stories at the same time. Sometimes freelancers are used, but usually they are journalists who are known to us. However, a freelancer with a good idea is always considered and sometimes tested out. If the experience is good, then they may be used again.

Nature also has an Online News service.[91] Another team of journalists writes for this, but there is some cross-over between the two teams. These journalists are not writing for the research community as such, but rather for a more general public with interest in science. So the stories on the online pages are much simpler science stories – a little bit of sex and a little bit of chocolate, but all in a scientific context. We are still analysing the readership of this service.

---

91   www.news@nature.com

Independence or influence? – Interactions of the two sections

One of the huge advantages that *Nature* journalists have is the resource of manuscript editors. These editors spend their time dealing with the cutting edge of science and are an invaluable source of advice. They know their communities of scientists well, and can be relied on to give critical advice, helping the journalists to sort out the charlatans from the true ground-breakers, giving us a perspective on what is trivial and what is important, and helping us to avoid sounding naïve in our writing (which would alienate some of our core readers). Contact with the editors is mostly casual. I would always for example phone up the neuroscience editor, or the cell biology editor, when I come across something that sounds to me to be really cool. They might tell me that the idea is ridiculous. Or they may tell me it is really good, in which case they will help me with reliable contacts in the research community. On occasion, manuscript editors may make a suggestion themselves of what might make a good news article or feature, but they are not always well-tuned in to news values so it doesn't happen often. Often a manuscript editor will read the text of a complicated feature to ensure no embarrassing errors, but they do not comment on writing style. On the other hand, *Nature* journalists may not have access to a submitted manuscript, or any other confidential information, and must never get involved in discussing any submission with scientists they interview.

News releases and embargos – helpful and hated

Finally, *Nature* – like *Science* – offers a press release service for journalists, alerting them to a selection of the upcoming scientific research paper. We have our own press office because we have a lot of science to tell the world about. It is of course the journalists themselves who tell the world – by writing articles in newspapers, or producing television reports, about scientific papers published in *Nature*. But they often need somebody to help them assess the papers better, and to guide them towards a paper's bottom line, what is especially significant about them.

This is done by a press release for the following week which is sent out free to nearly 3 000 journalists worldwide each Thursday. Its content is checked by the manuscript editor who handled the paper. Journalists are given access to all of the articles to be published, but only a few of them are selected for the press release. The press officer chooses them on the basis of what she believes will be most attractive to journalists. But they can make their own selection, since they have full access to every article. But most seem to find the selection appropriate.

The press office also helps journalists by giving them resources for pictures, and the telephone numbers of the scientists who are then requested to be available for the journalists. It also provides a geographic listing of authors, because we know that the journalists have to sell to their own readers. If your readers are German, you are going to be automatically more interested in a German scientist's work.

The press releases are sent out under embargo a week before the magazine appears. This gives journalists plenty of time to think about how they are going to cover these complicated science stories, to do their research – and to get it right. Everyone on our press list has to promise to respect the embargo date, and those who fail to do so are removed from the list. The embargo policy guarantees that nobody will report about new papers before the magazine itself comes out, so nobody has to hurry to write or film their story in order to beat their competitors in the media. As we usually publish on a Thursday, our embargo is 18.00 London time on Wednesday. The embargo time inevitably suits some media better than others in different parts of the world. In Europe, for example, *Nature* stories can make the evening news on Wednesday but can only hit the newspapers on Thursday morning. But in general the system works quite well. There are usually only one or two major embargo breaks per year, and maybe a minor break, when something goes up on a website a few hours too early, once a month or so. In the latter case, the offender usually removes the story when we inform them.

Trends in science journalism – concerning Nature and in general

The world of scientific publishing is changing, like the rest of the publishing world. *Nature* is shifting from a paper-only based publication to one which is also web-based. The situation is quite unstable at the moment, and it is even difficult now to quote an exact subscription rate, apart from the straightforward circa 200 Euro personal subscription. Institutional subscriptions used to be straightforward when it was simply a question of sending libraries weekly issues and a bound annual version with its own index. Now institutions want, and get, online services rather than a bound annual volume. Site licenses have to be negotiated with every individual institution or library taking into account the number of people, or computer terminals, with access. Journalists at *Nature* are not (yet) dramatically affected by the fact that their articles appear both in print and online. The only additional burden is that we now have to supply web-links and other metadata to accompany our texts. And we also have to bear in mind that some pictures that appear in the printed text cannot appear on the internet for copyright reasons. But things may become more complicated. We are already experimenting with podcasts – recorded interviews for the website. Anyone with an aversion to these changes should look for another career now!

Nature is not planning to abandon its paper version any time soon. But with technologies moving so fast for both publishers and scientists, no one is using the word 'never'. Certainly in future science journalists will have to be prepared to tell their stories with illustrations that are not confined to simple pictures and diagrams – to use, for example, short movies or sound recordings when they are appropriate. Even though I am one of those journalists whose interest in computers does not extend beyond their use as a word-processor, and one who never reads online for pleasure, I find myself looking forward to explaining cell biology with the help of short film clips that scientists can now generate of molecules moving across membranes.

Five Questions to Alison Abbott

Can impact factors help journalists to assess the seriousness of a scientist whom they may want to interview as an expert?

If a specialist journal has a high impact factor relative to others in the same field, you know that it is a good journal. Impact factors can be extremely helpful to outsiders trying to assess the value of a journal, and hence the value of a scientist publishing in it. So if a scientist has published consistently in high impact journals it is most probable that he or she is someone very serious and knowledgeable. But you should understand where these statistics come from. Impact factors are often used incorrectly. One problem to look out for is if a large number of the papers published by a scientist are reviews rather than primary research results. Reviews have much higher citation rates but don't necessarily say anything about whether the writer is good as a research scientist.

There are other issues of interpretation. Problems can come in if you try to say for example that *Nature* (impact factor 30.98) is 'better' than *Science* (impact factor 29.78), or when you try to compare specialist journals in different disciplines. It is all meaningless! Each discipline has its own individual culture of citation, and you should only compare like with like. Specialist journals like *Cell* (29.4) have higher impact factors because biology is so fast-moving. A biology paper will by necessity have to cite other numerous other papers, and can itself (generally) be expected to be frequently cited. Mathematics or archaeology papers by contrast are not widely cited – even the papers which are most influential in their fields. The average citation rates of papers in interdisciplinary journals like *Nature* and *Science* are swelled by the biology papers and shrunk by papers in low-cited disciplines. If you were to take just papers in *Nature* concerned with cell biology, you would see that the impact factor is considerably higher than *Cell*'s.

We have, by the way, been rather horrified to learn that in some countries you are given monetary rewards for publishing in journals with an impact factor of over 25 – and that some universities rely heavily on bibliometrics (like impact factors) in their academic recruitment in the belief that they represent dispassionate 'truth' about a candidate's merits. This is very dangerous because they may not be comparing the different candidates appropriately.

Is there any way, apart from using impact factors, for a journalist to assess the seriousness and importance of a journal in a specialist field?
As with so many things journalistic, the answer is simply to talk to people in the community and ask what they think. Any experienced scientist in a particular research field will, of course, know which of his or her colleagues are serious experts, and which of the journals they have most confidence or interest in. Ask them where they would prefer to publish themselves.

What are the advantages and disadvantages of 'open access', for example the Public Library of Science (PLoS)?
PLoS was a pioneer of open access journals. *PLoS Biology* was launched in October 2003 and already has a good impact factor, of around 14. Unlike *Nature* or *Science* it is not financed by subscription and advertising. Instead, the scientist (or the relevant granting agency, for example, the *DFG*) pays for the publication of his or her paper. The concept is that the results of research financed with public money should be freely accessible for everybody. To be open access is no doubt a great advantage. Any journalist – anyone at all, in fact – can download any paper any time without having to bother about subscriptions. One of the triggers for launching *PLoS* was the appalling pricing policy of some publishers who pushed the subscription costs of some specialist journals so high – at a time when the total number of academic journals was increasing – that libraries simply could no longer afford to buy them. *PLoS* has a similar mission to *Nature* and *Science* but it is only primarily web-based. Many of the editors from *Nature* and *Science* were convinced by the philosophy and went to work with *PLoS*. They took with them a lot of experience which was no doubt very helpful in making *PLoS* a success. *PLoS* papers are well peer reviewed, so there is no significant difference between open access and subscription journals in this regard. However,

many observers say that the financial model of *PLoS* is weak, and we will have to see how it pans out in the long term. The system has to be paid for, even if it is not the reader who is doing the paying.

Did Nature found its many sister journals for reasons of science or commerce?
The total amount of money being spent to scientific research globally is increasing. So more scientists are producing data, the demand for journal space is increasing. *Nature Genetics*, the first sister journal, emerged from the frustration of *Nature* editors who saw how fast genetics was moving and how many important, top quality papers they were having to turn down for lack of space. This is how the idea started. Then came *Nature Medicine*. It turned out to be a very popular idea: subscribers liked them and the management liked them. We now have a whole string of specialist *Nature* sister journals, and also a string of *Nature* review journals – nice journals that summarise specific areas for a general, though restricted, academic audience – a bit like our "News & Views" on biggest scale. The form of management of *Nature* has facilitated the expansion of the sister journals which have also been a commercial success. *Science* has no sister journals perhaps because it is run by a scientists' organisation, the *AAAS*. It is presumably not under the same pressure to expand as a big publishing house.

Scientific fraud has been a big issue following a series of major scandals over the last decade or so – the notorious Herrmann and Brach case, for example, and the exposure of the Korean cloners. What steps has Nature taken to avoid publishing fraudulent data? And what can science journalists do to help uncover such cases – especially those like yourself who have a broad overview of the scientific community?
Crime occurs in every area of life, including science. If someone really wants to deceive the scientific community and journal editors, then they will find ways to do so. Editors and referees have to take the basics on trust. They have to assume that data are being submitted in an honest manner – that experiments have actually been carried out and not just made up on the computer. However, since the Hwang case, *Nature* has

issued stricter guidelines for submission of data. For example, we do not now allow gel bands to be cut-and-pasted or merged without the unmanipulated gels also being provided, at least as supplementary information. Science journalists can do little to uncover brand new cases of fraud that may have slipped the attention of journals. But they can investigate rumours of misconduct, perhaps brought to their personal attention by unhappy scientists or by Ombudsmen, always being aware of the possibility that the person complaining may be lying or exaggerating. Otherwise journalists can check regularly the Tables of Contents of journals for 'Corrections' or 'Errata' or retractions. They can then try to find out why a paper has been found to be incorrect in a small or large way after publication. Occasionally the reason will be flawed or suspicious data.

Five topic-related links

- *Nature*'s homepage: www.nature.com/nature
- An overview on the peer review process in general: www.senseaboutscience.org
- Garfield, E.: The Agony and the Ecstasy. The History and Meaning of the Journal Impact Factor. Lecture International Congress on Peer Review and Biomedical Publication, Chicago, September 2005. http://garfield.library.upenn.edu/papers/jifchicago2005.pdf
- Overview of scientific magazines by subject (in German): www.zeitschrift-abc.de
- How German Researchers publish (in German): *DFG* (Ed.): Publikationsstrategien im Wandel? Ergebnis einer Umfrage zum Publikations- und Rezeptionsverhalten unter besonderer Berücksichtigung von Open Access: www.dfg.de/zahlen_und_fakten/

Further reading

- Knight, J.: Clear as mud – (…) The scientific literature has become steadily less accessible over the past half century. *Nature*, Vol. 423, 2003, pp. 376.
- Adam, D.: The counting house (about the Institute of Scientific Information). *Nature*, Vol. 415, 2002, p. 726-732.
- McCombs, M.: Setting the Agenda. Polity Press, 2004.
- Daniel, H.-D.: Guardians of Science. Fairness and Reliability of Peer Review. Wiley VCH, 1998.
- Pöschl, U.: Interactive journal concept for improved scientific publishing and quality assurance. *Learned Publishing*, Vol. 17, No. 2, 2004, p.105-113.

"One of the ways we decide what to cover at Science came up in a news retreat a couple of years ago. (...) One of my colleagues said: 'Well, is it important or is it interesting?' Ideally a story will be both important and interesting. But sometimes we write important stories that are not absolutely at the edge-of-your-seat interesting. And sometimes we write really interesting stories that are not necessarily life altering or earth-shatteringly important."

Wissenschaft bei einer internationalen Fachzeitschrift II: Journalism at a Magazine-within-a-magazine

By Gretchen Vogel
Science (Berlin)

When I tell people what I do for a living – that I'm the Berlin correspondent for *Science* magazine – many are puzzled at first. If they have heard of *Science* at all, they often assume that I must have something to do with choosing and editing the papers that *Science* is best known for – from the human genome to new forms of matter. But although my stories are published in the same magazine, I have almost nothing to do with how those papers are chosen and edited. Instead, I work for a sort of magazine-within-a-magazine: the news section of *Science*.

The Medium: What drives *Science*

Unlike the average reader of *Focus*, *Spiegel* or other popular magazines, most people who read *Science* are scientists. Other readers include other science journalists, many teachers, and certain members of the interested public. *Science*'s subscribers are members of the *AAAS*, the *American Association for the Advancement of Science*, which is the publisher of *Science*. It is a not-for-profit organization with about 130 000 members. When you join *AAAS* you get *Science* as a subscription. 24 000 of those members are outside the US, and about 12 000 are in Europe.

The official goal of the *AAAS* is "to advance science and innovation throughout the world, for the benefit of all people." They do much more than just publish *Science*. They support programs in schools to encourage better science teaching. They sponsor political and ethical debates in which leading scientists are invited to discuss stem cells or the issues facing the Kyoto Treaty – or even the differences between the candidates in the presidential election. They also run fellowship programs that allow young scientists to work as journalists at leading newspapers, magazines and broadcast news stations – the so-called Mass Media Fellowships. The organization also tries to help make it easier for science and scientists to shape public policy. One very popular program is the Science and Technology Policy Fellowship, which gives young scientists a chance to work for members of the U.S. Congress or in other top government offices. That program has helped launch the careers of quite a few science policy experts. *AAAS* also sponsors an annual meeting every February which may be the largest general science meeting in the world.

Besides *Science* magazine, *AAAS* also publishes *ScienceNow* which is a science news website with new stories each day, and *ScienceCareers* for young – and even not-so-young – scientists. *ScienceCareers* gives career advice for scientists and students – everything from job ads to advice on balancing lab work and family. They also have quite a bit of helpful information on science journalism as well as other so-called "alternative careers". Sometimes people decide during their science studies: "Life in a lab is not exactly for me" and decide that they want to do something else. *ScienceCareers* is often a good resource for advice on what steps they could take next.

The scientific editors

The *AAAS* Headquarters are in Washington about two blocks from the White House. Most of the 120 or so people who produce *Science* work there. About a third of those are involved in what we call the "editorial side" of *Science*. They take care of the scientific papers. They are also in charge of writing and soliciting editorials. Donald Kennedy, our Editor-in-Chief, writes many of our editorials. But we also have guest editorials from scientists, policy makers and politicians – sometimes even the

German Chancellor.[92] The editorial staff also edits the "Perspectives" section, essays that are written by scientists about scientific papers that are in the same issue or about recent trends in the scientific community.

The editorial department has about 26 editors. Of those, 17 are in Washington, seven work in our main European office in Cambridge (UK), one works in Boston and one works in Manila. All these editors are PhD scientists; most of them worked in top labs in the field they cover. They receive about 7 000 manuscripts per year, about 60 percent are biology (for example, ecology or neuroscience) and 40 percent physical sciences (such as chemistry, geology or physics). Submitted papers are first seen by what we call the "Board of Reviewing Editors," a group of about 50 top scientists in fields reaching from material science to neuroscience. They decide whether the manuscript is worth further review. They say either: "This is brand new and it is really interesting" or "Something similar came out already last month" or "It is just not good enough work to be published in Science."

35 percent of the 7 000 submissions are passed on to peer review to let three other experts check whether the results are new and noteworthy. At Science the peer review process is fairly tight: Only ten percent of the papers are accepted. Usually, if the reviews are positive, then the editor will decide to publish it. If the reviewers say there is some more work to be done, then it sometimes goes back to the scientists and they have a chance to do more experiments and send it for review again.

The journalists

At Science the second third of the employees works in the news section (the last third works in advertisement and production). The news department works something like an independent magazine within Science. We have one news editor, eight deputy editors, and 18 writers. And we have bureaus in Boston, Brooklyn, San Diego, Portland, Cambridge,

---

92   Merkel, A.: German Science Policy 2006, Science, Vol. 313, 14 July 2006, p. 147

Paris, Tokyo, New Delhi – and Berlin. There is also a wide network of freelancers working in Europe, Asia, Australia and all over the US. 14 of those are called "contributing correspondents." They are freelancers who write regularly for the magazine and have a contract to produce, say, ten stories per year.

Each week the news department produces about twelve pages of news stories. About half those pages are shorter breaking news stories and half are longer feature stories that explore a topic more in-depth. They do not necessarily involve something that happened this week, but rather focus on a topic that is of current interest. We also have a page called "Random Samples," which features short, and sometimes unusual or funny stories. In reader surveys it turns out that Random Samples is probably the best read page in the whole magazine.

Some of the journalists who work for the news section have PhDs and worked as scientists before they started their writing careers. But many of us, myself included, have only a Bachelor's or Master's degree in a scientific field and decided relatively early in our careers that we wanted to work in journalism. We also have a handful of people who did not study science at all, who studied history or literature or business but find science so interesting that they decided to become science journalists. About half of the people on the *Science* news staff went to journalism school. The rest are either naturally good writers or learned their craft on the job. One of the most common ways to end up on *Science* staff is by landing an internship – the news department hires two interns per year for terms that last six months. Another well-tested route is to write freelance articles. If things go well, the proven freelancers have an excellent chance to be hired for the next full-time position that is available.

All about science: What the news section covers

Everything we cover has to do with science, but within that there are several different kinds of stories. First of all there are classical new discoveries – of a gene that plays a role in cancer or the newest discovery of something about the laws of physics that helps to explain how quarks stay together. We also cover science policy. Often the stories are not so different from what you might read in a newspaper, about a law on stem cells or GM foods. But *Science* also covers more detailed areas of science policy. For example, we might write a story about the appointment of a new administrator at the *National Institutes of Health (NIH)*, something that would be less interesting for the average newspaper reader. We also write a lot about science funding, in part because our readers are very interested in where their next grant is going to come from. It wasn't my favorite topic at first, but as I have learned more about it – and keep in mind that most of the funding comes from our tax money – the way that money gets divided up has become more interesting.

We also cover scientific personalities, interesting scientists who are doing interesting projects. A colleague of mine flew to the coast of Southern Africa and joined up on a sailing ship with a scientist who is going around the world, taking environmental samples and then darting whales to try to figure out how polluted the oceans are and how that is affecting the whale population.

One of the ways we decide what to cover at *Science* came up in a news retreat a couple of years ago: We were discussing what the balance should be between science policy stories and stories about new discoveries. And one of my colleagues said: "Well, is it important or is it interesting?" Ideally a story will be both important and interesting. But sometimes we write important stories that are not absolutely at the edge-of-your-seat interesting. And sometimes we write really interesting stories that are not necessarily life altering or earth-shatteringly important.

There are several areas that *Science* does not cover: We do not write about the newest gadgets or the newest cell phones. We also do not write about health advice: how to lose weight, or the latest study on whether drinking red wine is healthy or not. We do not cover so much economics or psychology or history, which belong to the "Wissen" sections in German magazines. We stick more to the "Naturwissenschaften".

In general we break down the staff into three groups: There are the physical sciences writers, biology writers and policy writers. The physical sciences writers cover earth science, physics, chemistry and materials science, palaeontology – such as dinosaurs – and occasionally mathematics as well. The biology staff covers genetics, genome sciences, evolution, biomedicine, neuroscience, ecology and environmental sciences. On the policy side we have reporters who cover the *National Institutes of Health, NASA* and the *National Science Foundation*. We have a staff writer who writes about education and careers – from elementary school to the best way to get a position at a university. And of course we have several international bureaus. Those writers try to write a mixture of biology, physics and policy.

Because *Science* is a US-based publication, and because most of our readers are in the US, we cover the United States more closely than we do the rest of the world. Certainly the editors in Washington are not against international coverage, but often it takes little more explaining to convince them. The "important versus interesting" balance is a bit distorted for European stories: They have to be pretty interesting to make the cut. For example, when the EU appointed a new Commissioner for Research, some editors questioned whether we should write about it. This is somebody who has control over billions of Euros of science funding. He has a large amount of influence over what happens in science in Europe. And my colleagues and I in Europe said: "Wait a minute. If somebody in the US were named as head of an agency that controls a 20 billion dollar research budget, we would write about it!" And they said: "I guess we would. Okay, write the story." Certainly the research versus policy balance is also a bit different outside the US: We cover more research from Europe and other areas of the world than policy.

"How does it work exactly?" – The luxury of being science journalist at Science

As our readers are much more scientifically oriented than an average reader of *Focus* or *Spiegel*, a science journalist at *Science* sometimes has the luxury of going into greater detail than someone who writes for the mass media. For example: I worked on a story about a new study that shows that a malaria vaccine showed real promise in a study among kids in Mozambique.[93] There was a telephone press conference with the scientists and at least 20 other journalists. And it was interesting to notice how different their questions were from mine. I was interested in exactly how the vaccine works, about the molecules they put into the vaccine that make the immune system fight the malaria parasites. Newspaper reporters asked, "When might this come on the market? How many people might use this? How much will it cost?" Those are key questions, of course, but most newspaper articles would not get into the details of how the vaccine works. My article, though, had a couple of paragraphs explaining how this vaccine differed from others on a molecular level. And personally I enjoy figuring out how things work, figuring out the details of scientific discoveries.

There are also times when it would be more fun to be able to write in a less detailed manner. And certainly it would sometimes be nice to write for an audience that is not quite as eager to catch mistakes as *Science* readers are. Our readers are mostly scientists, and they know a lot about their subject. And they often have a lot of respect for *Science*, for which we are grateful. That means, however, that when they catch us in a mistake they are excited to point it out. There is even a website that counts the number of times *Science* has published an image of a DNA double-helix that twists the wrong way.

That is one reason why we have to be very careful about our fact checking. And that is something that I do slightly differently from many science journalists. For example, I sent a copy of my malaria story by e-mail to a couple of my sources. I would not let them change the tone of the story or any of the negative comments about the vaccine but I asked them to make sure that all the details about how the vaccine works were correct. I think that we at *Science* do that slightly more often than other

---

93   *Science*, Vol. 306, 22 October 2004, p. 587 and *Lancet*, 364(9443), 16 October 2004, p. 1411-1420

media – both because of the details that we cover and the fact that our readers are quite sharp-eyed.

About editors, top editors and copy editors: how stories get into the paper

So, if a story is interesting enough and important enough, how does it get into the magazine? About two-thirds of the stories I write are my own ideas. These are sometimes things that I heard about at a conference or from a press release or that I read in the daily newspaper. If the idea strikes me as interesting and important, I tell my editor I'd like to write about it. If I make a convincing case, the editor will say, "sure," and I'll write the story. About a third of the time an editor will say, "We need this story covered." The malaria story was an example of that. We all knew that this paper in *Lancet* was coming out, and they needed someone to cover it. I have written about malaria before, so my editor asked me if I would be interested.

In the next step the writer talks to the sources, collects all the information and writes a first draft of the story. Then he or she sends it to the editor, who sometimes finds more elegant ways to describe something, or finds questions that the writer has not answered. The writer answers the questions and then it goes to a second editor, who again looks for unanswered questions or unclear explanations. It then gets forwarded to one of our copy editors, all of whom can spot a missing comma from two kilometres off. The copy-edited piece then goes to the layout department, which formats the text and adds art and photographs. After a final check by writers and editors, the layout staff sends the pages to the printer. The magazine arrives in subscribers' mail three days later.

Science comes out on Fridays, and because of our printing schedule, Mondays and Tuesdays are the days that our pages go to the printer. So Mondays are usually very busy. On Tuesday we see the layout versions of the news stories. And it is the last chance to get any late-breaking news into what we call our "Scopes" section, which are short notes – one or two paragraphs – on an upcoming or late-breaking issue. Tuesdays are also the first time that we all get together as a staff and discuss what is coming up for the next week. Wednesdays are the most relaxed days.

On Thursday we already have the deadline for our "People" page, which is a recent addition to the magazine. There we write stories about people who receive interesting prizes or highlight some of the crazy things that scientists have said at meetings. We recently ran a story about researchers at the *Max-Planck-Institute for Evolutionary Anthropology* in Leipzig who ran in a gorilla race through the middle of London. They were all dressed up in gorilla outfits to raise money for gorilla research. Again: interesting, not very important. But it was a funny story to write.

On top of this weekly cycle with Monday and Friday as the most intense days, we do have a sort of a daily newspaper: The *ScienceNow* website, which is published every evening at 5.30 Eastern Time. It features short stories about a variety of topics, some of which aren't quite important or interesting enough to make it into the print magazine, but which we think our readers would enjoy. All the staff writers contribute pieces, but many also come from freelancers. The site is edited by one of my colleagues, who spends probably 75 percent of his time editing and coordinating the site – the other 25 percent he writes for the print magazine. The site is free, and unlike the print magazine, it attracts many non-scientists as readers.

The unavoidable overlap between news and science

As I mentioned before, there is a deliberate separation between the news section and the scientific papers section. But there are some ways we interact. *Science* often publishes newsworthy papers, and as a news section, we cover them. Each week, editors from the news and editorial departments meet to discuss upcoming papers and stories. The news editors receive a list of papers that are scheduled to be published in the coming weeks, and they then let the writers know when one sounds particularly interesting – or important. One recent example was a paper on the dramatic decline of amphibians worldwide. A colleague of mine in our news section wrote a story much as a newspaper reporter would, putting the paper into context, talking with other scientists who agreed or disagreed with the conclusions, asking policy people what the most likely changes in laws or practices might be. That story ran in the news section the same week the paper appeared online.[94] Sometimes the magazine uses these stories as part of its public relations efforts. For example, this story was featured in the *AAAS*-sponsored *EurekAlert!*, a useful collection of press-releases and descriptions of papers from a number of journals. But there is a separate department at *AAAS* that writes press releases about *Science* papers. The only reason we in the news department ever write about a *Science* paper is if we feel we can add something to our readers' understanding.

Another example of coordination between the news and editorial sections was the issue in which *Science* published the mosquito genome.[95] That was considered so important that we ran a whole series of articles to accompany it. I travelled to Burkina Faso where I visited scientists who were trying to figure out what attracts mosquitoes to certain breeding spots and what combination of factors leave people especially vulnerable to being bitten. In that case we worked quite closely with the editorial side. The scientific editors asked a number of other scientists to write commentaries, and so we all worked together to make sure the news stories and commentaries together covered the most interesting – and important – areas of mosquito research.

At the same time the editorial side is very careful with certain kinds of information. For example, the news department is not allowed to know who reviewed a paper in the peer review process because it is considered a breach of privacy for the scientists. We sometimes accidentally find something out, when scientists suddenly ask us at a conference: "I sent a paper to *Science* and we have not heard back yet." I can

94   Article in the news section: *Science*, Vol. 306, 15 October 2004, p. 391; scientific article: *Science*, Vol. 306, 3 December 2004, p. 1783

95   *Science*, Vol. 298, 4 October 2002, p. 129; p. 87 and p. 94 (news section)

only reply: "Please, call the editor." Although there are some ways news and editorial department interact, we try to stay fairly independent.

Often we are even competitors with the editorial side. They are very sensitive about publishing things that scientists have already discussed too much in the public, so there is a strict "embargo policy": If you are submitting your paper to *Science* you are not supposed to talk to anybody in the press until it is published. That can also mean for me and my news colleagues that we might find an exclusive story about an exciting result discussed on a meeting, but the editorial side will say privately, "Can you wait? We have a paper on those results in the peer review process." My colleagues and I have fairly strong opinions on this issue: If somebody has talked about an upcoming paper in a context of a scientific meeting, that it is different from holding a press conference to publicize the results. If the results were presented at a public meeting, we feel that it is important to cover it.

One example is a story that a colleague of mine wrote about the West Nile Virus. He was at a scientific meeting where scientists reported that their DNA analysis suggested that this virus strain in the US originated in the Middle-East. That was big news; the West Nile Virus had just been identified on the East Coast of the United States. My colleague wrote a fairly extensive story. The editorial side was not very happy about that, because at the time they were getting ready to publish a paper from the same scientists on this issue. In this case the editors decided it was still worthwhile to publish the original research in *Science,* and the paper came out a month later.[96]

Finally there are also times when the news department is very critical of papers published in *Science*. The editors do a good job, but sometimes papers get through that are very controversial. Sometimes they are published because they are controversial and because two reviewers said: "It is really important." But the third reviewer said: "No way. This guy is crazy." Then the editors say: "Well. If it is right, it is interesting. If it is

---

96   *Science*, Vol. 286, 19 November 1999, p. 1450-1451 and Vol. 286, 17 December 1999, p. 2333

wrong it will at least stimulate a lot of discussion." And if the result is at least plausible, sometimes those papers will be published. One example is a paper from summer 1996 that seemed to show that there was evidence of microbiological life on Mars in microfossils. It was a very controversial paper that probably went back to review several times. Some reviewers felt very strongly that the paper should be published. And others said: "They think they see microfossils but there aren't any." It was quite controversial, but *Science* decided to publish it. Some people would still question that decision, but it certainly led to a lot of discussion in the scientific community. A colleague from the news section wrote an article that explained how the data reported evidence for – but not proof of – ancient life on Mars. He had several quotes in his story that made it clear that not everyone was convinced. So the news section is free to air criticism of papers chosen by the editors when we feel it is warranted.[97]

The future of science publishing and science journalism

A few years ago *Science* decided to sell website licences to universities with free access for users at these universities. That affected our print subscriptions more than expected. In 1996 it was about 160 000, and in 2006 it is about 130 000. In total we have many more readers than before, but the decline affects how well we can sell advertising in the printed version. Advertisements make up 60 or 70 percent of *Science's* income.

The other issue that *Science* is facing is the growth of "open access journals" like the *Public Library of Science (PLoS)*: Instead of sending your article to a scientific journal and having people who buy the journal pay the costs of production, the *Public Library of Science* charges people to submit their papers – up to several thousand dollars per paper. Those payments from the scientists themselves cover the cost of production and editing. All papers in *PLoS* are free on the web immediately. A lot of

---

97   *Science*, Vol. 273, 16 August 1996, p. 924-930 and p. 864-866 (news section)

people think that is absolutely a fairer way to do it: Our taxes are funding scientific work and we should be able to see the results for free. We should not have to pay a magazine like *Science* or *Nature* for the privilege of reading about the work. But it is not exactly clear whether or not all the scientists who want to publish in these journals can afford the fees that the journals will have to charge to break even. *PLoS*, for example, started with several million dollars in donations, but they are apparently not breaking even, and they have recently announced that they will raise their fees substantially.

But there is a lot of popular support for the open access idea. For example, the "Berlin declaration," which was drafted at a conference on open access in Berlin in 2003, encourages scientists and scientific organizations to publish their work so that it is freely available, whether in a journal like *PLoS* or in an online repository.[98] If that is taken seriously, it could have very strong effects on *Science*. It would not be the end of *Science*. But if it started to affect subscriptions, it would cause some major changes, because the circulation of a magazine determines its income. And the profits that *Science* makes are funding the *AAAS*-activities like the fellowship programs and the meetings. If that changes, scientific societies like *AAAS* will have to re-think how they get their funding.

But as long as our employers stay afloat and can keep paying us, the trend toward open access is probably a positive trend for science journalism. Open access papers make my job as a journalist much easier. And open access is unlikely to make science journalists redundant. Even if average citizens can access the original research papers, that doesn't mean they will be able to understand them. Science journalists will continue to play a key role as translators and explainers of science.

---

98   www.zim.mpg.de/openaccess-berlin/berlindeclaration.html

Five Questions to Gretchen Vogel

Is critical science journalism possible in a magazine that belongs to a "lobbying organisation" for science? For example, would you be allowed to publish a very critical article on stem cell research in the news section of Science?
Yes, I think so. Indeed I have already written stories that question whether or not embryonic stem cells will be useful and saying that adult stem cells look more promising. But in general the journalists at *Science* do not write editorials. *Nature* is different in that regard: *Nature's* journalists often write editorials and give their opinion on various things.

Where do you get your ideas from? What are the most important sources?
Of course we use press releases, scientific journals, and other media. But the best story ideas come from talking with scientists, often in informal situations like the coffee breaks between meeting sessions. Those kinds of ideas are usually most surprising and interesting. A general sense of curiosity is the key.

Sometimes there are special issues of Science on certain fields. Are these topics planned in advance or do they come more or less by accident?
There is such a special issue topic almost once a month. It does not happen by accident; it is a deliberate process that has input from both the news and editorial sides. We have a joint meeting every summer to propose interesting topics for the next year. We look at these issues from several angles. There will be papers, articles, original research on the topics, there will be essays from scientists and there will often be news stories. That may be an issue on "cognition and behaviour" or the issue on mosquitoes mentioned before.

Many journalists complain about Nature and Science as agenda setters with too much power. Do you think both have too much influence on the mass media?
It is true that both *Science* and *Nature* have a whole team that pitches stories to the mass media. But at the same time this question comes back to the journalists: It is easy to write about *Science* because you can choose

from the list of ten papers, you can download two of them and make four phone calls and your story is done. It takes much longer time to develop your own ideas and to start your journalistic research from scratch. Journalists have to look for the most efficient way to cover interesting stories, and it is often most efficient to cover what is in *Science* and *Nature*. Moreover the peer review process gives them a certain stamp of approval.

You mentioned the two – sometimes contradictory criteria – "important or interesting" for the selection of articles in the news section. Do they exist for the selection of scientific articles as well?
Yes, absolutely. There are certainly some (to a general reader) rather boring but very important papers that *Science* publishes. On the other hand there is a special place in the magazine called "Brevia": one page scientific articles that are interesting but may not be of burning importance. So the gap between the news and editorial sides is perhaps not so large after all.

Five topic-related links

- *Science*'s websites: www.sciencemag.org and www.scienceNow.org
- *AAAS* Mass Media Fellowships: www.aaas.org/programs/education/MassMedia/
- U.S. National Association of Science Writers: www.nasw.org
- Information on "open access" and *Public Library of Science*: www.plos.org
- The German pendent of *AAAS*, the *European Association for the Promotion of Science and Technology*: www.euroscience.org

Further reading

- Special Issue on the 125th Anniversary of *Science*: 125 Questions: What don't we know? *Science*, Vol. 309, 1 July 2005.
- *Science* Issue with a listing of the scientific "Breakthrough of the Year" (every year before Christmas), for example Vol. 306, 17 December 2004, and Vol. 310, 23 December 2005.
- Blum, D., Knudson, M., Henig, R.M. (Ed.): A Field Guide for Science Writers. NASW, Second Edition, 2005.

Die Autoren

„Wissensmacher" sind viel beschäftigt – umso mehr ist ihnen zu danken, dass sie ihr Wissen und ihre praktische Erfahrung in die Aus- und Weiterbildung tragen, in Gast*vor*trägen wie auch in diesen Buch*bei*trägen.

Dr. Alison Abbott
Senior European Correspondent der Fachzeitschrift Nature

...geboren 1953, kann das tun, wovon Forscher nur träumen – fast jede Woche in der Fachzeitschrift *Nature* publizieren. Bevor sie sich dem journalistischen Teil der Fachzeitschrift zuwandte, arbeitete sie selbst als Wissenschaftlerin. Nach dem Studium der Pharmakologie bekam sie 1976 an der *University of Leeds* ihren Masterabschluss und blieb noch acht Jahre, um zu lehren und zu promovieren. Nebenbei schrieb sie für Lokalzeitungen und Magazine. 1984 konnte sie per Zufall ihr Hobby zum Beruf machen: Sie las eine Stellenanzeige für Wissenschaftsjournalisten und wechselte spontan die Seiten. Auch als Chefredakteurin der Zeitschrift *Trends in Pharmacological Sciences* lehrte sie weiterhin, nun aber als Tutorin an der *Cambridge University*. 1992 wechselte sie zu *Nature* und zog als „European Correspondent" nach München.

Dr. med. Bernhard Albrecht
CvD des ProSieben-Magazins Galileo

...geboren 1966, wollte ursprünglich Hirnforscher oder Nervenarzt werden und studierte Medizin an der *Universität Bochum*. Nach drei Auslandsjahren in Frankreich, Spanien und Schweden wollte er weiter reisen und Geschichten erzählen, belegte einige Publizistik-Seminare an der Universität und absolvierte journalistische Praktika. Danach war er als Arzt in der Neurologischen Abteilung des *Städtischen Klinikums Magdeburg* tätig. Anschließend arbeitete er als freier Journalist und Autor sowie als Lexikograph für *Brockhaus*. 1999 begann er eine zweijährige Ausbildung an der Evangelischen Journalistenschule in Berlin. In dieser Zeit war er Praktikant bei der *Welt*, beim *Spiegel* und dem *WDR*-Hörfunk, bevor er zu *Galileo* kam. Dort wurde er im Jahr 2001 als Redakteur und Autor übernommen, seit 2006 ist er CvD.

Jörg Albrecht
Ressortleiter Wissenschaft bei der Frankfurter Allgemeinen Sonntagszeitung

...geboren 1954, ist froh, dass er als Wissenschaftsjournalist ein Leben lang studieren kann und dafür auch noch bezahlt wird. Erst einmal volontierte er jedoch bei der *Wolfenbütteler Zeitung* und studierte – ganz ohne Bezahlung – Biologie. Danach wurde er Wissenschaftsredakteur, zunächst bei *Westermanns Monatsheften*, dann bei der *Zeit* und beim *Zeitmagazin*, das er zeitweise leitete. Schließlich bekam er eines Tages einen Anruf aus Frankfurt, „den man nicht ablehnen konnte". Dort baute er das Wissenschaftsressort der neu gestalteten *Frankfurter Allgemeinen Sonntagszeitung* mit auf, dessen Leitung er im Jahr 2003 übernahm.

Markus Becker
Ressortleiter Wissenschaft bei Spiegel Online

...geboren 1973, ging schon als Knirps seinen Mitmenschen mit Schwarzen Löchern und Dinosauriern auf die Nerven. Während eines Praktikums bei *Spiegel Online* vertraute ihm der CvD kurzerhand die Wissenschaftsthemen an. Studiert hat er Anglistik, Neuere deutsche Literaturwissenschaft und Neuere Geschichte in Bochum, dann an der *University of Newcastle upon Tyne*. Nebenbei arbeitete er für die *WAZ*, die *Ruhrwelle Bochum* und *Radio NRW*. Im Jahr 2000 volontierte er bei der *WAZ* und der Journalistenschule Ruhr, bevor ihn Mitte 2002 das Politikressort von *Spiegel Online* engagierte. Nach einem Jahr wechselte er ins Wissenschaftsressort und wurde dessen Leiter.

Ulrich Blumenthal
Redaktionsleiter von Forschung Aktuell, Deutschlandfunk

...geboren 1957, hält beim *Deutschlandfunk* nicht nur die Ohren auf, sondern genießt auch den täglichen Blick über Köln aus dem 16. Stock des Funkhauses. Nach dem Ökonomie-Studium an der *Hochschule für Ökonomie* in Berlin-Karlshorst wurde er 1983 zunächst Redakteur im Verlag *Die Wirtschaft*. Vier Jahre später wechselte er zur *Urania* (Gesellschaft zur Verbreitung wissenschaftlicher Kenntnisse). Bis 1990 war er dort wissenschaftlicher Mitarbeiter in der Presse- und Öffentlichkeitsarbeit. In den folgenden drei Jahren arbeitete er als Wissenschaftsredakteur bei *Radio DDR 2* beziehungsweise *Deutschlandsender Kultur*. 1994 wechselte er als Wissenschaftsredakteur in die *Deutschlandfunk*-Redaktion *Forschung Aktuell* nach Köln. Seit 1999 ist er deren Leiter.

Christoph Drösser
Chefredakteur des Magazins ZeitWissen

...geboren 1958, wird ständig gefragt: „Stimmt's?" Ja, es stimmt: Drösser hat in Bonn Mathematik und Philosophie studiert, danach zehn Jahre als freier Journalist gearbeitet und 1993/94 das *Knight Science Journalism Fellowship* des *MIT* in Cambridge (USA) absolviert. Es stimmt auch, dass er danach als Wissenschaftsredakteur bei der *Zeit* angefangen hat und 2004 Chefredakteur des neuen Magazins *ZeitWissen* wurde. Es stimmt außerdem, dass er bei der *Zeit* 1997 die Rubrik „Stimmt's?" ins Leben rief und bis heute unzählige Fragen bekommen und rund 400 beantwortet hat – nach allen Regeln der Wissenschaft und journalistischen Kunst.

Peter Ehmer
Redaktionsleiter der Redaktionsgruppe Wissenschaft, Umwelt und Technik bei WDR 5

...geboren 1960, kam eher zufällig zum Wissenschaftsjournalismus: Während seines Studiums der Politologie, Germanistik, VWL, Ethnologie sowie Publizistik wollte er ein Seminar Wirtschaftsjournalismus besuchen. Nur war dort kein Platz mehr frei. Kurz entschlossen ging er eine Tür weiter ins Wissenschaftsjournalismus-Seminar – und blieb. Er absolvierte mehrere Praktika, arbeitete als Autor für Print- und Hörfunk und erhielt nach dem Diplom in Politologie eine Redakteurs-

stelle bei *RIAS Berlin*, bevor er 1994 als stellvertretender Leiter der Abteilung Bildung und Wissen zum *DeutschlandRadio* Berlin wechselte. Im Jahr 2001 ging er zum *WDR*-Hörfunk.

Dr. Christoph Fischer
Langjähriger Ressortleiter für Wissenschaft und Medizin bei der Bild-Zeitung

...geboren 1958, ist ein klassischer Quereinsteiger. Zunächst studierte er Medizin und Geschichte in Münster und Sao Paulo (Brasilien). Anschließend, 1985/86, promovierte er am Institut für Hormon- und Fortpflanzungsforschung in Hamburg. 1989 zog er aus dem Labor aus und in die Räume der *Ärzte-Zeitung* ein. Dort lernte er das journalistische Handwerk und war zwei Jahre lang leitender Redakteur. Danach beendete er seine Facharztausbildung zum Gynäkologen, wurde freier Journalist und gründete kurz darauf die Agentur *MedXpress*. Ende 1994 wurde er schließlich Ressortleiter Medizin und Wissenschaft der bei der *Bild*-Bundesausgabe, 2001 auch bei der *Bild am Sonntag*. Seit Anfang 2006 arbeitet er wieder als freier Autor und Berater.

Christiane Götz-Sobel
CvD der ZDF-Sendereihe Abenteuer Wissen

...waren Wissen und Wissenschaft schon immer ein Abenteuer. Während des Studiums kombinierte sie Biologie, Mathematik, Pädagogik und Publizistik. Danach vermittelte sie ihr Wissen einige Jahre lang als Lehrerin und freie Journalistin. Ihr erster längerer Artikel – über „Das Orientierungssystem der Wüsten-rennmaus" – erschien in der *FAZ*. 1990 wurde sie Redakteurin bei *Abenteuer Forschung* und der *Knoff-hoff-Show*. Dann gab sie Wissen über das Wirtschaftsmagazin *Wiso* sowie in Doku-mentationen und Filmbeiträgen über Bio-/Gentechnik weiter. Vom Jahr 2001 an entwickel-te sie das Format *Abenteuer Wissen* mit und wurde schließlich Redakteurin sowie CvD die-ser Sendereihe. Zudem ist sie Vorsitzende der *Wissenschafts-Pressekonferenz*.

Thomas Hallet
Leiter der WDR Programmgruppe Wissenschaft Fernsehen

...geboren 1959, war in der Schule wenig begeistert von Mathe, Physik, und Biologie – seine Lust auf Wissen weckten eher Zei-tungs- und Zeitschriftenartikel. Nach dem Abitur ließ er sich zunächst zum Brauer und Mälzer ausbilden, von 1980 bis 1988 studierte er in Bonn Agrarwissenschaften. Es folgte ein Stipen-dium bei der Robert-Bosch-Stiftung, womit er bei der *Zeit*, der *Max-Planck-Gesellschaft* und beim *WDR*-Hörfunk hospitieren  konnte. Nach zwei Jahren als freier Wissenschaftsjournalist wurde er 1991 Redakteur und Reporter für das *WDR*-Fernsehen, wo er im Jahr 2005 die Leitung der Programmgruppe Wissenschaft übernahm.

Stefan Iglhaut
Leiter der Einstein-Ausstellung des MPI für Wissenschaftsgeschichte

...geboren 1962, will fernab landläufiger journalistischer Genres eine große Öffentlichkeit mit komplexen Themen ansprechen und hat deswegen Freude daran, Ausstellungen zu konzipieren und umzusetzen. Dazu studierte er Literaturwissenschaften, Linguistik und Philosophie, wurde Kurator und Ausstellungs-macher und gründete das Büro *Iglhaut+Partner*. Er konzipiert und realisiert Ausstellungs- und Museumsprojekte in den Berei-chen Kunst, Kulturgeschichte und Naturwissenschaft. So war er Ausstellungsleiter im Themenpark der *Expo 2000* in Hannover; zusammen mit dem *MPI für Wissenschaftsgeschichte* konzipierte er die Einstein-Ausstellung 2005 in Berlin.

Prof. Dr. Gerhard Kilger
Museumsdirektor der DASA (Deutsche Arbeitsschutzausstellung)

...geboren 1946, bekam 1980 ein ungewöhnliches Angebot. Obwohl – oder gerade weil – er Physiker und Philosoph war, sollte er ein Museumskonzept entwerfen, das frei ist von musealem Ballast. Zunächst, von 1967 bis 1974, studierte er Physik und Philosophie in Freiburg und in Tübingen. In den folgenden fünf Jahren erarbeitete er mit Kollegen aus der ganzen Welt physikalische Grundlagen für die Herstellung von Halbleiterchips und promovierte 1980 zu diesem Thema. Anschließend wurde er Konservator und Oberkonservator am *Landesmuseum für Technik und Arbeit* in Mannheim. 1988 wurde er Direktor der *DASA*. Nebenbei arbeitet er als Dozent und freier Künstler.

Martin Kunz
Ressortleiter Forschung und Technik des Focus

...geboren 1960, sollte als Diplom-Ingenieur für Physik erst über Wirtschaft schreiben und ist doch Wissenschaftsjournalist geworden, u. a. weil sein Gehirn einen Artikel, der die Wirklichkeit abbildet, mit einem Dopamin-Kick belohnt. Während seines Physik-Studiums an der *Fachhochschule München* baute er private Lokalradios mit auf. 1991 volontierte er bei der *Georg von Holtzbrinck-Journalistensschule* und schrieb währenddessen unter anderem für die *VDI nachrichten* und die *Süddeutsche*

Zeitung. Während eines kurzen Intermezzos beim *ZDF* hörte er von den Plänen für *Focus*, den er schließlich mit aus der Taufe hob. Vier Jahre später wurde er dort Ressortleiter.

Franz Miller
Leiter der Abteilung Presse- und Öffentlichkeitsarbeit der Fraunhofer Gesellschaft

...geboren 1951, fand auf Umwegen den Beruf, bei dem er direkt in jene Labore schauen kann, in denen Zukunft entsteht. Zunächst studierte er in München Germanistik, Geschichte und Politik, dann arbeitete er als Gymnasiallehrer für Deutsch, Geschichte und Sozialkunde. 1983 wurde er wissenschaftlicher Mitarbeiter am *Forschungs-Institut für Friedenspolitik*. Sein Institutsleiter merkte, dass er besser als andere schnell, gut und verständlich schreiben konnte. Miller nahm die Herausforderung an und begann 1988 als Redakteur in der Presse-Abteilung der *FhG*, die er seit 1996 leitet. Im Jahr 2005 wurde daraus die Leitung der Presse- und Öffentlichkeitsarbeit.

Till Mundzeck
Wissenschaftsredakteur bei der Deutschen Presse-Agentur

...geboren 1968, ist studierter Astrophysiker mit Parabelflug-erfahrung. Während seines Physik-Studiums in Hamburg, Berlin und Aarhus (Dänemark) merkte er, dass der Arbeitsalltag eines Physikers ihn auf Dauer nicht zufrieden stellen würde. Daran konnte auch die zehnminütige Schwerelosigkeit in einem Flugzeug der *Europäischen Raumfahrtbehörde ESA* nichts ändern. Ihn interessierte der Fortschritt der Forschung in mehr als nur einem Wissenschaftsbereich. Also arbeitete er nebenbei frei-beruflich für Tageszeitungen und Rundfunkanstalten sowie für die Wochenzeitung *The European*. Nach dem Diplom verließ er die astrophysikalischen Sphären und volontierte bei *dpa* in Berlin und Schwerin, bevor er als *dpa*-Wissenschaftsredakteur nach Hamburg ging.

Andreas Sentker
Ressortleiter bei der Zeit und Herausgeber des Magazins ZeitWissen

...geboren 1964, kam nicht zuletzt aus Lust am Politischen in der Wissenschaft und aus Zorn über die Sprachlosigkeit vieler Wissenschaftler zum Journalismus. Von 1985 bis 1994 studierte er am *Leibniz-Kolleg* in Tübingen sowie an der dortigen Univer-sität Biologie und Allgemeine Rhetorik. Nebenbei hospitierte er in den Wissenschaftsredaktionen der *Stuttgarter Zeitung*, der *taz* und der *Zeit*. 1996 wurde er dort Wissenschaftsredakteur, zwei Jahre später stieg er zum Ressortleiter auf. Seit Ende 2004 ist er außerdem Herausgeber des Magazins *ZeitWissen*.

Hilla Stadtbäumer
Federführende Redakteurin der Sendung mit der Maus

...geboren 1965, hat schon als Kind die *Sendung mit der Maus* ge-sehen und wurde während ihres Studiums ein großer Fan. Als die Maus in der Mir durchs Weltall flog, war Stadtbäumer so beeindruckt, dass sie Museumsdirektorin werden oder bei der *Maus* arbeiten wollte. Sie studierte Biologie mit Schwerpunkt Zoologie an der *Freien Universität Berlin* und der *Westfälischen Wilhelms-Universität Münster*. Von 1992 bis 1994 volontierte sie beim *Westfälischen Museum für Naturkunde* in Münster. An-schließend arbeitete sie unter anderem für die *Berliner Festspiele GmbH* und für verschiede-ne Museen. 1997 erfüllte sich dann der Traum und sie wurde Redakteurin bei der *Sendung mit der Maus*, wo sie vor allem Tierfilme, Lachgeschichten und den Internetauftritt betreut.

Dr. Eva-Maria Streier
Leiterin der Abteilung Presse und Öffentlichkeitsarbeit der DFG

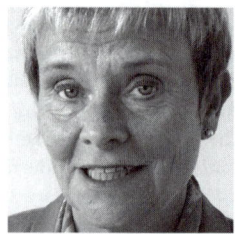 ...geboren 1949, kam auf Umwegen zum Journalismus. Zunächst studierte sie Anglistik, Amerikanistik, Geschichte und Politikwissenschaften an der *Universität Mainz* und am *Middlebury College* (USA). Anschließend promovierte sie in Amerikanistik und war Assistentin an der Universität Köln. Von 1975 bis 1982 war sie Referentin und Studienleiterin im *Cusanuswerk*, der bischöflichen Studienförderung. 1983 begann sie ein Volontariat bei der *Kölnischen Rundschau*, wo sie anschließend Redakteurin wurde. Nebenbei arbeitete sie als freie Journalistin für Printmedien, aber auch für Rundfunk und Fernsehen, darunter für die *WDR*-Fernsehreihe „Gott und die Welt". 1985 wurde sie Pressesprecherin der *Deutschen Forschungsgemeinschaft*.

Gretchen Vogel
Korrespondentin für die Fachzeitschrift Science

...geboren 1972 in Missouri (USA), war zur richtigen Zeit am richtigen Ort. Ihr Biochemie-Studium an der *Iowa State University* schloss sie nach vier Jahren mit dem Bachelor of Science ab und zog 1995 an die Küste Kaliforniens nach Santa Cruz. An der *University of California* nahm sie am renommierten *Science Writing Programme* teil. Nach einem Jahr folgte das obligatorische Praktikum, das ähnlich dem deutschen Volontariat, mit sechs Monaten jedoch kürzer ist. Diese Zeit beim Fachjournal *Science*  überzeugte die Chefs und man bot ihr eine frei werdende Stelle an. Seit 2001 berichtet sie nun von Berlin aus über Wichtiges und Interessantes in der Wissenschaft.

Prof. Holger Wormer
Lehrstuhl Wissenschaftsjournalismus an der Universität Dortmund

 ...geboren 1969, wollte tatsächlich „schon immer" Journalist, höchstens vielleicht noch Lehrer werden – nun lehrt er als ordentlicher Professor Wissenschaftsjournalismus. Zuvor studierte er Chemie sowie Philosophie in Heidelberg, Ulm und Lyon. Beginnend in einer Lokalredaktion der *Rheinischen Post* sammelte er Erfahrungen im Journalismus und Wissenschaftsjournalismus unter anderem bei *P.M.*, dem *Südwestfunk Fernsehen*, der *Deutschen Presse-Agentur* und der *Süddeutschen Zeitung*. Bei der *Süddeutschen* arbeitete er bis zu seinem Ruf an die Universität Dortmund von Anfang 1996 bis Ende 2004 als Wissenschafts- und Medizinredakteur.

Ranga Yogeshwar
Moderator der WDR-Sendung Quarks & Co und von W wie Wissen (ARD)

...geboren 1959, hat seine Wurzeln in Indien und Luxemburg und war schon immer neugierig. Nach einer Klavierausbildung am Konservatorium der Stadt Luxemburg und dem Physik-Studium an der *RWTH Aachen* arbeitete er am *Europäischen Kernforschungslabor CERN* in Genf und am heutigen *Forschungszentrum Jülich.* 1983 wurde er Journalist: zunächst im Printbereich, später in Hörfunk und Fernsehen. 1987 ging er zum *WDR* nach Köln, wo er als Wissenschaftsredakteur für *Kopfball, Lilipuz* und andere Sendungen arbeitete. Als Moderator von *Quarks & Co* wurde er seit dem Start des Magazins im Jahr 1993 zu einer der bekanntesten und mehrfach ausgezeichneten Persönlichkeiten im deutschen Wissenschaftsjournalismus. Von 2001 bis Anfang 2005 war er beim *WDR* Leiter der Programmgruppe Wissenschaft.

Richard Zinken
Chefredakteur der Online-Wissenschaftszeitung spektrumdirekt

...geboren 1967, ist es gewohnt, zugleich als Manager und Journalist zu arbeiten. Auf den Posten des Chefredakteurs der ersten Wissenschaftszeitung im Netz führten ihn indes weniger Managementstrategien als vielmehr Bauchgefühl und Glück. Zunächst studierte er Physik an den Universitäten Münster und Bonn sowie am *Max-Planck-Institut für Kernphysik* in Heidelberg. Es folgte eine Ausbildung zum Projektmanager für Multimedia bei der *Verlagsgruppe Georg von Holtzbrinck.* Danach, 1997, grün-  dete er mit der Informationstechnologin Stephanie Hanel die *Agentur wegholz.* Im Jahr 2002 ging er zur *Wissenschaft Online GmbH,* heute ist er Chefredakteur und Verlagsleiter für den Online-Bereich der *Spektrum der Wissenschaft Verlagsgesellschaft mbH* und *spektrumdirekt.*

Das Team
Franziska Badenschier, Heike Becker und Sophie Stigler

...sind die „Buchmacher", ohne die „Die Wissensmacher" kaum möglich gewesen wären: Franziska Badenschier transkribierte Vorträge und Diskussionen, die zur Ausgangsbasis der Kapitel wurden, und unterstützte unermüdlich die redaktionelle Arbeit des Herausgebers. Zeichnerin Heike Becker illustrierte wichtige Kernthesen der Autoren und schreckte dabei auch vor dem komplexen Selektionsprozess des peer review by „mother *Nature*" nicht zurück. Sophie Stigler schließlich erforschte erfolgreich die Geheimnisse und Untiefen von Word-Formatierungen und brachte alle 22 Wissensmacher in die richtige Layout-Form. Alle drei studieren Wissenschaftsjournalismus an der Universität Dortmund.

Bildnachweise

Gedruckte Forschung

Gesehene Forschung

Autorenverzeichnis

Illustrationen

Allgemeines Programm

Klaus-Dieter Altmeppen
**Journalismus und Medien
als Organisationen**
Leistungen, Strukturen und Management
2006. 291 S. Br. EUR 34,90
ISBN 3-531-14642-4

Barbara Berkel
**Konflikt als Motor
europäischer Öffentlichkeit**
Eine Inhaltsanalyse von Tageszeitungen –
in Deutschland, Frankreich, Großbritannien und Österreich
2006. 229 S. Br. EUR 24,90
ISBN 3-531-14945-8

Nikodemus Herger
**Vertrauen und Organisations-
kommunikation**
Identität – Marke – Image – Reputation
2006. ca. 260 S. Br. ca. EUR 34,90
ISBN 3-531-15136-3

Tanja Köhler
Krisen-PR im Internet
Nutzungsmöglichkeiten, Einflussfaktoren
und Problemfelder
2006. 412 S. Br. EUR 44,90
ISBN 3-531-14898-2

Wolfgang R. Langenbucher /
Michael Latzer (Hrsg.)
**Europäische Öffentlichkeit
und medialer Wandel**
Eine transdisziplinäre Perspektive
2006. 419 S. Br. EUR 34,90
ISBN 3-531-14597-5

Jens Lucht
**Der öffentlich-rechtliche
Rundfunk: ein Auslaufmodell?**
Grundlagen – Analysen – Perspektiven
2006. 358 S. Br. EUR 39,90
ISBN 3-531-15019-7

Christian Mattke
**Albert Oeckl – sein Leben
und Wirken für die deutsche
Öffentlichkeitsarbeit**
2006. 387 S. Br. EUR 39,90
ISBN 3-531-14989-X

Ulrike Röttger (Hrsg.)
PR-Kampagnen
Über die Inszenierung von Öffentlichkeit
3., überarb. und erw. Aufl. 2006. 377 S.
Br. EUR 34,90
ISBN 3-531-42950-7

Claudia Maria Wolf
Bildsprache und Medienbilder
Die visuelle Darstellungslogik
von Nachrichtenmagazinen
2006. 335 S. Br. EUR 39,90
ISBN 3-531-14659-9

Erhältlich im Buchhandel oder beim Verlag.
Änderungen vorbehalten. Stand: Juli 2006.

www.vs-verlag.de

VS VERLAG FÜR SOZIALWISSENSCHAFTEN

Abraham-Lincoln-Straße 46
65189 Wiesbaden
Tel. 0611.7878-722
Fax 0611.7878-400

Lehrbücher

Otto Altendorfer / Ludwig Hilmer (Hrsg.)
Medienmanagement
Band 3: Medienbetriebswirtschaftslehre
– Marketing
2006. 405 S. Br. EUR 29,90
ISBN 3-531-13992-4

Klaus-Dieter Altmeppen /
Matthias Karmasin (Hrsg.)
Medien und Ökonomie
Band 3: Anwendungsfelder
der Medienökonomie
2006. 218 S. Br. EUR 22,90
ISBN 3-531-13634-8

Günter Bentele / Romy Fröhlich /
Peter Szyszka (Hrsg.)
Handbuch der Public Relations
Wissenschaftliche Grundlagen und
berufliches Handeln. Mit Lexikon
2005. 624 S. Geb. EUR 44,90
ISBN 3-531-13755-7

Udo Branahl
Medienrecht
Eine Einführung
5., vollst. überarb. Aufl. 2006. 312 S.
Br. EUR 26,90
ISBN 3-531-62319-2

Hans-Bredow-Institut (Hrsg.)
Medien von A bis Z
2006. ca. 350 S. Br. ca. EUR 24,90
ISBN 3-531-14417-0

Michael Jäckel (Hrsg.)
Mediensoziologie
Grundfragen und Forschungsfelder
2005. 388 S. Br. EUR 22,90
ISBN 3-531-14483-9

Erhältlich im Buchhandel oder beim Verlag.
Änderungen vorbehalten. Stand: Juli 2006.

www.vs-verlag.de

VS VERLAG FÜR SOZIALWISSENSCHAFTEN

Abraham-Lincoln-Straße 46
65189 Wiesbaden
Tel. 0611.7878 - 722
Fax 0611.7878 - 400